全国艺术职业教育系列教材·高职卷

中国艺术职业教育学会推荐教材

中国传统文化

主　编　杜明书

副主编　张丽莉　赵凤英　吉莉莉　裴洪彬

参　编（以姓氏笔画为序）

马　媛　仝菊芳　孙海燕　孙艳丽

张　永　张文苹　陆小蕙　吴会丽

李福顺　余　倩　武晓静　赵俊红

智　惠

WUHAN UNIVERSITY PRESS

武汉大学出版社

图书在版编目(CIP)数据

中国传统文化/杜明书主编．—武汉:武汉大学出版社,2016.6(2021.12 重印)
全国艺术职业教育系列教材.高职卷
ISBN 978-7-307-16458-1

Ⅰ.中…　Ⅱ.杜…　Ⅲ. 中华文化—高等职业教育—教材　Ⅳ.K203

中国版本图书馆 CIP 数据核字(2015)第 295090 号

责任编辑:程牧原　　责任校对:汪欣怡　　版式设计:韩闻锦

出版发行:**武汉大学出版社**　(430072　武昌　珞珈山)
(电子邮箱:cbs22@ whu.edu.cn 网址:www.wdp.com.cn)
印刷:武汉中科兴业印务有限公司
开本:787×1092　1/16　印张:19　字数:426 千字　插页:2
版次:2016 年 6 月第 1 版　2021 年 12 月第 3 次印刷
ISBN 978-7-307-16458-1　定价:46.00 元

总　序

在我国实施文化强国战略和职业教育事业实现跨越式发展的大背景下，艺术职业教育在办学理念、办学规模、办学效益以及教学改革、培养质量和办学条件等方面都取得了长足进步。六十年传统积淀、十余载创新发展，伴随着中等职业教育的稳定前行，高等艺术职业教育蓬勃而兴，不仅提升了我国艺术职业教育的层次和水平，更为艺术职业教育注入了巨大生机与活力。

当前，艺术职业教育机遇与挑战并存，特色与创新共进。紧跟文化产业发展步伐，适应艺术人才就业岗位需求，厘清艺术职业教育思想，更新艺术职业教育教学方法，完整科学的艺术职业教育教材体系的建立对实现我国艺术职业教育又好又快发展，无疑具有战略意义。

全国艺术职业教育系列教材建设是文化部、全国文化艺术职业教育教学指导委员会、中国艺术职业教育学会启动的艺术职业教育质量工程之一，它是为了适应新形势下我国艺术职业教育发展需要而编撰出版的系列教材。其选编思路是主动适应国家文化产业升级发展需求，对接行业、职业标准；打破学科框架束缚，以项目、任务为导向组织教材内容，突出学生能力培养，体现艺术类专业基于实践的科学合理的学习过程；注重国际视野站位与先进教学技术手段的运用，反映文化艺术行业、产业发展的新方向和新趋势；同时注重收纳具有民族精神与民间特色的非物质文化遗产内容，实现高校文化传承功能。

全国艺术职业教育系列教材涵盖音乐、舞蹈、戏剧、美术等各个艺术门类，分高职卷和中职卷，按照宜统则统，宜分则分，分类分步，梯次推进的原则，重点开展专业核心课、专业基础课、公共基础课教材的开发与建设，计划在“十二五”期间完成60种以上教材的编撰工作。本次系列教材编写联合全国18所高职艺术院校，集中全国艺术职业教育的优质资源，着力打造一批理念先进、内容科学、构架合理、特色鲜明的艺术职业教育精品教材。

全国艺术职业教育系列教材的出版，是对不断深化的艺术职业教育教学改革成果的总结。我们相信，它的广泛使用，将为实现全国优质艺术教育教学资源共享搭建平台，使艺术职业教育教学行为更系统、规范、科学，从而推进全国艺术职业教育教学的整体持续发展，为实现文化强国战略提供坚实的人才支撑与质量保障。

总编委会

2012年9月

目　录

第一讲

一方水土一方人：地域文化

十里不同俗

有一句歌词是这样的："我们的大中国呀，好大的一个家。"中国之大，首先体现在中国幅员辽阔。单陆地面积就有约 960 万平方公里，与整个欧洲的面积差不多。"好大的一个家"则表明我国是个人口众多的多民族国家。我国有 56 个民族，总人口 13.7 亿，约占世界人口的五分之一，是世界上人口最多的国家。我国人民生活的地方，或是纵横交错的山岭，或是雄伟广袤的高原，或是一望无际的大草原，或是群山环抱的盆地，或是起伏缓和的丘陵，或是远离大陆的海岛。五千年的历史长河中，勤劳智慧的中华民族不但创造了诸如万里长城、京杭大运河、秦兵马俑、汉字、造纸、火药、京剧等举世闻名的中国文化标志，还形成了种类繁多的地域文化。

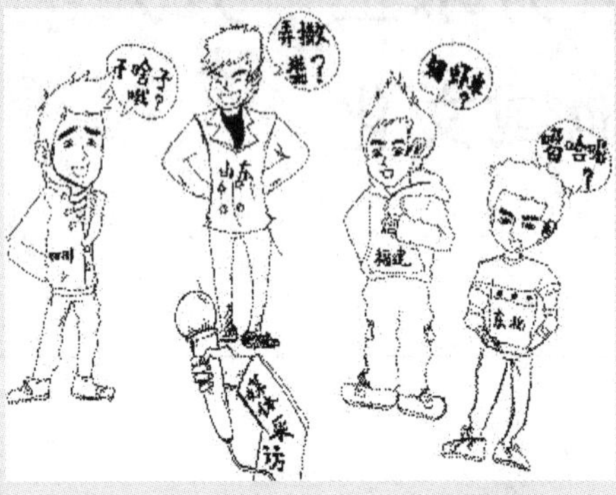

图 1-1 "干什么"的各地说法

中国历史上，由于长期的小农经济、社会的分裂割据、人口的迁徙、山川的阻隔，加上交通不便、信息不通等原因造成了地块的相对割裂，也就形成了不同的风土人情，即不同的地域文化。地域文化有很强的地域特征：一听到"大风从坡上刮过"，就知道是唱黄土高原的歌曲；听到"好一朵美丽的茉莉花"，就肯定是江南一带的民歌；听到"羊肚肚手巾三道道蓝"，则知道是晋陕一带的民歌。

不同的地域文化还表现在语言上，中国有许许多多的方言。比如，同样表述"干什么"，东北方言是"噶蛤"，河北唐山方言是"揍啥"，辽宁大连方言是"干悵么"，上海方言是"组啥"，南京方言是"干么斯"，江苏扬州方言是"组撒"，杭州方言是"奏撒西、则啥"，湖南方言是"搞么子"，河南方言是"弄啥、咋里呀"，成都方言是"爪子"。由此看出，方言是中国各地民间生活最朴素的表现形式，是记录某种地域文化的符号。

项目实训

中国南方人与北方人在性格上之所以有明显不同，和他们所处的自然环境不同有关。北方地域辽阔，茫茫的草原、一望无际的戈壁、延绵不断的大山，都会给人带来一种超凡脱俗的感觉，让人感到简单而安全，生活在这里的人便形成了豪放、耿直、豁达的性格。南方多山，地形复杂，道路崎岖，地少人多，生活在这种复杂的环境中，就养成了南方人细腻、多思、聪慧的性格。生活在同一地域的人，不仅在体型、衣着、语言、生活习惯等方面有很多的相似之处，在性格上也会很相似。就像新疆人大多能歌善舞，长睫毛大眼睛，而上海的小姑娘则几乎个个能言善辩、清秀灵巧一样。

你同意以上观点吗？请列举一些你知道的例子。

第一节　中国的自然地理

各地文化精神之不同，究其根源，最先还是由于自然环境有区别，而影响其生活方式，再由生活方式影响到文化精神。

——中国现代历史学家钱穆

每一个民族的气质中，都保存着某些为自然环境的影响所引起的特点，这些特点可以由于适应社会环境有几分改变，但决不因此消失。

——苏联革命家普列汉诺夫

司马迁在《史记》里说："百里不同风，千里不同俗。"其实在现实生活中岂止"百里千里"，在我们的大中国，甚至十里不同风、五十里不同俗的现象都是司空见惯的。

一、中国自然地理环境之"大"

自然地理环境是指一定社会所处的地理位置以及与此相联系的各种自然条件的总和，包括气候、气温、地形、地貌、水文、植被、水陆分布等。人类的一切活动，无论是生产、生活、政治活动还是文化活动都必须在特定的自然地理环境中进行。

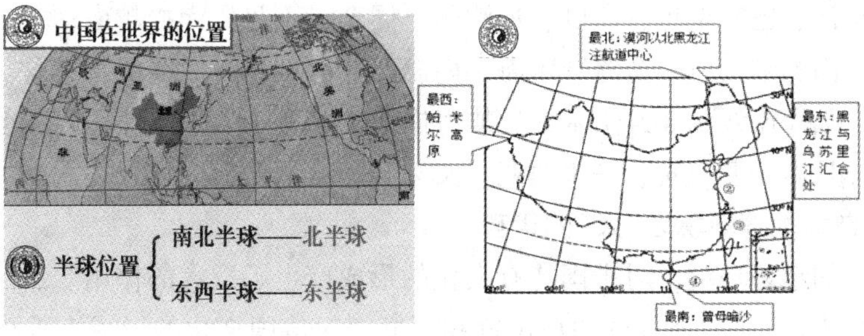

图 1-2　中国在世界的位置

1. 中国自然地理环境之"大"的表现

(1)从纬度位置来看，南北跨纬度大。我国最南端位于海南省南沙群岛的曾母暗沙附近(3°52′N)，南距赤道仅 400 多千米，是一个隐没在水下的珊瑚礁。我国渔民历来都在这里捕捞作业，海军与科学考察船经常在这里巡航和调查。我国最北端位于黑龙江省漠河县漠河镇的黑龙江主航道中心线上(53°33′N)。漠河镇全年无霜期仅 56 天，冬季气温在-40℃以下，夏至日白昼长达 17 小时，冬至日白昼短至 7 小时，是全国白昼最长与最短的地方，素有"北极村"之称。南北跨纬度约 50 度，南北距离约为 5500 千米。我国大部分位于中纬度地区，属于北温带，南部地区有少数地区属热带，无寒带。从世界地图上看，这样独特的纬度位置土壤肥沃、生物资源丰富，非常适宜人类生存。

(2)从经度位置来看，东西跨经度大。我国东西跨经度约63°，跨5个时区(东5区，东6区，东7区，东8区，东9区)。我国最东端位于黑龙江与乌苏里江的主航道汇合处(135°05′E)，属黑龙江省抚远县乌苏镇。那里是祖国每天最先迎接太阳的地方，每年夏至日的日出约在凌晨2点20分。而我国最西端位于新疆乌恰县帕米尔高原的乌孜别里山山口附近(73°E附近)。因此，当我国东部乌苏里江旭日东升时，西部帕米尔高原却仍是繁星满天。

(3)从海陆位置来看，海陆兼备。中国位于世界最大的大陆——亚欧大陆的东部，西部与许多国家接壤，东部濒临世界上最大的大洋——太平洋，有众多的岛屿和港湾。这样优越的海陆位置，再加上西高东低的地势，就使我国东部和南部广大地区因深受海洋影响，而雨量丰沛，对农业生产十分有利。同时，广阔的海洋也为我国发展海上交通，加强同各国人民的友好往来以及发展各种海洋事业开辟了广阔的前景。

(4)从气候条件来看，气候带多。我国东南西北跨度大，且地形繁杂，这是我国气候类型复杂多样的主要原因。从东南沿海往西北内陆，气候的大陆性特征逐渐增强，依次出现湿润、半湿润、半干旱、干旱的气候区。因此，生物群落、土壤类型多种多样。当北方的黑龙江省还是冰天雪地的时候，南方的海南岛已经是繁忙的春耕时节了，而这时的南海诸岛更是一片盛夏景象。

(5)从在世界的位置来看，邻国多。我国有漫长的国界线，陆上疆界长约2.28万千米。因此，我国成为当今世界邻国最多的国家之一，拥有14个邻国。其中，东邻朝鲜，东北部、北部和西北部与俄罗斯、蒙古、哈萨克斯坦、塔吉克斯坦相邻，西部和西南部毗邻阿富汗、巴基斯坦、印度、尼泊尔、锡金、不丹，南接越南、老挝、缅甸。我国东面和东南面濒临渤海、黄海、东海、南海四大海域，海岸线绵长，总长度为3.2万千米，其中大陆海岸线1.8万千米，岛屿海岸线1.4万千米。此外，我国还与隔海相望的国家韩国、日本、菲律宾、马来西亚、文莱和印度尼西亚为伴。

2. 中国自然地理环境之“大”的优势

中国特定的地理环境，对中国特有文化的形成产生了巨大的作用。

(1)一个国家和民族所处的地理位置和环境，对该国文化的形成有重要影响，对其早期文化形成的影响更为直接。

中华大地疆域广大，腹里纵深，回旋天地开阔，这种恢弘的地理环境，奠定了中华文明的根基，也是中国传统文化形成的强大物质基础。中国之所以成为世界四大文明发源地之一，较早地产生了文明，主要原因是中国建立在人类容易生存的河川附近，水源决定了文明在江河流域产生。在中国文化摇篮的黄河流域，这里有七八十万平方公里的黄土高原和冲积平原，古代曾经是覆盖着大片森林与草丛的绿色地带。我们的先民们很早就在这里狩猎、放牧，渐渐发展起农耕业，奠定了中华文明的根基。他们在这里生存、繁衍，孕育了中华文明的根源，创造了我国灿烂辉煌的文化。

长江乃至辽河流域，以及西南崇山峻岭间，也有长达四五千年的文明史。在这些区域发现的古人猿化石，如北京周口店的北京猿人、云南元谋人、陕西蓝田人等都表明了中华民族的祖先早在一百多万年前，就已经生活在这里。

(2)中国地形、地貌繁复，气候丰富多样，多条大江大河纵横其间，成为中国传统文化延续的重要原因。

在数千年的人类文明进程中，中国文化是唯一不曾中断的、具有连续性的文化，这是人类历史上的奇迹。这在很大程度上归功于中国地形、地貌繁复，气候丰富多样的地理大环境。四大文明古国中的古埃及、古巴比伦、古印度，在历史发展进程中，由于它们的地理环境狭小，当遇到外族入侵时，根本没有回旋的余地，文化或是被取代或是湮灭而最终消失。中国则不同，当中原皇朝失去了黄河流域时，还可以以长江和珠江流域为依托延续中原文化。历史上的东晋、南宋能偏居一隅的原因正是如此。正因为中国地域广阔、地形复杂，才有斡旋余地。正所谓"东方不亮西方亮，黑了南方有北方"。

(3)中国南北跨纬度大，东西年降水量相差大，南北温度相差近50°C，东西年降水量相差几千毫升，山脉与河流都有自己的走向，形成了千差万别的独特自然环境，千差万别的自然地理环境使中国文化呈现出多样性和地域性。

中国的地理环境是中国文化形成和延续的基础，中国上下五千年文化的发展和传承与地理环境密不可分。中国的地理环境使得中国文化存在着各种各样的地域特色。

3. 自然地理环境下的中国传统文化

文化即人类活动过程及其成果的总和。"中国传统文化"这一概念中的"中国"指的是我们中华民族这个大家庭。中国传统文化则是这个大家庭里，各个民族、各个地域的人们所创造的文化的总和，是那些世代相传，至今仍有影响的文化，即能够体现时代价值观念，具有生命力而得以保存下来的优秀文化。北京大学袁行霈教授曾说："中国传统文化并不是一潭死水，它宛若滚滚不尽的江河，不断吸纳支流，或直或曲，或急或缓，或涨或落，变动不居，只有不断以新的形态代替旧的形态，才能永葆青春。"

中国传统文化作为历史的积淀，仍然保留在中华民族中间，不论何时何地，它无时无刻不在制约、影响着当今的中国人，体现在广大人民的言、行、思中。我们观赏名胜古迹，朗诵诗词歌赋，欣赏琴棋书画……所有这一切都说明我们每个人每时每刻都生活在中国的传统文化之中。中国传统文化薪火相传、历久弥新，始终为国人提供着精神支撑和心灵慰藉。我们应当不断发扬优秀的传统文化，在传承中发扬，在发扬中提升，做到古为今用、洋为中用，从而实现社会主义文化事业的大发展、大繁荣。

中国传统文化博大精深，包含着极其丰富的内容。认识中国传统文化之"大"的内涵是我们准确认识中国传统文化的关键。

(1)具有强大的生命力和发展创新性。

在世界史上，中华文明是唯一延续、未曾中断的文化系统。它不像古埃及、古巴比伦、古印度文化那样无以后继，更不像古希腊、古罗马文化那样中经蹂躏以至荒芜。中华民族自夏代进入文明社会，历经各朝各代，传统文化代代相传，经久不衰，展现了它所具有的顽强生命力和应变力。中国传统文化不仅在漫长而曲折的历史进程中顽强地保存下来，而且经过后人的继承和发展而逐渐丰富，还依据时代需求不断超越。通过周而复始、连续不断的接力运动，最后形成了现在极具生命力的文化形式。

（2）具有宏大的融合性和凝聚性。

中国文化在数千年的发展中，逐渐融合其他民族文化和周边地域文化，形成了以汉民族文化为主体、以中国文化为核心的同一性与多样性相结合的文化形式。

中国传统文化对外来文化有着宽厚的包容性和强大的同化力。比如佛教、基督教、伊斯兰教，各国的天文、地理、建筑、艺术、舞蹈，还有西方的自然科学等，都被我们所接纳吸收，融到中国传统文化之中，使之中国化。

中国传统文化经过融合、包容其他文化后凝聚成中华民族特有的精神文化，形成了强大的民族凝聚力，在"爱国主义""自强不息""天下为公""包容和谐"等方面尤为突出。

（3）具有明显的地域性和多样性。

中国传统文化诞生在中国的土壤上，因而不能不带有这片土地的印记。中国传统文化具有明显的地域性和多样性：一是相对于别国、别地文化的地域性特征，二是中国地域内部的文化多样性特征。

相对于世界上其他主要文化，中国传统文化具有突出的地域性特点。我们中华民族生息在东亚大陆上，东面是茫茫大海，西北面是一望无际的大沙漠，西南面是高耸入云的青藏高原和云贵高原，形如一把巨大的躺椅，背靠欧亚大陆腹地，面对辽阔的太平洋。受地理条件的限制，历史上中国文化与世界主要文化之间的交流并不很顺畅，因而中国传统文化受外来文化的影响相对较小，而具有明显的独立性，即中国这块土地的地域性。如以"仁、义、礼、智、信"为核心的儒家思想、自谦而敬人的中华礼仪道德、龙飞凤舞的毛笔字等，这些文化独树一帜，不同于域外任何国家的文化。

另外，中国国内每个地方的文化也都有不同的特色。中国作为一个幅员辽阔的泱泱大国，早在两千多年前，其版图便"东渐于海，西被于流沙，朔南暨，声教讫于四海"。中国各地的自然条件千差万别，经济政治水准也参差不齐。因此，中国文化自其发生之日，即因环境的多样性而呈现出丰富的多元状态。到晚周，各具特色的区域文化已大体形成。东临沧海、山海兼备的齐鲁文化异于处于"四塞之地"的秦文化，地居中原的三晋文化不同于南方的楚文化，同在长江流域而分处上游、中游、下游的巴蜀文化、楚文化、吴越文化也有着很大的不同。至于在湿润的东部发展起来的农耕文化与在干燥的西部发展起来的游牧文化，更是大相径庭。历史证明，这些地域性文化的发展不仅没有导致地域性文化走向分裂，相反，每一个地域的文化都是中国传统文化大家族中不可分割的部分，它们丰富了中国传统文化的宝库，使得我们中华民族的文化呈现出多样性。

二、自然地理环境对中国传统文化的影响

俄国早期的马克思主义者普列汉诺夫认为，不同类型社会的主要特征是在不同地理环境的影响下形成的。一个民族早期处于什么样的地理环境，就会产生相应的文化特性。中国传统文化诞生在中国这一特定的自然地理环境里，能够绵延上下五千年，能在发展的过程中形成自己的独特性，都是受其独特自然地理环境影响的结果。

1. 疆域辽阔完整造就中华凝聚意识与稳定绵延的文化形态

在中国历史上，纵使遇到游牧民族南侵，中国仍有很大地域作为退路供回旋。何况在中国，统一总是占据主导地位。天下一家的大一统意识，对中华民族的不断发展壮大起到了重要作用。即使在内忧外患的危急存亡关头，中国文化的独特风格与完整系统也未曾分裂和瓦解，长期绵延不绝。

2. 外部封闭隔绝的环境锻造相对封闭内敛的大陆型文化

从地理环境看，中国北接荒无人烟的西伯利亚，西北是塔克拉玛干大沙漠，西面从北到南由帕米尔高原和青藏高原把中国和西亚隔开，东面和南面是大海，它对古人来说是难以逾越的障碍。这种一面临海，三面陆路交通极为不便，而内部回旋余地又相当开阔的环境，形成了一种与外部世界半隔绝的状态，使中国从来没有向外部拓展的野心，养成了独自经营、和平温顺的国民性格，造成了一种内向的、求稳定的传统文化。

中国传统文化基本上是在本土成长的。如中国的儒家、道家、法家、阴阳家等，这些思想流派在世界上自成一体，影响深远。又如汉字，汉字完全是中国人创造的，不像其他的文字，如英文、法文、德文、西班牙文、印度文、阿拉伯文等，基本上都是来自腓尼基文字。当然也有外来文化通过陆上丝绸之路和海上丝绸之路传到中国的，比如佛教，但佛教自它传入中国的那一天起，就一直是在按照中国文化发展的需要宣传自己的理论。经过中国化的佛教已经不是印度经院的佛教，而是中国人自己引申发挥的，与印度本土佛教大不相同的佛教。可以说，在漫长的历史长河中，中国文化始终保持着自我，独立探索地向前发展。

著名学者冯天瑜在《中国古文化的土壤分析》一文中提出了大陆型文化的观点，认为地理环境、生产方式、社会组织决定了中国传统文化属于大陆型文化，是一种与中世纪亚欧的等级制度和印度的种姓制相出入的宗法制度文化。虽然我国东南确有 1 万多千米的海岸线，可以通往世界各地，但正是因为中国的地理条件过于优越，加之周边和西方国家文化在历史上曾落后于中国，使古人产生了“中华帝国，无求于人”的自我陶醉、自我封闭观念，养成了国人含蓄内敛、保守中庸、消极忍耐的农耕性格，形成了中国传统文化的相对封闭性。

3. 多样的地形促成多元格局的文化形态

早期的中国文化就存在多元化倾向了，这最终归结于中国自然地理环境的复杂多样性。中国的地形、地貌等自然条件千差万别，尤其在生产力低下、交通通信不发达的情况下，地理障碍对人类活动起到了完全隔绝的作用。例如海洋、大河、高山、沙漠、沼泽、丛林，都曾是古人难以逾越的障碍。加之中国南北跨纬度大、温差大，东西年降水量相差大，山脉与河流都有各自的走向，所以除了农业以外，人们还不得不各自选择与其生态环境相符的其他生产方式，如放牧、狩猎、养殖、捕捞、采集、冶矿、手工业、林业等各种产业。这就使中国出现了“百里不同风，千里不同俗”的特征。复杂多样的地形，也形成了地缘文化和区域思想观念。比如，齐燕多方士，三晋多法家，燕赵多慷慨悲歌之士，而鲁国则是儒家文化的发源地。凡此种种，都说明不同的地理环境能造就不同的文化。

4. 中国的大陆型气候影响着中华民族的伦理道德

中国地处温带大陆，气候适中，就使中国人养成了温和的性格，在天人之间和人伦关系上采取中庸态度。在中国东部，河网密布、沃野千里，季风定期带来丰沛的雨水，水热配合良好。这种气候为发达的农业提供了条件，再加上中国物产丰富，人们生活便能做到自给自足。自给自足的中国人历来喜爱和平，追求的是太平盛世的和谐社会。在处理人与人的关系上，中国人喜欢采取中庸的态度，对人谦让，尊老爱幼，不喜欢与人发生分歧和争吵，更不喜欢侵略扩张和动乱。

总之，自然地理环境对中国传统文化的形成产生了深远而持久的作用与影响。探讨中国传统文化与地理环境的关系的意义，就在于充分吸取和利用中国传统文化中关于人与自然以及人与人之间关系的思想，加深对自然规律的认识，强化对环境的热爱和保护，在特定的地理舞台上，让中国传统文化更加辉煌灿烂，从而实现中国文化大发展。

项目拓展

一、思维拓展

1. 通过学习，我们知道了中国传统文化具有突出的地域性特点。请根据你的认识，谈谈自然地理环境对中国传统文化的有利影响。

2. 如何正确理解中国传统文化之“大”的内涵？

二、实践拓展

请同学们介绍自己家乡的传统特色文化，并对自己家乡的文化特色进行调研、梳理，探寻自己家乡的文化特色与当地自然地理环境之间的关系。

第二节　中国的地域文化

炎热国家的人民就像老头子一样怯弱，寒冷国家的人民则像青年一样勇敢。

——法国哲学家孟德斯鸠

高大的山脉和广阔的平原使人产生过度的幻想和迷信，当自然形态较小而变化较多时，就会使人发展早期的理智。

——英国历史学家巴克尔

中国文化认为，人是宇宙自然的产物，所以人的种种思想、行为、情感，归根结底也来自于大自然，天人对应，天人合一。海纳百川，地域造人，不同的地域孕育了不同的风土人情，也就产生了不同的地域文化。源远流长、博大精深的中华文化，就是由特色各异的地域文化共同构成的。

中国有句俗语：“一方水土养一方人。”“一方”指的是某一地域；“水土”指的是地理环境，例如气温、海拔、纬度、湿度等，当然还包括人文环境。“一方人”则是长期生活在这一地域的人。同样都是中国人，由于生活的地域环境不同，生存的自然条件不同，他们的生活方式、思想观念、为人处世也就迥然不同。

《晏子春秋》中说道：“橘生淮南则为橘，生于淮北则为枳，叶徒相似，其实味不同。所以然者何？水土异也。”这说明某地的文化的确与当地的自然环境有着直接而显著的关联。文化是属于地域的，文化必定带有明显的地域性特征。英语里“文化”(culture)一词，本义是“耕耘”“种植”，与土地紧密相连。可以说，“文化”是从土地里长出来的。

一、地域文化概述

地域文化作为具有地域特征的文化形态，其产生、发展受着地理环境的影响。地域文化中的“地域”，一般是指区域地理环境范围这层字面意义，它是文化形成的地理背景，范围可大可小。我国范围最大的也是最简单的自然地理划分，是以秦岭淮河一线为界把中国划分为南北两大块。小范围的自然地理划分有很多，比如，我们可以将中国传统文化划分为“华夏(汉)文化区”“西北文化区”“岭南文化区”等；也可细分为若干个亚文化区，即在一个比较大的区域下面再根据文化类型分为更小的区域，如“西北文化区”还可分为“秦文化区”“陇文化区”等。我们所说的地域文化一般指的是比较大的空间范围的文化。实际上某些更小的区域也有自己独特的传统文化形式。

地域文化中的“文化”就是某个区域的人与本区域山水长期共生、共融而产生的特有的文化成果。这些成果和周围其他区域的文化成果有着明显的差异，这种差异既可以表现为某一个要素方面的差异，也可以表现为多个要素方面的差异。

本书所讲的“地域文化”专指中华大地特定的区域地理环境范围内的人群创造的、与地域环境息息相关的特定文化产物或现象，有地域的烙印，具有独特性，和其他地域文化有着明显的差异。

地域文化的形成需要明显的地域性环境和自然条件，需要较长的年代，也有很长的延续性。地域文化的形成主要受自然地理因素、人文地理因素的影响。

(1)自然地理因素的影响：

在我国，由于地理位置和自然条件不同，各地的生产生活环境和物质基础差异很大，有句古话说——“靠山吃山，靠水吃水”。不同地区由于纬度高低、距海远近不同，加之地形错综复杂，甚至与周边地区相互隔绝，致使气候、土壤、物种差别很大，从而形成不同的生产生活方式。文化又源于生产生活方式，所以产生了不同的文化。加之古代交通通信条件极为不便，不同的自然环境所产生的文化上的差异很难消除，最终形成了明显与地理位置有关的文化特征，地域文化由此形成。比如，南北方整个饮食结构以及吃法之所以差异巨大，与南北方复杂多样的地理形势和气候环境有很大关系。从气候方面看，秦岭淮河以北的北方大部分地区，地形以平原为主，兼有高原、山地和丘陵，属于温带季风气候区，冬季严寒而漫长，夏季较短。而南方大部分地区山地、丘陵、平原、盆地纵横交错，多山多水，属湿润亚热带气候，冬季温和，春末至夏季多雨。于是北方多种植喜干耐寒的小麦，南方则种植喜高温多雨的水稻，从而形成了我国南米北面的饮食文化。北方冬天气候寒冷，不适宜蔬菜生长，在冬天可选择的蔬菜、水果比南方要少得多，并且北方的边塞地区历史上又经常受到游牧民族的侵扰，所以北方在食品的制作方面比较粗放，远不如南方精细讲究。

(2)人文地理因素的影响：

地域文化的形成还与当地的人文地理因素有关，包括生产方式、社会结构、宗教信仰等因素。比如，中原地区由于对农业的重视而养成重土安迁的观念；东南沿海一带由于耕地有限，于是重视海外贸易，并形成了开放的思想观念；西北的绿洲地区因土地限制和地处交通要道，因此形成较早的商业文化；北方游牧民族由于环境恶劣，不得不形成以频繁的迁徙和战争来对付环境压力的独特文化。沉实丰厚的地域文化的形成，关键在于当地一群群人、一代代人的重复、传承和发展。古往今来的很多民族诗人、作家、艺术家总受自己民族的地域情结激发而产生创作的动力，总是自觉地把地域生活、地域文化作为文艺创作的重要源泉。比如，萧红的呼兰河、沈从文的湘西、废名的黄梅、汪曾祺的高邮等，他们的作品都和自己的那片土地有关而得到了永存。此外，某个地方文化的变化，还和当地的移民有关，移民或接纳或改变当地的文化。历史上的北魏孝文帝迁都洛阳后，便积极推行汉化运动："禁胡服""断北语""通婚姻""改姓氏""重文教"。正如《四川通志》卷首序对此作的描述："其民则鲜土著，率多湖广、陕西、江西、广东等处外居之人，以及四方之商贾，俗尚不同，情性各异。"在我国历史上，多次大规模的移民，不同地域背景和特色的文化一次次地汇聚、升华，相互融合，相互促进，最终凝结成不朽的中国特有的传统文化。

1. 地域文化的特征

(1)独特性。地域是不能复制的，独特的自然地理环境孕育了各地独一无二的地域文化。以饮食文化为例，在我国四川、湖南、贵州等西南地区，那里一年四季特别是冬季阴冷潮湿，而辣椒有除风祛湿、散寒健胃的功效。于是，当地居民逐渐养成吃辣椒的习惯，久而久之，造就了西南地区喜"辣"的饮食文化。民间盛传湖南人不怕辣、贵州人辣不怕、四川人怕不辣之说，就是指的这种特殊饮食文化现象。而黄土高原及其周边地区的水土中含有大量的钙，因而食物中钙的含量也相应较多，如果多吃醋等酸性食物，既可以有效减少结石等疾病，还可以调节食品的味道。于是，这里的人们也就渐渐养成了喜"酸"的习惯，由此出现了山西人独好"醋"的饮食文化。比起北方来，南方多雨，光热条件好，盛产甘蔗，蔬菜更是一年几茬。南方人被糖类包围，自然也就形成了偏嗜"甜"的饮食文化。尤其是无锡、苏州一带，偏好甜食，炒菜放很多糖，包子的肉馅里也放很多糖。可见，地域文化的确具有"独树一帜，独领风骚"的特性。

(2)标志性。地域文化具有明显的标志性特征。地域文化的命名往往都有着深远的人文意义，与当地的地理、历史、人文、经济和社会发展等有着或多或少的内在联系。比如《中华文化通志》中的"地域文化"所述十大地域，如秦陇文化、中原文化、晋文化、燕赵文化、齐鲁文化、巴蜀文化、荆楚文化、吴越文化、闽台文化、岭南文化。这些地域文化的命名，都具有明确的地理或历史标志性特征。有些以当地主要的地形地貌来命名，有些与当地的山或水有关，有些与当地的历史有关。一个地区人文地理遗存越多，它的地域文化标志意义就越大。因此，地域文化不仅彰显着一种凝聚力、亲和力，成为一种牵动乡土情怀的标志，更成为表明当地历史厚重与否的特殊文化印记。

2. 地域文化的载体

地域文化的载体，是指在地理环境的影响与制约下，形成的与地域自然、人文环境相适应的各种物化的和精神的文化形式。它集中地体现在以下七个方面：

(1)方言。方言是在一定地域通行的，同共通语有所差异的话。人类各种群落的社会生活都是在特定的地理环境中展开的，不同的地理环境决定了不同的社会生活，反映在方言中则形成不同词汇手段的称述。比如，在高原地区有塬、梁、沟、峪、峁，在丘陵地带有墩、坑、坂、坡、坪、崙，在沿海有岛、屿、礁、港、角、洲、澳。一般情况下，一定的地域特征形成了方言，同时也形成了地域文化。方言是地域文化最重要的载体。

(2)饮食。主要是指民间的日常饮食。由于中国幅员辽阔，各地的地形、地貌、气候等千差万别，就产生出成千上万种天然食料，这就为各地、各民族饮食习惯的形成打下了坚实的物质其础。受地理条件制约的气候、物产等，对各地人们的饮食制作工艺、食品特征及口味、饮食习惯产生了巨大的影响，从而产生并发展为众多的风味流派，如鲁菜(包括京津等北方地区的风味菜)、苏菜(包括江、浙、皖地区的风味菜)、粤菜(包括闽、台、潮、琼地区的风味菜)、川菜(包括湘、鄂、黔、滇地区的风味菜)等。这些带有浓郁地域色彩的饮食便成为了地域文化的重要载体。

(3)民风民俗。就拿婚嫁风俗来说，每个地域都有其特殊、有趣的嫁娶仪式。比如，北京一带有新郎虚箭射新娘、同房先要吃饺子的婚俗，安徽一带有前夜新郎宿女家、新娘新郎换鞋的婚俗，上海一带有新娘换鞋离娘家、一路红伞到夫家的婚俗。维持一种风俗或礼仪需要物质条件和经济实力，平时往往难以保持。但每逢婚丧嫁娶或节庆，人们会不惜工本，最能体现地方特色。

(4)民间信仰。中国人的宗教观念相当淡薄，而民间信仰却非常浓厚。民间崇拜的对象一般都与当地的物产、利益有密切关系，因而长盛不衰。例如，成都平原地区的人们信仰二郎神，杭嘉湖地区信仰蚕丝娘娘，我国的东南和台湾、澳门及香港等沿海地区信仰妈祖。民间信仰也是地域文化的重要载体。

(5)民居。以秦岭-淮河一线为界，我国南北方因地理环境和气候条件大不相同，传统的建筑风格也存在着明显不同。如内蒙古的蒙古包，山西、陕西的窑洞，西南地区的吊脚楼等。民居有强烈的地方特色，是地域文化的载体之一。

(6)音乐。一方水土养一方人，一方水土更养一方歌。正如《汉书·地理志》中所言：“刚柔缓急，音声不同，系水土之风气。”不同的地形、地貌，不同的气候类型，塑造着人们不同的气质、性格和情感，影响着人们对音乐的理解和审美情趣，进而造就出不同风格的音乐。如我国北方人所处的地区，四季分明，冬季寒冷，北风刚烈、土地干燥。这里的人喜欢听声音刚直、有棱有角、音调变化幅度大、风格豪放粗犷的民歌和戏曲。如东北的二人转是“浪”，陕西的秦腔是“吼”。南方因其气候温和，年温差变化较小，加之雨水多、水网密布、景色秀丽，人们则偏重于喜欢声音线条平缓、变化幅度较小，音调细腻、委婉、抒情的民歌戏曲。如柔美的越剧、细腻的昆曲、雅致的评弹等。可见，音乐也是地域文化的载体。

(7)服饰。由于地理环境、气候条件的巨大差异，不同环境区域中人们的服饰也各具特色。如黄土高原地区属于典型的温带大陆性季风气候，且多风沙，这种气候影响着该地特殊服饰文化的形成。在沟壑纵横的黄土高原，冬天人们穿着老羊皮袄，头上裹着白羊肚手巾。夏季白布的“尕汗褡儿”，青布的“黑夹夹儿”，是这一地区典型的服饰。穿老羊皮袄不仅因为它能起到保暖御寒的作用，而且因为这里生态脆弱、土地贫瘠，人们只能以养羊为生，所以选用羊皮做衣料；而头上的白羊肚手巾既能防风沙，又能擦汗水。夏季这里炎热，白布的“尕汗褡儿”、青布的“黑夹夹儿”，颜色不易吸热，让人感觉清爽凉快。在中国，服饰有时代表着不同的民族，有时代表着不同地域的人群，也是地域文化的载体。

二、地域文化的划分

地域的界定本身很复杂、困难。因而，建立在地域基础上的地域文化划分也很复杂。这里从中国现代自然地理区域划分入手，简述不同的地域文化。

1. 底蕴厚重的河洛文化

(1)河洛文化简述。

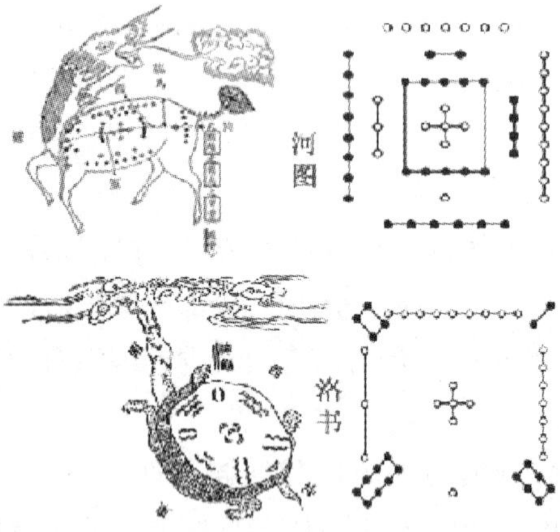

图 1-3 “河图洛书”

河洛指的是黄河和洛河。河洛的地域是以河南洛阳为中心，西至潼关、华阴，东至开封，南至汝颍，北跨黄河而至济源等地。概言之也就是今天河南省的大部分地区。河洛地区南为外方山、伏牛山山脉，北为黄河，西为秦岭和关中平原，东为豫东大平原。这地方北通幽燕，南达江淮，雄踞于中原，为“天下之中”(《史记·周本记》)，即所谓“中国”(西周何尊铭文)，是古代中国东西南北的交通中枢，地理位置十分优越。黄河与洛水的交汇，化育出肥沃的土壤、适宜的气候，成为先民较早的栖息地，是中华文明最初形成的地方，也是中国古代社会生产力最为发达的地方。

河洛文化是产生在河洛地区的地域性文化，是历史上生活在这一区域的劳动人民所创造的物质文明和精神文明的总和。河洛文化发迹于古史传说的原始社会，包括原始社会的彩陶文化(仰韶文化)和河南黑陶文化(龙山文化)，以及代表河洛人智慧的《河图》

《洛书》，还有炎黄始祖文化等。从夏代到秦统一是它的发展期，它主要包涵夏、商、周三代文明，还有春秋战国时期以老子、鬼谷子等为代表的诸子百家文化。秦汉至隋唐时期是它的繁荣期，这一时期最为璀璨夺目，它包括秦统一后，以洛阳为中心的皇都文化，主要有汉代经学、魏晋玄学、道教文化、佛教文化等，以及在政治中心和经典哲学影响下的史学、文学、科技、艺术、教育等。

(2)河洛文化透视。

河洛文化作为一种地域性文化，有其独有的地域文化特征。河洛先民在衣着方式、饮食习惯、民居建筑、生产工具、婚姻形式、墓葬类型、图腾崇拜等方面，创造并形成了具有自身特色的民俗文化。

河洛地区方言的特点是简约质朴、含蓄幽默，能听懂普通话的人都能听懂。这个区域的人说话字正腔圆，每个字都发音到位，庄重其事。比如河南人一高兴，爱说“带劲儿!”。最能代表河南话的一个字就是加了拖腔，添了长音，再拐了点弯儿的那一声“中——”。

在饮食习俗方面，河洛地区仍保留着因农耕经济而形成的特征。河南的菜肴重实在、丰富，不重花样，素油低盐，调味适中。河南人爱吃用酵母或“面头”发酵的麦面馒头。民间有“烙馍省，蒸馍费，常吃油馍要卖地”的俗语。烙馍既节省又方便，面粉掺水一揉，铁鏊子一支，边烙边吃。一个手快的妇女可以供上五六个人吃饭。吃时拿起一张烙馍，左手一托，右手夹些菜往上一放，两手噌噌一卷，吃起来别有风味。这就叫烙馍卷菜。油馍分为两种，一种为油炸的，农户人家不常吃。另一种就叫烙油馍，做法同烙馍差不多，只是比烙馍厚很多，内抹有油、椒盐、葱花等，吃起来松软、咸香，是招待客人的佳品。

河南豫剧最早的诞生地是在河南的腹心地带——开封和周围各县。开封属于河洛文化区，这里大气磅礴的历史和深厚的文化积淀，形成了豫剧激情洋溢的乐舞风格。豫剧是河洛地区孕育出来的一朵艳丽的艺术之花，是河洛文化精神在具体文化艺术门类上的体现，是我国四大剧种之一，也是我国最大的地方剧种。豫剧以唱见长，吐字清晰，极具口语化，易被观众接受。豫剧唱腔流畅、节奏鲜明，富有阳刚之气，具有极大的感染力，显示出特有的艺术魅力。2006年，豫剧被列入第一批国家级非物质文化遗产名录。尤其是《花木兰》《朝阳沟》等剧目，在河南更是妇孺皆知，人人张嘴就能唱上几句。

2. 崇尚伦理的齐鲁文化

(1)齐鲁文化简述。

“齐鲁”缘起于先秦齐、鲁两国，是齐、鲁两国的合称，地域相当于今天山东东北部和东南部。所以“齐鲁”就成了“山东”的代名词。齐鲁大地这方“水土”有许多特别之处。一是区位特别：黄河从这里入海。黄河是中华民族的母亲河，黄河文化是中华民族文化的一个重要组成部分，是中华民族文化中一个代表性的符号。山东拥有独特的黄河入海口奇观，这里有中国最完整、最广阔的湿地生态系统。二是气候特别：它地处北温带季风气候区，春、夏、秋、冬四季分明。三是地形特别：它地形多样，山地、丘陵、平原、洼地、湖泊、海洋一应俱全。齐鲁大地海拔千米以上的高山有六座：泰山、徂徕山、鲁山、沂山、蒙山、崂山。其中前五座属于泰沂山系。海拔最高、面积最大的泰沂山系巍然矗立在山东全省中部。山东有山就有水。因为泰沂山系居中，河水便通过无数河道往北、西、南三面流淌。往北有孝妇河、淄河、弥河、潍河等，往西有大汶河、泗河、白马河、薛河等，往南有沂河、沭河等。这些流淌了数亿年的河流，造就了北、西、南三大片山麓平原。山麓平原最大的特点是土层厚、土地肥、水资源丰富、水质好。济南趵突泉群、章丘百脉泉群、临朐老龙泉群、泗水泉林泉群等都出在山麓平原上。齐鲁大地东临大海，而大海既是一道天然保护屏障，也为人类在衣、食、渔、盐、交通等方面提供了便利。地理环境的诸多优势，带来民族的融合、文化的融合，为产生博大精深的齐鲁文化创造了条件。

(2)齐鲁文化透视。

山东话是山东人独有的文化遗产。山东话属于北方话，山东胶东半岛的城市说话发音和东北的大连话相当接近，一般人都能听得懂。但潍坊等内陆城市，其地方方言就有些晦涩难懂了，其在发音上就具有自己独特的风格。因此，山东各地的语言习俗可以用“五花八门”来形容。从山东济宁、菏泽沿着运河往北走，一直到聊城，方言土语几乎都差不多。但是，从济南往东走，一直到青岛、烟台、威海，几乎每个县的方言土语都不相同。在称呼上，也是五花八门。鲁中鲁北管小姑娘叫小妮或小妮子，大姑娘叫大妮或大闺女；青岛则把小姑娘称为小嫚，大姑娘称为大嫚；沂蒙山区把未婚女青年称为识字班，把已婚妇女称为妇救会。鲁西北、胶东管父亲叫“爹”，沂蒙山区多数地方却叫“爷”。山东多数地方管祖母叫“奶奶”，潍坊一些县市却称为“嬷嬷”。

图 1-4　山东快书中的武功架子

整个山东几乎都喜欢大饼卷大葱，那叫“大葱蘸酱，越吃越壮”；喜欢白菜炖豆腐，那叫“白菜豆腐保平安”。要改善生活，那就烙大饼、卷大葱。山东民间甚至认为皇宫和上层社会也喜欢大饼卷大葱。鲁西南有一出传统戏中就唱道：听说那老包要出京，忙坏了娘娘东西宫，东宫娘娘烙大饼，西宫娘娘卷大葱。

山东快书是山东人的“活广告”。“当里各当，当里各当……闲言碎语不要讲，表一表好汉武二郎……”带着浓浓的乡音韵律，山东快书一度风靡大江南北。质朴、粗犷、豪爽、幽默、诙谐，山东快书的北方地域特征十分明显。有人说，山东快书是从河里来的，这条河指的就是京杭大运河。山东临清、济宁都是大码头，南来北往的客商云集于此，他们需要精神文化生活，而且他们有雄厚的资金和实力，养得住艺人。临清、济宁一带又是梁山好汉的故乡，武松的故事广为流传，为艺术创作提供了丰富素材，使得以《武松传》起家的山东快书应运而生。这也是山东快书风靡全国、经久不衰的原因。山东快书常常体现出“仁者爱人”“修身养德”“忠孝之道”“重本轻末”等思想，为山东精神文明建设起到了一定的引领作用。

3. 开放融合的荆楚文化

(1)荆楚文化简述。

荆楚位于中国内陆中部偏南地区，处于南北过渡地带，气候适中，植被丰富，物产多样。其地域范围大致以今天的湖北省行政区划为主，故湖北人往往将本省称为“荆楚大地”。荆楚地区有着地形复杂、气候多变、山川怪异的特征，生活其间的人们易于产生奇幻的感觉、神秘的猜测、奇异的遐想，使得神秘与浪漫成为荆楚文化的鲜明特征。荆楚之地沟通南北，连接东西，地理上的居中地位使荆楚地方在文化上有着接纳四方、多元共存、交融汇通的特征。

(2)荆楚文化透视。

悠久而深厚的荆楚文化使这个地区的人们获得了较高的文化素养，如果听到诸如“你未必真的不晓得”“吃饭莫敲筷”“果不其然”“奈他不何”之类用语，大可不必以为是出自文人墨客之口，实际上这些都是老百姓随口说出的荆沙地区方言。当地人说人不精明为“不清白”“不清汤”，指作风、品质不好为“打皮绊”“搬阴砖”，说不务正业是“流打鬼”“鬼打架”，说话办事没分寸是“不照把”，出洋相为“掉底子”，说话办事糊涂的人被称为“二黄八调”，说话不照理的叫“无章打野”，纠缠不清叫“扯皮拉筋”，行为出格叫“侧头侧脑”，可怜样子是“造孽巴煞”。荆楚区域内的方言展示了荆楚人民在语言艺术上的创造精神，也充分展示了荆楚民众语言的文化魅力。

图 1-5　荆楚建筑风貌

荆州“居三楚要害，为七省通衢”，既是古代兵家必争之地，又是我国南北交通要冲，人口流动性很大。历史上由于政治、军事、社会动荡或变革产生的正常与非正常的几次大的移民现象，都造成荆楚方言与外部方言的交流与互渗，使之呈现出“南北兼容”的多样化特点。

民歌在荆楚大地广为传唱，种类繁多，有田歌、号子、山歌、情歌、灯歌等数十种，内容十分丰富。屈原创造的举世闻名的《离骚》，其骚体形式就是从民歌的“楚声”学来的。荆州各地自古就有用民歌表现婚礼仪式的习俗，如江陵的《拜堂歌》、监利的《撒床歌》、石首的《闹洞房》等至今仍广为流传。此外，在荆州唱孝歌也很普遍。遇有丧事，歌师傅就到丧家点灯设像，伴棺守夜，边跳边唱，称为“跳丧舞”。后来改为围桌坐唱，称为“坐丧鼓”。

荆楚建筑在形式上比较有特色，这与湖北的地理位置、气候特征有关。荆楚地区因为气候湿润、水域面积较多，建筑上就形成了高台阶、宽屋檐、大坡顶、多样式山墙等特点。

4. 海纳百川的吴越文化

(1)吴越文化简述。

“吴越”一词，始自春秋时代，当时位于此处的两个强国——吴国(约在今江苏一带)和越国(约在今浙江一带)，都因曾成为中原的霸主而闻名于世，后人便以“吴越”来称呼这个地方。具体包括今天的浙江、江苏、上海、安徽南部及福建北部等地区。吴越位于长江下游，是著名的水乡。这里雨量充沛，河网纵横，气候温和，土地肥沃，农业发达。所以，吴越文化从某种程度上可以说是水文化，表现为对水的需要、依赖、利用和与水的搏斗。防水而造堤坝，征服水而筑桥梁和造舟楫，而农耕则需要和仰赖不息的水源。吴越地区的一湖(太湖)、两江(长江、钱塘江)、两海(黄海、东海)无疑是吴越文化之母。所以太湖便有“包孕吴越”之称。到明清时期，沿海的地理优势充分显露出来，商业贸易迅速发展，城市变得更加繁荣，经济、文化飞速发展，逐步取代了中原成为中国的经济文化重心地区。

(2)吴越文化透视。

以“吴侬软语”为特征的吴语，是汉语七大方言之一，独特的语言文化系统，强化了这里的区域文化特征。吴越文化风格细腻、恬淡、婉转、雅致、清新，与北方各区域文化形成鲜明的对比。“吴侬软语”最大的特点就是“软”，这种发音方式有些低吟浅唱的感觉，这份柔软从女孩子嘴里倾吐出来更是动听。

昆曲根植于吴越文化的沃土，是戏曲中的雅品，属于“阳春白雪”。昆曲以曲词典雅、行腔宛转、表演细腻著称。昆曲被誉为“百戏之祖”，其重要原因就在于吴文化的孕育和滋养。昆曲典雅、流丽、悠远、轻柔、妙曼的戏曲声腔，与吴文化相吻合。

5. 古老神秘的巴蜀文化

(1)巴蜀文化简述。

“巴蜀”是一种特定的称谓，如今可简称为蜀。但在战国以前，巴与蜀是分称的，泾渭分明。“巴”的古义为“吞食大象的巨蟒”，中心区域为川东、鄂西地区，涵盖陕南、汉中、黔中和湘西等地；“蜀”的古义为“葵中之蚕”，主要地理位置涵盖四川盆地中西部平原地区。巴蜀的核心区域即为如今的重庆市和四川省。蜀文化以成都为中心，包括四川盆地西部及陕南、滇北一带，巴文化活动于四川盆地东部及附近地区。

巴蜀文化有着悠久的历史和鲜明的地域特征。巴蜀山川，自古有雄险幽秀之称：峨眉天下秀，青城天下幽，剑阁天下险，夔门天下雄。九寨沟山水的灵秀、黄龙山水的瑰丽，熊猫世界的趣、恐龙世界的奇，是今日巴蜀地区的鲜明特色。四川盆地虽为高山和高原所环抱，但山原之间的若干河谷却成为巴蜀得天独厚的对外交通走廊。盆地的西部是岷江、雅砻江、大渡河和金沙江流域，它们穿行于横断山脉之间，其中可通行的河谷，成为古代羌氐民族迁徙的南北走廊。盆地的东部有长江三峡作为出口。盆地北部既有剑门蜀道(金牛道)直通秦陇，又有嘉陵江河谷直通汉中，而盆地以东的清江流域又北与江汉平原相通，南与湘西山地相连。正是这样的地理特点，自古巴蜀先民就兼容了南、北、东、西文化，使四川盆地成为荟萃农耕、游牧文化的聚宝盆。

巴蜀文化是中华文化中的一朵奇葩，其神秘性和奇异性，很早就引起了人们的注意。历代文人墨客无不感叹这块神奇的地方，李白就曾在《蜀道难》中感叹道："蜀道之难，难于上青天!"这里"巴蜀同囿，肇于人皇"，文化悠久而独立，传承五千年连绵不辍。这里有"九天开出一成都，万户千门入画图"的成都与"海棠香园，风月主人"的古嘉州等历史名城，被巴蜀人建设得如金雕玉琢般。这里拥有栈道、笮桥、巢居和梯田四大特色，是世界少有的以成都平原的林盘文化为特色的巴蜀乡村文化的衍化地。

(2)巴蜀文化透视。

巴蜀方言即四川话(包括了重庆话、成都话、川南话、川北话等)，是四川和西南地区人们使用的通用语，属于西南官话。四川方言历来以成都语音为标准语音，四川方言词语在基本词汇中占有较大成分。四川话与普通话相比，大部分地区语音没有"平舌与翘舌"之分，基本上把翘舌字读成平舌音，"智商"[zhi shang]读"字桑"[zi sang]，"超市"[chao shi]读"操肆"[cao si]，"支持"[zhi chi]读"资瓷"[zi ci]。这样也就难怪北方人要说四川话"si、shi 不分"。巴蜀方言与北方话在发音上有很多不同之处，听起来悦耳动听，别有一番风味。

川菜历经千年，迄今已有 3000 多个品种，数百种名菜。川菜之味以麻辣见长。四川火锅因其独特的食用方式和丰富的口感享受火遍大江南北。四川回锅肉咸中带甜、微辣醇鲜、味浓而香。俗话说"入蜀不吃回锅肉，等于没有到四川"。鱼香肉丝这道菜，没有鱼却有鱼味。麻婆豆腐形整而不烂，在雪白细嫩的豆腐上点缀着棕红色的牛肉末和油绿的青蒜苗，外围一圈透亮的红油，如白玉琥珀，具有麻、辣、烫、嫩、香、鲜的独特风味。成都小吃品种繁多，从各色小面到抄手包饺，从糕饼汤团到筵席细点，从凉拌冷食到热饮羹汤，从锅煎油烙到蒸煮烘烤，堪称花色品种琳琅满目，甜咸酸辣各味俱全。

川剧，是四川文化的一大特色。川剧中有一种绝活——变脸，更是被称为"国粹"，是门独特的艺术。1987 年，文化部正式发文，将川剧变脸艺术列为国家二级机密。为了揭示剧中人物的内心及思想感情的变化，川剧变脸艺术家们把不可见、不可感的抽象的情绪和心理状态变成可见、可感的具体形象——脸谱。演员通过身法、手法，在瞬息之间让一张张活脱脱的面孔百般变幻。眨眼、挥手，转身之间变幻出赤、橙、黄、绿、青、蓝、紫等各色脸谱。这种变脸艺术为剧情增添了神话色彩，让人不禁拍手叫绝。

6. 视野开阔的岭南文化

(1)岭南文化简述。

岭南，位于中国最南部，地处我国南疆边陲，北回归线两侧，为亚热带季风型气候，是我国南方五岭(大庾岭、骑田岭、都庞岭、萌渚岭、越城岭)以南地区的概称。五岭以南，以广州、澳门、香港为核心，两广地区和海南地区为它的基本区域。岭南气候湿热、山水秀丽、层峦叠翠，长年繁花似锦。岭南濒临沧海，环境风物别具特色，如人间仙境。

岭南文化就是具有岭南特色的中国文化。它是五岭线以南地区的劳动人民在生产生活和社会活动中孕育、创造和发展的文化，其特质和风格与岭南的地理环境息息相关。岭南地区北高南低、背山面海，形成了与内陆相对隔绝的地理格局，加之古代交通落后的情况，北面的山和南面的海对岭南与外界起到了明显的阻碍作用，又使岭南像个世外桃源。由此决定了岭南文化的保守性和原生性。水系交汇的扇形地理格局又造就了岭南海洋文化的开放性。岭南许多港口成为海上丝绸之路的始发港，于是铸造了岭南文化的海洋特性：以海为商，通过海洋跟海外国家和地区从事商业贸易。要做贸易，就要跟海风、海浪进行斗争，这就需要人有胆识、智慧、勇气。岭南人积极向上、敢于冒险，有竞争意识和市场意识。所以岭南人的商品意识、价值观念、时尚观念等就完全不同于中国内陆人。尤其到近代，岭南成为中西文化交流的重要桥梁，多种文化思潮交错又使岭南产生出了以康有为、孙中山等为代表的近代中国史上的一代风云人物。

(2)岭南文化透视。

岭南方言是汉语体系中与汉语差异最大的方言，其方言区内部的地方话也有很明显的不同。粤语是广东和整个岭南地区使用最普通的汉语方言，是岭南文化的载体。除了粤语，这个地区还有客家话和闽语两大方言。粤语的形成十分复杂，具有明显的“移民”色彩：既有古越族、南方少数民族和古汉语的基本成分，又夹杂着相当成分的客方言、闽方言、湘楚方言、赣方言，同时还有一定数量的现代汉语、英语和东南亚语成分。因此，有人称粤语为“鸟语”，难学难懂。

岭南饮食文化的发展，和岭南特有的地理环境分不开。岭南中部有北回归线穿过，故气候温和，日照时间长，雨量充沛，十分有利于农业、养殖业的发展。岭南地区可猎、可耕、可渔，山珍、海味、粮食、蔬菜、水果等为岭南饮食文化的发展提供了丰厚的物质基础。岭南虫、蛇、鱼特别丰富，唾手可得，由此养成了岭南人喜好鲜活、生猛的饮食习惯。岭南盛产甘蔗，甘蔗既是水果，又是制糖的原料，无疑为“北咸南甜”饮食风格的形成创造了条件。粤菜用料庞杂，选料精细，技艺精良，清而不淡，鲜而不俗，嫩而不生，油而不腻，是中国八大菜系之一。

岭南画派、粤剧、广东音乐被称为“岭南三秀”。岭南画派是中华民族绘画史上的一个重要流派，注重写生，融汇中西绘画之长，以革命的精神和强烈的时代责任感改造中国画，并保持了传统中国画的笔墨特色，创制出有时代精神和地方特色，气氛酣畅热烈，笔墨劲爽豪纵，色彩鲜艳明亮，水分淋漓、晕染柔和匀净的现代绘画新格局。

图 1-6　岭南建筑

岭南建筑及其装饰是我国建筑之林中一枝奇葩。岭南建筑在功能上具有隔热、遮阳、通风的特点；建筑物顶部常做成多层斜坡顶；外立面颜色以深灰色、浅色为主。岭南建筑布局、装饰的格调十分自由和自然。由于气候温和，人们的活动空间向外推移，因而露台、敞廊、敞厅等开放性空间得到了充分的安排，形成岭南建筑装饰空间的自由、流畅、开敞的特点。

实际上，在中国还有很多范围更小的地域文化。这些地方由于某些特定的地理地貌特征或者气候特征，很难与外面的世界交流，所以就形成了一个个支离破碎的小块地域。生活在这里的人们长期处于相对封闭的状态，所以就和前述的地域一样，逐渐形成了独特的风土人情。千差万别的地域文化就这样产生并流传至今，在此略而不叙。

三、研究地域文化的意义

地域文化历经千年的洗礼，早已成为中国传统文化不可分割的组成部分。在我国历史上，地域文化为当时、当地经济、政治和社会的发展提供了精神动力和文化支撑，产生过一定的经济效益和社会效益。自觉传承与发展优秀地域文化，不仅是保护祖国优秀文化传统的重要手段，而且对当今的经济和社会发展具有重要意义。

1. 有利于实现文化自信、文化自觉和文化自强

“文化自信”就是对自己的优秀文化传统有一种发自内心的尊敬、信任和珍惜。“文化自觉”是对我们的文化传统有深刻的认知，对其规律和趋势有正确的把握，对发展优秀文化的责任有主动自觉的担当。也就是说，文化自信与自觉，包含着对长期积淀下来的优秀地域文化的熟悉与热爱，也包含着对优秀地域文化的弘扬和发展。我国著名社会学家费孝通先生认为，生活在一定文化历史圈子的人对其文化有自知之明，并对其发展历程和未来有充分的认识。这就是自信，这就是自觉。无论是一个国家、一个民族，还是一个区域，只有深刻理解本地文化的内涵和特质，只有对自身文化的价值有充分的肯定，并对这种文化价值的生命力抱有坚定的信念，才能产生自信和自觉。抛弃传统就等于忘掉了祖宗，丢掉根本就等于割断了自己的精神命脉。因此，我们一定要自觉传承与发展优秀地域文化，对本地的优秀文化不断进行科学梳理、精心萃取，深入挖掘和提炼其有益的思想价值和文化价值，使之不断发扬光大，成为涵养民族精神的不竭源泉。

自觉传承与发展优秀地域文化，才能真正走向文化自强。如今的世界正变得越来越小，日益像一个“地球村”，不同文化的交流、交融、交锋比以往任何时候都更加频繁。在这样的形势下，我们更要以理性、科学的态度正确看待我们的地域文化，正确对待外来的文化。在对待中国传统文化的问题上，我们既不能厚古薄今，也不能崇洋媚外。只有这样，才能形成自己独具特色的民族文化，从而创造更加辉煌灿烂的中华文化。一句话，就是不忘自己的文化，学习外来的文化，展望未来的文化。

2. 有利于地域文化遗产的保护与光大

地域文化中有许多很有名气的，甚至是“独树一帜”“独此一家”的文化珍品，这些都是不可复制的、珍贵的文化遗产。只有认识到地域文化在中国传统文化中的地位和重要性，才能自觉传承与发展地域文化，对地域文化遗产进行有效的发掘、保护和弘扬。

地域文化遗产的传承与发扬事关我们每一个炎黄子孙。对优秀的地域文化遗产，我们不但要发掘、保护，更要培养其传承人。当然，对地域文化的传承也要采取科学的实事求是的态度，对那些低俗的、落后的、腐朽的部分要给予批判、摒弃；对那些高尚的、进步的、积极向上的传统地域文化给予肯定、保护和发扬，使之流芳百世。

3. 有利于推动国家发展和社会进步

不同的地域形成了不同的地域文化。在一定的地域范围，人、文化和环境共同构成地域文化系统。在这个系统中，自然环境是文化起源和形成的物质基础，社会环境是文化演化和发展的动力，而人在其中起到了重要的发明、创造和传承作用。地理环境影响文化的起源和发展；反过来，文化又影响着人类的生产方式、生活方式和政治活动，它通过影响人们的思想观念和行为活动而作用于环境，对国家发展和社会进步起到了重要作用。只有认识到文化对我国的发展所发挥的重要作用，才能更深切地领悟到保护、保存和延续中国传统文化是我们义不容辞的责任。

4. 有利于推进社会和谐

地域文化是中华民族多元文化的外在呈现和丰富内在结构的直接体现，它以自身的特色丰富与拓展着中华文化，是我国各地各民族人民共同创造的劳动成果。研究、挖掘地域文化的深刻内涵和思想精华，不仅可以为培育和弘扬中华民族精神提供丰富的历史素材，同时还能为推进社会和谐提供重要物质基础和精神动力，是促进文化繁荣、社会和谐、民族团结的重要举措。

长期以来，组成中国传统文化的各种地域文化和谐相处、共存共荣，既共同推动了中国文化的繁荣，又保持了自己的特质和个性。它们不会因为表现形态的差异而歧视或消灭其他地域文化，相反，它们还能够容纳和不断吸取其他地域文化的有益素材来发展自己的地域文化。地域文化的发展史就是中华民族的发展史。不同地域文化相互融合、取长补短、共同发展，是地域文化发展的基本规律，也是中国传统文化发展的基本规律。

项目拓展

一、思维拓展

1. 结合课本知识，请你谈谈地域文化形成的原因。

2. 当前伴随全球化的发展，各民族之间的交流和合作日益频繁，你认为中华民族的文化个性能否长期保持？科技要全球化，文化要不要全球化？对此你有什么看法？

二、实践拓展

中国民居邮票自1986年开始发行，共4套21枚，展示了我国各地有特色的民居建筑，你能从这21枚邮票中看出各地民居建筑的风格吗？

参考文献

1. 曾加荣：《中国传统文化概要》，电子科技大学出版社 2005 年版。

2. 徐学初、吴炎：《中国历史文化要略》，西南交通大学出版社 2006 年版。

3. 庞天佑、于卫青：《中外历史与文化概论》，中央民族大学出版社 2006 年版。

4. 曹诗图：《文化与地理环境》，《人文地理》1994 年第 2 期。

5. 殷燕召：《树立文化自觉与自信的理念——访北京大学中文系教授董学文》，《光明日报》2011 年 10 月 12 日 02 版。

第二讲

日出日落作息更：农耕经济

神农氏的传说

在湖北省神农架地区流传着有关神农氏(炎帝)的故事。相传神农氏牛头人身，力大无穷。他不怕吃苦，踏遍神农架的万水千山，筑木为巢，让百姓居住；他攀岩采药，为百姓治病疗伤；他教百姓稼穑、养蚕、纺织、饲养家畜，使百姓丰衣足食；他击鼓弹瑟、创造歌舞，与民同乐；他斗猛兽、惩恶人，弘扬了人间正气……

图 2-1　传说中的炎帝——神农氏

传说一：炎帝是一位慈祥的天神，他出现在世间的时候，大地上的人类生育繁多，仅靠渔猎难以谋生，于是炎帝教人们播种五谷，制作工具，发展生产，人们共同劳作，收获的果实大家平分，感情像一个大家庭般融洽。炎帝又让美丽的太阳发出足够的光和热，孕育五谷生长，使草木繁茂、花果飘香。从此，人们不愁衣食。人们感念他的功德，称他为"神农"。

传说二：上古时期，郃氏的女儿姜嫄，有一天到郊野去游玩，在回家的路上，偶然发现地面上有一个很大的脚印，既惊异，又觉得好玩，便用自己的脚踏在这个大脚印上，哪知姜嫄踏上去后，她的身心仿佛接受了某种神谕，回家不久便怀孕了。她生下了一个男孩，因为未婚先孕，姜嫄就把这个男孩偷偷抛弃在森林里，但他没有死；又把他抛弃在冰天冻地里，他仍然活了下来。姜嫄只好把他又抱回来，给他取了个名字叫"弃"。据说，他就是周民族的祖先。他从小喜欢农业。他做游戏总是喜欢把那野生的麦子、谷子、大豆、高粱以及各种瓜果的种子采集起来，用小手亲自种到地里。后来五谷瓜果熟了，结的果实又肥又大，又甜又香，比野生的强很多。当他长大成人后，他主动教授人们农业种植，他还用木头、石块打造简单的生产工具。他的子孙尊称他为后稷，也就是传说中的"神农氏"①。

项目实训

以自然班为单位，自由组合，每组 2~6 人，明确组长、组员的责任。组长领取任务并分配到每个组员。挖掘专业剧目中有关"男耕女织"的传统剧目与本课相关联的知

① 袁珂：《中国古代神话》，中华书局 1960 年版，第 149~150 页。

识，制作讲稿、收集图片和信息、制作演示文稿，向同学们进行讲解，其他组进行评议，教师对每组发言及时点评，让学生自行总结出每组知识的重点、要素，培养学生创新、合作的学习作风，探求知识和总结规律的能力。

第一节　男耕女织的家庭经济

劳动是财富之父，土地是财富之母，父母结合，就有了财富、赋税、利息……

——英国著名政治家、经济学家威廉·配第

很显然，一个社会经济的正常运行也需要不断从某个地方摄入“营养”。这个营养就是农业。

——法国经济学家魁奈

我国自古就是农业国家，这是我国的自然地理环境决定的。距今约一万年前，我国的先民们在采集植物根茎和种子的过程中，逐渐掌握了野生植物的生长规律，发明了原始农业。原始农业初步发展于长江流域和黄河流域，河姆渡氏族和半坡氏族的原始居民对作物品种优胜劣汰，形成了南稻北粟的格局。此后，农业耕作技术进一步提高，并逐渐向其他地区扩展，农耕文明终于在华夏大地上孕育形成。

一、古代农业

原始农业的耕作方式最初是“刀耕火种”，即用简陋的工具把草木砍倒、晾干，再放火烧成草木灰做肥料，最后用尖木棒点种播种，此时人们还不懂得翻土和中耕。后来，原始农业的耕作方式逐渐由“刀耕火种”发展为“石器锄耕”。在“石器锄耕”阶段，人们不但用石斧来砍伐树木，用石镰、石刀来收割庄稼，还懂得用石铲、石犁来翻土，用石耜、石锄来中耕，这是我国原始农业耕作方式的重要进步。

图 2-2　石斧、石铲、石镰

夏、商、周三代时期，虽然人们继续普遍使用石质农具而不是青铜工具进行农业生产，但逐渐掌握了开沟排水、除草培土、沤制绿肥(绿肥是用作肥料的绿色植物体)和治虫灭灾等技术。农业技术的进步推动了三代经济、政治的发展，比如它使夏朝粮食产量提高，人们用多余的粮食酿酒，于是产生了“仪狄造酒”和“杜康造酒”的传说。农业技术的进步也有利于商朝稳固统治。商朝前期曾因地力耗尽和水患频发而反复迁都；商朝中期以后，这些农业发展的不利因素逐渐得到克服，商朝统治终于稳定下来。农业技术的进步也推动了西周农业生产的发展，当时农作物品种已经十分丰富，黍、稷、麦、稻、梁等作物的名字经常出现在《诗经》之中。

春秋战国时期，铁农具问世。铁农具有利于人们砍伐树木、开垦荒地、精耕细作，更有利于人们开挖水利灌溉工程。中国古代四大水利灌溉工程——芍陂、都江堰、漳河渠、郑国渠都是修建于春秋战国时期，其中的都江堰跨越了千年历史，至今还在为无数民众输送着汩汩清流。

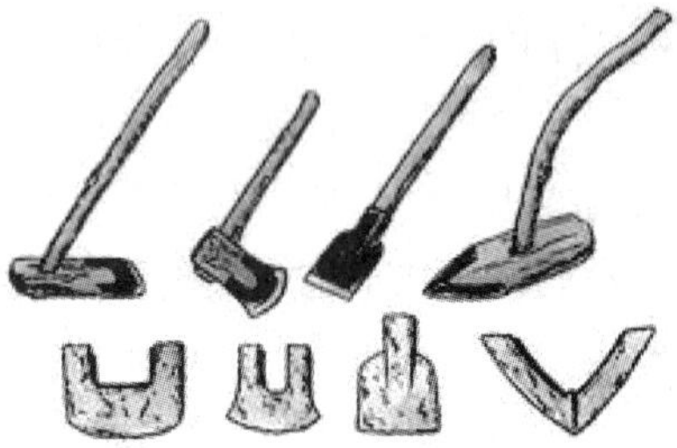
图 2-3　战国时期铁农具

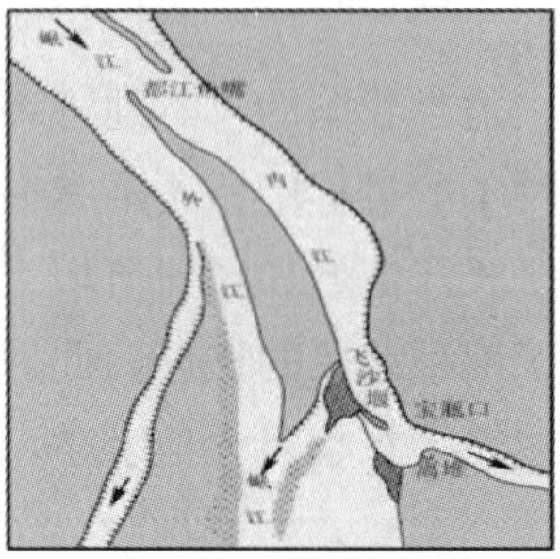
图 2-4　都江堰

图 2-5　铁犁牛耕

春秋战国时期，不但铁农具出现，牛耕也得到了推广，这是我国农业发展史上农用动力的重大变革。当时甚至有人用自己的名字来纪念这一历史性进步，孔子的七十二名高徒中就有一位叫司马耕，又名犁，字子牛；还有一位冉耕，字伯牛。

铁农具的使用和牛耕的推广，表明春秋战国时期我国生产力有了巨大进步，它使原始社会、奴隶社会时期粗放型的群体劳作成为历史，使得精耕细作型的小农经济成为以后两千年封建社会农业生产的主要经营形式。小农经济以家庭为单位，实行男耕女织，恰如南宋范成大《夏日田园杂兴·其七》所描绘的：“昼出耘田夜绩麻，村庄儿女各当家。童孙未解供耕织，也傍桑阴学种瓜。”又如黄梅戏《天仙配》所唱的：“你耕田来我织布，你挑水来我浇园。寒窑虽破能避风雨，夫妻恩爱苦也甜。”这些文艺作品所描绘的自耕农生产积极性高，生活相对稳定，他们洋溢着一种和谐浪漫的幸福感。但实际上，小农经济也有其脆弱的一面。作为封建国家赋税的主要承担者，自耕农的生产规模小，生产资料有限，抵御天灾人祸的能力

图 2-6　黄梅戏《天仙配》

差，他们渴望一个强有力的政权来保护，这正是我国封建社会专制主义中央集权制度不断加强的经济根源，也是我国古代重农抑商政策长期实行的依据所在。

汉朝时期，农业生产有了引人注目的发展，为大汉帝国的强盛和汉民族的形成奠定了坚实的基础。汉朝农业发展主要有三个方面的表现：

第一，铁农具和牛耕更加普及，普及的范围从北方趋向于江南；铁农具和牛耕技术在普及的同时，也有所改进。汉朝农民耕田使用的是直辕犁，西汉时直辕犁的犁辕较长，前面有二牛抬杠牵引，需要三人合作才能顺利耕田，操作麻烦，且耗费劳力；东汉时长辕犁改为短辕犁，只需一牛牵挽，操作方便，且节省了劳力。

第二，种植技术明显提高。汉武帝时搜粟校尉赵过推行“代田法”：在田里挖沟起垄，把种子种在沟里，禾苗长出后，逐渐用垄土培根，直至沟垄平齐，第二年再种时，沟垄互换。代田法有利于作物通风、保墒、固根、获取阳光，也有利于农民在田间劳作。据说赵过还发明了一种叫“耧车”的播种工具，用这种工具播种，能将开沟、播种、复平三个步骤一次性完成，简化了程序，提高了播种的质量和效率。需要注意的是，汉朝时南稻北粟的格局有所变化，即北方人不再单纯以粟为主要食粮，在粟之外，又增加了一种主食，那就是麦。

第三，重视水利兴修和水患治理。西汉政府重视水利兴修，开凿了白渠，沟通了泾水和渭水。浑浊的泾河水通过白渠流往渭河河道的过程中，不但为白渠两岸农田提供了灌溉水源，还奉上了丰富的肥料，使两岸数千顷土地变成沃野。东汉政府重视水患治理，最大的一项工程是王景治理黄河。虽然治河时间只有一年，但投入巨大、治河质量高，使咆哮的黄河安流了八百多年而没有改道，创造了历史的奇迹。另外，东汉时宦官毕岚发明了一种可以在河边汲水的水车——翻车，经过后人的不断完善，它可以用手摇、脚踏、牛转、水转或风转驱动，可以灌溉、排涝，翻车成为流传最为久远的农用水车。

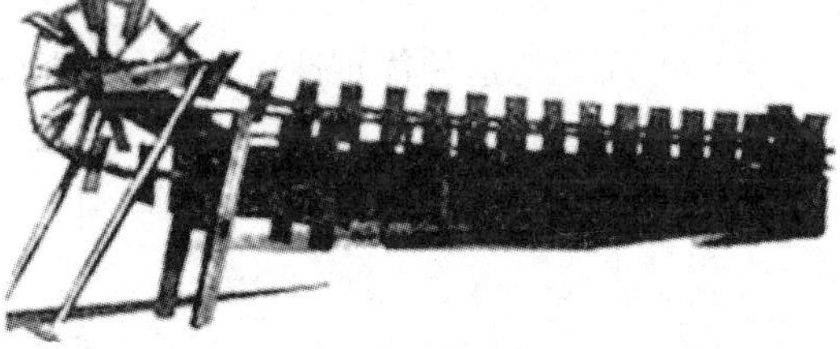

图 2-7 翻车

唐朝是我国古代农业发展的鼎盛时期，唐朝前期连续盛世的出现都以此为基础。推动唐朝农业发展的有两项不朽的发明：

第一，曲辕犁。江东农民从水田生产的实际需要出发，对汉朝以来的短辕犁加以改进，把直辕变为曲辕，犁架变小，重量变轻，便于迂回，操纵灵活省力。增加了犁箭、犁评，可以自由升降，调节深耕或浅耕。这种犁成为当时最先进的工具，是唐代劳动人民对耕犁的重大改革，我国古代的耕犁到唐朝就基本定型了。

第二，筒车。筒车是用竹或木制成一个大型立轮，由一个横轴架起，可以自由转动。轮的周围斜装上许多小竹筒或小木筒。把此轮放置于溪流上，使它下面一部分浸入水中，受水流的冲击，自行旋转不已。轮周围斜挂的小筒，当没入水中时满盛溪水，随轮旋转上升，由于筒口上斜，筒内水不流出，当立轮旋转180度时，小筒已平躺在立轮的最高处，进而筒口呈下倾位置，盛水即由高处泄入淌水槽，流入岸上农田。这对解决岸高水低、水流湍急地区的灌溉有着巨大意义。这种自传不息、终夜有声的筒车，一昼夜可以自行灌溉农田百亩以上，使“人无灌溉之劳而田有常熟之利”，为农业生产的发展起了重要作用。

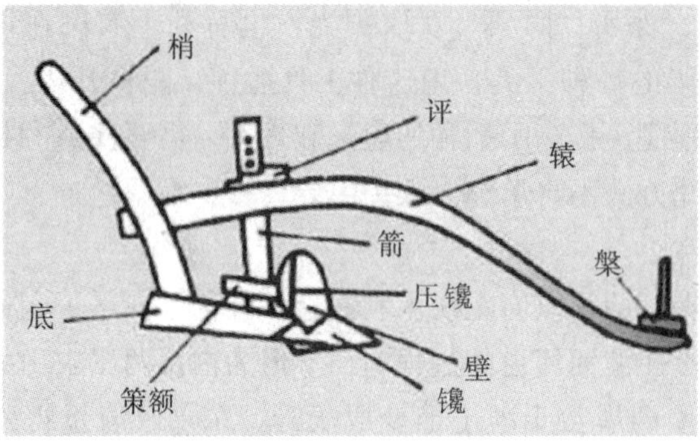

图2-8　曲辕犁

图2-9　筒车

宋朝时期，江南地区的农业生产已经明显超过北方。之所以如此，是因为：第一，北方各民族政权之间兵火不断，而江南战乱较少，于是北民南迁，带去了充足的劳动力和先进的生产技术。这种现象在汉末、三国、两晋、南北朝、安史之乱后、五代十国时期都曾经发生过，这种不断重演的历史情节无疑推动了江南农业的质变。第二，江南气候温暖湿润，各类作物与北方相比一般具有生长期短、产量高的优点，而作物良种尤其是占城稻在南方的推广，使南方农业的这种优越性更加凸显。比如占城稻，最高亩产可达到五六石，与北方亩产仅一石的粟、麦相比，是无可争议的高产作物。南宋时占城稻在苏湖地区集中栽植，使苏湖地区粮食产量迅速增加，产生了“苏湖熟，天下足”的谚语。

宋朝时江南农业超过北方，这一事实说明我国古代经济重心南移过程完成了。虽然我国政治重心并没有随着南移，但是经济重心的南移毕竟使江南地主集团发展起来，他们积极参与政治，力图改革时弊(范仲淹庆历新政、王安石熙宁变法)，成为左右政治发展的重要力量。

二、古代手工业

中国古代手工业起源于原始社会。原始农业产生后，为了加工、盛放谷粒状食物，人们烧制出陶器，制陶业出现了。为了适应气候的变化，人们剥取野麻、葛的纤维或抽取野蚕茧中的丝，把它们捻成线、织成布，以制作衣服，纺织业出现了。原始先民们通过自己的手艺初步满足了吃、穿等生理需求，同时也把自己的心理意识不自觉地融入进去，比如他们有时在原始陶器上绘出具体的动物形象，有时是各种抽象的几何纹样，这些可不只是为了美观和装饰，它们首先反映的是原始先民的各种图腾崇拜，反映的是人们认识自然、支配自然的强烈渴望。抽象的几何纹样则是对图腾形象的逐渐简化和抽象化，在这个过程中美观和装饰的意味才逐渐明显。

图 2-10　半坡人面鱼纹盆

图 2-11　漩涡纹样

夏、商、周三代时期，我国基本上实行手工业官营的制度，官府设立手工业作坊，驱使大批奴隶从事手工业劳动，劳动者世袭其职业，生产武器军用品和官府贵族生活用品。最典型的官营手工业部门是青铜铸造业，它是商周时期中国手工业的名片。青铜是铜、锡、铅的合金，不同类型的器物往往需要不同的合金比例。青铜器的冶铸，包含着一系列复杂的工艺程序，大型器物的铸造还要采用分铸法，比如商朝的后母戊大方鼎，重达 875 公斤，形制宏伟、造型美观，需要两三百人分工合作才能制造成功。

图 2-12　后母戊鼎

图 2-13　吃人的饕餮

青铜是商周时期的珍贵金属，但奇怪的是，它主要不是用来制作生产工具、发展生产力，而是用于制作礼器和兵器。这些青铜器上往往还饰有狰狞的神兽形象，最常见的就是吃人的饕餮。这些沉重、恐怖的器物并不奇怪，它们恰恰反映了统治者独特的政治心理：只有这样，才能体现出自己的武力和尊严，才能体现出自己的统治受命于天，才能让奴隶们在自己脚下战栗和服从。夏、商、周三代时期，我国刚刚跨入文明时代的门槛，而这一步是通过血与火实现的。

春秋战国时期，以铁器的出现和广泛使用为标志，我国生产力获得了巨大发展；而冶铁业的进步，无疑对当时生产力的发展起到了推波助澜的作用。一般情况下，人类炼铁都是从块炼法开始，再逐渐进步到熔炼法。所谓块炼法，是把块状的富铁矿石(含铁量不低于50%)放在炉中烧红，然后拿出来捶打，反复捶打就可成铁；所谓熔炼法，是把富铁矿石放在炉中烧溶，然后导出铁水，铸成生铁。块炼法是在较低炉温(800℃)下的炼铁方法，炼出来的铁杂质多、组织疏松；熔炼法是在较高炉温(1150~1500℃)下的炼铁方法，炼出来的铁杂质少、组织致密。我国冶铁业起步较晚，当中国采用块炼法冶铁时，已经比欧洲晚了500多年；但我国冶铁业后来居上，在世界上率先发明了熔炼法，这反而比欧洲又早了将近2000年。上述我国冶铁业的起步和巨大进步都是发生在春秋时期，由于冶铁技术的巨大进步，我国战国时期的农具和手工业用具已经普遍用铁铸造。可见，冶铁业的进步，的确对春秋战国时期我国生产力的发展起到了推波助澜的作用。

春秋战国时期生产力的发展，推动着我国实现了从奴隶社会向封建社会的过渡。在这场社会大变革的影响下，我国手工业出现了一些新的经营形式：如私营(民营)手工业，它是随着大量手工业者摆脱奴隶地位、获得自由身份而兴起的；如田庄手工业和家庭手工业，它们是随着地主阶级和农民阶级的产生而兴起的。这些手工业形式和官营手工业一起，反映了我国封建社会手工业的基本面貌。其一，我国封建社会手工业具有双重属性：一方面，私营(民营)手工业生产的是交换价值，完全属于商品经济属性，甚至私营手工业者自己兼任商人，实行前店后场式的经营，集生产、销售于一体；另一方面，家庭手工业、田庄手工业、官营手工业生产的主要是使用价值，基本上属于自然经济属性，分别体现了农民、地主、政府和皇室三个不同层次的自给自足要求。其二，我国封建社会手工业讲究数量和质量：家庭手工业和田庄手工业虽然分别属于小农经济和田庄经济的一部分，并不具有独立的地位，但它们为数众多，在数量上居于优势，是我

图 2-14　战国铁双镰范

图 2-15　官工产品上的督造字样(相邦吕不韦)

国封建社会手工业的主体力量；官营手工业和私营手工业要想分别满足政府和市场对产品的苛刻要求，就得不断改进技术、提高质量，因此这两种手工业形式在技术和质量上占据优势，是我国封建社会手工业的主导力量。其三，我国封建社会手工业，除了棉纺织业是家庭手工业一统天下外，大都具有多种经营形式。

汉朝是我国手工业发展的重要朝代。比如蔡伦改进造纸术，使造纸业兴起，两三百年后纸成为中国人唯一的书写材料；冶铁业方面，杜诗发明水排，使冶铁炉的鼓风方式有了重大进步；陶瓷业方面，青瓷烧制成功，完成了从制陶到制瓷的漫长过渡。而汉朝时期享誉世界、堪称我国手工业名片的是丝织业。汉朝丝织业普遍采用家庭手工业的经营形式，《孔雀东南飞》中焦仲卿的妻子刘兰芝就是一位勤劳的家庭织女，她“十三能织素”，“鸡鸣入机织，夜夜不得息”；她不但能织，还善裁剪，时常“左手持刀尺，右手执绫罗，朝成绣夹裙，晚成单罗衫”。汉朝的织女们这么能干，除了天性如此外，还是因为她们普遍使用了远比普通织机进步的提花织机，提花机是中国人的伟大发明，用它可以织出色彩绚丽、纹采复杂的丝织品。

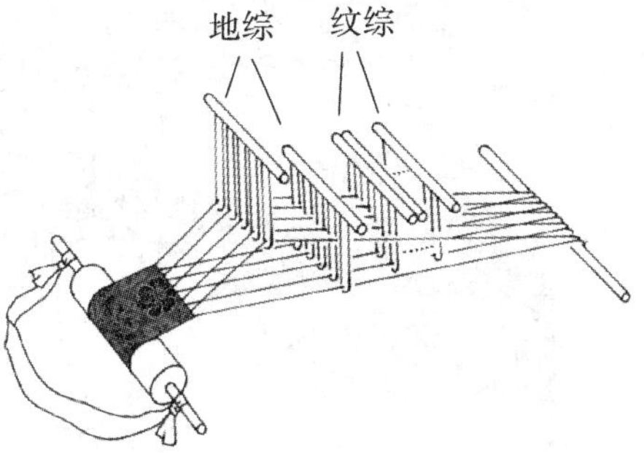

图 2-16　束综提花织机

图 2-17　素纱禅衣

如果说家庭手工业是汉朝丝织业的普遍经营形式，那么官营手工业代表了汉朝丝织业的最高水平。汉朝官营丝织作坊，采用最复杂的工具和技术，制造出豪华的丝织品，如 1972 年出土于马王堆一号汉墓的素纱禅衣，衣长 128 厘米，袖长 190 厘米，但重量仅有 49 克，真是轻如烟雾、薄似蝉翼。

中国精美的丝织品对西方产生了强大的吸引力，在东西方的共同努力下，两条以丝绸为主要贩运对象的商路在汉朝开通，这就是陆上丝绸之路和海上丝绸之路。据史书记载，大秦人（古罗马人）十分喜爱中国的丝织品，公元前 1 世纪，罗马共和国执政官恺撒身穿丝袍出现在剧场曾轰动一时。那时候，身穿中国丝织品衣服，成为罗马社会上层的风尚；相应地，他们把这种风尚的发源地——中国称为“赛里丝”（丝国）。2013 年，习近平总书记提出了建设“一带一路”的战略构想，伴随着构想的实施，古老的丝绸之路必将焕发青春、再现繁荣。

魏晋南北朝时期，我国炼钢技术基本定型。从战国到南北朝，我国创造了一整套炼钢技术，其中比较著名的有百炼钢、炒钢法和灌钢法。钢与铁的主要区别是含碳量，它是生铁与熟铁的中间状态：含碳量超过 2%的铁，其质硬、脆，并因含碳量多而相对疏松，这样的铁称为生铁；含碳量在0.02%～2%之间，其质硬、韧，性能相对平衡，这样的铁称为钢；含碳量在0.02%以下，其质柔软，这样的铁称为熟铁。百炼钢和炒钢法产生于汉朝，所谓百炼钢技术，是指对块炼铁进行炭火加热和反复锻打，使块炼铁中的部分碳渗出、氧化成二氧化碳飞走，通过降低碳含量的方式变成钢；炒钢法，是指把生铁熔化并使劲搅动，使铁水中的部分碳逸出、氧化成二氧化碳飞走，含碳量降低后成为钢。这两种炼钢的方法操作流程不同，但化学原理相同；而且都要注意把握分寸，一旦锻打或搅动过度，使含碳量低于0.02%，就会炼出绕指柔的熟铁，就只能“恨铁不成钢”了。炼钢“过头”，难道真的没有方法“补救”了吗？有。东晋南朝时期，人们想出了一个方法：既然生铁含碳量高，熟铁含碳量低，钢介于两者之间，那么把一炉生铁水灌到一炉熟铁水中，或者把一炉熟铁水灌到一炉生铁水中，再搅均匀，不就是不生不熟、既硬且韧的钢么？根据操作流程，人们形象地把这种炼钢方法称为灌钢法。灌钢法操作简单，是我国古代炼钢技术的重大进步。

图 2-18　汉朝陆上、海上丝绸之路

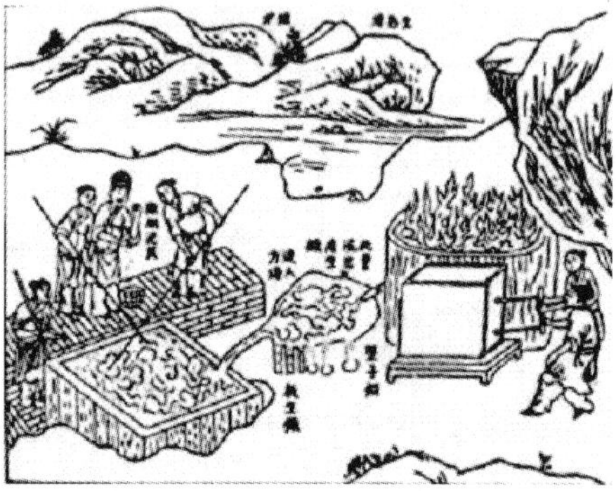

图 2-19　炒钢法

北朝隋唐时期，是我国制瓷业发展的第一个高潮，在这一时期，青瓷独步天下的局面被打破，南青北白的格局逐渐形成。北朝以前，我国制瓷业制造的是青瓷，因为釉料中含有铁，烧成后釉色青绿，称为青瓷。北朝时期，人们把瓷土和釉料中的铁含量降低到1%以下，制成白胎白釉，烧出了白瓷。北方白瓷的烧制成功打破了青瓷独步天下的局面，唐朝时形成了以邢窑（河北邢台）为代表的北方白瓷系统和以越窑（浙江绍兴）为代表的南方青瓷系统，即南青北白的格局。直到五代时期，南方的景德镇也仿烧白瓷，南青北白的格局才被打破。

制瓷业蓬勃发展的同时，古老的制陶业也逐渐发展到顶峰，标志性陶器就是唐三彩。所谓唐三彩，是以绿、褐、蓝等彩色釉料，描画花纹于前期烧成的白色素坯上，再次入炉烧制而成。唐三彩虽然是唐朝厚葬之风的产物，但它以造型生动逼真、色泽艳丽和富有生活气息而著称，同时还吸取了中国国画、雕塑等工艺美术的特点，在世界艺术史上具有重要的地位。

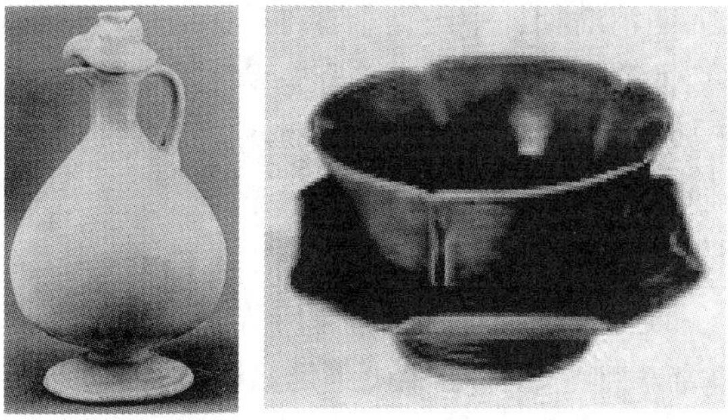

图 2-20 唐朝白瓷凤首瓶和青瓷莲花碗

图 2-21 唐三彩 骆驼

宋朝是我国古代手工业发展的高峰期，无论是冶金业，还是纺织业，与前代相比，在产量上都取得了空前的增长。宋朝造船业首创了水密隔舱技术，是人类造船史上的伟大发明。宋朝丝织业开始用缂丝技术制作高级织物，其珍贵程度堪比黄金。宋朝造纸业继续发展，产生了世界上最早的纸币交子。雕版印刷术虽然早已发明，但在宋朝雕版印刷业才成为普遍兴盛的事业。也恰恰是在宋朝，我国三项重大的手工业技术——活字印刷术、指南针和火药，完成了发明过程。

宋朝的手工业，随便拿出一项来，都是那样的辉煌灿烂、耀人眼目，而宋朝手工业的名片是制瓷业，这是我国制瓷业的第二个高潮。宋朝瓷器分为三类：(1)皇室用瓷。虽然在宋代瓷器中只占少数，但代表了宋代瓷器的最高水平，保存至今的都是国宝。生产御用瓷器的主要是官窑(制瓷业中的官营手工业)，还有一些曾被皇帝钦点、一度烧制过“贡瓷”的民窑(制瓷业中的私营手工业)。宋朝五大名窑，为定窑、汝窑、钧窑、官窑、哥窑。(2)民用瓷。这类内销瓷器主要由定窑、耀州窑、磁州窑、钧窑等北方民窑体系生产，既具有实用性，又具有浓郁的生活气息，宣告了大众“瓷器时代”的真正到来。(3)外销瓷。这类瓷器主要由越窑、龙泉窑、景德镇、建窑等南方民窑体系生产，然后通过海上丝绸之路远销亚非欧。从泉州贩运到欧洲的瓷器，价值竟与黄金相等，从此海上丝绸之路又有了一个形象的称呼——“瓷路”。

图 2-22 哥窑瓷

元明清时期，我国手工业有了新的发展，主要表现有三：

第一，棉纺织业兴起并发展起来。宋末元初，棉花向内地传播，棉纺织业成为新的手工业部门；元朝时期，黄道婆革新并推广棉纺织技术和工具，使长江中下游尤其是松江成为棉纺织业中心；明朝后期，棉布这种比丝绸更便宜、比麻布更舒适的布料，成为中国人的主要衣料。需要注意的是，中国古代棉纺织业的生产效率并不高，所以一直到鸦片战争前，棉纺织业始终都局限在家庭内部，完全采用家庭手工业的经营方式，这一点不但与中国古代的其他手工业不同，也与西方棉纺织业不同，西方棉纺织业是引发工业革命的先导性行业。

第二，制瓷业出现第三次发展高潮。元明清时期，中国瓷器不再是青瓷、白瓷两分天下，而是进入了一个百花盛开、绚丽多姿的彩瓷时代。代表着彩瓷发展水平的景德镇也逐渐独步瓷苑，在明清时期成为全国制瓷中心，号称瓷都。景德镇在宋代就已经崭露头角，但它的真正崛起是在元明清时期，这除了得益于其先天的瓷土条件外，更是由于景德镇瓷窑工人勇于探索，开创了一系列彩瓷生产技术。比如在元代，景德镇创烧出了青花瓷、釉里红等釉下彩瓷名品；在明代，景德镇把青花和釉上彩相结合，创烧出了斗彩瓷器，取釉下彩和釉上彩同处一器、争奇斗艳之意；在清代，景德镇又烧制成功五彩、珐琅彩、粉彩等釉上彩瓷名品。在这些彩瓷名品中，青花瓷无疑居于主要地位，这是因为：青花瓷制作难度相对较小；属于釉下彩易于保存；虽然只有青、白两色，但它充分体现了中国写意画的意境，深得中国人的喜爱。

图 2-23　黄道婆

图 2-24　元朝青花瓷罐“鬼谷下山”

第三，商品经济发展使古代手工业经营形式发生了新变化：

(1)官营手工业极盛而衰。元朝时，蒙古贵族在征服世界和统一中国的战争中，掳掠大批工匠，建立起庞大的官营手工业，然而官营手工业在明清时期走向了衰落。主要原因就在于明清时期我国商品经济发展起来，而官营手工业违背了商品经济发展规律：“匠户”缺乏人身自由，他们身份低下、世袭应役、不得脱籍，严重缺乏生产积极性；实行衙门式管理，官吏贪赃枉法、中饱私囊现象严重；主要目的是满足皇室、官府的自给自足需要，因而生产不计成本，并且浪费很大。

(2)私营手工业后来居上，取得主导地位。明清时期官营手工业衰落的同时，顺应了商品经济发展趋势的私营手工业规模却在日益扩大、数量日益增加，还形成了一系列专业性生产区域。如苏州的丝织业，江西景德镇的陶瓷业，云南、广西等地的铜、铅矿业，佛山的铸铁业等。明朝中叶以后，到私营手工业中出卖劳动力的人日益增多，与官营手工业中工匠严重短缺的现象形成了鲜明对比。比如，明万历年间，苏州丝织业中受雇于私营机房的织工有数千人，是官局的两三倍。清初在苏州复置官局，设机 800 张，织工 2330 名。至康熙六年(1667)缺机 170 张，机匠补充困难，而同一时期苏州民机不少于 3400 张。这些受雇于私营机房的织工分为很多工种，比如缎工、纱工、车匠，但他们都是计日受值，一旦私营机房工作岗位减少，织工的生活就会出现问题。雇佣关系成为江南某些私营手工业生产的普遍组织形式，表明明朝中叶以后我国资本主义萌芽产生了。需要注意的是，明清时期私营手工业虽然取得了主导地位，但它仍然处在封建官府的间接控制之下，资本主义萌芽“还没有力量摆脱封建势力而正常成长起来”①。

图 2-25 《醒世恒言》故事：施复夫妇的机户

(3)家庭手工业出现了从副业向主业发展的趋势。清朝前期，尤其是雍正、乾隆时期，我国人口骤增，人均耕地减少，农民为了维持生存，不得不顺应商品经济发展的时代要求，加大对家庭手工业的投入，家庭手工业出现了从副业向主业发展的趋势。当然，家庭手工业在多大范围内发展成为主业，还难以确知。

三、古代商业

商业萌芽于原始社会晚期，随着生产力的发展，畜牧业和手工业先后与农业分离，社会分工的出现导致物物交换产生，这就是商业的萌芽。物物交换的市场通常设在水井旁边，以方便人畜饮用和清洗货物，于是便有了“市井”的称呼。

夏、商、周三代时期，物物交换日益复杂，于是一些人充当供需双方的中间人，专门买进卖出、组织交换、从中渔利，商人和商业就此产生了。有一种传说，认为商人和商业的产生与商朝有直接关系：商朝曾经是一个强大的王朝，但商纣王的暴政引发了武王伐纣，导致了商朝的灭亡。商朝的遗民为了维持生计，就驾着牛车游走各地进行交换和贸易活动，日子一长便形成了固定的职业。鉴于他们是商朝遗民，周朝人就称他们为“商人”，称他们的职业为商业。在这里我们不考证这个传说的真实性，但有一点是确定的，即这些从事商业活动的“商人”们不可能有完全的人身自由，因为西周实行的是工商食官的制度，商业活动首先要为国家服务、受到官府的控制。三代时期，作为商业的重要组成部分，对外贸易也开始了。《国语·齐语》记载，西周时“越裳献雉，倭人贡畅”。这说明我国当时的对外贸易是以官方贸易的形式开展的。这种官方贸易以朝贡为名义，实行厚往薄来的原则，因而又叫“朝贡贸易”。虽然“朝贡贸易”有违经济规律，带有浓厚的政治色彩，但在我国奴隶社会和封建社会中，它始终存在着。

春秋战国时期，生产力显著发展，我国从奴隶社会过渡到封建社会，社会阶层按照

① 白寿彝：《中国通史纲要(上)》，中国友谊出版公司 2012 年版，第 248 页。

士、农、工、商的分野重新组合。“农”要求把自给自足之外的剩余产品出售，以便交纳租税和维持简单再生产；“士”要求把从农民那里攫取的租税财富换成奢侈品，供自己享乐；“工”专门从事商品生产，只有把自己的产品卖掉，才能维持生计。社会分工的扩大，刺激着我国古代商业出现了第一次飞跃式发展。商人势力的成长，很多城市成为商业中心，以及私人海外贸易的出现，就是春秋战国时期商业飞跃式发展的显著特征。其一，这一时期工商食官制度瓦解，商人获得了独立地位和自由身份，势力发展起来。当时出现了很多著名的大商人，比如春秋时期的弦高、子贡和范蠡，战国时期的白圭、吕不韦等，他们中有的凭借商业财富跻身政坛，有的弃官下海跻身巨富。其二，城市是古代商业发展的主要载体，随着商业的发展，春秋战国时期的很多城市，尤其是各诸侯国的首都，如临淄、邯郸、大梁、郢，都成为商业中心。商业活动在城中的“市”进行，“市”在空间、时间上都比较固定，郑人买履、买椟还珠、毁璞得玉、燕市悲歌、吴市吹箫等成语生动再现了“市”中百态。其三，作为对外贸易的一种形式，私人海外贸易最晚在春秋战国时期就已经出现了。孔子在《论语·公冶长》中说：“道不行，乘桴浮于海。”作为大思想家的孔子当然不是要乘船出海经商，但也从侧面反映出私人海外贸易渐趋普遍。

公元前 221 年，秦统一中国，秦始皇修筑驰道，统一货币，有选择地鼓励私营商业发展。但是由于秦政苛急、暴虐，导致秦朝短命而亡。

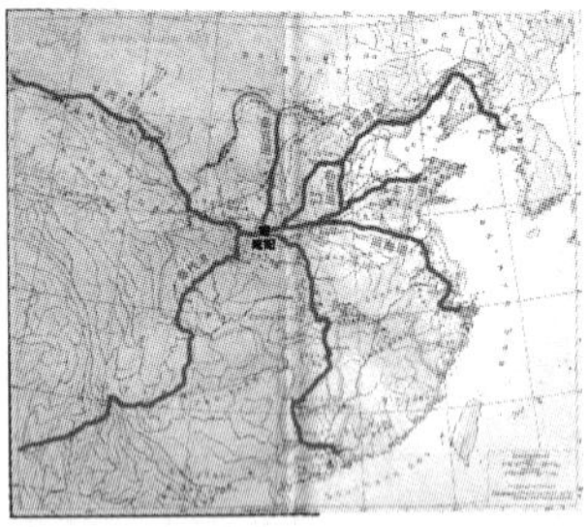

图 2-26　秦朝：驰道、货币、女怀清台

继短暂的秦朝之后，我国进入了封建社会的第一个盛世时期——汉朝，农业、手工业的持续发展，国家的统一稳定，内外商路的更加畅通，都为汉朝商业的进步提供了有利条件。我国封建社会的商业历来是官营商业和私营商业并存，汉朝也不例外，但两者的比重在汉朝发生过剧烈变动。西汉初期，“富商大贾周流天下”，春秋战国时期发展起来的私商势力仍然很活跃。汉武帝即位以后，为了加强中央集权、增加政府收入，对商贾豪门采取打压政策。政治上，继续迁移豪门富商到关中居住以加强控制，对于仍不服管的，动用强权抄没家产；经济上，实行盐铁官营政策和均输、平准法，限制商人获取高额利润的途径。汉武帝的措施，不但达到了预期目标，还大大降低了私营商业的比重，增加了官营商业的比重，随着盐铁官营政策和均输、平准法的实行，汉朝建立了以长安为中心、具有全国规模的官营商业网。

魏晋南北朝时期，由于国家分裂、兵连祸结，再加上自给性很强的士族田庄经济兴盛，我国商业不但没有发展，反而有总体上衰退的趋势。589年，隋朝统一中国，隋炀帝营建东都洛阳，并以洛阳为中心开通了京杭大运河，为商业发展提供了有利条件。但炀帝统治暴虐，导致隋朝步秦后尘，短命而亡。

图 2-27 京杭大运河

唐宋时期，我国农业、手工业繁荣，内外商路发达，在此基础上我国古代商业出现了第二次飞跃式发展。具体表现有：

第一，古代的市制，即城市中“市”受空间、时间严格限制的制度，开始松动直至完全崩溃。唐朝后期，城市里出现了开设在“市”外面的店铺，以及在正常营业时间之外的夜市，古代的市制开始松动。宋朝时，古代市制完全崩溃，从《清明上河图》可以看出，北宋首都汴京是住宅与商店杂处，异常热闹。坊市界限既已取消，商业活动在时间上的限制也就全然消失，有的店铺通宵营业。在《清明上河图》中可以看出，城市里还出现了好多摊贩和沿街叫卖的货郎，这种流动性商业在空间和时间上更加自由。

图 2-28 《清明上河图》片段

第二，商业贸易进一步从城市向农村延伸，城乡商业网络初步形成。唐宋时期，在城市商业繁荣的同时，草市(出现于南北朝时期，在城外交通要道上设立)和名目繁多的农村定期集市(出现的时间更早，有墟集市会等各种称谓)也大量增加，有的草市甚至崛起为新兴的镇。这样，从城市到城乡结合部的镇市、草市，再到乡村名目繁多的定期市场，初步构成了网络状的市场结构。

第三，商品类型，尤其是贩运贸易的对象，发生了结构性变化。唐宋以前，由于受生产力发展水平和交通运输条件的限制，商人一般不贩运价值不高又很占空间的生活资料，正所谓“百里不贩樵，千里不贩籴”，而是以贩运价值高的奢侈品为主；唐宋时期，贩运贸易的对象从以奢侈品为主，过渡到了以生产、生活资料为主。这表明商业不再主要为少数人服务，而是开始建立在比较可靠的基础之上。

图 2-29　交子

第四，柜坊、飞钱和交子的问世。唐宋时期，我国商业再次出现飞跃式发展，然而货币的品质和数量都不能与之相适应。一方面，中国古代货币价值低、分量重、不便携带，一贯铜钱重达六七斤，一贯铁钱(四川地区)重达十几斤甚至二十几斤，非常不利于贩运贸易的发展。为了解决这个问题，唐朝时出现了替客商保管货币钱财的机构——柜坊，而柜坊就是世界上最早的银行。不同的是，今天到银行存款，银行要付给我们利息；唐朝时到柜坊存款，要付给柜坊租金。另一方面，由于种种原因，中国古代货币可能会在某些时段、某些地区发生严重短缺现象。比如在唐德宗、唐宪宗时期，国内铜钱短缺，各地政府禁钱出境，但是商人携带铜钱进行长途贩运贸易的要求又不得不考虑，于是一种由官方开具的异地兑现凭证——飞钱产生了，而飞钱就是我国最早的汇票；再如宋真宗景德年间，四川地区铁钱发生钱荒，只好用交子代替铁钱行使货币职能，而交子就是世界上最早的纸币。需要注意的是，柜坊、飞钱、交子的产生，不只是偶然现象，偶然中也包含着必然。如果说货币不便携带或严重短缺，是导致它们产生的偶然因素，那么唐宋时期商业的大发展就是导致它们产生的必然因素。而柜坊、飞钱、交子一经产生，又反过来促进了商业的进一步大发展。

第五，商人社会政治地位提高。唐朝和唐朝以前，政府的抑商手段很多，主要是不允许商人做官(包括参加科举考试)。宋朝建立后，商业收入成为政府不可或缺的重要财源，政府取消了对商人政治上的歧视，允许商人参加科举考试和做官。这种政策的变化对后世产生了深远影响，清朝人沈垚曾说：“古者四民分，后世四民不分；古者士之子恒为士，后世商之子方能为士，此宋元明以来变迁之大较也。”①沈垚的话过于夸张，但也表明宋朝以后商人地位上升，商人及其子弟成为封建官僚队伍的重要来源。

① 余英时：《士与中国文化》，上海人民出版社 1987 年版，第 520 页。

第六，商业重心南移。安史之乱后，南方商业的发展速度超过了北方，最突出的是扬州和益州，已成为全国商业最发达的地区，号称“扬一益二”。宋朝时，南方商业已在整体上超过了北方。

第七，对外贸易发生重要转折。唐宋时期是我国对外贸易的重要转折期。唐朝前期和唐朝以前，我国国力强盛，朝贡贸易一直是我国对外贸易的主要形式；安史之乱使唐朝国力大大削弱，安史之乱后朝贡贸易在对外贸易中已不占主要地位；宋朝时私人海外贸易已占了压倒性优势，海外贸易税也成为宋朝的重要财源。

元朝建立后，一方面竭力扩大官营工商业的规模，另一方面对私营工商业课以轻税。政府的重商政策，再加上规模空前的疆域、畅达四方的交通，使我国商业得以继续发展。然而元朝始终使用纸币作为主要流通货币，通货膨胀的幽灵一直威胁着商业的发展。

明清时期，我国城乡商业网络形成。其一，城市商业更加繁荣。在时人的口碑中，北京、佛山、苏州、汉口等城市号称天下四聚，又或佛山、景德镇、汉口、朱仙镇等城市号称中国四大名镇，这两种看似冲突的说法，恰恰反映出明清时期繁荣的商业城市已分布很广，东南西北都有其代表。其二，明清时期我国城乡结合部的市镇商业也有长足发展。比如吴江县的盛泽镇，明初还是一个小村庄，后来在丝织业的带动下，明末发展成为“窄巷穰穰”“居民稠广”的镇，乾隆时进一步发展成为“舟楫塞港，街道肩摩”的“绸都”。其三，与以往相比，农村定期集市数量更多，集期更短，贸易更旺。其四，明清时期，中国出现了大大小小的商帮，他们成为推动商业网络形成的重要力量。规模较小的商帮主要是在本地区贩运商品；规模较大的商帮，如徽商、晋商等十大商帮，往往利用沿海、长江、运河等重要商路，在全国范围内贩运商品；有的大商帮，如广商、闽商、宁波商，甚至把自己的贩运活动与对外贸易直接挂钩。总之，明清时期我国城乡商业网络形成了，而它的形成，使明清时期经济的发展显示出蓬勃的生机与活力。

图 2-30　山西平遥古城　乔家大院

明清时期，中国海外贸易是在曲折中发展的。明朝为了防范倭寇，对私人海外贸易长期实行海禁政策，仅剩的一点海外贸易以朝贡贸易的形式进行。虽然明朝有郑和下西洋的壮举，但究其实质，也无非是以积极主动的姿态去拓展朝贡贸易而已。直到 1567 年(隆庆元年)，明朝为了安抚沿海人民，才对私人海外贸易开放海禁。清朝建立初期，为了防范郑成功抗清势力，对私人海外贸易实行比明朝更为严厉的海禁政策。1683 年收回台湾后，康熙帝才解除海禁，准许在闽、粤、江、浙等省通商。1757 年，乾隆帝为了防范西方殖民者，轻率地关闭了各口岸，只留广州一口通商。在广州的对外贸易中，大宗商品的交易采取官营的形式，由官府指定十三行代表自己来主持，十三行因此成为特权垄断商行。

图 2-31　广州十三行

明清时期我国海外贸易历程曲折，但毕竟也有两段快速发展时期，即从 1567 年到 1644 年明朝开海禁的近 80 年，以及从 1683 年到 1757 年清朝四省通商的近 80 年。在这两个时期，私人海外贸易快速发展。在贸易过程中，由于外国人迫切需要中国的丝绸、瓷器、茶叶、糖类，而中国人却不怎么需要外国商品，所以白银大量内流。即使是 1757 年以后的一口通商时期，我国出口贸易额还是有增无减，白银依旧内流。明清时期白银大量内流对中国产生了深远影响，使中国货币白银化，确立了银本位制。掌握大量白银的中国商人中，有的组织商帮，进行全国性的商业活动，促进了商品经济的发展；有的直接或间接地涉足商品生产，促进了资本主义萌芽的产生和发展。

第二节　农本商末的国家政策

重农主义，就是政治经济学中把土地生产物看作各国财富的唯一来源或主要来源。

中国、古埃及和印度各个时代的君主，全部或者大部分的收入都来自地租或是地税。这种国家的君主特别重视农业的利益，因为他们年收入的增加还是减少，完全是由这一年的农业收成决定的。

——英国经济学家亚当·斯密

重农抑商政策是我国历代封建王朝推行的基本经济政策。在封建帝王们看来，农业是国家税收之源泉，过度发展工商业会加剧劳动力从土地上流失，影响到农业生产和国家税收，所以封建帝王往往把重农和抑商联系起来，推行重农抑商政策。实际上，重农政策和抑商政策是紧密联系又相对独立的两项政策，其具体运作也远比字面上的含义要复杂深刻。

一、重农政策

距今约一万年前，我国农业产生。农业的产生、发展使我国古代形成了有别于西方海洋文明的农耕文明。在农耕文明的大背景下，农业是人们谋生的主要手段，是国家税收的主要来源，是军事胜利的必备条件，是长治久安的重要保障。所以中国古代的奴隶制王朝和封建制王朝都推行重农政策。

我国奴隶制王朝为了确保土地生产物全部归贵族集团享有，首先以“王”的名义垄断了土地，再把土地层层分封给诸侯、卿大夫、士等大大小小的贵族。贵族们驱使奴隶在井田上耕作，以此获得自己需要的财富。为了保证农业生产的顺利进行，夏朝统治者重视治理水患，大禹治水的传说家喻户晓；商朝统治者经常卜雨、问年，留下了大量的甲骨文记载；周朝统治者确立了明确的“籍田”“亲蚕”制度，以王、后之尊倡导耕织。

春秋战国时期，是我国从奴隶社会向封建社会过渡的时期。在这一时期，驱使奴隶在井田上耕作的制度已无法调动劳动者农业生产的积极性，因此各国纷纷变法，承认土地私有，提高劳动者地位，于是自耕农和地主应时而生，成为农业生产的主要从事者，而农业税收也成为新兴封建国家的主要财源。

我国历代封建王朝之所以推行重农政策，主要原因就在于农业税收是国家的主要财源。在我国封建社会前期，主要的农业税制有汉朝的算赋口赋制度、北朝的租调制、隋唐的租庸调制。这些税制的共同点是以人头税为主要征税标准，于是国家直接控制的自耕农数量的多少就成了国家财源充沛与否的关键。为了保证自耕农的数量，封建国家往往采取三个方面的措施：实行编户制度，把农民固着在土地上，不让其随意流动；实行均田制，有意识地培植和扩大自耕农群体；抑制地主对农民的土地兼并，防范他们与国家争夺财源。封建社会后期，商品经济活跃，土地兼并现象无法遏制，农民的主体由自耕农变成佃农。与之相适应，国家也从主要向自耕农征收人头税转变到主要向地主征收土地税，前者是国家对自耕农的直接剥削，后者实际上是国家与地主分割佃农的地租。唐朝后期的两税法、北宋的方田均税法、明朝的一条鞭法、清朝的地丁银制度，都属于后一种情况。在封建社会后期，由于地主不愿意主动分割地租收入给国家，往往故意隐瞒、谎报拥有土地的数量，而国家则把农业税收当成了自己的主要财源，所以政府与地主的矛盾有时会很尖锐，王安石变法就是一个突出的例子。

为了推动农业生产的发展，历代封建王朝都采取过很多重农措施。这些重农措施除了本讲第一节中提到的兴修水利、治理水患、推广农业耕作技术之外，主要还有：(1)给农民减负。比如汉文帝为了恢复农业生产，先后两次把田租减为三十税一；把算赋由每人每年一百二十钱减至四十钱；把徭役减至每三年服役一次。这些措施效果明显，当时出现了文景之治的局面。(2)倡导农业生产，不做影响农时的事情。比如元世祖忽必烈为了恢复农业生产，用劝课农桑的成绩作为考核各级官吏的标准，还成立劝农司专门负责这项工作。再如贞观五年，唐太宗力排众议，把皇太子的加冠礼从二月推迟到了十月，而这样做的唯一目的就是为了保证春耕、不误农时。(3)注重节俭。魏武帝曹操和隋文帝杨坚都以节俭闻名于世，他们甚至把个人生活作风作为确立继承人的重要标准，结果在继承人选拔赛中才华横溢的曹植惨遭淘汰，生活奢靡的太子杨勇也被踢出局。(4)赈济灾荒。小农经济是我国封建社会生产的主要组织形式，但小农经济具有脆弱性，无法抵御天灾的袭击。为此，战国时期李悝开创"平籴"法，在丰收年景向农民收购粮食，饥荒时再把这些粮食平价粜出。平籴法有利于战胜天灾，帮助农民渡过难关。(5)奖励农业生产中的"劳模"。汉朝政府对耕田能手不但给予"力田"的荣誉称号，还给予免役、赐爵以及其他物质奖励。(6)抑制私营工商业的过度发展，保证农业生产有充足的劳动力。最后一点措施将在下文着重叙述。

二、抑商政策

关于抑商政策，首先应该注意三点：第一，抑商政策所针对的不仅是商业，还涉及手工业。因为古代的工商业者很难区分，他们往往采取前店后场的经营方式，集手工业者和商人于一身。第二，抑商政策是我国封建社会的经济政策，不适用于奴隶社会。我国奴隶社会是商业产生时期，实行的是"工商食官"制度，手工业和商业均由政府官营，所以当时不但不抑制工商业的发展，反而很重视工商业的发展。第三，抑商政策所针对的不是我国封建社会所有的工商业形式，它仅以私营工商业为实施对象。在我国封建社会，工商业的经营形式很复杂，除了官营工商业外，还出现了田庄手工业、家庭手工业、私营工商业。前三种经营形式是封建自然经济的有机组成部分，有利于维护封建统治秩序，是政府扶持的对象；而私营工商业是商品经济的有机组成部分，有时会对封建经济基础和封建统治秩序造成严重的冲击，所以它是抑商政策的实施对象。

我国抑商政策起源于战国时期李悝的平籴法，而作为一项完整国策正式推行，则是从商鞅开始的。自李悝、商鞅起，我国历代王朝的理财家们推行抑商政策，其目的主要有两个：

第一，抑制富商大贾，维护国计民生。自春秋战国以来，大商人的势力日益活跃，他们中不乏诚贾良商，比如本讲第一节所提到的范蠡、弦高、怀清等，然而他们中的另一些人却在朝着奸商的方向发展。这些人囤积居奇、放高利贷，利用手中的财富盘剥百姓，严重影响了民生；这些人还经营煮盐、冶铁、粮食运销等要害经济部门，获得巨额利润，严重影响到国家财政收入和政权稳定。于是抑制富商大贾、维护国计民生，就成为抑商政策的一个重要目标。为了达此目标，封建国家最初的做法是缩小大商人的经营领域，把他们的某些经营项目转归国营。比如战国时期李悝的平籴法，汉武帝的盐铁官营、均输平准法等，都属于官营与私营之间的斗争。汉朝以后，国家与大商人之间的冲突仍然时有爆发，比如王安石变法，但汉朝以后国家的抑商思路也在逐渐发生转变，即国家不再完全排斥大商人，而是力图把他们纳入自己的控制之下，让他们为国家效力。抑商思路的变化使中国出现了很多特权垄断商人，比如明朝以后经营盐、茶等专利商品的商帮，乾隆以后垄断广州对外贸易的十三行等，他们一方面受命于政府，另一方面又与政府分利、共利。

第二，抑制中小商人数量的过度增加，保证农业生产所需的劳动力，即因重农而抑商。从作用来看，它能让土地和人口尽最大可能地结合在一起，切实推动农业生产的发展，在农业占主导地位的古代中国，无疑具有某种合理性。但它只是把私营工商业和农业简单地对立起来，幼稚地认为多一个工商业者，就会少一个农民，却没有看到私营工商业对农业的拉动和促进作用。从抑商的措施来看，为了防止农民弃农经商，封建王朝一般都对中小商人推行“贱商令”。这套“贱商令”包括政治、社会生活、经济等多方面的内容，比如汉朝政府规定商人在政治上不得做官，在社会生活中不得穿着名贵衣服、不得乘车骑马及携带武器，在经济上必须缴纳双倍的算赋（即人口税）。这些煞费苦心的措施无非是让农民放弃经商的非分之想，安心从事农业生产。宋朝时，商人可以读书、考试和做官，“贱商令”对商人的政治歧视被打破，但社会生活和经济上的歧视一直持续到明清时期。比如在社会生活方面，明太祖朱元璋在洪武十四年“下令农民之家，许穿细纱绢布。商贾之家，止许穿布。农民之家，但有一人为商贾者，亦不许穿细纱”①。在纳税方面，商人税负仍然较重，尤其是明朝自宣德以后，清朝自嘉庆以后，商人税则越来越繁、税额越来越高。长期推行的抑商政策和海禁政策（本讲第一节已叙述），一起阻碍了资本主义萌芽的正常发展。

三、农耕经济及其政策的影响

距今约一万年前，中国人发明了农业。随后，手工业和商业相继产生。按照重农抑商政策的构想，农业是主业，手工业和商业作为对农业的补充，处于从属地位。三个经济部门有机结合，支撑起了一个令人惊叹的农耕经济时代。这个农耕经济时代，孕育出了绵延不断、多元兼容的中华文明，孕育出了中国人朴实无华却又聪明智慧的民族性格。

中国古代农耕经济是自给自足的自然经济，产生于三面障壁、一面临海的地理环境中。自给自足的特性和相对封闭的环境使其可以依靠自己的力量持续发展，而无需外界的援助，也不用担心来自外界的威胁。农耕经济的持续发展使中华文明也绵延不断，成为四大古国文明中唯一没有中绝的文明。中国古代农耕经济发源于黄河中下游和长江中下游地区，与周围游牧经济有冲突和斗争，但更多的是互补和融合，这使中华文明也相应地具备了多元性和兼容性。海纳百川，有容乃大。中华文明正是在不断吸收、融合其他文化的过程中发展起来的，这也使中华民族自信、开放、气势恢弘。

---

① 徐光启：《农政全书·卷四》，中国戏剧出版社1999年版，第20页。

在农耕经济时代，以家庭为单位，男耕女织、耕织结合的小农经济是主要的生产组织形式，人们喜欢这种牛郎织女般的和谐生活，渴望尽早担负起自己在家庭中的责任和义务，也非常在意与其他家庭的关系，一定要把与其他家庭的关系处理得恰到好处。这就是中国人崇尚和谐与中庸，注重责任与担当的民族性格。然而小农经济规模小、力量薄弱，分裂战乱、天灾人祸、盘剥压榨，样样都能使其破产。所以中国人逐渐认同了道家的忧患意识，“祸兮福之所倚”，注意未雨绸缪；中国人也逐渐接受了儒家的德治和大一统观念，以及墨家的兼爱、非攻思想。这些闪光的思想长期积淀在中国人心中，也成为中国人民族性格的一部分。中国人的民族性格中也有缺陷，而这种缺陷也是由小农经济所决定的。比如，中国人虽然质朴务实，但生活节奏缓慢，而且循规蹈矩，缺乏创新意识，这种两面性格就取决于小农经济的运行规律——“日出而作、日落而息”，“春生、夏长、秋收、冬藏”。

项目拓展

一、思维拓展

1. 总结中国古代男耕女织的成因、特点。

2. 分析中国古代丝绸之路与当今我国要建立的新丝绸之路经济带的异同。

3. 通过本讲的学习，说说你最感兴趣的内容(人物、事件、事物、政策等)，并说明感兴趣的理由。

二、实践拓展

1. 结合各系不同的剧目要求深刻领会中国农耕文化的内涵，在表演中体会、展示中华民族传统文化的魅力。

2. 结合经济重心南移，联系相关时事政治，理解在当今西部开发中，开发西部地区与保护生态平衡之间的辩证统一关系，探索走可持续发展道路的具体途径，并可就上述问题组织演讲会或辩论会。

参考文献

1. 蔡美彪、朱瑞熙、李瑚、卞孝萱、王会安：《中国通史》，人民出版社 1978 年版。

2. 白寿彝：《中国通史纲要》，中国友谊出版公司 2012 年版。

3. 钟伟伟：《经济学——原来这么有趣》，化学工业出版社 2013 年版。

4. [英]亚当·斯密：《国富论》，中国华侨出版社 2013 年版。

5. 何平、孙莎岚：《中国艺术简史》，四川文艺出版社 2009 年版。

6. 袁珂：《中国古代神话》，中华书局 1960 年版。

7. 姜聿华、宫齐：《中国文化述论》，广东教育出版社 2014 年版。
8. 吴慧：《中国古代商业》，商务印书馆 1998 年版。
9. 复旦大学、上海财经大学：《中国古代经济简史》，上海人民出版社 1982 年版。

第三讲

沧海桑田寻常事：民族关系和政治制度

马踏匈奴

马踏匈奴，是汉朝骠骑将军霍去病墓前的主体石雕作品。作品塑造了一匹昂首挺立、气宇轩昂的战马，足下踏着一名手持弓箭、仰面倒地的匈奴武士。战马象征着少年英雄霍去病，以及他为之征战的大汉帝国；手持弓箭的武士代表着匈奴汗国，弓箭手那仰面朝天、被踩翻在地的姿势昭示着霍去病的赫赫战功，以及大汉帝国击溃匈奴的信心和勇气。该作品雄劲浑厚、寓意深刻，具有很强的艺术感染力，体现了汉朝艺术的宏大气势和古拙之美。游牧民族与农耕民族之间的战争与融合是古代民族关系的主题，马踏匈奴石雕就是这一主题的生动再现。

图 3-1　马踏匈奴

项目实训

阅读本讲第一节“苍茫大地　谁主沉浮”，理解中国古代民族关系的演变历程，完成思维拓展题。在此基础上搜集资料，举行一次别开生面的故事会。具体操作建议：把全班同学分为 6 个组，即“满天星斗”组、“华夏传奇”组、“逐鹿中原”组、“混血帝国”组、“长城失守”组和“谁主沉浮”组；每个组讲两个发生在相应时期的故事，通过故事揭示该时期民族关系的主题；师生共同担任评委，即时给各组同学评分。

第一节　苍茫大地　谁主沉浮

我们爱我们的民族，这是我们自信心的源泉。

——周恩来

一个不知道检讨和怀疑的民族是没希望的。

——郎咸平

一个没有英雄的民族是不幸的，一个有英雄却不知敬重爱惜的民族是不可救药的。

——郁达夫

中国地形的特点是三面障壁、一面临海，这形成一个相对封闭而又空前辽阔的地理空间。相对封闭，使中华民族在古代极少遭遇外来侵略，保证了中华文明的延绵不绝；

空前辽阔，为中华各民族之间的战争与融合提供了回旋余地，使中华文明在不断融合、升华中保持并发展了民族性、多样性。

一、满天星斗

中华各民族起源于原始社会。在原始社会后期，原始农业和游牧业相伴而生，大致以阴山为界，阴山以北是游牧业，阴山以南是原始农业。由于雨、热分布不均，阴山以南的原始农业又可以秦岭、淮河为界分为两种类型，即秦岭淮河以南的水田农业，秦岭淮河以北阴山以南的旱田农业。不同的经济分布为中华各民族的产生奠定了不同的经济基础，并暗示着游牧文明与农耕文明之间的战争与融合将成为中华文明发展过程中的一大主题。

从原始社会末期起，各民族在中华大地上先后点燃本民族文明的星星之火，中华文明如满天星斗般兴起，其中最早起源、立国并形成民族的是华夏族。华夏族的祖先是传说中的炎帝、黄帝和蚩尤，合称为“华夏三祖”。其中的炎帝集团首先来到黄河中游的中原地区，过上了农耕定居生活；随后黄帝集团由陕北南下发展，与炎帝集团遭遇，双方发生阪泉大战，结果炎帝集团战败并降服于黄帝的领导，于是黄帝成为中原地区的部落联盟首领。至于蚩尤，一种说法认为他主要活动在黄河下游地区，是东夷集团的首领；另一种说法认为他主要活动在江汉地区，是九黎之君。这两种说法都暗示蚩尤集团从事的主要经济活动也是农业生产，无非黄河下游属于旱田农业区，江汉地区属于水田农业区，只是存在着农业生产类型的差异而已。所以继炎、黄之间的阪泉大战之后，黄帝与蚩尤进行的涿鹿大战是又一场农耕集团之间进行的兼并战争。蚩尤战败后部众也服从了黄帝的领导，以后黄帝的后继者们通过不懈的努力，到尧舜禹时代，终于把黄河中、下游和江汉地区的部落集团结合在一起，建立了更大规模的联盟，奠定了后来的农耕民族——华夏族的基础。

图 3-2 龙图腾的形成过程是华夏族形成过程的抽象反映

华夏族的先民中，首先打破部落局限建立起国家的是生活在山西南部的夏人，他们的英雄大禹在治水成功后建立了夏朝。随后又有发源于燕山玄水之间的商人在汤率领下灭夏建商，发源于渭水上游的周人在姬发率领下灭商建立周朝。夏、商、周三个奴隶制王朝，成为我国历史上最早的王朝，夏人、商人、周人，也成为华夏族的主要来源。

“华夏族”是“诸夏”“夏人”“夏”和“诸华”“华人”“华”等庞杂族称的结合体。“夏”，原指大禹在治水成功后建立的夏朝。夏朝虽然被以后的商朝、周朝所取代，但商人和周人都认为自己的祖先契和后稷是辅助大禹治水的功臣，大禹开创的“禹绩”“夏区”也是自己祖先的源起地，所以他们认为理应继承前人的事业，继续拓展“禹绩”“夏区”。西周时期，这种认同感终于发挥了作用，周人将自己的族称自觉定义为“夏”，周朝的诸侯们往往自称为“诸夏”。

图 3-3　大洪水的来临和大禹治水促进了夏族的形成

春秋时期，“诸夏”的族称改为“诸华”(“华”通“花”，文化灿烂的意思)，或者二者合称为“华夏”。这种族称的变化大概有两个方面的原因。首先，春秋时期，诸夏文化在原来的高起点上进一步加速发展，使中国进入了决定以后整体文化走向的“轴心时代”。同时，东周王室衰微，对周边民族的控制力大为减弱；再加上气候寒冷、北方大旱，游牧业深受影响，于是周边民族纷纷进入农耕经济发达的“诸夏”地区，一时间出现了《公羊传》中所说的“四夷交侵，(中国)不绝如线”的危局。文化的加速发展和民族矛盾的激化使“诸夏”的民族意识进一步觉醒，他们从文化层面对“诸夏”和周边民族加以区分，开始放弃文化色彩不明显的“诸夏”“夏人”“夏”等族称，自称是文化灿烂的“诸华”“华人”“华”，或者将二者结合起来，自称“华夏”。

春秋时期，华夏族在以“华夏”自居的同时，也将周边民族笼统地概括为“东夷”“南蛮”“西戎”“北狄”。一方面，在“华夷有别”观念的指导下，“华夏”诸侯纷纷举起“尊王攘夷”的大旗，以此来增加自己在春秋争霸战争中的砝码；另一方面，华夏族认为自己与“夷蛮戎狄”的主要分野在于文化，只要这些周边民族接受了华夏族的礼仪和文化，就可以视为华夏族的一分子，正如子夏在《论语》中所说：“君子敬而无失，与人恭而有礼，四海之内皆兄弟也。”当时的一些夷蛮戎狄之国，比如秦、楚、吴、越等，也受华夏文化的吸引，自觉地向华夏族学习，逐渐被华夏诸侯所认同。华夏族的形成及其民族认同的范围不断扩大，预示着一个以华夏族为主体的大一统时代即将到来。当然，周边民族的逐渐融入，以及一些有远见的华夏诸侯对周边民族文化的逆向学习，比如赵武灵王胡服骑射，也给华夏族注入了一股豪放、乐观、质朴、果敢之气，使得华夏族在形成时就具备了文化灿烂、兼容豁达的特征。

图 3-4　赵武灵王胡服骑射表明当时的民族融合具有双向性

二、华夏传奇

秦汉时期，华夏族的称呼更加复杂。一方面，他们沿用以前的称呼，自称“华”“华人”“夏”“夏人”，或者“华夏”；另一方面，周边民族因为他们先后建立了秦朝、汉朝而称他们为“秦人”或者“汉人”。族称的多样性反映了华夏族民族特征的凸显。一个民族的形成，具备一些基本特征，即共同的地域、共同的经济生活、共同的语言文字、共同的文化和心理素质。在秦汉时期，华夏族的居住区域得以统一，还获得了深入拓展的空间；华夏人使用铁犁牛耕、精耕细作，过着男耕女织式的小农经济生活，生活上自给自足。在这个时期，他们不但统一了文字，还完成了从古文到今文的过渡。也正是在这个时期，儒家思想深入华夏人的骨髓，直接影响了他们的心理素质：华夏统治者实行外儒内法、儒法结合的治国方针；华夏知识分子把“达则兼济天下，穷则独善其身”作为自己的座右铭；华夏族老百姓在迷信占卜、多神崇拜的同时，也深深浸染在统治者的礼治熏陶中。总之，秦汉时期，华夏族已完全形成。

这一时期，华夏族建立的秦汉帝国与匈奴建立的草原帝国进行了长期不懈的斗争，前者是为了保护农耕经济，后者是为了延续游牧经济，游牧文明与农耕文明之间的冲突，成了中华文明发展过程中的重大主题。冲突中各式英雄人物陆续走上前台，令人目不暇接：夺取河套、修筑万里长城却被秦二世赐死的大将蒙恬；将“诸引弓之民并为一家”①，建立起辽阔草原帝国的单于冒顿；匈奴未灭、誓不成家的青年霍去病；在贝加尔湖牧羊十九年不辱使命的老人苏武；为汉匈友好谱写光辉乐章的塞北英雄呼韩邪和江南美女王昭君。

汉匈之间的斗争到了东汉时期才见分晓：一部分匈奴人在呼韩邪单于二世的率领下，主动投入汉朝的怀抱，在下一个时期——魏晋南北朝时期，他们将与其他民族共同主演中国历史的悲喜剧；另一部分桀骜不驯的匈奴人经受不住汉朝的打击被迫踏上漫漫

---

① 《史记·匈奴列传》。

图 3-5 朔风万里去 青冢倚月归——昭君墓

西迁路。然而西迁的匈奴人并没有消沉气馁，他们在英雄阿提拉的率领下，挥舞着“上帝之鞭”，在西方续写了匈奴帝国的神话，直到今天，有一个叫“匈牙利”的民族，还自称是阿提拉的后裔。

这一时期，华夏族建立的秦汉帝国昂扬奋发，洋溢着一种亢奋的开拓精神，百越、西域、西南夷纷纷纳入王朝版图。中央政府对这些民族“修其教不易其俗，齐其政不易其宜”①，在加强行政监督的同时，又不打乱他们原有的社会组织，优待各民族上层，让他们自己统治自己。这种做法为隋唐的羁縻府州政策、元明的土司制度奠定了基础。秦汉王朝还非常重视对边疆民族地区的开发，比如秦汉王朝修建了从巴蜀到西南夷地区的“五尺道”，即今人所谓的“西南丝绸之路”；又如秦朝在南越地区开凿灵渠，沟通珠江和长江两大水系，迁 50 万人与越人杂居，这些措施都促进了边疆民族的经济发展和社会进步。

图 3-6 楼兰遗址

秦汉时期，有两位政治家推行民族亲和政策，对开发边疆作出了巨大贡献。一位是秦朝南海郡尉——河北人赵佗，为了保护岭南不受内地战乱的侵害，他于秦、汉之际在岭南建立了南越国。在长达半个世纪的统治中，赵佗一方面尊重越人生活习惯、任命越人担任官吏、与越人互通婚聘，促进了民族团结和民族融合，另一方面又把华夏族的先进文化和农耕技术传授给越人，促进了越人的发展和进步，为汉朝恢复对岭南的行政管辖奠定了基础。另一位是汉朝西域都护班超。公元 73 年，班超仅带领 36 人出使西域，在此后长达 30 年的时间里，他团结西域各族反击北匈奴，使西域各族摆脱了北匈奴的统治而全部内属，得到西域各族人民的衷心爱戴。班超死后，其子班勇续写了英雄史话：他带领 500

① 《礼记·王制》。

人经营西域，在西域人民的支持下，大破北匈奴并迫使其最终西迁，完全解除了北匈奴对西域的威胁。但是班勇命令手下在罗布泊大规模开荒屯田、拦河引水、盖房建城，严重破坏了罗布泊的生态环境，加速了楼兰古国的消失进程，农耕文明在开拓过程中有时遭遇遗憾和尴尬。

秦汉时期，中华各民族都为中国传统文化的发展作出了重要贡献，比如匈奴民歌。在霍去病大败匈奴、夺得河西走廊后，匈奴人悲伤地唱道："亡我祁连山，使我六畜不蕃息；失我焉支山，使我嫁妇无颜色。"①歌词哀婉凄凉，扣人心弦。凡事有失必有得，虽然匈奴暂时失去了河西走廊，但他们在焉支山发明的著名化妆品——"胭脂"却长期受到华夏人的青睐。匈奴奉献给中华文明的也不光是胭脂，还有驴、骡等奇异的牲畜，这些牲畜为华夏族农耕经济增加了新的动力。西域对中国传统文化的发展也作出了重要贡献，汉朝时佛教就是通过西域传入中国内地的，西域人鸠摩罗什是中国佛教三大翻译家之一。西域的葡萄、石榴、蚕豆、大蒜、核桃等也传入中国内地，丰富了华夏族的餐桌。至于百越、西南夷等南方民族，他们流传的盘古开天辟地、伏羲女娲造人等神话，也逐渐被华夏族所认同，丰富了中国人的神话起源谱系。

图 3-7　伏羲女娲画像砖

三、逐鹿中原

东汉末期，阶级矛盾尖锐，黄巾大起义爆发。当起义被镇压下去时，镇压起义的官员们也变身为地方军阀。他们不断混战割据，终于发展成为三国鼎立的局面。虽然此后西晋短期统一了中国，但长达 16 年的八王之乱从内部瓦解了西晋王朝。这场大战乱还使中原人口锐减，边疆各族纷纷内迁，他们竞相逐鹿中原，演出了一幕幕纷乱无常的历史剧。华夏族则失去了对中原的控制力，其统治中心南移，长期偏安江南一隅。

这一时期，逐鹿中原的有南匈奴、鲜卑、羯、氐、羌、华夏等民族。这些民族的发展水平不同，华夏族、氐族早就过着农耕定居生活，其他民族仍过着游牧生活。然而混战不仅在游牧民族和农耕民族之间进行，还在游牧民族之间、农耕民族之间甚至某一民族内部不同政权之间展开。天地为之变色、人民为之痛哭，出路在哪里？希望在哪里？社会各阶层都在扪心自问。与这种巨大的心理需求相呼应，汉朝时刚刚传入中国的佛教在这一时期普遍盛行起来。另外，由于曾经繁荣昌盛、开基立业四百载的大汉帝国给各民族留下了不可磨灭的印象，所以在大混战中，各民族经常用"汉人"来指称华夏族；到了南北朝时期，"汉人"的称谓开始得到华夏族自身的认可，于是"汉人"一词由他称

① 《汉书·佚名·匈奴民歌》。

变为自称，并逐渐在中国流行开来，南北朝时期成了华夏族和汉族两种族称的分水岭。大混战中，虽然大多数的民族政权行汉制、习农耕、倾心汉化，但总体来看，纷乱无常、无休无止的战乱使中原的经济、文化遭受的破坏日益严重，中国的经济、文化重心开始向相对稳定的南方汉族统治区转移。

逐鹿中原的大混战中，的确出现过规模巨大的民族仇杀，如汉族对羯族的仇杀和随后胡人对汉人的报复性追杀，死亡规模都达到 20 万人，但是民族融合仍是民族关系的主要方面。如前所述，各民族政权都采取过行汉制、习农耕、倾心汉化的有力措施，之所以如此，主要是因为游牧民族入据中原后，只有尽快适应中原先进的农耕文明环境，才能在当地站稳脚跟。在汉化改革中，最典型的是北魏孝文帝改革。孝文帝年幼即位，其早期改革实际上是在祖母文明太后的主持下进行的，包括颁俸禄、立三长、行均田，一定程度上缓和了各族民众与鲜卑族统治者之间的矛盾。孝文帝亲政以后，立即把首都迁到农耕文明的中心——洛阳，以此来巩固来之不易的局部统一，并以此为深化改革创造有利的外部环境。随后，孝文帝推行了一系列深入汉化的措施，包括改汉制、用汉姓、说汉话、穿汉服、与汉族人通婚等。孝文帝改革不但使鲜卑族进入封建社会，使受其统治的进入中原的各民族逐渐向封建制转化，还带动柔然、突厥等民族由原始社会进入到奴隶社会。孝文帝改革甚至引起鲜卑族审美情趣的转变，比如迁都洛阳后修筑的龙门石窟与平城时代的云冈石窟风格迥异，云冈石窟的造像威严庄重、遗留着异族风情，龙门石窟的造像则秀骨清相、带有明显的汉化风格。

图 3-8　云冈、龙门石窟造像

总之，魏晋南北朝时期是中国历史上民族大融合的高潮期，这次民族融合影响深远。

首先，魏晋南北朝时期的乱局结束后，匈奴、鲜卑、羯族、氐族等民族也在历史舞台上消失了，他们主要同化到了汉族之中。现代人或许因为又少了一些颇具民族风情的旅游胜地而慨叹，但这些“消失”了的民族的踪迹并非完全不可追寻，比如匈牙利人自称是匈奴的后裔，中华民族中的锡伯族自称是鲜卑的后裔，有学者考证今天川、甘境内的白马藏人可能就是氐族的后裔。的确，匈奴、鲜卑、羯族、氐族等民族在此后几乎退出了历史舞台，但这些游牧、半游牧民族骨子里所蕴含的勇猛顽强、豪迈奔放的精神特质并没有消失，而是融入了汉族的血液中，就好像给这一时期略显衰弱的汉民族打了一针兴奋剂。这方面的例子很多，近如这一时期的鲜卑族与汉族血统相杂，产生了混血的新汉族，他们不但建立了“大有胡气”①的唐王朝，还创造出了胸襟开阔、闻名于世的盛唐文化；远如以北魏对柔然的战争为背景所产生的鲜卑民歌《木兰辞》，深受汉族人的喜爱，长期砥砺着汉族人的情志，今天汉族人对《木兰辞》大有视若己出之感。

其次，魏晋南北朝时期，由于中原逐鹿的各民族政治地位提高，他们都以“中国”自居，都把自己视为正统，导致“中国”的指称范围扩大，不再专指汉族政权，而是成了各民族共用的称号。这表明，中华各民族间的认同感在逐渐增强，新一轮的大一统将在更坚实的基础上实现。

四、混血帝国

魏晋南北朝时期的民族大融合使逐鹿中原的大多数民族被同化到汉族之中，汉族进化成为一个混血的新汉族。新汉族开创了一个“混血帝国”，即大唐帝国，其王室血统和帝国文化都“大有胡气”。比如从王室血统来看，唐高宗李治的曾祖母、祖母、母亲都是鲜卑人，李治血管里的鲜卑血统成分比汉族血统成分还要高。比如从帝国文化来看，唐朝诗人喜欢把边疆民族的刚健文风和中原汉族的细腻情感结合起来，创作边塞诗；唐朝音乐家擅长操控各民族、甚至外国的乐器，合奏中外名曲；唐朝舞者习惯于抒情曼舞中加入急动旋转，使其舞步更加完美；唐朝妇女大胆开放，对新奇事物，不管是政治还是服饰，都抱有极大的热情；唐朝首都长安东西商业竞胜，南北文化交汇，堪称世界之中心。

“混血帝国”大唐帝国的建立，既是对上一时期民族融合的整合与巩固，又预示着新的民族融合大幕即将开启。隋唐时期，以前一些默默无闻的民族登上了历史舞台，尤其是发源于阿尔泰山的突厥族、发源于漠北的回纥族、青藏高原上土生土长的吐蕃族，这些民族迅速崛起，改变了原有的民族布局，使唐朝处理民族关系的重心由传统意义上的北方扩展到北面和西面两个方向。

突厥族，一个以狼为图腾的游牧民族，在6世纪中期占据了蒙古高原，建立起强大的突厥汗国。与秦汉时期的匈奴汗国相比，它的疆域更为广阔，控制了东起辽河上游、西到里海、南到大漠、北到贝加尔湖的广大地区；它的文化水平也更高，甚至在我国游牧民族中率先发明了文字。然而与匈奴汗国相比，它有一个致命的弱点，就是内部不够团结，分裂与内乱的时间远远多于统一的时间，这就为唐朝分化瓦解、各个击破的战略运作打开了方便之门。结果，在唐朝的分化瓦解和武力打击之下，几个分裂的突厥汗国先后崩溃，漠北和中亚都纳入了大唐帝国的统治范围。于是，一部分突厥人迁至西亚地

① 鲁迅：《书信集·致曹聚仁》。

区，接受了伊斯兰教，在首领奥斯曼及其后继者的带领下发动圣战，马踏拜占庭，建立了地跨三洲的大帝国——奥斯曼土耳其帝国。遗憾的是，土耳其帝国仇视东西方贸易，切断了传统的丝绸之路，使西方人不得不开辟新航路。另一部分突厥人则留居内地，接受了唐朝的统治，但他们仍然演绎着野性不羁的故事：唐中期，突厥人安禄山、史思明趁唐朝政治腐败发动安史之乱，使唐朝极盛而衰；唐晚期，沙陀突厥协助唐朝镇压黄巾军起义，被晋升为王爵；唐朝灭亡后，沙陀突厥逐鹿中原，建立了五代中后唐、后晋、后汉三个王朝和十国中的北汉政权。

在唐朝与突厥汗国作战的过程中，曾经遭受突厥压迫、与突厥有血仇的回纥族积极配合唐朝军队夹击突厥，终于在突厥汗国的疆土上建立起回纥汗国，成为新的大漠霸主。因回纥对突厥作战有功，唐玄宗封回纥首领骨力裴罗为奉义王、怀仁可汗，唐纥双方结成了亲密的政治关系。然而唐玄宗统治后期，对唐纥双方都是发展的转折点：唐朝发生安史之乱，走向衰落；回纥的国力则蒸蒸日上，日益强盛。好在回纥没有忘记唐朝昔日的支持，先后两次出兵，协助唐朝平定了安史之乱；作为回报，唐朝皇帝先后三次把真正的公主嫁给回纥可汗，这可是其他民族从未享受过的殊荣，所以回纥人兴奋地说："唐国天子贵重，将真女来。"①兴奋之余，可汗把回纥改为回鹘，希望像雄鹰一样从草原上振翅起飞。然而天不遂人愿，回鹘汗国很快发生内乱，导致汗国土崩瓦解，回鹘人不得不南下、西迁，回鹘之梦成了历史的泡影。西迁的回鹘人逐渐发展成为维吾尔族和裕固族，这两个民族如今都是中华民族中的成员。

图 3-9 唐蕃会盟碑

吐蕃族是青藏高原上土生土长的民族，是今天藏族、门巴族、珞巴族的祖先。当大唐帝国厚积薄发、唐太宗被北方民族尊奉为"天可汗"时，少年英雄松赞干布在青藏高原上建立了同样强大的吐蕃王朝。由于唐太宗的英明决策，松赞干布和文成公主结成千里姻缘，于是这两个强大政权之间的交往有了一个令人憧憬的开端。然而花开之后未必就能结果，唐太宗和松赞干布相继去世后，吐蕃王朝的扩张欲望逐渐显现，吐蕃军队不断向唐朝发起进攻，很快占领了西域，甚至趁安史之乱攻陷了唐朝首都长安。北上进攻的同时，吐蕃军队还不断南下威胁唐朝的西南边疆。为了遏制吐蕃的南下，减轻吐蕃的威胁，唐玄宗决定扶持盟友——今天彝族的祖先、生活在云南洱海地区的南诏。由于有唐玄宗的支持，南诏首领皮罗阁统一了六诏，正式建立起南诏国，确立了对洱海地区的统治。唐朝扶持南诏的目的是想通过南诏来遏制吐蕃，但南诏也有自己的打算，他服从唐朝的目的是想以唐朝为靠山实现统一，一旦统一实现，南诏扩张领土的野心也暴露出来。于是，大唐帝国在西部边疆又多了一个敌人。几番厮杀之后，南诏的胆子越来越大，到了779年，竟然和吐蕃联合寇唐，妄图夺取成都，结果他们遭到惨败，尤其是南诏伤亡惨重、元气大

① 《旧唐书·列传第一百四十五·回纥》。

伤。此战之后，南诏重新调整与唐朝的关系，双方于794年在点苍山会盟，表示永结和好、共攻吐蕃。此后唐朝、南诏、回鹘等共同打击吐蕃，吐蕃四面受敌、陷入困境，不得不向唐朝求和，双方于821年在拉萨大昭寺前立下会盟碑，表示“患难相恤、暴掠不作”。唐蕃会盟符合汉藏两族人民的愿望，是文成公主入吐蕃后汉藏两民族团结、友好的又一历史见证。可惜与唐朝和好没能挽救吐蕃的衰势，唐蕃会盟后不久，吐蕃陷入长期的内乱和严重的分裂中，曾经的高原强国成了人们回忆中的一抹飞虹。

唐太宗曾经标榜说：“自古皆贵中华、贱夷狄，朕独爱之如一。”①此话虽有些夸张，但它表明唐朝在处理与周边民族的关系时，改变了汉朝以来侧重杀伐的政策，取得了较好的效果。这既是由于大唐帝国自身实力的强大，使它有了更多转圜的余地，也是由于大唐帝国是一个“混血帝国”，使它在与周边民族相处时，少了一点利益纠纷和歧视，多了一些开放和坦诚。

五、长城失守

五代辽宋夏金时期，中国政坛成了一个百花竞放的大花坛，中华各民族纷纷培育出本民族的政权之花，在这个大花坛里争奇斗艳、竞展风采；而汉族建立的宋，似乎再次患上了营养不良症，从花坛中心被逐渐排挤到花坛边缘；取而代之的是契丹建立的辽和女真建立的金，它们扎根于长城内外的肥沃土地上，兼收并蓄着农耕文明和游牧文明两种有机养料，具备了单一农耕民族和单一游牧民族所没有的优势，而自豪地认为是中国的正统。

辽是契丹首领耶律德光建立的。早在德光的父亲阿保机时代，就已经把长城以北的各民族统一起来，然而人的生命是有限的，阿保机最终把纵马扬鞭、逐鹿中原的宏愿留给了自己的儿子来实现。上天也眷顾耶律德光，给了他一个良机：后唐大将石敬瑭为了实现自己的皇帝梦，以甘当儿臣、割让幽云十六州为条件，请求耶律德光出兵相助。德光抓住机遇，出兵把石敬瑭扶上皇帝宝座，自己则获得了渴望已久的半个中原。从此，长城不再是农耕民族抵御游牧民族的工事，长城内外，北民南迁，南人北徙，农耕文化和游牧文化两种文化形式加速了融合发展的步伐。一方面，农耕文化融入游牧文化：契丹模仿汉字偏旁创制了本民族文字——契丹文字，它和汉字一起，成了长城内外文化传播、发展的重要工具；佛教在契丹迅速传播，到寺院和佛塔礼拜逐渐成为百姓生活的一部分；儒学迅速传播，儒家思想逐渐成为契丹的治国思想。另一方面，游牧文化也影响着农耕文化：契丹画家以骑猎为题材的绘画作品被汉族人视为珍品，他们还把汉族发明的造纸术、雕版印刷术推向极致，在佛经雕印方面取得了令人惊叹的成就。面对着统治区域兼跨游牧区和农耕区的新情况，耶律德光以“以国制治契丹，以汉制待汉人”②，开创了中国历史上最早的一国两制——双面官制度，北面官系统主要管理契丹等游牧民

---

① 《资治通鉴·唐纪十四》。

② 《辽史·卷四十五》。

族，南面官系统主要管理汉人、渤海人等农耕民族。正是由于契丹文化繁荣、制度完备，所以辽道宗自豪地说："吾修文物，彬彬不异于中华。"①何止是"不异于中华"，当时有外国人把契丹建立的辽，而不是汉族建立的宋，看作是"中华"的象征，比如俄罗斯课本称中国为"Kitay"，即契丹的音译，俄罗斯人对中国的这一称谓沿用至今。

继契丹建立辽国之后，女真族又迅速崛起。女真族崇拜海东青（意为世界上飞得最高和最快的鸟），"女真"就是"东方之鹰"的意思。这只"东方之鹰"建立的金国不但像辽一样统一了长城以北各民族，更青出于蓝，进占了整个中原地区。农耕统治区的迅速扩大使金朝皇帝把统治中心迁到了长城以南的北京，并掀起了一波又一波的汉化改革浪潮，于是农耕文化与游牧文化的融合发展步伐进一步加快了。汉族的中央集权制度、路州县制度、科举制度、赋役制度、法律制度被女真族所采纳；汉族尊孔重儒的传统被女真族所接受；在生活的大熔炉中，汉人和女真人学习对方的语言，接纳对方的服饰，在金朝统治区内，民族的分野在不知不觉中消融。

五代辽宋夏金时期，关注农耕民族和游牧民族的发展前途是一件有趣的事情。与游牧民族相比，农耕民族无疑代表着更先进的文化，汉族人建立的宋朝在当时就创造了比唐朝还灿烂的物质和精神文明，使我国传统文化的发展达到巅峰。然而长城防线的丧失和"以文驭武"的极端做法②使他们无力抵御游牧民族的滚滚铁骑，于是靖康之变的奇耻大辱和《过零丁洋》的慷慨悲歌看似矛盾地集合在一个民族身上。难道一个民族在进一步迈向文明的同时，必须要付出丧失血性和豪勇的高昂代价吗？如果是这样，这个民族将难以肩负未来中国的领导责任。事实的确如此，在中国最后的636年皇权统治中，汉族的统治时间只占43%。当然，这个民族毕竟人口众多、文化发达，可以像滚雪球一样慢慢同化其他民族，包括其他统治民族。虽然其他民族对此心存警惕，比如契丹皇帝非常注重捺钵渔猎、女真皇帝念念不忘"国语骑射"、满族皇帝每年实行"木兰秋闱"，目的都是教育本族人民勤习武艺、不要丧失民族血性，但是他们仍然被汉族全部或部分地同化了。在古代中国最后的600多年历史发展中，已经找不到契丹族的名字，他们消失在了汉族的茫茫人海中，只有一小部分世代守卫阿保机祖陵的契丹军人抵抗着外界的诱惑，甘守寂寞，成为今天的达斡尔族。此外，金朝时期就生活在中原地区的女真族也步了契丹后尘，被同化成为汉人。

在中国最后600多年的皇权统治中，世界文明的风向标正在发生转变，西方逐渐孕生出了更高层次的资本主义文明；然而，游牧文明与农耕文明之间的冲突与融合却仍然是这段时间中华文明发展的主题，这个主题依然起伏跌宕，依然引人入胜，但它似乎失去了原有的价值和意义。

---

① 《契丹国志》卷九《道宗天福皇帝》。

② "以文驭武"是指由文官统兵打仗的做法，这种做法超越了宋朝文官政治、崇文抑武的合理限度。

六、谁主沉浮

中国最后600多年的皇权统治指的就是元明清时期，虽然这个时期中华文明被西方文明赶上并超过，但也恰恰在这个时期，我国统一多民族国家最终得到巩固，担当巩固重任的主角是蒙古族和满族。

蒙古族长期游牧于蒙古草原上，他们扬鞭牧马、引吭高歌，歌颂草原、历史与爱情。这样一个以天为穹、以地为床的民族无疑具有开阔的胸襟和开拓的激情。1206年，他们在英雄铁木真的率领下统一了蒙古草原，建立了蒙古汉国。此后，蒙古人的马蹄踏遍了中亚、西亚和欧洲，在对亚欧大陆做了一番周游和检阅之后，终于回过头来统一了中国，建立了元朝。此后，元朝一直作为这个世界性大帝国名义上的本部而存在。蒙古人广阔的版图促进了亚欧大陆上不同文化、不同民族之间的融合与互动：在这个时期，阿拉伯数字传入中国，印刷术、指南针、火药传入欧洲；也正是在这个时期，回族孕育产生，维吾尔族得到了进一步发展。

蒙古人在亚欧大陆上宣泄完开拓的激情之后，元世祖忽必烈终于开始考虑如何巩固这个统一多民族国家了。其一，他不再像他的祖父铁木真那样实行分封制，而是开创了行省制，把哪怕是最为边远的少数民族也纳入自己的直接管辖之下，正是在这个时期，西藏正式纳入了中国版图。其二，忽必烈提出了处理民族关系的总原则——“以其俗而柔其人”，元朝统治者按照这个原则在汉族地区尊崇儒学、劝课农桑，在吐蕃地区实行政教合一的制度，在西南地区推行土司制度。其三，忽必烈继承他祖父铁木真的理念，对不同宗教信仰兼收并蓄、海纳百川，于是，佛教、道教、基督教、伊斯兰教在中国并行发展起来。然而，由于元朝是一个以蒙古族为统治核心的朝代，而蒙古族又是少数民族，为了维护少数人对多数人的统治，忽必烈实施了不公平的等级制度，他把中国人分为四等，从高到低分别为蒙古人、色目人、汉人、南人。在这种政策下，汉族人受到严重歧视，比如不能拥有武器，只能几家人合用一把菜刀；比如不能有名，只能以自己的生日或者父母年龄之和作为自己的名字。元末红巾军起义领袖朱元璋又叫朱重八，就是由此得名。

蒙古族的统治延续了将近一个世纪，在完成了历史赋予他的使命之后，终于禁不住朱重八的起义军打击而退回漠北。但这丝毫没有改变他们宣泄自我的激情和诙谐浪漫的性格。比如明朝时期，蒙古族瓦剌部的丞相也先和朱重八的子孙继续开打，竟然俘获了明英宗，为了“欢迎”这位重八皇帝的后代，也先自弹自唱蒙古小曲，并让自己的妻妾起舞助兴，真是玩得不亦乐乎。还是在明朝时期，蒙古族鞑靼部的首领俺答汗浪漫多情，娶了比自己小40多岁的外孙女做三娘子，并修了三娘子城——呼和浩特，夫妻两人为蒙汉友好作出了重要贡献，夫妻两人的故事也流传至今。又如清朝时期，蒙古族土尔扈特部不堪俄国女皇叶卡捷琳娜二世的压迫，在英雄渥巴锡的率领下，不远万里回归祖国，为统一多民族国家的巩固涂上了浓墨重彩的一笔。

除蒙古族外，担当巩固统一多民族国家重任的另一个主角是满族。满族与赫哲族、鄂伦春族、鄂温克族，都是“东方之鹰”女真族的后裔，继金朝灭亡500年后，这只“东方之鹰”又再度崛起，建立了清朝，开创了中国古代最后一个繁荣盛世——康乾盛世。从存在的时间来看，康乾盛世竟占据了半个清朝史。在康乾盛世中，三位雄才大略的满族皇帝通过政治、经济、文化、军事等各种手段，“修其教不易其俗，齐其政不易其宜”，对过去没能很好解决的西藏、蒙古、新疆等问题，都进行了比较成功的解决，并使我国疆域达到了最大规模：东到大海，东南到台湾及其附属岛屿钓鱼岛、赤尾屿，南包南海诸岛，西跨葱岭，西北达巴尔喀什湖北岸，北接西伯利亚，东北到黑龙江以北外兴安岭和库页岛，为中国近代疆域奠定了基础。

令人遗憾的是，此时世界文明的风向标已然发生转变，这只“东方之鹰”没能及时改变航向，反而延续并强化了中国实施了一千多年的专制集权制度、重农抑商政策，并把明朝的海禁政策进一步发展为闭关锁国。两千多年来游牧文明与农耕文明之间的战争与融合是宣告结束了，然而鸦片战争一声炮响，西方人携近代文明踏上了古老中国的国土，中华农耕文明遭遇了更高层次的西方近代文明，征服者被征服的历史还能再次上演吗？苍茫大地，又将谁主沉浮！

七、小结

在上下五千年的历史长河中，以汉族(华夏族)为主体的各民族之间的关系越来越密切，终于形成了中华民族，凝聚出了团结统一、爱好和平、勤劳勇敢、自强不息的民族精神。从某种意义上讲，国际竞争就是各国民族精神的强与弱的竞争。近代时期，我们正是依靠这种民族精神取得了反侵略反封建斗争的胜利，使中华民族从沉沦中崛起；现代时期，我们仍然要凭借这种民族精神去与各种分裂势力作斗争，去实现中华民族伟大复兴的梦想。

在上下五千年的历史长河中，各民族都是辉煌灿烂的中华文明的缔造者，各民族文化都是丰富多彩的中国传统文化的一部分。中国传统文化正是各民族在漫长的历史长河中经过不断冲突、碰撞、交流、融合而形成的。即使有的民族已经消亡，其民族精神、民族标志甚至制度也已经融入中华文化之中。然而在经济全球化加速发展的背景下，我们的民族文化正面临着前所未有的挑战和危机。我国要大力发展民族教育，提高兄弟民族的文化水平，使他们理解、掌握本民族的文化，认识本民族文化的价值，树立对本民族文化的自信心，只有这样，才能应对民族文化所面临的挑战和危机。

项目拓展

一、思维拓展

1. 中华各民族所从事的经济活动大致包括哪几种类型？

2. 秦汉时期，华夏族具备了哪些明显的民族特征？

3. 六朝时期，民族融合的方式和影响有哪些？
4. 为什么说唐朝社会“大有胡气”？
5. 分析宋朝产生国防劣势的原因。
6. 评价元世祖忽必烈的民族政策。

二、实践拓展

假期到长城游览，切身体会长城对农耕民族所造成的影响。

第二节　秦皇汉武　唐宗宋祖

传国玉玺

千古一帝秦始皇不但自称皇帝，还规定“天子独以印为玺，又独以玉”①。在用和氏璧制成传国玉玺之后，秦始皇还命丞相李斯用虫鸟篆在上面刻了八个字的玺文：受命于天，既寿永昌。

图 3-10　传国玉玺玺文

从此以后，这块玉玺成为至尊皇权的象征，一部中国史围绕着它徐徐展开。在史诗般的玉玺争夺战中，一个个新王朝庄严诞生，一个个旧王朝悲伤逝去，而这块玉玺也饱经沧桑。在王莽篡汉的斗争中，它被摔去一角，后来用黄金做了修补；在后晋取代后唐的战火中，这块传国玉玺更是神秘失踪，关于它的下落众说纷纭。时至清代，中国皇帝对这块传国玉玺才趋于淡定，头脑清醒的乾隆皇帝说：“若论宝，无非秦玺，既真秦玺，亦何足贵！”②的确，得到此玺，未必就能传国；政治清明，才能永昌。

始皇帝，自是千古一帝也。始皇出世，李斯相之。天崩地坼，掀翻一个世界。是圣是魔，未可轻议。祖龙是千古英雄挣得一个天下。

——李贽

武帝天资高，志向大，足以有为。末年海内虚耗，去秦始皇无几。轮台之悔，亦是天资高，方能如此。

——朱熹

太宗富有天下，贵为天子，功业皆其所自致，而能俯首抑意，听拂逆之辞于畴

① 蔡邕：《独断》。
② 清高宗：《国朝传宝记》。

昔所恶之臣。呜呼！此其所以致贞观之治，庶几于三代之王者乎？

——陆九渊

太祖勒石，锁置殿中，使嗣君即位，入而跪读。其戒有三：一，保全柴氏子孙；二，不杀士大夫；三，不加农田之赋。呜呼！若此三者，不谓之盛德也不能。

——王夫之

一、千古一帝开创专制集权制度

秦始皇，名嬴政，他于公元前221年结束了长期以来的分裂局面，统一了中国。对于39岁的嬴政来说，这个功绩虽称不上“绝后”，但绝对“空前”，因为统一事业顺应了时代的发展潮流。据文献记载，大禹建立夏朝时天下有万国，商汤灭夏时天下有国三千，武王伐纣以后分封了诸侯八百，春秋时期还有一百数十国，战国时期有七雄并存，这些数字或许夸张不实，但也说明了由分裂走向统一是历史发展的必然要求，即使被兼并的一方发出了“风萧萧兮易水寒”的怒吼，做出了荆轲刺秦王的壮举，也不能抗拒统一的车轮。

统一大业完成后，嬴政按照韩非子提出的构想进行政治改革，创建了专制主义中央集权制度，从而用实际行动证明自己不但是一名军事指挥家，还是一位伟大的政治改革家。

第一，鉴于战国时期称王现象的泛滥，嬴政改王的称号为皇帝，并制定了一整套能充分体现皇帝权威的仪制。这套仪制包括一系列独特的称谓，还包括正朔、服色、车马、后宫、外戚、宦官制度。秦始皇开创这套皇帝制度后，以后历朝历代君主都沿用不辍。

第二，秦始皇用三公九卿制来组织中央政府。所谓“三公”，是指丞相、太尉和御史大夫，他们分掌行政、军事和监察。丞相和太尉的设置，改变了先秦时期大臣出将入相、文武不分的弊端，御史大夫则专门负责监督文臣和武将。秦始皇开创三公制，使我国古代中央政府的权力配置，形成了行政、军事、监察三足鼎立的局面，成为此后中国古代政治运行的一大规律。所谓“九卿”，实际上不止九个，而且他们中的大多数都是为皇室服务，比如宗正管皇室属籍，太仆管皇帝车马，卫尉负责警卫皇宫。这种国事、家事不分的状况，表明了三公九卿制还保留着先秦政治的残迹。

第三，废除分封制，把郡县制推向全国。在统一之初，秦朝曾经发生过分封制与郡县制的争论，多数大臣赞成用分封制来维护统治，只有李斯反对，他深入分析了分封制的弊端：“周文武所封弟子同姓甚众，然后属疏远，相攻击如仇雠，诸侯更相讨伐，周天子弗能禁止。今海内赖陛下神灵一统，皆为郡县，诸子功臣以公赋税重赏之，甚是易制。天下无异议，则安宁之术也。置诸侯不便。”①秦始皇认真反思了历史教训，毅然采纳了李斯的建议，把已经在局部地区实行的郡县制推行到了全国。郡是地方最高行政机

① 《史记·秦始皇本纪》。

构，主要官吏有郡守、郡尉、监御史。郡守是郡的最高长官，总管一郡的政务；郡尉掌管军队；监御史负责监察。郡下设县，万户以上的县设县令，万户以下的县设县长，县令(长)是县的最高长官，县丞是他的助手，县尉掌管军事。县下设乡，乡设三老掌管教化，啬夫掌管司法和税务，游徼负责地方治安，这些吏员以啬夫为首，直接与百姓打交道，以至于百姓只知有啬夫，不知有县令。乡下设亭，有亭长；亭下设里，有里正；十里为亭，十亭为乡。里下的百姓按什伍制组织起来，以十家为什，有什长；五家为伍，有伍长；实行什伍连坐法，使盗贼无所藏匿。

从中央到郡县的各级官吏，由皇帝直接任免，由国家发给俸禄。通过这套官僚机构，皇帝的诏令可以直达地方，实现了对地方的垂直领导。为了使各级官吏忠于职守，秦始皇还颁行了苛刻严明的秦律。在法律的严格约束下，秦朝吏治清明，各级政府行政效率极高。为了使法律、公文通行全国，秦始皇还统一了文字，并把古文(小篆)发展成今文(隶书)，汉字的统一，促进了文化学术的交流发展，有利于巩固国家的统一、增强民族的凝聚力。以后汉字传入东亚邻国，成为东亚各国文字中无法割舍的有机组成部分。

秦始皇首创的这套专制主义中央集权制度，被以后历朝历代君主所沿用和损益，这使秦始皇成了中国古代知名度最高的皇帝，获得了“千古一帝”的称誉。然而，秦朝政治也存在着严重的弊端。其一，秦政过于苛猛，秦始皇采取的很多措施，不管是为了个人目的，还是为了国家利益，都超出了百姓所能承受的范围，终于酿成了秦末农民大起义。其二，秦始皇在加强中央集权的过程中，对中央与地方的关系处理得不够恰当，导致中央权力过大，地方权力过小，中央和地方的关系形成了“头重脚轻”的局面，以至于秦末农民大起义爆发后，地方郡县不能有效地组织镇压。其三，秦始皇为了从思想上巩固大一统，实行焚书坑儒，造成了中国传统文化发展过程中的首次大浩劫。

图 3-11 陈胜、吴广起义

二、少年天子解决王国问题

秦始皇之后，巩固专制主义中央集权制度的重任落到了汉武帝头上。汉武帝，名叫刘彻，他锐意进取，在16岁即位的当年就进行了若干政治改革，由此遭到其祖母窦太后的强烈反对，改革被迫中断。刘彻即位时，大汉已开国60年，经过这60年的休养生息，经济得到恢复，统治得到巩固，出现了所谓的“文景之治”。然而在治世背后也隐藏着严重的危机。

图3-12　汉武帝成为影视界的宠儿

首先，西汉开国以后，高祖刘邦错误地吸取秦亡教训，推行郡国并行制，即在实行郡县制的同时又实行分封制，企图通过分封王室成员让他们镇抚四方，来协助维护中央的统治。然而事与愿违，地方王侯实力强大起来后，不但严重威胁中央集权，还公然发动“七国之乱”，与皇帝争夺最高统治权。

其次，在西汉初期几十年里，由于国家政策的宽松，豪强大族势力发展起来，他们兼并土地、欺压百姓、勾结王侯、结党拉帮，与地方王侯一起成为两股严重威胁到国家政权和社会稳定的力量。

同时，在中央政府中，跟随高祖打天下和参与平定七国之乱的军功贵族们陆续担任丞相要职，这些丞相位高权重，他们主持朝议，负责决策和行政，有权选用、弹劾、罢免百官，他们如果认为皇帝的诏令不合规矩，也有权将诏令驳回。丞相权力的膨胀严重威胁到君主专制，令踌躇满志的汉武帝极为不满。

正因为这些政治危机的存在，所以汉武帝在即位之初就锐意改革、力图振作。然而当时掌握朝廷实权的是汉武帝的祖母窦太后，她崇尚黄老无为思想，是那时政治秩序的受益者和维护者，在窦太后的强烈反对下，汉武帝的政治改革中断。改革的暂时受挫使汉武帝认识到扭转思想是政治改革的前导。所以在窦太后去世后，汉武帝立即抛弃了黄老无为思想，并急于找到一种具有进取精神的思想来为政治改革造势。于是，董仲舒应运而出，他对传统儒学进行改革，提出“君权神授”，顺应了大一统的时代要求。由于董仲舒的新儒学为汉武帝推行政治改革、加强专制集权提供了理论依据，所以汉武帝“罢黜百家、独尊儒术”，以董仲舒的新儒学作为治国思想。思想扭转了，汉武帝的政治改革也随之拉开了大幕。

在中央，汉武帝致力于削弱相权、加强皇权。为此他采取了三个方面的措施。第一，任命出身低微的公孙弘为相，一举摧毁了军功贵族拜相的传统。第二，对丞相严格要求，敢于对丞相进行谴责，甚至把丞相罢免、处死。汉武帝在位 54 年，先后任用了 13 位丞相，结果有的免职，有的自杀，有的处死，能得以善终的居于少数，足见汉武帝对丞相的苛责态度。第三，重用尚书，以中朝掌中枢。为了排挤相权，汉武帝逐渐把决策大权交给自己的近侍——尚书，于是以尚书为首组成的中朝掌握了国家的决策权，而以丞相为首的三公被排挤出了决策圈，逐渐成为只负责行政的外朝，皇权大大加强了。当然，从长远来看，汉武帝并没有根本解决相权对皇权的威胁问题，因为迟早有一天，尚书会变成事实上的丞相，权力膨胀将再次威胁皇权，而皇帝只得提拔身边的其他近侍，比如中书、门下，来分散新丞相——尚书的权力，于是三公九卿制时代过渡到了三省六部制时代。这种过渡虽然是由隋文帝完成的，但推动这副多米诺骨牌的人是汉武帝。

在地方，汉武帝重点解决王国问题，以加强中央集权。为此，他采取了内外结合、标本兼治的策略。一方面，汉武帝采纳主父偃的建议，颁布“推恩令”。推恩令规定，在王国中不但嫡长子可以继承原国王的王位，庶子也可以在原国王的封地内封侯，新封的侯国不受王国管理，直接由当地郡县管理。这一措施名义上是汉武帝在格外推恩，实际上是在分化瓦解地方王国势力，而且新封侯国归郡县管理后，只能享受“衣食租税”，其政治军事权力被剥夺了。另一方面，汉武帝颁布了“附益之法”，专门打击那些远朝廷近诸侯的忤逆分子。推恩令和附益之法的推行，使诸侯王的势力一落千丈，虽然在两汉时期地方王侯始终存在着，但再也没有构成过对中央集权的威胁。汉朝是我国封建社会中的一个朝代，然而封邦建国始终不是我国封建社会主要的政治制度。这也是中国古代政治运行的一大规律。

在地方，汉武帝除了重点解决王国问题外，还毫不留情地打击豪强大族势力。一方面，汉武帝继续把他们迁往关中，置于中央政府的监控之下；另一方面，任用所谓“酷吏”诛杀顽固不化的豪强。这些措施的实行，加强了统治，稳定了社会秩序。

为了加强对地方郡国、豪强的监察力度，汉武帝还推行刺史制度，向全国派出十三州刺史，每年秋天巡行本州，重点监察郡守、国相及其辖区内的豪强。刺史制度的实行，对于整顿吏治，加强中央集权，维护政府运转，起到了积极的作用。然而，在东汉中期以后，随着统治危机的加深，刺史的权力也在不断增加，他们逐渐被朝廷追加了选官、行政、军事等大权。量变终于引发质变，到东汉末期，刺史由中央派往地方的检察官一跃而成为地方最高行政长官，其称呼也由刺史改为州牧；与之相应，我国地方建制也由郡县两级制变为州郡县三级制。刺史制度如此巨大的变化是汉武帝创建它时所始料未及的，但这种变化恰恰反映了中国古代政治运行的又一个规律，即为了加强对地方的控制，中央的派出机构如州、道、路、行省等，往往会向地方政权的方向转化。

汉武帝虽然“罢黜百家、独尊儒术”，但是他所处的政治环境迫使他更多地行“霸道”，他晚年出现的“天下骚动”和“巫蛊之祸”就是这种霸道政策的惯性使然。汉武帝也曾决心反思过去几十年的政策，于是发布了“轮台之诏”。可惜天不假年，此时的汉武帝已走到了生命的尽头。

三、贞观大帝接受“舆论监督”

唐太宗和汉武帝都是毛泽东眼中的“风流人物”，但如果从政治的角度观察，两位皇帝又存在着三点不同。首先，汉武帝是在深宫中长大，政治磨炼的机会相对较少，而唐太宗在隋末天下大乱的社会环境中摸爬滚打，积累了丰富的政治经验；其次，唐太宗在外部的对手突厥汗国长期处于分裂状态，比汉武帝时的匈奴汗国更容易对付；再次，唐太宗在内部的对手主要是建成、元吉两兄弟，不像汉武帝要同时面对外戚、权臣、王国、豪强等多种复杂势力。正是因为有以上诸多的不同，所以唐太宗不必用绝对精力去推行“霸道”政治，反而可以用更多的时间来推行仁政，亦即“王道”政治。王霸结合，儒法兼治，尊君与重民同时展开，这就是唐太宗的治国原则。这种治国原则深刻影响着唐太宗的政治改革、经济政策、法律理念、用人标准，为后世皇帝提供了一个绝好的治国样板。

图 3-13　连环画《玄武门之变》

第一，改革宰相制度。隋文帝时期，中央政治体制正式进入三省六部制时代：一方面，隋文帝对三省职权做了明确分工，规定内史省(中书省)、门下省、尚书省分别负责取旨、审核、执行，三省长官均为宰相；另一方面，隋文帝把尚书省所属各部门整合为吏、民(户)、礼、兵、刑、工六部二十四司，于是三省六部制形成了。然而唐太宗敏锐地发现三省六部制在具体运作过程中存在着问题，即作为决策机构的中书省和门下省之间经常钩心斗角、推诿扯皮，严重影响了办事效率。唐太宗对此很是不满，决定让三省长官集体议政，并把政事堂作为集议政务的机关，位居三省之上。太宗在提高中央政府办事效率的同时，也不忘权力制衡，他规定参加政事堂会议的官员，不但包括三省宰相，即中书令、门下侍中、尚书仆射，也包括堪称“贤良”的其他官员。这些官员品位不及宰相，但很有才能和政治远见，唐太宗临时给他们加上“参议朝政”“参预朝政”“知政事”“同知政事”“参知政事”“同中书门下三品”“平章事”“同平章事”“同中书门下平章事”等头衔，让他们参加政事堂会议。唐太宗的这一改革举措，使我国宰相制度发生了质变，由秦汉时期的独相制发展成为隋唐以后的群相制。群相制的推行有两个好处：一是有利于提拔品位不高但堪称“贤良”的庶族地主官员进入最高决策圈，提高了中央决策的科学性和在民众中的威信力；二是群相之间相互牵制，避免了宰相专权，加强了君主专制。

第二，精简官员额数。唐太宗吸取隋亡教训，清醒地认识到，要想提高中央政府的办事效率，就必须对中央政府官僚系统进行一次大瘦身。他对房玄龄等人说：“政治之本，惟在于审，量才授职，务省官员。”①在唐太宗的支持下，房玄龄等人大刀阔斧地进行简政改革，把中央政府的官员从2500多人精简到了640人。精简力度之大，令人惊叹。精简后的中央政府，不但提高了办事效率，加强了中央集权，而且节省了财政开支，减轻了民众负担。

第三，完善谏官制度，允许入阁言谏。我国古代监察系统自成体系，由御史和谏官两个子系统组成，通过前者君可以控制臣，通过后者臣可以匡正君。唐太宗吸取隋亡教训，非常重视谏官的作用，他自己也能从谏如流，所以谏官都能在朝廷上犯颜直谏。其中最著名的是谏议大夫魏徵，他先后向唐太宗进谏200多事，深得唐太宗信任。魏徵去世后，唐太宗悲伤不已，认为自己失去了一面“可以明得失”②的镜子。谏官们除了直言进谏之外，还利用自己隶属于门下省、手中握有封驳权的优势，来“否决”一些不合理的诏敕和奏章。为了进一步发挥谏官的作用，唐太宗还将谏官制度直接引入国事的决策过程中：“自今中书门下及三品以上入阁议事，皆命谏官随之，有失辄谏。”③此后，每当宰相们到政事堂集议朝政，都有谏官跟随参加，遇到不当之处，立即论谏。唐太宗的这一改革措施无疑提高了谏官的监察力度，减少了最高决策的失误，促进了谏官制度的发展。实际上，唐太宗不但要求谏官直言上谏，做好本职工作，还希望朝廷各类官员都能积极进谏，指出朝廷和皇帝的不足。由于唐太宗的提倡，使得“一时之臣，非特大臣能谏，小臣如黄甫德参无不谏也；非特内臣能谏，外臣如李大亮无不谏也；非特文臣能谏，武臣如尉迟敬德亦无不谏也；非特廷臣能谏，宫妾如充容徐惠亦无不谏也。贤臣而能谏固也，佞臣如裴矩亦谏焉；中国之臣能谏固也，夷狄之臣如契苾何力亦谏焉”④。正是由于朝廷谏风盛行和皇帝从谏如流，所以唐朝很快扫除了隋朝以来的弊政，出现了贞观盛世。然而，在贞观盛世的成功面前，晚年的唐太宗有些骄傲自满了，不再像以前

① 《贞观政要·择官第七》。
② 《旧唐书·魏徵传》。
③ 《贞观政要·论求谏》第一章按语。
④ 《资治通鉴》卷192《唐纪八》“太宗贞观元年”条。

那样从善如流，甚至还擅自修改史官秉笔直书的起居注，把起居注中于己不利的记载删掉。

总的来看，唐太宗是一位英明的君主，终其一生，他始终没有忘记自己政治家的职责。唐太宗作为一名政治家，始终把王霸结合、儒法兼治、尊君和重民并重作为自己的治国原则，他按照这一治国原则所进行的政治改革，完善了专制主义中央集权制度。

四、武功皇帝打造文官政治

文官政治是当今世界的普遍现象，然而世界上最早的、在国家内部全面推行的文官政治是由宋太祖赵匡胤开创的。赵匡胤是一名职业军人，具有从士兵到将军再到皇帝的传奇经历；他还是一位武术家，发明了太祖长拳。赵匡胤称帝后，率领将士们南征北战，基本统一了汉族人的地盘，五代十国的分裂局面行将结束。就在这时，宋太祖用一杯象征着安乐富贵的美酒令石守信等朝中大将和王彦超等地方节度使脱下了甲胄、交出了权力，让文官接管了从中央到地方的各级政权，包括掌握全国军权的枢密院，于是一个文人的时代到来了。

图 3-14　连环画《千里送京娘》

武功皇帝宋太祖“杯酒释兵权”、建立文官政治，这在后人看来多少带有些戏剧色彩，但这是社会发展的必然要求。一方面，唐末至宋初是我国社会政治和经济结构剧烈变动的时期，政治上藩镇割据、混战不断，经济上均田制瓦解、土地私有买卖频繁，门阀士族的政治、经济特权被摧毁，中小地主实力壮大，他们要求参与政治。另一方面，宋太祖对五代十国的历史进行了深刻的反思，他看到从唐朝灭亡后到北宋建立前总共才54年的历史，却像走马灯一样先后出现了五代八姓13位皇帝，这都是武人当政的结果；也正是因为自己曾经手握重兵，才得以黄袍加身，在五代之后又建立起北宋。如何避免“黄袍加身”的历史剧在别人身上重演？如何终结走马灯似的朝代变换？只有用文官政治取代武人当政。而且事实也很快证明，不依靠文人，不但治理不好国家，甚至有可能闹出尴尬。963年，宋太祖把年号由建隆改为乾德，乾德三年宋太祖平定后蜀时，竟然发现后蜀的器物上刻有“乾德四年铸”的字样，不但大吃一惊，而且大惑不解，还是学士窦仪为宋太祖解了惑：“伪蜀王衔有此号，当是其岁铸也。”①原来宋太祖把自己的年号与别人的起重了，他不得不感叹：宰相还需要用读书人啊。

宋太祖构建文官政治的活动有两个特点。一个特点是，护文官、兴科举、倡学习，表示与士大夫共治天下。

五代十国时期，武人当政，文人“困顿风尘，潦倒场屋”②，备受冷落；即便当了官甚至当了宰相，有时也会被武人当做点缀、视为无用，甚至一言不合就要被对方以“砍杀”相威胁。宋太祖为了消除文人的疑虑、调动他们参政的热情，专门立下“不诛大臣、言官”的誓约，被以后宋朝君臣奉为不成文的“祖宗家法”，基本上得到执行。太祖誓约不但扭转了以前那种畸形的文武关系，维护了文官的地位和尊严，还激励着他们以天下为己任，“先天下之忧而忧”，如宗泽、李刚、范仲淹、文天祥、陆秀夫等家喻户晓的人物，都是这样的汉族文人英雄。太祖誓约不但深刻影响着宋朝政治，还激发了宋朝人哲学思维的火花，张荫麟说：“宋朝之优礼大臣、言官实养成士大夫之自尊心，实启发其对个人人格尊严之认识。此则北宋理学或道学之精神基础所由奠也。”③当然，“不诛大臣、言官”并不包括贪官，宋太祖痛恨贪官污吏，他在位17年，始终高举反贪大旗，每年都要杀死贪官，对贪官处以极刑。在严惩贪官的同时，宋太祖还实行高薪养廉制度，这样的两手政策使得北宋成为秦朝以后官员廉洁度最高的朝代。

宋太祖从中央到地方推行文官政治，需要大量文人，于是他大兴科举、亲自主持考试，使平民子弟获得了凭才学公平竞争的机会，宋朝出现了“孤村到晓犹灯火，知有人家夜读书”的局面。此外，宋太祖在推行文治的过程中，深感自己知识的欠缺，于是带头学习儒家经典；不但自己身体力行，他还要求武将学习文化知识，以至于宋朝武将也以读书为荣，岳飞能写出在文坛上占有一席之地的《满江红》，就是一个鲜明的例证。总之，宋太祖构建文官政治的活动带动了宋朝教育和文化的繁荣发展，宋朝之所以成为中国传统文化发展的巅峰，其原因恐怕不难理解了。

宋太祖构建文官政治的活动，还有一个特点，就是从中央到地方分化事权，让文官系统内部不同机构之间相互配合、相互制约，最终达到强化专制主义中央集权的目的。

在中央行政方面，宋太祖仍以同中书门下平章事为宰相；为了辅助宰相工作、并分化宰相权力，宋太祖又任命参知政事为副宰相；为了削弱宰相权威，宋太祖取消了宰相坐议朝政的制度。在地方行政方面，宋太祖同样任用文官主政，比如“以文臣知州事”；任用通判与知州共同判理政务，并负责监督知州；知州、知县“三年一易”。

---

① 《续资治通鉴长编》卷七“乾德四年五月乙亥”条。

② （宋）王林：《燕翼诒谋录》。

③ 张荫麟：《宋太祖誓碑及政事堂刻石考》，《文史杂志》1941年第1卷第7期。

在军事方面，宋太祖实行“崇文抑武”，由文官掌管最高军事机构枢密院，根据皇帝的命令调动军队；禁军不再由一人统领，而是由三员武将分别统领，组成互不统属的三衙；三衙只负责养兵、练兵，按照更戍法定期换防，一切听从枢密院的调动。可见，早在一千多年前，宋太祖就在世界上实施了文官控制军权的创举，其首创者并非西方国家。然而在宋太祖以后，宋朝皇帝把“崇文抑武”发展成为“以文驭武”，让文臣去统兵打仗，这就走了极端。在宋朝，的确出现过一些足智多谋的文臣，如澶州之战中的寇准、宋夏战争中的范仲淹等，但总的来看，“以文驭武”给宋朝造成了严重后果，比如：从澶渊之盟到宋夏和议，再到绍兴和议，宋朝一次又一次地向兄弟民族政权输纳“岁币”；1127年，出现让汉族人耿耿于怀的靖康之耻，北宋灭亡；1276年，誓与宋朝天子“共治天下”的士大夫们竟然束手痛哭，具表降元，南宋灭亡。这种“以文驭武”的极端做法及其造成的国防劣势，甚至影响到了汉族文化的走向，使汉民族的文化气质从以前的大气外拓转向以后的深沉内敛。

在财政方面，宋太祖提高了主管财政的三司的权位，使其仅次于宰相，号称计相。在地方各路则设置转运使，专管各州的赋税收入。通过这些措施，宋太祖完成了对武人“稍夺其权、制其钱谷、收其精兵”的历史伟任，在全国范围内建立起了文官政治。

宋太祖开创的文官政治适应了国家机器的正常运转，进一步完善了专制主义中央集权制度，使实行文官政治的各朝代(宋、明、清)内部统治稳定，基本上没有发生过像汉末三国、唐末五代那样的军阀割据、武人乱政。

当然，宋以后的元、明、清时期，我国专制主义中央集权制度仍在向前发展。元朝设立中书省、枢密院、御史台作为三大中央机构，实际上是秦始皇在配置中央政府权力时所开创的行政、军事、监察三足鼎立原则的再次实践。元朝在地方上实行了影响至今的行省制，而行省就像汉代的州、唐代的道、宋代的路一样，并没有超出中央派出机构逐步地方政权化的窠臼。明朝废丞相、设内阁，清朝用军机处取代议政王大臣会议，反复表明逐步赋予近侍以实权，是汉武帝以后的中国皇帝们为了防止皇权流失而采取的老法子，其结果是御用机构不断演化成中央政府，近侍不断变成中央政府首脑。历史似乎在不断地循环往复，而效率与制衡之间似乎永远只能是暂时的、动态的平衡，专制主义中央集权政治正是在这种循环往复中逐渐走向它的极端和顶峰，雍正帝设立军机处就是达到顶峰的标志。

在历史上，专制主义中央集权制度推动了我国统一多民族国家的建立、巩固和发展，但也无数次造成暴政和贪腐；专制主义中央集权制度使中国皇帝有效地组织人力、物力和财力进行大规模的经济建设和生产活动，但也严重阻碍了我国资本主义萌芽的产生和发展。另外，专制集权政治作为中国传统文化的组成部分，对其他文化事项，尤其是中国人的思想也曾产生过主导性的影响。比如专制集权政治使中国人形成了“大一统”的思想观念，这种观念有利于国家的统一、资源的配置，使我们在“东突”“藏独”“台独”势力面前能够同仇敌忾；但这种“大一统”的思想观念也使中国人容易忽视个人权利，导致我们对许多事情持顺从和冷漠态度。又如专制集权政治使中国人形成了“为政在人”的思想观念，我们喜欢用“先德后才”“德才兼备”作为依据给领导人打分；但这种“为政在人”的思想观念也导致我们容易忽视法制建设，放松对权力的约束和监督。再如，专制集权政治使中国人形成了“君舟民水”“以民为本”的思想观念，我们的影视文艺作品也在着力刻画那些关注民生、为民做主的明君、忠臣形象；但古代专制集权政治是现代民主政治的对立物，由专制集权政治生发出来的“民本”思想和由民主政治生发出来的“民主”思想也存在着本质区别。

专制集权政治在两千年漫长发展的过程中，其政治、经济、文化方面的双重影响始终存在着，无非在明清以前，积极影响居于主要方面；在明清时期，消极影响成为主要方面，尤其是在已经出现的全球化趋势面前，皇帝和他的专制集权政府显得茫然无知、应对失据。明清时期的皇帝，即使胸襟博大如永乐、康熙，也只能懵懂看世界，无法深刻理解并自觉顺应全球化趋势，可见专制集权政治已走向了它的尽头，中国历史的发展需要改换火车头了。

五、永乐、康熙懵懂看世界

宋代以后，汉民族的文化性格从以前的大气外拓转向以后的深沉内敛，这在明朝皇帝身上表现得尤为明显。比如明太祖朱元璋就抛弃了宋元以来重视海外贸易的做法，否认商业对国家财政的重大作用，实施严格的海禁政策；以后大多数明朝皇帝都把海禁作为“祖制”而小心遵守，不敢逾越。然而当时却出现了一位叛逆皇帝——明成祖朱棣，他置太祖皇帝固守内地的训诫于不顾，派太监郑和率领庞大的帆船舰队先后七次进行远洋航行，与印度洋沿岸各国进行交往。甚至有西方学者认为，这支帆船舰队可能绕过了好望角进入了大西洋，也可能到达了澳洲和美洲。

为什么永乐皇帝要开眼看世界，派郑和下西洋呢？难道是因为他预感到一个地理大发现和全球化的时代即将来临？不是，晁中辰在他的著作《明代海禁与海外贸易》中认为，永乐皇帝派郑和下西洋除了“踪迹建文”之外，更有另外两点政治因素不容忽视：第一，通过郑和下西洋打造“万邦臣服”的盛况，从而收服民心，改变自己因发动靖难之役而在民众中形成的谋朝篡位形象；第二，通过郑和下西洋发展与南方诸国的友好关系，从而为他五征漠北、反击蒙元势力的侵扰提供安定的后方。可见，永乐皇帝派郑和下西洋不是商业冒险，而是一场不惜代价的政治投资。这种政治投资缺乏持久的动力，永乐皇帝去世后，明朝皇帝重申“祖制”，再次颁布禁海令，具备先进造船技术的大明王朝就此告别大海，东亚海域成为日本、葡萄牙、西班牙、荷兰人的天下。不仅如此，明朝后期海禁政策的严厉执行还引发了一场中国东南沿海商人激烈的反海禁斗争，由于反海禁斗争主要发生在明世宗嘉靖年间，再加上队伍中雇佣了少数日本人，这场斗争竟被误称为“嘉靖倭患”。虽然这场“倭患”在明穆宗隆庆年间得到解决，但正如樊树志在他的著作《国史十六讲》中所说，真正解决“倭患”的关键之举，并非戚继光、俞大猷的平倭战争，而是隆庆皇帝为了息祸而部分开放海禁。“隆庆开放”的时代，西方人刚刚完成地理大发现，全球化趋势刚刚开始，而“隆庆开放”承认了私人海外贸易的合法性，客观上与刚刚开始的全球化趋势是相契合的。

清军入关后，为了打击沿海抗清势力，清政府曾经厉行海禁。1683年，东南沿海的形势随着三藩之乱的平定、台湾郑氏政权的投降而基本稳定，康熙帝高瞻远瞩，为了改善民生、巩固统治，于1684年取消了海禁，在闽、粤、江、浙等省开放了大小一百多个通商口岸。生活在当时的曹雪芹，在他的不朽名著《红楼梦》中，把贾宝玉的生活描写得充满了西方风情：屋里摆着西洋自鸣钟，墙上挂着西洋穿衣镜，口中喝着西洋葡萄酒，身上穿着来自俄罗斯的雀金裘，给自己的丫鬟芳官起个法国名字叫温都里纳……这种弥漫着西洋味儿的生活无疑是康熙帝的开放政策带给中国贵族的。

康熙帝的开放政策延续了近80年，客观上与全球化趋势形成了共振，然而康熙帝对西方始终存有蔑视和防范，对全球化趋势也缺乏足够的认识。到了他的孙子乾隆帝即位以后，更是非常轻率地在1757年把闽、粤、江、浙等省大小一百多个通商口岸减少到广州一个口岸，从此中国进入闭关锁国时期。恰恰在中国闭关锁国的80多年间（1757—1840年），西方发生了工业革命，迈出了从经济到政治全面超越中国的实质性步伐。当鸦片战争的炮声响彻东南海疆时，西方的实力和发展水平已经超过中国，一切都已无法挽回了。专制集权政治已经无力解决全球化背景下出现的新问题，也就失去了存在的意义。

六、小结

从秦皇汉武，到唐宗宋祖，再到永乐康熙，中国人在治国方面逐渐积淀起深厚的政治传统。这些传统中精华与糟粕并存，但我们无法回避，只能扬弃。比如“大一统”的传统，这是历代君主的不懈追求；到了明清时期，抵御外来侵略、维护“大一统”，成为统治者必须肩负的历史使命；到了今天，维护祖国统一更是每个公民的神圣责任。但是“大一统”传统的核心是君主专制，这无疑与当今民主社会又是格格不入的。又如官僚政治和科举考试的传统，使政治统治规范化，使社会流动常态化，是中国人对世界政治文明的重要贡献。但是它所造成的贪腐和官本位思想，直到今天还根深蒂固。再如文治的传统，有利于我们今天弘扬传统文化、尤其是儒家文化，重拾传统美德，重塑民族信心。但是文治不等于文化专制，否则就会束缚心灵、摧残人性。总之，在21世纪的今天，我们对中国传统政治文化应该采取扬弃的态度，留其精华、弃其糟粕，使其成为现代政治文明建设的基石而不是羁绊。

项目拓展

一、思维拓展

1. 总结千古一帝秦始皇的功与过。
2. 汉武帝、唐太宗、宋太祖是怎样改革宰相制度的？
3. 分析宋太祖开创的文官政治对中国传统文化的影响。

4. 中国古代政治运行有哪些特点？

二、实践拓展

假期到秦始皇陵、茂陵、昭陵、永昌陵怀古，把秦皇、汉武、唐宗、宋祖四位风流人物的陵墓加以比较，谈谈你的感想。

参考文献

1. 白钢：《中国政治制度通史》，社会科学文献出版社 2011 年版。
2. 肖黎：《名家评说中国著名皇帝》，河南人民出版社 2005 年版。
3. 李雪慧：《中国皇帝全传》，当代世界出版社 2011 年版。
4. 纪江红：《中华上下五千年》，北京电子音像出版社 2008 年版。
5. 李泽厚：《美的历程》，天津社会科学院出版社 2001 年版。
6. 范文澜、蔡美彪：《中国通史》，人民出版社 1978 年版。
7. 高洪雷：《另一半中国史》，文化艺术出版社 2010 年版。
8. 冯天瑜、杨华、任放：《中国文化史》，高等教育出版社 2005 年版。
9. 郭沫若：《中国史稿地图集》，地图出版社 1979 年版。
10. 王智：《石话实说　石家庄的 100 个故事》，河北教育出版社 2011 年版。

第四讲

说佛论道话孔丘：多元的思想

三教合一

始建于北魏太和十五年(491 年)，坐落于山西省大同市北岳恒山的悬空寺，是我国仅存的佛、道、儒三教合一的独特寺庙，迄今已有1500 年的历史。

图 4-1　悬空寺

悬空寺又名玄空寺，因其上载危岩、下临深谷，楼阁悬空、结构巧奇而得名，所到之人无不为其“奇、悬、巧”而惊叹，又因流传至今的三教合流思想而载入史册。位于悬空寺最高处的“三教殿”里，正中端坐的是佛祖释迦牟尼，慈和安详；左边是儒家始祖孔子，微笑谦恭；右边是道教主老子李耳，清高豁达。三者共居一殿，神态各异，直观展示了佛、道、儒的和平共处，体现了佛教思想的“普度众生”，儒家思想的“和为贵”“仁者爱人”“智者见智”，以及道家思想的“无量度人”“礼度为先”的思想，是三教思想融合升华的表现。①

图 4-2　混元三教九流图

如果说悬空寺中三位始祖的形象还是各自单独成体，那河南嵩山少林寺中的“混元三教九流图”则是三教合一最完美的展现。

① 《悬空寺：中国古建筑史上的奇迹》，新浪网，2006 年 5 月 16 日。

此图从整体上看是一位和尚的图像，也就是佛教的代表，即正面是释迦牟尼。左侧头戴方巾者为儒教的代表，即孔子；右侧头后挽个发髻的则是道教的图像，即老子。三教共存一碑，一片圆融。这三个头像合在一起，加上合肩、合上身，浑成一体，两手捧“九流混元图”，构成佛、儒、道三教及“九流”的“混元三教九流图”。图上碑文为：“佛教见性，道教保命，儒教明伦，纲常是正。农流务本，墨流备世，名流责实，法流辅制，纵横应对，小说谘询，阴阳顺天，医流原人，杂流兼通，述而不作。博者难精，精者未博。日月三光，金玉五谷，心身皮肤，鼻口耳目。为善殊途，咸归於治。曲士偏执，党同排异。毋患多歧，各有所施。要在圆融，一以贯之。三教一体，九流一源，百家一理，万法一门。”

项目实训

按照对儒家、佛家、道家兴趣的不同，同学们自由组合，分为三个小组。每组同学在广泛查阅资料的基础上讨论并制作课件，展示佛、儒、道不同的发展脉络以及文化特质，并向全班同学讲解；其他组同学评价打分，老师总结。

第一节　百家争鸣到独尊儒术

道生一，一生二，二生三，三生万物。

——《道德经》第四十二章

名不正则言不顺，言不顺则事不成，事不成则礼乐不兴，礼乐不兴则刑罚不中，刑罚不中则民无所措手足。

——《论语·子路》

恻隐之心，仁之端也；羞恶之心，义之端也；辞让之心，礼之端也；是非之心，智之端也。

——《孟子·公孙丑章句上》

马者，所以命形也。白者，所以命色也。命色者，非命形也，故曰白马非马。

——《公孙龙子·白马论》

是故，易有太极，是生两仪，两仪生四象，四象生八卦，八卦定吉凶，吉凶生大业。

——《易传·系辞上传》

一、百家争鸣

中国文化在古代农耕经济中特别是夏、商时期开始萌芽，但由于当时生产力水平有限，“文献不足征”，以至于没有直接的文字记载留存。但在《礼记·表记》中可以得知，夏商时期的文化主要是以人们对于天命、鬼神的敬畏为主，如“夏道尊命，事鬼敬神”“殷人尊神，率民以事神”。而到了西周早期，更是把天命、鬼神上升到“天”的高度，周王则是天的儿子，即“天子”。至公元前722年，周平王被迫东迁，周天子的权威失落，周人开始认识到天命并非绝对，不可盲目地相信天命、依靠天命，但受时代以及认识的局限性影响，统治者又提出要“顺乎天而应乎人”的“敬天”思想。春秋之后，随着“争地以战，杀人盈野；争城以战，杀人盈城”①时代的来临，诸侯纷争、群雄争霸、社会动荡，出现了“臣弑其君、子弑其父”的“礼崩乐坏”乱象，以至“天”的地位发生了动摇。

在这个充满血与火的动荡时代，奴隶制度趋向瓦解，封建制度正在确立，这也为当时的知识分子提供了丰富的思想养料，提升了其“救世之弊”的社会责任感。也就是从这个时期开展，中国文化进入了第一个辉煌的历史时期，即百家争鸣时期。面对王室衰微、战乱频繁的社会现实，诸子百家试图从各自的角度解决社会问题，著书立说宣扬自己的政治主张。他们围绕着君本民本、人治法治、性善性恶、法古师令，以及经济、军事、用人等方面展开激烈的争论。对中国后世传统文化产生重要影响的主要有道家、儒家、墨家、法家、名家、阴阳家等。

其中，道家思想源自老子，其政治主张是“小国寡民”，无为而治。至战国时期，主要代表人物是庄子，其主张是“天地与我并生，万物与我为一”。墨家思想源自墨子，其政治思想的特点是重实用，主张兼爱、尚贤、尚同、非攻。法家思想的代表人物有韩非、李斯、商鞅等，其主张锐意改革，倡导变法，发展耕战事业，以法治国，富国强兵，强调“不别亲疏，不殊贵贱，一断于法”②。名家思想的代表人物有邓析、惠施、公孙龙，以辩论“名”“实”问题为中心，主张以逻辑原理来分析事物，以达到“正名实”的目的。阴阳家思想的代表人物是邹衍，其将上古以来的数术思想与阴阳学说、五行学说相结合，并试图进一步发展，以建构宇宙图式，解说自然现象的成因及其变化法则。

儒家的创始人为孔子，其思想核心是“仁”，强调统治者要以德治民，反对苛政和任意刑杀，提倡恢复西周的礼乐制度，“克己复礼”，重视君臣父子之礼、夫妇长幼之别，要求人与人之间要互相爱护、融洽相处，要待人宽容，“己所不欲，勿施于人”。然而，在分崩离析的社会政治面前，“仁”治、德治、维护周礼的思想主张不能适应当时战乱动荡的社会环境，因此并未被统治者采纳，必然受到冷落。

除了以上简单介绍的，在当时具有影响力的还有农家、纵横家、杂家、小说家等。它们的出现一方面加速了文化从官方贵族走向普通大众的速度，并产生了“士阶层”，从此人们摆脱了远古的蒙昧，开始冷静地思考人生、研究社会；另一方面特殊的历史时期也促进了中华民族精神文化的不断碰撞与交融，各种思想相互影响、相互借鉴、相互指责或批判，共同构筑了中国传统文化的思想根基。

---

① 《孟子·离娄下》。

② 《史记·太史公自序》。

二、儒家的兴起及发展

儒家学派是诸子百家中最早形成的学派，也是对中国后世影响最深远的学派。它的创始人是孔子，著名的代表人物有子思、孟子、荀子。儒家思想自西汉董仲舒“罢黜百家，独尊儒术”之后逐渐兴起，从百家争鸣中脱颖而出并逐渐成为中国古代统治者推崇的正统思想。再经宋明理学的改造与发展，儒家思想经过上千年的发展，对中国社会政治、文化教育以及伦理道德都产生了深远的影响。

1. 孔子与早期儒学

孔子(公元前551—前479年)，名丘，字仲尼，春秋时期鲁国人。祖籍宋国夏邑，出生于鲁国陬邑(今山东省曲阜市尼山镇境内)。春秋末期著名的思想家、政治家、教育家。

图4-3　孔子

孔子通过整理古代优秀文化遗产，深入研究当时的政治问题和文化问题，以“仁”和“礼”为核心，构筑了儒家思想的基本脉络。在早期的儒家思想中，孔子注重人的因素，主张“仁者爱人”，“己所不欲，勿施于人”；他具有积极的入世精神，关注社会现实问题，希望统治者“为政以德”，反对苛政和任意刑杀，臣子“事君以忠”；希望恢复西周的礼乐制度，“克己复礼”，使每个人的行为符合礼的要求；主张“敬鬼神而远之”；倡导“中庸”“中和”思想，注重人与人、人与自然、人与自身的和谐；主张“有教无类”，打破了“学在官府”的局面。这些思想理论是整个儒学的理论根基。

至战国时期，孟子和荀子是儒家的两位代表人物。孟子继承并发扬了孔子的思想，成为仅次于孔子的一代儒家宗师，有“亚圣”之称，与孔子合称为“孔孟”。孟子学说的出发点为性善论，主张德治。孟子认为人与生俱来存在恻隐、羞恶、辞让、是非四种情感，即“四端”，它们是仁义礼智的萌芽，善是人的基本自觉，人性是存在的而且是善的。孟子提出“民为贵，社稷次之，君为轻”①的民本思想，认为政府要保障人民的利益，君主应以爱护人民为先决条件，“以不忍人之心，行不忍人之政”②，因为“不仁而得天下者，未之有也”③。与孟子的性善论不同，荀子认为人与生俱来就想满足欲望，欲望无法避免，不能根除，“目好色、耳好声、口好味、心好利”④，进而提出“性本

① 《孟子・尽心下》。
② 《孟子・公孙丑上》。
③ 《孟子・尽心下》。
④ 《荀子・性恶》。

恶”，强调用礼乐来规范人的行为，使人向善；主张君主应“明礼义以化之，起法正以治之，重刑罚以禁之”①，讲求“救患除祸，则莫若明分使群矣”②。荀子从知识论的立场上批判性地总结和吸收了诸子百家的理论主张，形成了富有特色的自然主义天道观即“明于天人之分”、道德观即“化性起伪”、社会历史观即“礼仪之治”，总结了先秦哲学，并对儒家思想有所发展。经过孟子、荀子的改造和发展，儒学体系更加完整，更能适应社会的需要。战国后期，儒家逐渐从诸子百家中凸显出来。

2. 董仲舒与儒学的兴起

秦汉时期，秦国以法家思想为主进行变革，迅速发展壮大，灭六国建秦朝，建立了中国历史上第一个统一的多民族国家。秦朝建立后，秦始皇看到了百家争鸣思想对于统一的封建专制制度不利，继续遵循法家的集权政治、严刑峻法观点，提出“行同伦，书同文，车同轨”的大一统政策，采用“焚书坑儒”的暴力手段来绝禁百家之说，反而加速了秦朝的灭亡。汉朝初年，为了恢复生产、安定人心、富国强兵，统治者吸取秦朝灭亡的教训，采用了道家“无为而治”的思想，经过60多年的“休养生息”，至汉武帝时，国家的经济实力逐步恢复和增强。然而，汉初的“郡国并行制”使得诸侯国的势力日益膨胀、土地兼并剧烈，加上北方匈奴的存在，长期威胁着西汉的稳定。为了加强中央集权，适应国家统一的发展形势，董仲舒适时提出“独尊儒术”的积极有为的政治思想，适应了当时西汉王朝统治阶级的需要。

图4-4 董仲舒

董仲舒(公元前179—前104年)，汉族，汉广川郡人，汉代思想家、哲学家、政治家、教育家。董仲舒是汉代儒家的代表人物，他把诸子百家中道家、法家和阴阳五行家的一些思想糅合到儒家思想中，加以改造，丰富和发展了儒学，使其成为能适应当时社会发展需要的新的儒学体系。为适应汉武帝加强中央集权的需要，董仲舒提出“大一统”思想，认为大一统是天地的常理、国家的需要，而为了维护政治统一，必须在思想上统一，于是他又提出“罢黜百家，独尊儒术”的主张，认为不在儒家六经范围之内的其他学术思想都应该“罢黜”。为了加强中央集权，实行专制统治，董仲舒借鉴了法家的“尊君抑臣”思想，宣扬“君权神授”，并进一步提出“天人合一”和“天人感应”学说，认为“道之大原出于天”，“天不变，道亦不变”，把“天”视为宇宙间最高的主宰，自然、人事都受制于天命。同时，由于人和天具有相同的气质和情感，因此天人可以感应。在现实社会中，皇帝代替天来治理人民，“天人相与之际，甚可畏也。国家将有失

① 《荀子·性恶》。
② 《荀子·富国》。

道之败，而天乃出灾害以谴告之；不知自省，又出怪异以警惧之；尚不知变，而伤败乃至”①，因而皇帝治理的好坏天是知道的，并且会通过灾害、怪异等来警示。为了巩固君权，维护统治秩序，董仲舒还提出了“三纲五常”的为人处世道德标准，即“君为臣纲、父为子纲、夫为妻纲”和“仁、义、礼、智、信”。董仲舒的这些思想主张，以春秋战国时期儒家思想为基础，糅合了其他各家的思想之长，使当时的统治呈现出德治、法治并重，儒、法思想并用，王道、霸道并行的局面，这对于扭转当时内外松弛的局势十分有利，备受当时统治者的欢迎。

宽松的政治局面，尚儒的社会风气，使儒学有了广泛的社会基础，儒生们纷纷著书立说、授徒讲学。至公元前136年，汉武帝规定《诗》《书》《礼》《易》《春秋》为“五经”，设立五经“博士”，作为专事研究和传播五经的教官。儒家经典成为国家指定的教科书，儒家学说成为官府选用人才的标准。至公元前124年，汉武帝打破贵族官僚世代为官的陈规，兴办太学，规定由五经博士负责教授太学生员，经考试合格后方可任职。此外，汉武帝还在全国各郡县设立经学讲习学校，建立地方教育系统。这些举措大大提高了儒学的地位，从师习读儒家经典成为风尚，经学正式成为中国封建文化的正统，并逐渐成为两千多年来中国传统文化的主流。

董仲舒的儒家思想维护了汉武帝的集权统治，为当时社会政治和经济的稳定作出了一定的贡献。自此，儒家官方哲学的地位得到确立。

3. 宋明理学与儒学的发展

汉代中后期，由于所依经书文字的不同，汉代经学分为今文、古文两大派。两派之间经过长期的斗争，直至东汉末郑玄注“三礼”才告平息。再至魏晋时期，以道家的《老子》《庄子》和儒家的《易》为主要研究内容的“玄学”盛行。人们开始关注本与末、有与无、名教与自然等哲学问题。在“玄学”盛行的同时，道教的产生和佛教的传入，使儒家思想面临更大的冲击。至整个南北朝及隋唐时期，思想界始终都贯穿着儒、佛、道之间的斗争与融合。由于佛教是外来文化，儒、道站在本土的立场上与佛争正统地位。在不断的冲突中，儒学吸收佛教、道教的精神，有了新的发展；道教受儒学影响，“贵儒”而“尊道”；佛教则吸取儒、道之长，逐渐本土化。至隋朝，儒家正式提出“三教合一”的思想，主张以儒学为主，兼糅佛教、道教思想。至唐初，为了统治的需要，统治者奉行“尊道、礼佛、崇儒”的三教并行政策。儒学的正统地位受到了极大的挑战。至中唐，韩愈率先提出复兴儒学，建立了从尧、舜开始到孔孟世代相传的儒家道统，为儒学正名。

从北宋时期开始，儒家学者继续展开了复兴儒学、抨击佛道的活动，同时又融合佛道思想来解释儒家义理，并最终形成了以理为核心的新儒学体系“理学”。他们把“理”作为封建伦常的根据，把儒家的礼法纲常、道家的宇宙生成以及佛教的抽象与具体、本质与现象相融合，构建了新的哲学体系。北宋的程颢、程颐兄弟认为，天理是宇宙万物的本原，万物只有一个天理，主张先有理而后有物，这是理学的核心思想，认为人伦即是天理，而要达到对天理的认识，必须通过探究万物，“格物致知”。南宋的朱熹在二

① 《汉书·董仲舒传》。

程的基础上，形成了“理一分殊”思想，即“理只是这一个，道理则同，其分不同”①，认为三纲五常、忠孝节义等封建伦理纲常是至高无上的天理，是人性的最高境界，人们应该依照天理行事。朱熹同时认为“人欲”是万恶之源，提倡“存天理，灭人欲”，以天理克制人欲。程朱理学适应了统治阶级的政治需要，备受推崇。

南宋陆九渊及明朝的王守仁提出系统的“心学”后，在以“理学”为统治地位的思想界掀起了波澜。心学以“心”为本体，提出“心”就是“理”的主张，即“心即理”。在认识论上心学提出“致良知”“知行合一”学说，认为良知是人所固有的善性，天地万物都在心中，穷理不必向外探求，“求之于心”即反省内心便能达到对万物的认识，用良知支配自己的行为，就能去除人欲，恢复本性。心学认为社会动荡是因为人心被破坏了，只有通过整治人心，才能挽救统治，因而受到统治者的欢迎并广泛流传。

宋明理学历经了上百年的发展，对当时及后世中国社会政治、文化、伦理道德都产生了深远的影响。

4. 明清之际儒学的发展

明朝中后期资本主义开始在中国萌芽，加之剧烈的社会动荡，促始一些思想家讲求“经世实学”，其代表人物主要有李贽、黄宗羲、顾炎武、王夫之等。

李贽以“异端”自居，反对将程朱理学视为权威，贬斥程朱理学为伪道学，提出不能“以孔子之是非为是非”，即认为孔子并非天生圣人，儒家经典并非神圣不可侵犯，是非标准应依照时代变化而变化。他承认个人私欲，认为“私者，人之心也，人必有私而后其心乃见”，人不可能脱离基本的物质需求而空谈仁义道德。与李贽相比，黄宗羲则更进一步，他认识到了封建专制的腐朽，尖锐地批判君主专制制度，并提出“天下为主，君为客”的民主思想，希望可以限制君权，保障民权。面对日益加剧的社会危机，顾炎武看到了僵化的理学之弊，放弃科举考试，探索解救国家危难的方法，他主张从实践中求真知，不断形成经世致用的思想。与其同时代的王夫之，继承和发展了前代思想家的唯物主张，他认为世界是物质的，物质是不断变化的，静止是相对的，运动是绝对的，一切事物通过考察研究都可以认识。这些具有朴素辩证法的思想，对于启示近代人们的思维方法，具有重要的意义。清末至“五四”时期，由于西学传入，儒学的发展又面临一次考验。儒家思想时而被披上“托古改制”的外衣在封建专制内部进行变革，时而在人们喊着“打倒孔家店”的呼声中被反对、被改造。

从总体上看，程朱理学在整个清代并没有得到继续发展，而黄宗羲、顾炎武、王夫之三位进步思想家对传统儒学的批判继承，促使我国传统文化重新焕发了生机，对后世产生了巨大影响。

三、儒家思想对中国传统文化的影响

宋初赵普曾言“半部论语治天下”，通过对儒学历史发展的探寻，我们可以清楚地

---

① 《朱子语类》卷六。

认识到儒学以其开放的精神，兼容并蓄地吸收着各类思想养料，旷日持久地影响着中国古代社会政治、哲学、教育、伦理、信仰、文学等各个方面。自汉武帝“罢黜百家、独尊儒术”起，两千多年来历代君王都以其作为教化四方、治理国家的根本。儒学同时还兼具知识分子认知、学习、修身的重要作用，其“仁治”“礼治”“德治”“孝道”“大一统”“天人合一”“民贵君轻”“有教无类”等思想主张，深深地植根于中国人的思想观念中，主导了无数人的价值取向与精神追求。

从根本上讲，整个儒家学说的中心就是儒学的伦理思想。李泽厚曾说：“中国哲学在某种意义上主要就是伦理学。”儒学的伦理思想以道德问题为核心，影响着中国古代文化的其他方面。

孔子通过整理古代典籍，结合所生活的时代，建构了完整的“伦理道德”思想体系，思考人与人之间的关系问题，即在个体层面主张“仁、礼”之德性与德行。可以说“仁”既是孔子哲学思想的核心，又是儒家道德理论的基本原则。自孔子开始，“仁”以及由“仁”派生出来的义、礼、智、信、忠、恕、孝、悌、温、良、恭、俭、让、宽、慧、敏等成为古代社会各种道德规范、道德要求的出发点。其中，儒家特别讲求仁爱、孝悌、忠恕。认为仁爱是人与人之间的关系纽带，是社会和谐的重要原因；孝悌是仁爱的基本内容；忠恕是推行仁爱的重要方式。由此推广开来，儒家讲求内在的修身，“修己以安人”，提倡“慎独”“存心养性”，进而“齐家，治国，平天下”。至汉代提出“三纲五常”之后，封建社会的历代统治者皆把“君为臣纲、父为子纲、夫为妻纲”作为立国原则，把“仁、义、礼、智、信”作为社会道德基本范式，两千多年无人逾矩。宋代以来，理学兴起，批判释道，维护纲常。明清时期，儒学的伦理思想更是发展为“四德说”和“八德说”，即“忠孝节义”“孝悌忠信礼义廉耻”。

儒家的伦理思想在长期的社会实践中形成了众多优秀的认识和思想，奠定了整个中华民族的精神源头。诸如强调“仁爱”的“克己复礼，为仁”①，强调“孝悌”的“老吾老以及人之老，幼吾幼以及人之幼”，强调“忠恕”的“夫仁者己欲立而立人，己欲达而达人，能近取譬，可谓仁之方也矣”②，强调个人奋斗的“天行健，君子以自强不息”，“舍生取义、见利思义”的生死道义观，“三军可夺帅也，匹夫不可夺其志”的坚毅品质，“其身正，不令而行；其身不正，虽令不从”的修身观念，“临渊羡鱼，不如退而结网”的务实精神，“富贵不能淫，贫贱不能移，威武不能屈”的高尚品格，“先天下之忧而忧，后天下之乐而乐”的远大政治理想等，都成为中华民族的宝贵财富。

儒家内省修身的思想，反映在政治层面就是积极的入世精神。政治思想也是儒家思想中最为基本的内容。如果说儒家的“仁”，体现了人道精神，那儒家的“礼”，则体现了礼制精神，即现代意义上的秩序和制度。儒家的政治思想是以积极的入世态度来关注社会安定问题，其核心内容是“为政以德”“以礼治国”“内圣外王”，要求统治者由“正

---

① 《论语·颜渊》。

② 《论语·雍也》。

己”出发达到“正人”的目的，用道德和礼教来治理国家。如“泛爱众而亲仁”①，“节用而爱人，使民以时”②，认为人应当“学于礼”③，因为“民之所由生，礼为大。非礼，无以节事天地之神也；非礼，无以辨君臣上下长幼之位也；非礼，无以别男女父子兄弟之亲，昏姻疏数之交也”④，进而儒学讲求以“尊尊”为主的等级制原则、以“亲亲”为主的宗法制原则，将“仁”与“礼”结合起来：一个是向内求，反观诸己，讲自觉；一个是向外求，讲约束。

儒家的政治思想还具有鲜明的“人本主义”色彩，如孔子曰“天地之间，人为贵”，孟子曰“民为贵，社稷次之，君为轻”，荀子曰“君者，舟也；庶人者，水也。水则载舟，水则覆舟”等。历代统治者中的明君，都以儒家的这种思想作为政治纲领，他们注重道德教化、平政爱民、任人唯贤、轻徭薄赋，提倡“尊君”与“重民”相结合，以实现社会的稳定和发展，促使中国古代社会出现了贞观之治、开元盛世、康乾盛世等辉煌时代，对中国传统政治产生了深远的影响。

儒家学说在教育上的影响可谓深且广。孔子作为我国历史上第一个将毕生精力贡献给教育事业的人，对后世的教育思想产生了深远的影响。孔子言“性相近也，习相远也”⑤，“有教无类”⑥，“学而优则仕”⑦，“学而不思则罔，思而不学则殆”⑧，“不愤不启，不悱不发”⑨。至汉代之后，中国产生了完整的教育制度，儒家思想及儒家经典著作成为教育的基本内容。历代儒家教育者们总结了丰富的教育经验，形成了特定的教育学说，提出了至今仍有价值的教育理论、教育原则、教育方法。也正由于儒家重视教育，重视思想的传承与延续、发展与完善，才使得中华文明得以一代代流传下来，为促进中华民族文化的发展与素质的提高发挥了重要作用。

儒家经典中的《易经》《中庸》蕴含了丰富的哲学思辨思想。《易经》提出了“太极”的概念，“易有太极，是生两仪，两仪生四象，四象生八卦”，用“阴阳”观贯穿于自然和人类社会的各个领域，进而回答天地如何产生、事物如何发展这样的哲学命题，解决人类的终极问题。而“中庸”则是儒家的另一个重要概念，指不偏不倚、中正适度、无过无不及的为人处世态度。“中庸”不仅是一种思想方法，更是一种道德准则。儒学虽然有时被称为“儒教”，但其注重入世，面向现实生活，将人的情感心理放在以亲子关系为核心的人世关系中，与充满了神秘教义和繁缛仪式的彼岸世界的宗教有着天然的区别。此外，儒学在文学领域的影响力同样不容小觑，众多的儒家经典著作不仅具有深厚

---

① 《论语·学而》。
② 《论语·学而》。
③ 《论语·泰伯》。
④ 《礼记·哀公问》。
⑤ 《论语·阳货》。
⑥ 《论语·卫灵公》。
⑦ 《论语·子张》。
⑧ 《论语·为政》。
⑨ 《论语·述而》。

的哲学价值，同时具有丰富的文学价值。

项目拓展

一、思维拓展

1. 从课本中，我们了解了诸子百家的基本内容，知道了儒家、道家、墨家等的基本思想与代表人物，请从你最感兴趣的思想理论出发，谈谈你对这一思想的理解。

2. 谈谈董仲舒“罢黜百家，独尊儒术”的时代背景以及对后世的影响。

二、实践拓展

了解并收集本省或本地区著名的儒学大师及其思想，有条件的同学可赴其故居或纪念场所参观。以此为例，理解并说明儒家思想对我国传统文化的影响。

三、阅读拓展

阅读《论语》《孟子》《大学》《中庸》《易经》等儒家经典著作。

第二节　道法自然到仙道贵生

道生一，一生二，二生三，三生万物。

——道教创世理论

人法地，地法天，天法道，道法自然。

——道教活动准则

天人同构，阴阳协调，形神共养，统筹兼顾。

——道教养生原理

丹道修真，服药炼气，积德行善，建功立业。

——道教成仙途径

图 4-5　阴阳八卦图

一、道法自然的道家学派

道家思想在春秋战国时期虽然没有成为显学，但以其独特的哲学智慧和思想体系，成为百家争鸣中极具生命力的一家，其思想学说影响了中华文化上千年，是中国思想文明发展史的重要来源。先秦道家一般认为由老子创立，由庄子发扬，除老庄外，先秦道家还有一些流派，可谓人物众多，蔚为大观。

老子（约公元前 571—前 471 年），姓李名耳，字伯，谥号聃，又称李耳，楚国苦县厉乡曲仁里人。在当时“礼崩乐坏”的争霸时期，老子的思想与孔子积极有为的精神相

图 4-6　老子

反，主张无为而治。老子的思想集中在《道德经》中，核心是“道”。在老子看来，“道”是超越一切的虚无本体，是一种视而不见的精神，“道可道非常道，名可名非常名”①。“道”是万物之宗，天下万物都是从“道”派生出来的，“道生一，一生二，二生三，三生万物”②。在老子看来，“道”虽然看不到，摸不着，但却无时无处不在，具有普遍性。正因为如此，老子的政治主张表现为顺应自然，“人法地，地法天，天法道，道法自然”③。老子的思想中含有朴素的辩证法，如：事物含有两级，“天下皆知美之为美，斯恶已。皆知善之为善，斯不善已”④；事物是发展变化的，“合抱之木，生于毫末，九层之台，起于垒土，千里之行，始于足下”，“祸兮，福之所倚；福兮，祸之所伏。物或损之而益，或益之而损”；辩证地看待肯定与否定的关系，“道常无为而无不为”。老子理想中的世界是“小国寡民”的世界，人们过着简单的生活，“邻国相望，鸡犬之声相闻，老死不相往来”⑤。他告诫统治者，“民之饥，以其上食税之多”，“民之轻死，以其上求生之厚”，“民不畏死，奈何以死惧之”⑥，所以统治者要“无为”，“天之道，损有余而补不足；人之道则不然，损不足以奉有余”⑦，我们也要看到，老子的无为并不是真的“无为”，而是要通过“无为”达到“无不为”的目的。

图 4-7　庄子

庄子(约公元前 369—前 286 年)，名周，字子休，号南华真人，宋国蒙人。庄子继承和发展了老子“道法自然”的思想观点，认为“道”是万物的创造者，是超感觉、无为无形的，“夫道有情有信，无为无形，可传而不可受，可得而不可见，自本自根，未有天地，自古以固存，神鬼神帝，生天生地”⑧。要实现精神上的“得道”，就只能通过“齐物”和“体道”两种方法。庄子否认有鬼神主宰世界，认为“天地固有常矣，日月固有明矣，星辰固有列矣，禽兽固有群矣，树木固有立矣”，即万物的生长与发展都在按客观规律进行，不以人的意志为转移。因而庄子同样主

① 《道德经·第一章》。
② 《道德经·第四十二章》。
③ 《道德经·第二十五章》。
④ 《道德经·第二章》。
⑤ 《道德经·第八十章》。
⑥ 《道德经·第七十五章》。
⑦ 《道德经·第七十七章》。
⑧ 《庄子·大宗师》。

张无为而治，认为儒家的仁义、礼法违背人性，使百姓“失其朴”，甚至认为“圣人生而大盗起”，庄子心中的“至德之世”是“不尚贤，不使能，上如标枝，民如野鹿。端正而不知以为义，相爱而不知以为仁，实而不知以为忠，当而不知以为信，蠢动而相使，不以为赐。是故行而无迹，事而无传”①的世界。庄子的“无为”是指心灵不被外物所拖累的自由自在、无拘无束的状态，只有这样，才能抛弃功名利禄，达到“乘天地之正，而御六气之辩，以游无穷”②的心与“道”合一的境界。庄子认为“吾生也有涯，而知也无涯，以有涯随无涯，殆矣”③，主张不要以有限的生命去追求无限的知识。在关于生死的问题上，庄子认为“死生犹如昼夜交替，故生不足喜，死不足悲”④，所以“得者，时也；失者，顺也。安时而处顺，哀乐不能人也”⑤。

老子和庄子都是中国古代伟大的哲学家和思想家，由他们的学说和思想创立的道家学派，对中国古代哲学史、文学史以及各艺术领域都有极大的影响。“老庄”与儒家的“孔孟”共同构成了中国国民精神的源头。

除老庄学派外，黄老之学是道家又一具有影响力的思想流派。该流派产生于战国时期，以传说中的黄帝和老子为创始人，以“黄老之言”为指导思想，继承并发展了老子的“道”，认为万物的主宰是虚静的“道”，且“虚同为一，恒一而止”⑥，“人皆用之，莫见其形”⑦。作为广泛流传的社会思潮，黄老学说在汉初广为盛行。当时纷争刚止，百废待兴，黄老学说兼糅儒、法、墨、阴阳等诸家思想，提出了法、术、势、利等概念，强调“道生法”，主张“是非有分，以法断之，虚静谨听，以法为符”⑧，解决了法律本身合法性的问题，使先秦学术走上现实主义道路。在政治上，黄老学派认为君主应当“无为而治”，“省苛事，薄赋敛，毋夺民时”，“无为而无不为”，并提出因天循道、守雌用雄、君逸臣劳、清静无为、刑德并用等一系列政治主张，这些思想得到统治者的认同并实施，在汉初产生了一定的影响，促使社会经济迅速恢复，国家安定，人民富足，出现了中国封建社会第一个盛世即“文景之治”。再至东汉，黄老学说逐渐与谶纬迷信相结合，演变为自然长生之道，讲求出世与修行，对原始道教的形成产生了一定影响。

二、道教的兴起与发展

从源起上讲，道家思想先于道教产生，是道教的理论基础。先秦时期道家思想的形

① 《庄子·天地》。
② 《庄子·逍遥游》。
③ 《庄子·养生主》。
④ 《庄子·养生主》。
⑤ 《庄子·养生主》。
⑥ 《黄帝四经·道原》。
⑦ 《黄帝四经·道原》。
⑧ 《黄帝四经》。

成、发展、衍变为道教的产生奠定了思想基础。道教以“道”为核心理念，发端于远古的巫术、秦汉的方术，其崇拜诸多神明，追求长生不死、得道成仙、济世救人。虽然道教与道家思想关系密切，但从本质上讲，道教是一种多神教原生的宗教形式，而道家学说则是一种思想，一种理论。作为中国唯一的本土宗教，道教的兴起与发展与中国的文明发展史紧密相关。

相传道教始祖轩辕黄帝祭祀天帝，问道崆峒，受教玄素，后首山采铜，荆山铸鼎，王屋炼丹，桥山飞升，创制道历(由黄帝纪年开始，至公元2014年是道历4711年)。至殷商时代，自然崇拜已发展到信仰天帝和天命，形成了以天帝为中心的天神系统，遇事由巫祝通过卜筮向天帝请求答案，其祭祖活动定期举行。至此，道教保存了夏、商、周三代的礼乐文明。至春秋时期，道家继承发扬了老子、庄子提出的清静无为、见素抱朴、坐忘守一等修道方法，并且把神秘主义和养生思想所形成的得道成仙思想作为核心信仰。至战国中期，齐国出现了尊崇黄帝和老子的黄老教派。再到西汉前期，因推崇无为而治的黄老之学，造就了“文景之治”的盛世。到汉武帝之后，黄老学说由官方走向民间，并吸收了儒家、道家、墨家、易学、阴阳五行等思想，逐渐形成了道教的宗教理论体系。至西汉景帝，陕西咸阳茅氏三兄弟茅盈、茅固、茅衷于句曲山采药炼丹，济世救民，百姓感其功德，遂改山名为“茅山”(后世有茅山道士一说，皆由此来)，茅氏三兄弟也被称为茅山道教之祖师，创茅山派。到东汉顺帝年间，张陵在蜀地鹤鸣山自称老君，“授以正道，命为天师”，尊老子为教祖，奉《道德经》为基本经典，道教成立。再到东汉灵帝时期，黄老道教徒张角以《太平经》为主要经典，在中原地区创立太平道，虽然张角领导发动的黄巾起义遭镇压而失败，但道教至此正式发端形成。

魏晋时期，道教逐渐分化为上层士族丹鼎道教和下层民间符水道教。上层士族丹鼎道教由茅山道人葛洪创立，他将道教神仙方术与儒家纲常伦理相结合，形成适合上层士族的长生成仙体系。而当时民间仍然传播着通俗的道教，如巴蜀地区五斗米道，江南地区的帛家道、李家道和杜子恭的天师道等。至北魏太武帝时，天师道传人寇谦之以礼教为原则对北朝道教进行改造，道教成为北魏国教；南朝宋文帝时，上清派传人陆修静吸收了儒家、佛教仪式对南天师道进行改造；南朝梁时期，茅山大宗师陶弘景继续充实道教的神仙学说和修炼理论，构建了道教神仙谱系，使之成为今后的道门正统。以上三者的改革与发展，使得道教教规教戒、斋醮仪范基本定型，规章制度逐步完善，道教日益发展成熟。

至隋朝，实行佛道并重的政策。唐朝则尊老子为祖先，奉道教为国教，并积极推动道教内部改革，发展道家义理，使得道教回归道家的辉煌时代。如唐高祖认为“道大佛小，先老后释”，唐太宗强调“朕之本系，起自柱下”，唐高宗尊奉老子为“太上玄元皇帝”。此时的道派在理论教义和法术科仪上相互融合，以终南山、茅山宗为道教主流。再到中晚唐和五代时期，统治者延续尊本崇道政策，同时，道教的继承者与传播者也对道教进行了整理与改革，如上清派杜光庭对老学研究、神仙学说作了总结，修订完善了斋醮科仪；全真祖师钟离权和吕洞宾的《钟吕传道集》促进了内丹学说的兴起；著名高道还有彭晓、谭峭、罗隐和韩国人金可记等。至北宋时期，统治者继承了唐朝崇奉道教的政策，曾掀起了两次崇道热潮，编修道藏，大建宫观，册封神仙。至王重阳继承了钟吕二人的内丹思想，创立了全真道，开启了道教浓墨重彩的新篇章。元朝前期，全真龙门派祖师丘处机在中亚与成吉思汗相遇，成就了“一言止杀”的历史性创举与汉蒙佳话，被成吉思汗拜为国师，掌管天下道教，为全真道的大发展奠定了基础。再经过尹志平、李志长相继掌教，全真道进入鼎盛期，道门兴旺，宫观遍地，道教再次进入繁荣兴盛时期。

图 4-8　道教三清

至明朝，历任皇帝都对道教采取了尊崇的态度，以至在全国大肆修建城隍庙和土地庙。当时的神仙信仰、伦理道德、科仪方术深入了民众的日常生活，供奉老君、玉帝、真武、三官、文昌、关帝、娘娘、城隍、土地等神仙的宫观祠庙星罗棋布于城镇街巷、乡村田野。而至清朝，历任皇帝则对道教采取了严格的防范和抑制政策。但在民间各类信仰盛行，如义和团、黄天教、红阳教、混元教等各类教派层出不穷。新中国成立后，国家在法律和政策上保证了人民的宗教信仰自由，道教逐渐走向新的发展时期。

三、道教常识

道教在历史发展过程中，依教旨、学理、道门、法术原理等分为不同的派别，其中有影响力的主要有由符箓①一系发展而成的正一派和由丹鼎一系发展而成的全真派。

① 符箓是道教中的一种法术，亦称“符字”“墨箓”“丹书”。符箓是符和箓的合称。符箓术起源于巫觋，始见于东汉。道教符箓使用十分广泛。有用于为人治病者：或丹书符箓于纸，烧化后溶于水中，让病人饮下；或将符箓缄封，令病人佩戴。有用于驱鬼镇邪者：或佩戴身上，或贴于寝门上。有用于救灾止害者：或将符箓投河堤溃决处以止水患，或书符召将以解除旱灾等。至于道士作斋醮法事，更离不开符箓，或书符于章表，上奏天神；或用符召将请神，令其杀鬼；或用符关照冥府，炼度亡魂。整个坛场内外，张贴、悬挂各式符箓。

正一教的前身是产生于东汉末年的天师道。正一派中还有“茅山”“灵宝”“清微”“净明”等诸派之分。创建人为张道陵(约34—156年，字辅汉，东汉沛国丰县人)，又称为张天师、祖天师、正一真人。正一派始于张道陵的“正一盟威之道”，以“正一”法祈禳。创始之初因入道者需交五斗米，所以老百姓称之为“五斗米道”。东晋南北朝时称“天师道”，宋代才正式称为“正一道”或“正一派”。正一教具有明确的家族特征，以子孙世袭“天师”之位。正一派源于古代巫术，以符箓科仪为主，行斋醮祈禳、画符驱鬼之事。主要奉《正一经》，“正一”的意思是“正以证道”，“正者不邪，一者不杂。正一则万法归一。谓法门不二的最高正道”①。正一派授箓，历史悠久，文化内涵十分深厚，在民间具有广泛的影响力。

全真派创建于金代初年(12世纪)。创始人王喆(1112—1170年，道号重阳子，陕西咸阳人)，弟子有马珏、谭处端、刘处玄、丘处机、王处一、郝大通、孙不二七人，又称全真七子。全真派重个人修炼，以修道成仙为主旨，也兼符箓。“全真”本为道教教义修炼之词，有“一念未萌之前”的“太虚”，“全其本真”，“全精、全气、全神”，“志在守朴、养素全真”等含义。全真教主张三教合一，以《道德经》《般若心经》《孝经》作为全真道士必修的经典。推行传戒与丛林制，要求出家住观，强调修真，戒除酒色财气，除情去欲，清净真修，以内炼成真，超离生死。全真派从元明以来大致有七真、五组、南宗三大派，下面又各有支派，如“龙门派”“随山派”“南无派”“迂山派”“华山派”等。

作为一种宗教，道教与其他宗教一样，包含着超验与神秘的色彩。而道教又与一般的宗教不同，其宣扬的不是死后升入天堂，而是现世的长生不老，即“仙道贵生”。

道教有一系列的法术②，如修炼法术、鬼神法术、占验法术、丹道修真，以及民间流行的玄学方术。其中，修炼法术是指通过修炼的方式追求长生不老，其主要的方法有服食外丹、炼养内丹两类。鬼神法术是指通过符箓、咒语、啸法、禹步、手诀、雷法等方式，干预鬼神世界和世间万物，包括召劾鬼神、降妖捉怪、祈福禳灾、飞天变化等。占验法术指通过易占、星占、择吉、式法、测字、相术、风水、解签等方式，推测事物的福祸吉凶来趋利避害。丹道修真是道教法术的核心和精髓，是指要通过筑基、初关、中关、上关达到与道合一、羽化登仙的境界。玄学方术主要分为“山、医、命、相、卜”五种，其中“山”是通过打坐、气功、食疗等方法修道养生来实现身心圆满，“医”是利用各种中医方法来治疗疾病保持健康，“命”是通过生辰八字、阴阳五行、天干地支等来推理命运、了解人生，“相”是通过观察天、人、事、物等形象来研究人类命运，“卜”是通过卜卦来预测未来并处理事务。

道教有自己的礼仪规范、称谓典籍、仙山道观、宗教节日、道门禁忌等。在礼仪规范上，包含叩拜、供养、诵经、戒律、服饰等内容。道教信众对常人行抱拳礼或作揖礼，一面躬身，一面抱拳，自下而上，向人行礼；对神仙、真人则行叩拜礼，又分为一

① 中国道教协会、苏州道教协会：《道教大辞典》，华夏出版社1994年版，第337页。
② 法术泛指各种凭借超能力和神秘手段改变客观对象的方法，亦称为道法、道术、方术、仙术。

礼三叩、三礼三叩、三礼九叩三种。

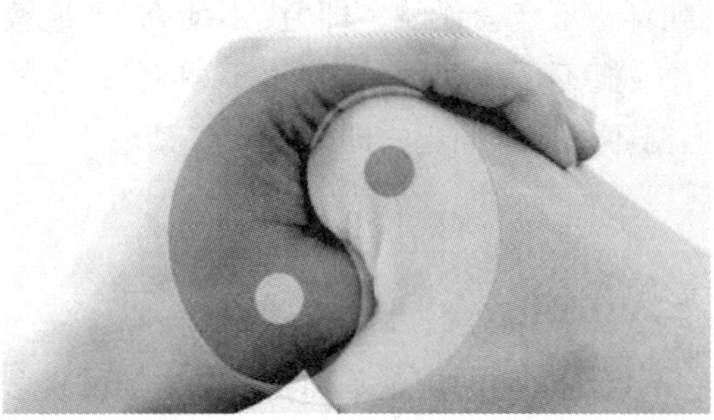

图 4-9 抱拳礼

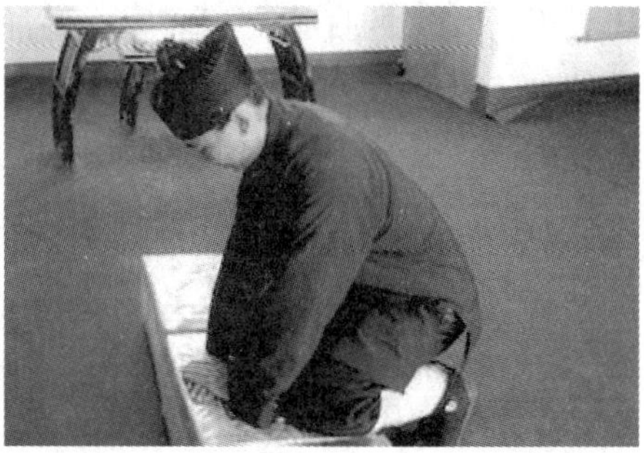

图 4-10 叩拜礼

道士的服饰直到南朝才有了统一的规定。一般而言，道士的服装包含有褂、袍、戒衣、法衣、花衣、冠、巾、双脸鞋(云头鞋)袜等，服饰则包含有长剑、拂尘、铜镜等。道教弟子大致可以分为信士、居士、道士、法师四类，而对于道士的称谓大致可分为天师、法师、炼师、祖师、宗师、真人、黄冠、羽客、监院等。道教的经典，收集在《道藏》中，主要有《道德真经》《南华真经》《太平经》《阴符经》《周易参同契》《黄庭经》等。

道教是典型的多神教，包含有正统道教神、民间信仰神、上古神话神、神魔小说神等。我们通常知道的“三清”“玉皇大帝”“四御”“诸星曜神”“琼台女神”“文化之神”“忠武战神”“财富之神”“吉祥之神”“医药之神”“守护之神”“地方俗神”“上古诸神”“幽冥鬼神”等列于道家神系之中。道家仙山包括四大名山，即四川青城山、湖北武当山、安徽齐云山、江西龙虎山，以及全国各地区吸取天地灵气的名山大川，如“五岳”、北京妙峰山、山西北武当山、陕西终南山、甘肃崆峒山、杭州玉皇山、山东崂山、温州雁荡山、福建武夷山、洛阳老君山、咸宁九宫山等，都是修炼的绝佳场所。与佛教的寺院不同，道观更具有中国的民族风格和民俗特色，依据阴阳五行、八卦方位，以子午线为中轴，坐南朝北，讲究对称。道观门前多有华表、幡杆，由南而北依次为山门、灵宫殿，供奉“三清”“四御”的几座大殿、藏经楼。正殿两侧为东西配殿，供奉次要的道教尊神，此外，还设有客堂、斋堂、厨房、仓房等生活用房。

道教的节日与流传至今的中国传统节日关联密切，如正月初一(春节)、正月十五(元宵节)、五月初五(端午节)、七月初七(七夕节)、七月十五(鬼节)、八月十五(中秋节)、九月初九(重阳节)、十二月初八(腊八节)、腊月二十四(小年)。除了这些我们熟悉的节日，道教还有其特定的节日，如冬至日元始天尊圣诞，夏至日灵宝天尊圣诞，二月十五道德天尊圣诞，正月初九玉皇大帝圣诞，二月初三文昌帝君圣诞，二月十九慈航真人圣诞，三月廿八东岳大帝圣诞，三月初三王母娘娘圣诞、真武大帝圣诞、轩辕黄帝圣诞，三月十五玄坛财神圣诞，三月廿三妈祖娘娘圣诞，四月十四纯阳祖师圣诞，四月十八碧霞元君圣诞，五月十八张天师圣诞，六月廿四关圣帝君圣诞，十一月十一太乙天尊圣诞等。

道教还有一些特有的禁忌。如道教教徒是不吃狗肉的，他们认为狗代表义，除了不吃狗肉，道教认为牛、乌鱼、雁代表忠、孝、节，不也能吃。由于道教信奉长生不老，仙道贵生、重生恶死，因而道教教徒是不喜被询问年龄的，即“道不言寿”。道教逢阴历天干为“戊”的日子，不烧香、不诵经、不朝拜，不建斋设醮，即“戊不朝真”。道教教徒除父母、师父逝世时叩拜外，对其他亡者一概不下跪朝拜，即“道不朝亡”。道教教徒吃斋、诵经、静坐时，他人不得打扰，自身不得应声而起，即“三不起”禁忌。

四、道家及道教对中国传统文化的影响

道家是中国思想史中的重要学派之一，它不仅是道教的理论基础，更是中华民族思想文化发展的重要渊源。道家思想以其博大精深的内容、包容开放的胸怀、玄妙神奇的魅力，历经千年的发展与传承，对中国传统政治、哲学、文化等方面产生了重要影响，并不断影响着东方世界的文明。

从道家治国的实践来看，无论是齐威王治下的齐国、吕不韦执政时期的秦国，还是汉初的“文景之治”，都取得了良好的治理效果。道家思想就像一剂良药，无论儒家思想是否是正统思想，每当统治者受到主客观条件的限制时，道家思想就会及时补上，带来经济文化的繁荣，因此，历代明君都十分清楚治理国家应“霸王道杂用之”，“外用儒术，内用黄老”，甚至民间都有“治世道、乱世佛，由治到乱是儒家”的说法。道家主张“无为而治”，宽刑简政，其思想中具有隐逸和出世的倾向，在中国知识分子中形成了一种“达则兼济天下，穷则独善其身”的从政态度。道家思想中还包含有大量的军事思想，主要有反战论、不得已而战、以奇用兵、以柔弱胜刚强，以及“义兵”说，这些思想观点对中国传统军事思想产生了很大影响。道家思想中有大量的内容是关于修身的，这些思想以“天人合一”“清静无为”为根本，即“天地与我并生，万物与我为一”①。道家学派的思想家大多摒弃荣华富贵、权势名利，力图在乱世中保持独立的人格，追求逍遥无为的精神自由。道家讲求“贵柔制刚”“度善若水”的为人处世思想，这种无为、不争、退让、保守、知足常乐的人生哲学影响着一代代国人。此外，道家思想还有很多哲学思辨以及朴素辩证法的内容，如“有无相生，难易相成，长短相形，高下相盈，音声相和，前后相随。恒也”，“反者道之动，弱者道之用”，“图难于其易，为大于其细；天下难事，必作于易，天下大事，必作于细”等，这些思想对于中国古代哲学思想的发展奠定了基础。

如果说道家思想深刻地影响着中华民族的思维特征、民族心理、民族性格，那么道教则更为细致地影响着中国传统科学技术、文学艺术。

道教以“顺应自然”“以道驭术”为出发点，通过追求突破生命极限的方术实践推动了中国古代科学技术的发展。道教在古代天文学、数学、光学、磁学、声学、化学、矿物学、植物学等领域都有建树，特别是道教的外丹术、内丹术，丰富了中国传统药物学、中医学、养生学。四大发明中，除了造纸术外，火药、指南针和印刷术的发明都与

① 《庄子·齐物论》。

道教有着深厚的关系。道教在炼丹的过程中，推动了古代冶炼及化学的发展；道教“御风而行”的思想推动了古代机械的发明创造；道教同时为酒、水泥、颜料的出现作出了积极贡献。道教的方术、内丹学以及各种武术气功等，促进了古代生理学、经络学、解剖学、药物学、性医学、心理学等的发展。在文学艺术上，道教以其自然情怀、浪漫主义、逍遥精神、贵生伦理等思想影响着中国古代传统文学艺术的审美观，追求自然美成为其最高境界。道家及道教经典著作本身就具有极高的文学和艺术价值，与其精神颇有渊源的唐诗宋词、志怪小说、戏曲传奇等都蕴含有丰富的道教思想。道家“大象无形、大音希声”的境界同时深深影响着中国古代对艺术的追求，无论是王羲之、顾恺之、吴道子、祝枝山、朱耷、郑板桥等书画名家的画作，还是留传至今的京剧、越剧、豫剧、黄梅戏等艺术表现形式，都能找到道家写意、神似、自然的风格与神韵，以及“清和淡雅”的音乐品格。此外，道家“天人合一”思想、“风水堪舆”相地术等，对中国传统建筑的选址、布局和建造等都产生了深远的影响，造就了“虽由人做，宛自天开”的意境。

项目拓展

一、思维拓展

1. 通过学习，我们知道了道教的发展、传承与主要流派。请根据你的认识，解释道家思想与道教之间的区别与联系。

2. 谈谈你对道教的认识，以及道教作为本土宗教与其他宗教相比的显著特征。

二、实践拓展

参观本地的道教场所，或观看道教文化影片，了解道教建筑、服饰、仪式等相关内容，并以此为基础，谈谈道教对中国传统文化的影响。

三、阅读拓展

阅读《老子》《庄子》《黄帝四经》等道家及道教经典著作。

第三节 释迦牟尼到六祖坛经

诸行无常、诸法无我、涅槃寂静。

——三法印

苦、集、灭、道。

——四谛

正见、正思维、正语、正业、正命、正精进、正念、正定。

——八正道

无明、行、识、名色、六入、触、受、爱、取、有、生、老死。

——十二因缘

菩提本无树，明镜亦非台。佛性常清净，何处有尘埃！心是菩提树，身为明镜台。明镜本清净，何处染尘埃！菩提本无树，明镜亦非台。本来无一物，何处惹尘埃！

——惠能

图 4-11 云冈石窟

一、佛教的兴起与发展

佛教是指佛陀的言教，是世界三大宗教之一。

相传佛教是由古印度(今尼泊尔境内)迦毗罗卫国王子乔达摩·悉达多(公元前565—前486年)创立的。释迦牟尼是他成道后的称号，意为“释迦族中的圣人”。释迦牟尼还常常被简称为佛陀，意为“觉者”或“觉悟真理的人”。佛教形成以后，不断向各国传播，特别盛行于亚洲，对于整个人类社会的发展起着重要的作用。

佛教从公元前5世纪起到公元1世纪的五百年间，是小乘佛教，修渡小乘佛教的目的是为了救度自己，独善其身。从公元1世纪起，大乘佛教开始发展，修渡大乘佛教的目的，除了救度自己外，还要救度一切众生，兼善天下。对佛与菩萨的崇拜仪式、寺庙的建立以及关于极乐世界与地狱的说法等，都是随着大乘佛教的兴起而发展起来的。大乘是梵文 Mahayana 的意译，音译为“摩诃衍那”。“摩诃”的意思是“大”，“衍那”的意思是“乘载”或“道路”，意为能运载无量众生从生死大河之此岸到达菩提涅槃之彼岸。大乘提倡三世十方有无量佛，并进一步把佛神化；宣传大慈大悲、普度众生，把成佛渡世、建立佛国净土作为最高目标。大乘佛教的经典主要有《般若经》《维摩经》《大般涅槃经》《法华经》《无量寿经》等。

佛教大约在两汉之交传入中国。汉武帝派张骞通史西域，打通了中国与中亚的道路，随后佛教经丝绸之路从西域传入中国内地。但此后较长一个时期，因文化背景全然不同，佛教并没有在东土产生巨大影响，当时的人们把它看作神仙道术。早期的传教者为西域胡僧，相传最早传入的教义是《四十二章经》，最早在中国建立的佛教寺院是建于东汉永平十一年的洛阳白马寺，据说是以当时驮载经书佛像的白马而得名，而白马寺也成为佛教的“祖庭”和“释源”。

图 4-12　白马寺

自三国时期始，中国有了最早的出家人，佛教逐渐由上层发展到民间，由少数人扩展到多数人，传播的地域由洛阳、长安往南方展开。至魏晋时期，门阀士族大力推崇玄学，佛教学者开始把佛教语言与道家思想相结合使其本土化，即用老庄玄学思想来解释佛教“般若”①，消除了文化交流中的隔阂，此后，佛教开始在上层社会中广为流传。当时的教义已经以大乘经论为主，并前后分为“般若学”②和“涅槃学”③。

至南北朝时期，社会动荡，普通民众希冀在佛教中得到解脱，统治者为维护其统治大力发展佛教，可以说南北朝时期是佛教传入中国后发展的重要阶段，杜甫有诗云“南朝四百八十寺，多少楼台烟雨中”。但当时南朝士人信佛，“偏于谈理”即偏重谈义理；北朝士人信佛，“偏于教”即崇尚实行。这一时期佛教兴盛还表现在建造寺宇、凿窟塑像方面，如大同云冈石窟、龙门石窟、巩县石窟、天水麦积山石窟都在这一时期开凿。

至隋唐时期，重新统一南北建立起强大的封建王朝，佛教进入了繁荣鼎盛的发展时期。唐朝以儒家思想治理天下，同时在佛、道关系上进行调和，使三教趋于融洽。经玄奘西游取经、译经之后，佛家的高僧们受到中国宗法的启发，通过对佛教经典的释义，建立起天台宗、华严宗、唯识宗、律宗、净土宗、禅宗等各种宗派。至安史之乱后，随着灭佛运动的兴起，以及五代十国宋元明清时期宋明理学的发展和对佛教思想的吸收，佛教逐渐由盛极走向衰落。新中国成立之后，国家提倡宗教信仰自由，佛教有了新的发展。

---

① “般若”梵音，智慧的意思。

② 般若学主要讲佛家“空宗”的理论，强调以“空观”看世界。

③ 涅槃学主要讲成佛的问题，即如何成佛、成佛的理据及成佛的阶段。

二、佛教常识

由于传入的时间、途径、地区和民族文化、社会历史背影的不同，中国佛教形成了三大派系，即汉传佛教(汉语系)、藏传佛教(藏语系)和南传佛教(巴利语系)。

汉传佛教是指传入中国汉族地区的佛教，经过长期的经典传译、讲习、融化，与中国传统文化相结合，从而形成具有民族特点的各种学派和宗派，并外传朝鲜、日本和越南等地。汉传佛教派别主要有“八宗”，即天台宗、三论宗、法相唯识宗、华严宗、律宗、禅宗、净土宗、密宗。

其中天台宗始创于南北朝的北齐，是中国佛教成立的第一个宗派，发源地为浙江省台州市天台县国清寺，创始人为智顗(538—597年)，此宗是以罗什译的《法华经》《大智度论》《中论》等为依据，吸收了印度传来的和中国发展的各派思想，以五时八教为总纲，以一心三观、三谛圆融为中心，发展了大乘圆教理论，展示了中国独创的大乘思想。三论宗是以印度中观学派龙树所著《中论》《十二门论》及其弟子提婆所著《百论》为经典，其教义以真俗二谛为总纲，以彻悟中道实相为究竟，是印度龙树、提婆中观学说的直接继承者。法相唯识宗为唐代玄奘大师(602—664年)和弟子窥基大师(632—682年)所创立，因窥基常住西安大慈恩寺，故又名慈恩宗。玄奘所译《瑜伽师地论》，奠定了法相唯识宗的理论基础，窥基根据玄奘意见编纂《成唯识论》，为该宗代表著作。华严宗的创始人是7世纪末的贤首国师法藏，以《华严经》为根据，在三论宗、天台宗、法相唯识宗、地论师、摄论师等前人学说基础上形成了一个思想体系，此宗以五教来判摄整个佛教，以六相、十玄、三观为它的中心思想。律宗主要是学习和研究戒律的派别。密宗，亦称秘密教、真言乘、金刚乘等，是在公元7世纪后印度大乘佛教的一部分与婆罗门教结合的产物，此宗未满足特定条件不得任意传习及显示于非密宗信众，因此称为密宗。

八宗中最具影响力和生命力的，当属禅宗和净土宗。禅宗因主张禅定，概括佛教的全部修习而得名，又自称“传佛心印”，以觉悟所称众生本有之佛性为目的，故又称“佛心宗”。释迦牟尼大弟子摩诃迦叶为禅宗之起源，到二十八祖菩提达摩，自印度入中国开辟禅宗蹊径，到洛阳少林寺弘扬禅学，为中国禅宗的始祖。禅宗分为南北二宗，南宗慧能，北宗神秀，史称“南能北秀”。神秀(约606—706年)作偈：“身是菩提树，心如明镜台，时时勤拂拭，勿使惹尘埃!”慧能(638—713年)作偈：“菩提本无树，明镜亦非台，本来无一物，何处惹尘埃!”慧能的观点体现了空无的本质。北宗后来在社会上影响不大，南宗逐渐成为禅宗的正统，并战胜了所有的佛教宗派，创立了适合中国文人的禅学，彻底变印度佛教为中国佛教，受到唐王室的重视，对社会影响较大。净土宗，亦称莲宗，因专修往生阿弥陀佛极乐净土的念佛法门而得名。该法门以信愿念佛为正行，净业三福、五戒十善为辅助资粮。净土信仰是佛教的基本信仰，大乘各宗多以净土为归。唐代善导(613—681年)创立了净土宗，但结社专修净土者，则始于东晋慧远(334—416年)，他在庐山邀集僧俗48人成立“白莲社”，发愿往生西方净土，被后代奉为初祖。唐代善导大师被奉为净土宗第二代祖师。净土宗以《无量寿经》《观无量寿经》《阿弥陀佛经》和世亲的《往生论》(即《净土论》)为主要经典。善导所著《观无量寿经疏》《往生礼赞》《观念法门》《法华赞》《般若赞》为该宗的主要代表作。由于修净土宗行简易，中唐以后得到广泛流传。宋明以后，净土宗与禅宗结合，在社会上一直具有很强的影响力。

图 4-13 少林寺

藏传佛教，或称藏语系佛教，又称为喇嘛教，是指传入西藏的佛教分支。藏传佛教属于大乘中观学派，但在教义上大、小乘兼容而以大乘为主；大乘中又显、密具备，尤崇尚密宗，并以无上瑜伽密为最高修行次第，特别注重师徒传承，除皈依佛、法、僧外，还必须以喇嘛为师，成为“四皈依”，形成独具一格的藏密。在我国，藏族、蒙古族、土家族、羌族、裕固族等民族信奉藏传佛教，遍及我国西藏、甘肃、青海、四川、云南、新疆、内蒙古等省(区)。藏传佛教在发展中，也形成了不同的派别。主要有宁玛派、萨迦派、噶举派、噶当派、格鲁派等。

南传佛教是印度南传至我国云南边陲德宏州到西双版纳地区的少数民族上座部佛教，属巴利语。它和北传的小乘佛教在教义学说上有不同的发展而各具特色。信仰该教的民族有傣族、布朗族、德昂族、阿昌族、佤族。信奉该教的国家有斯里兰卡、泰国、老挝、缅甸等。

佛教的全部经典被称为“三藏”，包括经、律、论三种。经主要是指佛祖所说的教义；律是指为僧众制定的戒律威仪；论是指历代高僧撰写的关于佛教思想的研究论著。佛教的基本理论有“三法印”“四谛”“五蕴”“六度”“八正道”“十二因缘”等。“三法印”指“诸行无常印、诸法无我印、涅槃寂静印”，凡符合此三原则的，便是佛之正法。“四谛”是由佛教缘起论而来，讲“苦、集、灭、道”四谛。其中，苦谛是根本，讲人世间精神上、肉体上的种种痛苦；集谛又名因谛，讲造成苦难的原因；灭谛是说要消除痛苦达到解脱；道谛是讲消灭痛苦的方法和途径。“五蕴”讲“色、受、想、行、识”五种聚合。

“六度”讲“布施、持戒、忍辱、精进、禅定、般若”六种修行方式。“八正道”讲“正见、正思维、正语、正业、正命、正精进、正念、正定”八种达到涅槃的途径。“十二因缘”讲“无明、行、识、名色、六入、触、受、爱、取、有、生、老死”十二个人生中有因果联系的环节。

佛教礼仪，又称为佛教礼节和威仪，不同的派系礼仪又有不同。以汉传佛教为例，汉传佛教的礼仪分为基本礼仪、早课、晚课三大类。其中基本礼仪主要有：敬佛，即如何走入大殿，如何尊敬佛像，如何拜佛；敬法，即如何请经、持经；敬僧，佛门日常礼仪，如入的消假、接驾，出的告驾、送驾，起、立、坐、卧、食等的规矩礼仪。早课是指全寺僧众于每日清晨在大殿集合，念诵《楞严咒》、《大悲咒》、“十小咒”、《心经》各一遍，在念诵的起止都配有梵呗①赞偈。晚课是在午后或晚间的三堂功课，即诵《佛说阿弥陀经》和念佛名，礼拜八十八佛和诵《大忏悔文》，放蒙山施食。汉传佛教的礼仪发展至今，不同的寺院在时间早晚，诵经内容、腔调等方面略有不同，但早晚课是佛教修行的必修课。

佛教的称谓亦是一种礼仪。佛教将信徒分为四众，即出家男女二众和在家男女二众。就出家者而言，依修持程度、僧侣级别、入门迟早等不同，被称为比丘、比丘尼、僧人、僧侣、和尚、尼姑、师父、法师、律师、禅师、论师、大师、方丈、住持、大士、罗汉、菩萨等，出家众彼此可互相称呼为师兄、道兄、戒兄、学兄和法兄；就在家者而言，未婚女众称为师姑，在家男众称为净人、道人或教士，彼此可称居士、师兄、师姐。此外，佛教的称呼中还有上座、中座、下座、僧伽、僧俗、僧信、同参、善知识、沙弥、沙弥尼、式叉摩那、优婆塞、优婆夷、檀那、施主、功德主、檀讲师、檀教师、弘讲师、弘教师、藏主、庄主、库头、饭头、水头、菜头、园头、净头等常用称谓。

佛教信徒被允许出家后，先要进行剃头染衣。剃头就是要出家人剃除须发，毁坏相好，除去世俗尘衣而着如来之法服，具佛威仪而为世间之佛田。染衣就是要放弃在家时的服装，改穿僧衣。我国汉传佛教的服装可分为袈裟和僧装两大类。僧装有“海青”“大褂”“中褂”“小褂”之分，另外还有“僧鞋”“僧袜”“僧帽”等。佛教服装一般只用铜青、泥皂、木兰三色，有大、中、小三件，称为“五衣”“七衣”“祖衣”或“大衣”，分别在打扫劳作、平时礼诵、听讲以及出门或见尊长时穿。佛教服饰主要有念珠、木鱼、钵、锡杖等。

佛教有四大名山，又称四大道场，即山西五台山、四川峨眉山、浙江普陀山、安徽九华山，其中五台山为文殊菩萨道场，峨眉山为普贤菩萨道场，普陀山为观世音菩萨道场，九华山为地藏菩萨道场。佛教在一年之中，有三个大的节目：农历四月初八的浴佛节，又称为佛诞日；农历七月十五日的盂兰盆会，俗称鬼节；农历腊月初八的释迦牟尼成佛日。

佛教寺院的格局大体一致，寺院的正门叫山门，在一条中轴线上依次向前为天王

---

① 梵呗是用以歌咏译本经典中赞叹三宝的声调。

殿、大雄宝殿、藏经楼。天王殿供奉四大天王、弥勒菩萨、韦驮菩萨；大雄宝殿供奉释迦牟尼佛，阿难、迦叶二侍者及十八罗汉等；观音殿供奉观世音菩萨、善财童子、龙女；地藏殿供奉地藏菩萨、闵公、道明；伽蓝殿供奉伽蓝菩萨(三国演义关羽形象)；祖师殿供奉达摩祖师。

佛教在长期的发展中形成了一定的禁忌。最基本的戒律是"五戒十善"。五戒，就是杀生戒、偷盗戒、邪淫戒、妄语戒、饮酒戒。十善，是指不杀生、不偷窃、不邪淫、不妄语、不两舌、不恶语、不拍马、不贪婪、不恼怒、不背离佛法。佛教在个人生活方面的禁忌主要有不结婚，不蓄私财等。对于在家的居士，要求在持斋的日子里，如阴历朔日、初八、十四日、望日、二十三日、二十九日，不涂香装饰，不观听歌舞剧，不坐卧高广床座等实行克制的生活。

三、佛教对中国传统文化的影响

自从佛教传入中国，在两千多年中一直与中国传统文化相互冲突、互相交融、互相促进。佛教作为外来的宗教文化，在中国的发展受到以儒、道为代表的高度发达的本土传统文化的影响，最终形成了一种有别于印度佛教的中国化佛教。传入中国的佛教在与儒、道的交融互动中，不断打上中华民族的烙印，也成了中国传统文化的一个重要的、有机的组成部分，深刻影响了中国的哲学、宗教、伦理、建筑雕刻、文学艺术等各个方面。

从哲学的角度来看，佛教哲学否认物质世界客观存在，设想出一个与现世相对立的"西方极乐世界"，把人生看成是一种转眼即逝的假象、幻影，认为现实的生活是一切痛苦的根源，提出了"三世轮回""因果报应"等宗教思想。这和儒家正统思想"修、齐、治、平"的入世精神之间有着本质的区别。在佛教传入初期，译经者大量借用儒、道所用的名词概念来译述佛经思想。东晋南北朝时期，佛教逐步地和儒家思想结合，走上世俗化道路，"事君事亲，也能成佛"，而玄学则借助于佛教以丰富自己的理论。到了隋唐时期，佛教和中国哲学走向全面融合，佛教成为中国佛教，建立宗派，完成体系。儒家思想也不断地借鉴佛教思想，最具代表性的是唐代韩愈的"道统"说和李翱的"复性"说，成为了宋明理学的理论出发点。在宋朝时期，为了进一步确立儒家的统治地位，不断地吸收佛教和道教思想，对儒家思想进行改造，形成了三教发展的又一高峰期。佛教不断顺从儒家的统治地位，比如慧远直接将儒家的"忠""孝"引为佛教信徒首先遵守的道德规范，在家信佛者，首先应当侍奉双亲，礼敬国君；想要出家修行者，必须等待君亲的同意，遵行他们的意愿而后行。佛教哲学对宋明理学的广泛而深刻的影响，大大丰富了中国的哲学体系。宋明理学打着批判佛老、复兴儒学的旗号，却充分吸收了佛教思想。比如朱熹是理学的集大成者，他提出的"存天理，灭人欲"就来源于佛教中的"十善"。佛教对理学的发展及其理论体系的形成具有重要作用，宋明理学的形成是儒、释、道相互影响、相互作用的结果。

在伦理方面，佛教在中国传播的过程中，不断地吸收儒家的伦理道德思想，弥补自己入世不足的缺陷，逐步形成了自身的伦理学体系。从人性善恶论的角度来讲，天台宗认为性是先天具有的，有善有恶。而修习是后天的行为，也有善有恶。通过论证成佛和众生生死轮回的根本原因，为社会伦理道德提供了许多积极的思考，如一阐提成佛说，表明有罪众生虽然犯有严重过失，但不失其人性的尊严，因而应该给予起码的人道主义关怀。通过详细地分析生命流转的因果法则，提出了因果报应学说的“业力论”。善恶行为因业力的牵引而不会消亡，正所谓“善恶到头终有报，只争来早与来迟”，使传统民间故事具备了因果报应的色彩，起到一定教化作用。为了融入中国传统文化，佛教不断调和出家修行和在家孝亲的矛盾，提出“百善孝为先”的理念，使中国孝道内容扩大而充实。《父母恩重难报经》和《盂兰盆经》等救度父母永离苦难的经典，令社会充满孝敬与亲善，敦风化俗，有助于道德之发扬。

佛教在艺术方面，尤其是美术、音乐、建筑方面，对中国文化有深远的影响，留下了极其丰富而优秀的作品。佛教文化的融入，使中国的艺术作品内涵更加丰富，欣赏角度更加多样化。在建筑雕刻方面，佛教的影响特别显著。佛教传入中国之后，洛阳白马寺中出现了从印度带来的佛像，从此佛教雕塑艺术开始在中国传播。在魏晋南北朝时期，佛教建筑的主要代表是石窟艺术和寺庙建筑。北方的石窟艺术有南北朝时期开始建造的敦煌石窟、龙门石窟。南方以殿塔为代表的寺庙建筑有隋唐时期的修德寺、光宅寺、法门寺，五代的镇国寺，以至明清时期的藏传佛教寺院内的佛教群像，均为中国佛教造像典型。在隋唐时期，佛教的雕塑艺术达到最为辉煌的时代，具有代表性的是唐高宗时建的龙门奉先寺和武则天时开凿的大型摩崖像龛。我国著名的三大佛教石窟甘肃敦煌莫高窟、山西大同云冈石窟、河南洛阳龙门石窟都是隋唐时期重要的佛教文化遗产。其他重要的石窟还有新疆拜克孜尔石窟、吐鲁番伯孜克里克石窟、天水麦积山石窟、巩县石窟、河北邯郸响堂山石窟、云南大理剑川石窟和浙江杭州飞来峰造像等。就音乐方面，佛教音乐作为音乐这种娱乐形式，更容易进入封建时期知识文化水平较低的平民中，使其更易于推广。中国书法是中国传统文化艺术的瑰宝，自从有了汉字，书法艺术就伴随着汉字的成长而不断成熟。佛教的传入，犹如催化剂，使得中国书法艺术逐渐丰满与丰富。手抄经书、佛经石刻、造像题记等佛教作品成为当今书法艺术中的珍品。佛教的传入给我国传统的绘画也带来了新样式和新内容，促进了中国绘画理论与技法的发展与成熟。

佛教对中国文学的影响主要体现在形式和内容两个方面。在形式上，佛教促进了文体形式的改变，影响了格律诗的产生。魏晋南北朝时期谢灵运《登江中孤屿》中的“云日相辉映，空水共澄鲜”，隋唐时期王维《鹿柴》中的“空山不见人，但闻人语响。返景入深林，复照青苔上”，宋朝苏轼《题西林壁》中的“横看成岭侧成峰，远近高低各不同。不识庐山真面目，只缘身在此山中”，这些流传千年的经典诗句无不体现了佛教诸法性空、空灵清幽的意境。在内容上，佛教故事，佛教教义，佛教宣扬的苦、空、无常、追求自我解脱、主张离尘出世等内容，推动了中国浪漫主义文学的发展，无论是诗歌、散文，还是小说、戏曲，都可以看到佛教思想的影子。如六朝的志怪小说、唐朝后期产生的“变文”、北宋时期开始出现的话本小说、明清的章回小说，以及弹词、鼓词、诸宫调、元曲等，特别是我们熟知的《封神演义》《西厢记》《西游记》《红楼梦》等内容，无不蕴含或体现着佛教思想。

佛教对社会风尚习惯亦有潜移默化的影响，逐渐和人们的日常生活产生了密不可分的联系。佛教在中国化的进程中推动了民间社会对信仰的理解，渗入国人民俗之中，如烧香拜佛、祈求赐福免灾、还愿、赶庙会等活动，对于民众生活的影响广泛而深入。佛教里有许多节日与中国传统文化相结合后成为一种民俗，如元宵节挂灯笼源自东汉明帝时为了弘扬佛法，正月十五在宫廷和寺院燃灯礼佛。僧人在腊月初八吃腊八粥的习俗传到民间，百姓也在这天吃腊八粥。云南傣族的新年称为“泼水节”，就是源自佛教“佛诞生时，龙喷香雨浴佛身”的传说。“中元节”俗称“鬼节”，源起于《盂兰盆经》，经中佛陀指示目连在七月十五日以百味饮食置于盂兰盆中供养三宝，可救七世父母脱离苦海。

在生活方面，佛教的服饰、饮食丰富着我们的日常生活。一些与佛教相关的俗语，如“丈二和尚摸不着头脑”，“平时不烧香，临时抱佛脚”，“不看僧面看佛面”，“放下屠刀立地成佛”，“醍醐灌顶”等，都丰富了我们的日常用语。

项目拓展

一、思维拓展

1. 从课本中，我们学习了佛教的起源与其在我国的发展，根据你的认识，分析佛教传入中国并有重大发展的原因。

2.“观自在菩萨，行深般若波罗蜜多时，照见五蕴皆空，度一切苦厄。舍利子，色不异空，空不异色，色即是空，空即是色，受想行识，亦复如是。舍利子，是诸法空相，不生不灭，不垢不净，不增不减。是故空中无色，无受想行识，无眼耳鼻舌身意，无色声香味触法，无眼界，乃至无意识界。无无明，亦无无明尽，乃至无老死，亦无老死尽。无苦集灭道，无智亦无得。以无所得故，菩提萨埵，依般若波罗蜜多故，心无挂碍，无挂碍故，无有恐怖，远离颠倒梦想，究竟涅槃。三世诸佛，依般若波罗蜜多故，得阿耨多罗三藐三菩提。故知般若波罗蜜多，是大神咒，是大明咒，是无上咒，是无等等咒，能除一切苦，真实不虚。故说般若波罗蜜多咒，即说咒曰：揭谛揭谛，波罗揭谛，波罗僧揭谛，菩提萨婆诃。”

——《般若波罗蜜多心经》

阅读《般若波罗蜜多心经》，谈谈你的认识。

二、实践拓展

参观本地的佛教场所，或观看佛教文化影片，了解佛教建筑、服饰、仪式等相关内容，并以此为基础，谈谈佛教对中国传统文化的影响。

三、阅读拓展

阅读《般若经》《维摩经》《大般涅槃经》《法华经》《无量寿经》等佛教经典著作。

第四节　三教合一与多元思想

"和实生物，同则不继。以他平他谓之和，故能丰长而物归之"①，中国古代文化一直有一种"和合"的精神，在这种精神的影响下，中国古代宗教在发展中形成了特有的宽容与包容精神。道教文化、佛教文化、儒家文化共同构成了中国传统文化的核心。儒、释、道成为中国传统文化的三个支柱。

三者之中，对中国文化影响最为深刻的是儒教，因为它从来不是单纯意义上的宗教，而是有着执著的入世精神和深厚的人本主义传统，儒学和儒教对于中国社会的历史进程和中华民族特别是汉民族的发展与演进，起着重要的作用。道教是生长在中国的本土宗教，它的发展历程充斥着与儒教、佛教的斗争与融合。千百年来，道教以其"祛邪扶正""助人为乐"的思想及能动的实践，对中国的医药、科技、哲学、文艺、民俗风情等传统文化的各个方面都产生了重大的影响。佛教自东汉初年传入中国后，在两千年的发展中与中国本土文化互相排斥、互相吸收，最终与儒、道等本土文化融合成为中国化的宗教，对中国传统文化的方方面面产生了重大影响，推动了中国古代文化的发展。

一、三教合一的发展脉络

儒家思想与道家思想产生的时间相近，并在长期的发展中碰撞、融合。佛教传入中国后，加速了道家思想的宗教化；同时，为广大中国文人所接受的儒家思想，也开始以一种绝对权威、感知、教化的姿态出现，并引申出信仰认知及仪式活动。

在中国，三教同时存在，不断发生冲突，又不断寻找彼此间的共同点，以丰富本教的内容。三教从互相吸收、补充，提升至哲学层次上的融合，并不断深化和完善。经过前期的融合与发展，至六朝时，傅翕（又称善慧大士）与达摩大师分别在江南、江北宣说三教合一，特别是达摩创立了禅宗体系，成为禅宗始祖。流传已久的关于"三教合一"的典故是这样讲的：傅大士傅翕头戴道冠，身披纳衣，足穿儒鞋面见梁武帝，问其"我是僧、是道、是儒？"。"儒道释三者各有妙用而不可偏废：儒学教导人们要恪守礼法伦常，道教劝人不要计较争斗，佛教引导人们向往极乐净土。三者的指趣虽不尽相同，但都有一个共同点，即要求人们安于现状，不必反抗斗争。如此，三教在理论上可以融会贯通，在实践上可以互为补充。因而梁武帝调和三教，提出三教同源说。比较而言，佛教在理论和修行方法，对民众更有吸引力，因此梁武帝将佛教奉为国教，并钻研和宣传佛教理论。在他的努力下，南梁的佛教理论达到了新高度，佛教中国化进程加速了。"②梁武帝也成为历史帝王中第一位提出三教合一的帝王。

① 《国语·郑语》。
② 《二十五史新编·梁书》，上海古籍出版社2002年版，第98页。

东晋时期宗炳在《明佛论》中提出了“孔老释迦，虽三训殊途，而习善共辙”①的观点，认为教人为善是三教同共之宗旨，有利于社会教化。孙绰著有《喻道论》，认为“周孔即佛，佛即周孔，盖外内名之耳……周孔救其弊，佛教明其本耳，共为首尾，其致不殊。故逆寻者，每见其二，顺通者，无往不二”。隋朝的哲学家王通认为“使民不倦”是“三教可一”的融合点。唐代统治者奉行三教并行的政策，即尊道、礼佛、崇儒。诗人白居易认为“儒门释教虽数则有异同，约义立宗彼此亦无差别。所谓同出而异名，殊途而同归”②。柳宗元认为“浮屠诚有不可斥者，往往与《易》《论语》合……不与孔子异道”③。宗密在所著《原人论》中认为“孔老释迦，皆是至圣；随时应物，设教殊途；内外相资，共利群遮。策勤万行，明因果始终；推究万法，彰生起本末”④。至唐五代，定应大师（又名布袋和尚）以三教合一为宗旨，云游天下，元寂前留下《辞世偈》“弥勒真弥勒，分身千百亿，时时示时人，时人自不识”，北宋禅师佛印为其塑像题诗“道冠儒履释袈裟，和会三家作一家。忘却兜率天上路，双林痴坐待龙华”⑤。

宋初，儒家学者虽然展开了复兴儒学、抨击佛道的活动，但同时又融合佛道思想解释儒家义理。道学家张伯端与高僧延寿都认为三教一理。延寿认为“三教虽殊，法界收之，则无别原。若孔、老二教，百氏九流，总而言之，不离法界，其犹百川归于大海”⑥。南宋孝宗提出“以佛修心、以道养生、以儒治世”，三教合一的神仙塑像，广泛地存在于南宋时期。自此，无论是士大夫阶层还是民间寻常百姓，都认同三教合一。再到朱熹形成了以儒家为基础，运用老子的哲学框架，以理为核心的新儒学体系——“理学”，认为“未有天地先，毕竟也是‘理’，有此‘理’，便有此天地；若无此‘理’，便亦无天地，无人无物，都无该载了”⑦。朱熹更是在晚年时，将儒、道、释融入理学之中，终成为影响中国古代文人的重要思想。南宋后期的禅师宗杲，道教王重阳，都认为“三教圣人，立教唯异，而其道同归一致，此为万古不变之义”⑧，主张三教合一。

至明朝，三教合一思想发展更加突出，无论是在士阶层，还是思想界、宗教界，都形成了一定的共识，认同三教合一说。明初太祖朱元璋，对儒、释、道采取兼收并蓄的态度，提出了三教并用之说：“若绝弃之而杳然，则世无神鬼，人无畏矣。王纲力用焉。于斯三教，除仲尼之道，祖尧舜，率三王，删诗制典，万世永赖。其佛仙之幽灵，暗助王纲，益世无穷。”即要通过儒教来制定政治典章制度、伦理纲常以及君臣治国之道，同时利用佛教、道教提供的超人间力量威慑寻常百姓。再至王守仁，在其思想体系中大量吸纳了佛道思想，以儒合佛道，认为儒佛道同是心学，其差别只在毫厘之间，只

① 李霞：《道家与中国哲学》（明清卷），人民出版社2004年版，第394页。
② 《白氏长庆集》卷67。
③ 《柳河东集》卷25，《送僧浩初序》。
④ 《正宗新修大藏经》第45卷，台湾佛陀教育基金会1990年版。
⑤ 《中华文化精华全集·宗教二》，中国国际广播出版社1992年版。
⑥ 《中华文化精华全集·宗教二》，中国国际广播出版社1992年版。
⑦ 《朱子类语》卷1，第1册，岳麓书社1997年版。
⑧ 《大正新修大藏经》卷24，台湾佛陀教育基金会1990年版。

要取其同而去其异，则三者便可融会贯通。明代高僧元贤认为“三教一理”；袾宏认为“三教一家”，同根同源；真可认为“本是一原，出自一心”；德清进一步提出“三教同源论”，即“尝言为学有三要，所以不知《春秋》，不能涉世；不精《老》《庄》，不能忘世；不参禅，不能出世”①。明代的正一道和全真道都主张三教合一，正一道张宇初认为道教的“元神”，相当于儒教的“太极”和佛教的“圆觉”，全真道张三丰认为“佛也者，悟道觉世者也；儒者，行道济世者也；仙也者，藏道度人者也。各讲各的好处，合讲合的好处，何必口舌是非”②。在整个明代，主张三教合一的集大成者则是林光恩，他创立了“三一教”。

明末清初，另外两位高僧憨山德清和藕溢智旭，以及佛教界颇有影响的永觉元贤和受到清顺治皇帝赏识的僧人木陈道忞都主张三教合一。当时，道教发展式微，但“三教合一”思想比以往任何时候都更加完善和深刻，明清以来社会上广泛流布的道教劝善书和功过格更是儒、释、道三教在道德观念上的高度统一。

二、三教合一对中国传统文化的影响

三教合一的发展，深刻影响着中国古代思想文化，也深刻影响着中国古代社会生活的方方面面。

按照传统思想，“孔子祀于学，佛氏祀于寺，老氏祀于观”，应该各自被供奉在相应的地方，不相混淆，然而在元代就出现了将孔子、释迦、老子并祀于一堂之类的三教堂，至明朝则更盛，虽然朝廷屡颁禁令，但世人多将三者幻化于一张图上，或者共同塑像于寺观之中。其中，释以佛居中，道、儒分立两边，道以老子居中，释、儒分立两边，儒也是如此。

三教合一的不断发展与融合，使士大夫阶层则形成了与佛僧、道士相交成风的景象。明中期以后，僧、道多广泛游历，少清戒受持，士大夫们争与其结交，大族中的妇女、子弟也有拜高僧为师的现象。当时，无论阁部大臣还是州县小吏，无论是在职，抑或乡居，均是佛、道的倡导者，甚至成为佛教寺院的“护法”。

三教的进一步发展，也加速了佛、道的世俗化。国家及世人对于宗教的态度，直接影响着宗教从业人员的人数及发展。杜牧有诗云“南朝四百八十寺”，至明朝更甚如此，僧徒冗滥已是不争的事实。佛教伦理在发展中与儒家的孝道观合一，认为父母是佛、心即佛、禅是刚、世事即佛事，甚至出现了僧人娶妻、僧人为市、僧人喝酒、僧人结交官府的现象。道教同样趋于世俗化，如明代李天木所言“道不离日用饮食，不必绝俗离世，长往深山也”，除了流变为方士游于公卿之门外，很多道士有妻子，参与民间的宗教信仰活动。儒家思想原本是入世的，在三教合一的大背景下，则更加通俗。如儒家讲

① 李霞：《道家与中国哲学》(明清卷)，人民出版社2004年版，第418页。

② 《张三丰全集·大道论》，见(清)彭定求编《道藏辑要》毕集，光绪三十二年成都二仙庵重刻本。

图 4-14　三教圣人

“人人皆可成圣”，即无论哪个阶层的人，无论从事什么营生，只要真心向学，皆可以成为圣贤；而已成为士的人，则游离产生了“山人”群体，只是他们不再是隐居岩泽、身自高洁之人，而是嗜名、求利，挟诗文以奔走公卿之门的布衣。

三教合一促进了文学的发展。儒、释、道都有丰富的故事内容，这些内容共同构成了中国古代幻想文学的基本素材。如西汉的《淮南子》，东晋的《搜神记》，唐朝的传奇《枕中记》《柳毅传》及《古镜记》，宋元说经话本，再到明清时期，出现了具有完整故事情节和人物形象的神魔小说，如吴承恩的《西游记》、许仲琳的《封神演义》、罗贯中的《三遂平妖传》、蒲松龄的《聊斋志异》等，特别是《西游记》中，三教合一的思想体现得淋漓尽致。三教合一同时促进了艺术的发展，无论是书画艺术、壁画、建筑、传世音乐，还是戏剧、戏曲艺术，都充斥着儒、释、道色彩。如著名画家黄公望、赵孟頫、董源等都从三教合一中汲取艺术养料。山西平遥城内的建筑有四大街、八小街、七十二条蛐蜒巷，城中的建筑东城隍，西县衙，南观音，北关公，左文庙，右武庙，东道观，西佛寺，集中体现了明清县级政权的礼法制度，反映了人神共治和儒、释、道三教合一的中国文化特征。宋代相关杂剧有《门子打三教》《双三教》《三教闹着棋》《打三教庵宇》等传世；元杂剧中以道教神仙度人、乐道隐居为内容的神仙道化剧十分繁荣，如《陈季卿误上竹叶舟》；明清相关戏剧有郑之珍的《新编目连救母劝善戏文》等。

三教合一思想同样影响着世俗生活，如婚丧嫁娶、风俗节日、服饰着装、家居风格等，这里略而不述。可以说儒家修身、道家养性、佛家修心，三教融合，实现了三家文化思想精神的互补，体现了中国传统文化中思想层面的多元性，丰富了中国传统文化的内涵，同时也显示出中国本土文化的自信心、包容精神及其极强的同化力，并使中国传统文化形成了多元一体的特征。三者共同构成了中国古代士大夫的处世和哲学基础，形成了中国文化的根基。

项目拓展

一、思维拓展

1. 了解三教合一的发展脉络。

2. 谈谈三教合一思想对中国传统文化的影响。

二、实践拓展

动手查阅三教合一的相关文化特质，如建筑、壁画、书法绘画作品。参观本地三教合一的场所。

参考文献

1. 冯友兰：《中国哲学简史》，北京大学出版社 2013 年版。

2. 吴汝钧：《佛教的概念与方法(修订版)》，世界图书出版公司 2015 年版。

3. 杜继文：《佛教史》，江苏人民出版社 2012 年版。

4. 孙昌武：《中国佛教文化史》，中华书局 2010 年版。

5. 陈鼓应：《易传与道家思想(修订版)》，商务印书馆 2007 年版。

6. 赖贤宗：《道家诠释学》，北京大学出版社 2010 年版。

7. 张尚仁：《道家哲学》，人民出版社 2011 年版。

8. 单纯：《儒家思想的魅力》，中国社会出版社 2011 年版。

9. 李长泰：《天地人和：儒家君子思想研究》，人民出版社 2012 年版。

10. 北京大学《儒藏》编纂与研究中心：《儒家典籍与思想研究(第六辑)》，北京大学出版社 2014 年版。

11. 汤一介、怡学：《儒释道与中国传统文化》，中国大百科出版社 2014 年版。

12. 李布：《一本读懂儒释道》，京华出版社 2011 年版。

13. 王洪军：《中古时期儒释道整合研究》，天津人民出版社 2009 年版。

14. 龚鹏程：《中国传统文化十五讲》，北京大学出版社 2012 年版。

第五讲

娱神娱己庆与忌：民俗与节日

"竖筷插碗"惹风波

2004年元旦前，北京西单中友百货的商家为了吸引顾客眼球，同时也为渲染节日氛围，请年轻的设计师设计制作了这样的雕塑并树立在商场前：200多根筷子插在形如大海碗的花坛中，筷子上还挂了"钟"。雕塑的设计者认为筷子代表中国饮食文化，是喜庆，是"以独特的方式祝福人们新年吉祥如意，丰衣足食"。

图5-1 "竖筷插碗"风波

刚刚立好的雕塑一亮相，马上引起了许多中老年市民的不满，投诉电话不断。北京娱乐信报为此刊登《"竖筷插碗"竟成新年吉祥，北京民俗学家斥街头雕塑不尊重民俗》的新闻报道。后来，在北京城市雕塑委员会的干预下，商场不得不自行拆除了这组"费尽心思"但被认为是"败俗"的雕塑。北京青年报、人民网、新京报、腾讯网、新浪网等媒体也对此进行了报道，引起了全国的关注。

为何一组想提升节日气氛的"创新"雕塑却成了"败俗"？究其原因，就在于雕塑设计者对于中国传统民俗文化知识的欠缺。"竖筷插碗"在民间叫"倒上香""倒头饭"，原本是祭奠死人的一种风俗，是传统丧葬仪礼中一个必不可少的环节。以前的北京，人一死，家人就在棺材前放上一碗"倒头饭"，上面插着一双筷子或者两根棍子，表示有人"过"了。很显然，在这一点上商家的"喜庆"寓意，在民俗中恰恰代表的是死亡和悲哀。此次雕塑风波折射出民俗文化传承的断代。没有了文化自觉，缺少了对民俗文化的尊重与珍惜，"断代"就成为无法逆转的事情，一些年轻人"不懂老理儿"也就变得很正常了。

"民族的才是世界的"，没有民族的，何来世界的？在我们走向世界，并为世界所接纳的同时，对传统民俗文化要了解认识，加强传承和保护，不能再出现这种民俗文化的"断代"现象。

项目实训

中国民俗丰富多彩，你了解哪些民俗吗？你知道的中国节日有多少？请简单地说一说你了解的民俗。

第一节　风俗迥异　流转传承：民俗

一九二九不出手，三九四九冰上走。五九六九沿河看柳，七九河开八九雁来。九九加一九，耕牛遍地走。

——九九歌

俗话说："十里不同风，百里不同俗。"中国大地幅员辽阔，民族众多，在五千年的历史演进中形成了丰富多彩的民风、民俗，它们流传于老人的口中，存活在孩子们的游戏里，反映在人们的日常生活中……传承千载的中国民俗，像生生不息的清泉，渐渐汇成江海，形成了博大精深的中国民俗文化体系。

民俗，我们必须要了解，不然就会像"竖筷插碗"，轻则闹笑话，重则发生误会、造成损失，甚至可能导致不必要的矛盾冲突。那么，什么是民俗？中国传统民俗文化包括哪些种类？

"民俗"是外来语，英语中为 folklore，直译为"民众的知识""民间的智慧"，现在我们将其概括为"某个地域内某一民族或某一国家一般民众生活方式的总称"。简要地说，民俗就是世间广泛流传的各种风俗习惯的总称，其基本特征是传承性。民俗是一种生活文化，人生活在民俗中，比如衣着打扮、饮食习惯，依俗成家立业等。民俗也是一种文化模式，没有文字上的规定，有的只是约定俗成，人人都遵照执行，比如中国的婚俗、丧葬。民俗还是一种行为规范，像一只隐形的手，看不见、摸不着，却有着广泛、自然的影响力，无形之中支配着人们的行为：从衣食住行到婚丧嫁娶，从社会交际到精神信仰。民俗也是一种娱乐，人类不可能日复一日、永无止境地劳作，必须在适当的时间进行适当的休息，出于娱乐自己的目的创制了民俗活动。受生产力的限制，远古的人们敬畏自然，常通过民俗娱乐活动来献娱神灵。世界上没有哪个民族没有节日、游戏、文艺、体育方面的民俗，它们是人类生活的调节剂。

自民俗成为一门学科以来，关于民俗的内容就有着不同的分类和说法，国外多采用纲目式和平列式，大致把民俗按照精神领域、行为领域、语言领域划分为三大类。在中国民俗学界，乌丙安和陶立璠对民俗的分类稍有不同。乌丙安在《中国民俗学》中把民俗分为四大类：经济的民俗、社会的民俗、信仰的民俗、游艺的民俗。陶立璠在《民俗学概论》中则分为这样四类：物质民俗、社会民俗、口承语言民俗、精神民俗。还有学者用平列式把中国民俗细分成更多门类。如果从"民俗是群体内模式化的生活文化"这一定义来进行民俗范围和类别的划分，民俗就可以划分为三大类：物质生活民俗、社会生活民俗、精神生活民俗。物质生活民俗包括生产民俗、工商业民俗、生活民俗；社会生活民俗包括社会组织民俗、岁时节日民俗、人生礼俗；精神生活民俗包括游艺民俗、民俗观念。

本节主要介绍饮食、家族、诞生、婚嫁、丧葬五个方面的民俗。

一、东南西北食不同

有一句俗话：“民以食为天。”饮食文化是中国民俗文化中一个重要的组成部分，它在人们的生活中占有极为重要的地位。

中国饮食文化的形成是渐进的。远古时代的人类还处在蒙昧状态，还保留着动物的习性，也没有掌握人工取火技术，吃食上主要是茹毛饮血，这时候根本谈不上饮食文化。中国的饮食文化起源于燧人氏时期，燧人氏发明了人工取火，开始用火来制作熟食，使得人们告别了茹毛饮血的生活，人类饮食史也发生了巨大革命。伏羲、神农氏创立了渔业、畜牧业、农业，在饮食方面发明了炊具。轩辕黄帝又进一步解决了民食问题，促进了中国饮食文化的发展。到秦朝时，五谷及多种蔬菜出现，中国饮食文化形成，但当时主食比较简单，以蒸煮为主。相对于主食，菜肴要丰富多样些，在春秋至秦汉时期进入到精细化阶段，孔孟的言论对此有所反映：“食不厌精，脍不厌细”①；“鱼我所欲也，熊掌亦我所欲也；二者不可得兼，舍鱼而取熊掌者也”②。唐代，我国社会高度繁荣，菜肴的发展也进入重要阶段，烹饪方式明显增多，制法更细，品种多样。宋代饮食业因中原、西北饮食南传和交流而更加繁荣，宋代孟元老《东京梦华录》中就有如下记载：食店中有中原地方的“北食”，长江以南的“南珍”，长江上游的“川食”，西北少数民族的“虏食”，还介绍了果子、包子、冰雪、豆芽菜这四种小吃。明代延续和发展了唐宋食俗，开始上升到理论。清代，饮食中又加入了满蒙特色，饮食结构发生了很大变化，苏、粤、川、鲁四大菜系形成规模并具全国性影响。

中国传统饮食包括两大类，一是“饮”，二是“食”。“饮”主要是饮料，包括茶、酒，并在悠久的历史传承中逐渐形成茶文化、酒文化。“食”涵盖了主食和副食，主食最大的特色是南米北面。北方以小麦种植为主，由此制作面粉，衍生出了多种面食，如面条、馒头、花卷、烧饼、包子、饺子等。山西是面食大省，其最出名的面食是刀削面，与兰州牛肉拉面、陕西西安羊肉泡馍名扬天下。

图 5-2　山西刀削面

图 5-3　兰州拉面

图 5-4　西安羊肉泡馍

① 《论语・乡党》。

② 《孟子・告子上》。

南方偏重菜肴，因此“南米”的种类相对较少，但仍有不少出名的米制品，主要集中在桂、滇、黔三省，如云南过桥米线、桂林米粉等。不同于西方的是，中国以植物性食物为主，中国人坚信“得谷者昌，失谷者亡”，“食五谷治百病”，“世间万物米称珍”。人们保持了“可一日无肉，不可一日无豆”“饮食清淡，素食为主”“粗茶淡饭，青菜、豆腐保平安”的日常膳食原则。孔子在《论语·乡党》篇指出“肉虽多，不使胜食气”，意指日常膳食应以植物性食物为主。在中国，无论什么场合，肉类菜肴再多，亦不可食肉超过食谷、食菜。但只摄取植物性食物又无法做到营养的均衡，智慧的中国人民撷取了天然新鲜的食材，制作成副食作为对主食的有益补充，这些食材源于蔬菜、家畜、家禽、蛋类、奶类、水产、豆制品等。农耕专著《齐民要术》中收集到的食物原料，包括谷类(含豆类)10 多类、200 多种，蔬菜 20 多类、100 多种(包括豆荚类)，鱼、肉、蛋 100 多种。

中国菜品讲究“色香味俱全”，为了达到这样的目的，中国人创造了丰富的烹调技法，有炒、爆、炸、烹、熘、煎、贴、烩、扒、烧、炖、焖、汆、煮、酱、卤、蒸、烤、拌、炝、熏以及拔丝、蜜汁等。中国传统饮食还强调“调”的重要，调就是调料，几乎无调不成席，主要调味料有酒、酱、醋、盐、糖、葱、姜、蒜等。此外，更是强调做菜的火候，用不同的温度，制作出可口美味的菜肴。菜品的命名上，也融入吉祥文化，菜肴的名称雅俗共赏，如“龙凤呈祥”“四喜吉庆”等。

中国广阔的疆域和不同的地理气候，形成了不同区域的不同味道，主要是南甜北咸东辣西酸，有一首《口味歌》反映了各地食物口味的细小差别：

> 安徽甜，河北咸，福建、浙江咸又甜；宁夏、河南、陕、青、甘，又辣又甜外加盐。
>
> 山西醋，山东咸，东北三省咸带酸；黔赣两湖辣子蒜，又麻又辣数四川。
>
> 广东鲜，江苏淡，少数民族不一般；因人而异多实践，巧调能和百人愿。

在长久的饮食文化发展中也形成了不同的饮食文化圈，大致可以分为 11 个独立的饮食文化圈：东北圈、京津圈、中北圈、西北圈、黄河中游、黄河下游、长江中游、长江下游、东南圈、西南圈、青藏高原。地方菜式也逐渐被社会公认，称为“八大菜系”，即鲁、川、粤、闽、苏、浙、湘、徽，其烹调技艺和口味各具风韵。

鲁菜，是八大菜系之首，因山东特殊的地理环境和自然条件而产生。鲁菜系主要包括青岛在内以福山帮为代表的胶东派和包括德州、泰安在内的济南派两个流派。胶东派擅长爆、炸、扒、熘、蒸，口味以鲜夺人，偏于清淡，选料多为海鲜。济南派则以汤出名，辅以爆、炒、烧、炸，菜肴以清、鲜、脆、嫩见长。鲁菜的名菜主要有九转大肠、糖醋黄河鲤鱼、德州扒鸡等。

川菜，是一个历史悠久的菜系。其烹调方法多样，多用调味品，调味品主要有三椒(花椒、胡椒、辣椒)、三香(葱、姜、蒜)和郫县豆瓣酱。川菜有“七滋八味”的说法，“七滋”主要是甜、酸、麻、辣、苦、香、咸，“八味”即鱼香、酸辣、椒麻、怪味、麻辣、红油、姜汁、家常。川菜的名菜有灯影牛肉、夫妻肺片、樟茶鸭子、毛肚火锅等。

粤菜由广州菜、潮州菜、东江菜三种地方风味组成。其用料庞杂，选料精细，善于变化，清而不淡，鲜而不俗，嫩而不生，油而不腻。烹调上以炒、爆为主，兼有烩、煎、烤。著名菜肴有三蛇龙虎凤大会、五蛇羹、蚝油牛肉、烤乳猪、干煎大虾等。

湘菜对菜肴的品种有严格要求，在色、香、味、形上也很讲究，酸、咸、甜、苦为主要风味。由于地理环境多雨潮湿，所以多食用辣椒，形成嗜辣的风俗，菜品亦有“麻辣”“咸辣”“酢辣”“油辣”“鲜辣”等口味。湘菜名菜主要有剁椒鱼头、东安子鸡、腊味合蒸、油辣冬笋尖等。

闽菜以烹制山珍海味而著称，在兼顾色、香、味、形的基础上，尤以香、味见长。其选料精细，刀工严谨，讲究火候。著名菜肴有佛跳墙、醉糟鸡、酸辣烂鱿鱼、荔枝鱼肉等。

浙菜最大的特色是“南料北烹”。浙菜与众不同的是因时因地而异，杭州烹调以爆、炒、烩、炸为主，清鲜爽脆；宁波则是“咸鲜合一”，以蒸、红烧、炖制海鲜见长，讲究鲜嫩软滑，重大汤大水，求原汁原味。主要名菜有西湖醋鱼、生爆鳝片、东坡肉、叫花鸡等。

苏菜由淮扬、苏锡、徐海三大地方风味菜肴组成，以淮扬菜为主，注重刀工和火工，强调本味，突出主料，咸甜适中，口味平和，多用炖、焖、煨、焐。著名菜肴有清汤火方、鸭包鱼翅、水晶肴蹄、松鼠鳜鱼等。

徽菜传统中重油、重色、重火功，红烧是一大类，烹调上擅长烧、炖、蒸。著名的菜有符离集烧鸡、火腿炖甲鱼、腌鲜鳜鱼等。

这八大菜系之外，还诞生了许许多多的风味小吃。主要有：北京的茯苓饼、驴打滚、爆肚等，天津的狗不理包子、耳朵眼炸糕、煎饼果子、猴不吃麻花等，上海的素火腿、蟹黄包、进京腐乳等，湖北孝感麻糖、山东德州扒鸡、浙江金华火腿等。

少数民族地区的饮食文化独具特色，流传较广的是清真菜、蒙古族菜和朝鲜族菜。

二、血亲伦序说家族

在中国传统社会里，家庭是基本的细胞。家族是最重要的民间社会组织，它以血缘关系为基础形成，一般按照父系血亲关系建立，是中国传统社会庞大而复杂的人际关系的核心。在长期的历史演进中，积累并形成了丰富多彩的宗族风俗和礼仪，体现了中国传统社会的宗法制观念和浓浓的血缘关系。其中最具代表性的是五服、九族、族谱和族内丁口间的家族称谓。

五服本是丧服制度，指的是五种丧服，即斩衰（cuī，指丧服）、齐衰、大功（功同工，指做工，大功即做工粗）、小功（做工细）、缌麻。斩衰是用很粗的生麻布做成，不缝边，像斧斩一样，故名斩衰。穿这种丧服服丧三年，用于臣、子、妻、妾为君、父、夫服丧。齐衰则是用缝边的生麻布做成。按服丧期限长短，齐衰又分齐衰三年、齐衰杖期（一年）、齐衰不杖期（不执杖，一年）、齐衰五月和齐衰三月五等。大功是以粗熟布为丧服，大功九月。小功以稍粗熟布为丧服，小功五月。缌麻用细的熟麻布做成，是最轻的丧服，用于哀悼边缘亲属。缌麻三月。中国古代以五服来表示亲属之间血缘关系的远近以及尊卑关系。在父宗社会，自高祖至玄孙的本宗九族中，有直系亲属和旁系亲属，为有服亲属，叫内亲，死后要为其服丧。母亲一系叫外亲，服制只有一世，仅包括外祖父母、舅父、姨母、舅表和姨表兄弟。其他人则是无服亲。同时，期亲指父系亲属，大功亲指祖父系亲属，小功亲指曾祖父系亲属，缌麻亲指高祖父系亲属，母系亲属均列入缌麻亲中。在五服之外，不得要求其穿丧服，只能按照普通方式吊孝，来客要求佩带白花、白腰带等出殡。亲者服重，疏者服轻，依次递减。在民间，“出五服”就意味着不再是一个家族群体了。

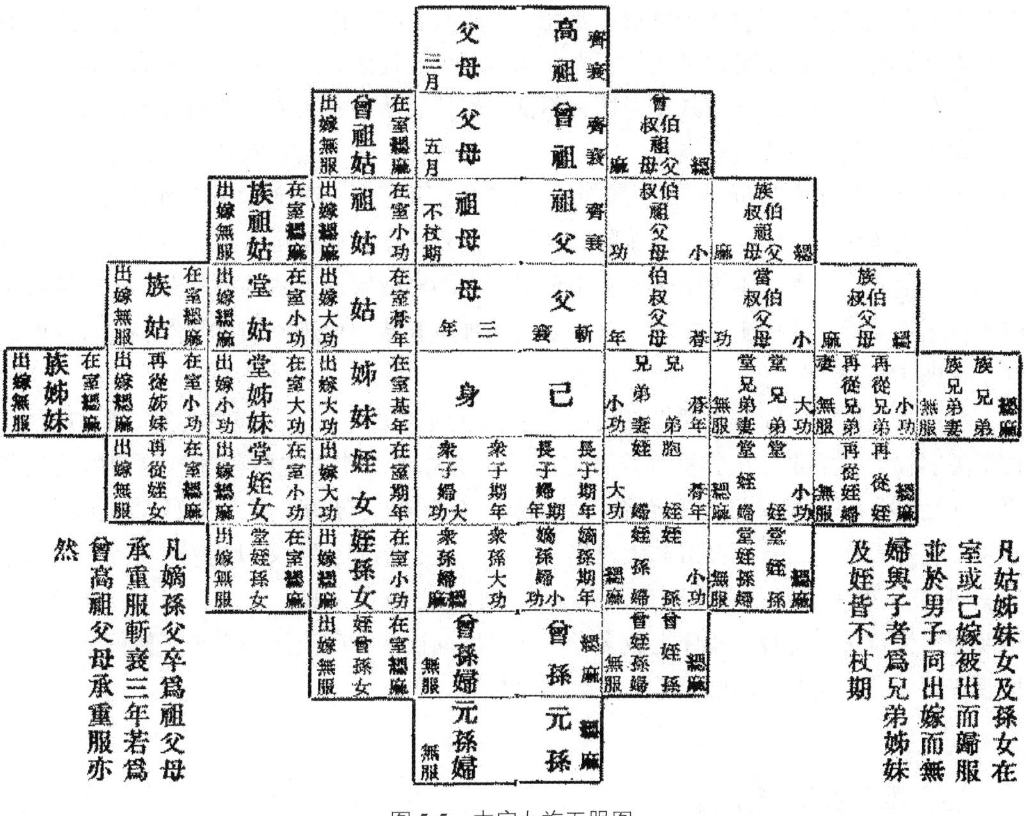

图 5-5　本宗九族五服图

中国家族中一个重要的概念就是“九族”，它实际上是两个“五服”范围的重叠，即以自己为基点，分别向上向下各推衍四代。九族有两种说法：一说是古文说，限于父宗，包括上自高祖下至玄孙的九代直系亲属，即高祖父、曾祖父、祖父、父、己身、子、孙、曾孙、玄孙。唐、宋以后，九族古文说在国家法律中获得正式确认，明、清两代的律令规定，九族专指父宗。“九族”的另一种说法是今文说，指主要亲属关系人，包括父族四、母族三、妻族二。父族四是指姑之子(出嫁的姑姑及其子女)、姊妹之子(出嫁的姐妹及其子女)、女儿之子(出嫁的女儿及其子女)、己之同族(父母、兄弟、姐妹、儿女）；母族三是指母之父（外祖父一家）、母之母（外祖母的娘家）、姨母子（姨母及其儿子）；妻族二是指岳父的一家、岳母的娘家。

不管哪种说法，族的丁口范围都基本固定。从宋代开始，民间逐渐流行以谱牒为依据的家族组织，上限为永不更替的始祖，下限是绵延不断的子孙，原有的“五服”或“九族”变成了新式家族的分支。族的丁口范围不断扩大，明清时已形成了丁口遍布一乡一邑的大姓望族。

族谱，又称家谱、宗谱，是以文字形式记录家族共同体存在发展的特殊图书，包括谱序、本族源流世系、先贤礼赞、界址墓园、族产登录、族人诗文选集以及族规家训等。谱序简要阐明家谱的意义和作谱方法，对本家族做简介和总评。“本族源流世系”和“先贤礼赞”是宣传祖德和本族的声望地位，多采用传说和史事说明。界址墓园指明本族的所在范围和祖园。族产登录主要登记本族共有财产的收支。族人诗文选集则是展现本族人的文才，也是对读书入仕、光宗耀祖思想的提倡。族规家训则规范本族的言行举止。女孩不入谱，此外还禁止一切有不良行为的、从事不入流职业的族人入谱。

家族主要的组织成员有族长、宗子和庄正。族长又称宗长、家长，是家族的全权代表，对外事务往往由其负责，对内负责家族事务管理，维持家族秩序，组织家族活动。宗子是历代长房的长子，是家族血脉的象征，主要是在家族祭祀中担任主祭。有些小规模的家族由族长负责，不设宗子。庄正负责族产的经营管理，主要是理财，小规模的家族不设庄正。漫长的历史发展中，这些人员在维系家族、促进家族良性发展的过程中起到了积极作用。

中国家族内丁口间的称呼极具民俗特色，书面用语有一套相应的称呼。而口语中，称谓类别较少，主要是从曾祖到曾孙之间常用的称呼。使用这些称呼显得族内关系紧密。如“我”称呼曾祖父母为太爷爷和太奶奶，称呼祖父母为爷爷、奶奶，称祖父的兄弟及配偶为大爷、二爷、幺爷和大奶奶、二奶奶、幺奶奶，称父母为爹、娘（今天称爸爸、妈妈），称父亲的兄弟及配偶为大伯、二伯、幺伯和大妈、二妈、幺妈，称同辈兄弟及配偶为哥哥、嫂嫂。排序上较多，但毫无疑问这些称呼当面叫起来，使得整个家族像真正的一家人似的，增强了整个家族的凝聚力。

三、添丁进口诞生礼

中国是传统的农业国，传统的农耕文明中，人手和劳力的多寡决定着生活的品质，所以很重视人口的繁衍，对新生命的诞生尤为重视。从婚嫁伊始，就期盼着新生命的到来。新妇坐轿出嫁时，要找一个父母双全的清秀小男孩陪同新妇坐轿到男家，即为“压轿”，象征着早生儿子。新婚时男方铺喜床时也是边铺边唱，诸如“一把栗子一把枣，小的跟着大的跑”“左一扫，右一扫，生的小子满炕跑”。添丁进口的诞生礼俗全国各地都有，其礼俗也大体相同，从接生到满月、周岁都有一套礼仪活动，如备产房、坐草、报喜、洗三、满月、抓周等。

1. 备产房

以往产妇生产都在自己家中，一般产妇的卧室就是产房。产妇临产前，门窗要关严、防风，有的还用火烤一烤，祛除湿气。生产不能借房子，俗谓“借娶不借生”“借死不借生”，因为这样会把别人家的运气破坏，对产妇母子也不利。在一些地方的风俗里，产妇忌讳在娘家生产，认为这样孩子无法成人，娘家也会受穷。这种风俗在山东、山西、河南、江苏等地都有。

图 5-6 明刊《禅真逸史》描绘孕妇临盆、稳婆接生情景

2. 坐草

坐草也称“落草”“临盆”，即今天我们说的“分娩”。在古代，孕妇临产时在家里的炕上铺谷草，另外准备一捆草让孕妇靠卧，这样可以很方便地在生产后进行清理，所以称为“坐草”。生产时一般由稳婆(专业接生婆，有的地方叫姥姥)来接生，接生时备好草纸(擦拭产血)、绷接(小儿内衣)和小褥子(外裹小孩用)，还要备好一大锅热水和大澡盆来清洗新生儿身上的油脂血污。在中国古代，妇女产子一般是坐姿，后来随着医学的发展和社会进步才转变为卧姿。明代一些刻本中的插图和清代《点石斋画报》中都对稳婆接生有所反映。

3. 报喜

报喜一般是对女方娘家。新生儿平安出生后，女婿一般在分娩当天、次日或者第三天携礼物去岳父家报喜。生男生女从礼物上一看便知，一般是带煮好的染红色鸡蛋，单数意味着生儿，双数意味着生女；有的地方风俗是提鸡报喜，生儿带公鸡，生女带母鸡。岳父家收礼后，要回送更多的红鸡蛋让女婿带回，与朋友分享。

4. 洗三

“三”在中国古代是一个吉数，“洗三”就是在婴儿出生三天后为其洗澡。这一风俗至迟在唐代就已经盛行于朝野。这一天一般是亲友们送来贺礼，主家设宴款待。但由于古代婴儿出生前七天死亡率较高，所以一些地方流行在第九天或者第十二天宴客，称为“做九”。

“洗三”用的水，用一些中草药煎沸，清代《古今图书集成·艺术典》卷四〇二“小儿初生”条对此有记述：“……儿生三日，宜用桃根汤浴：桃根、李根、梅根各二条，枝亦得，剥细后，以水三斗煮二十沸，去渣浴儿，良，去不祥，令儿终身无疮疖。”浴盆中还要放入鸡蛋、铜钱(后来换成硬币)、金银饰物，水温适宜后，由祖母或者稳婆等人将婴儿抱入盆中洗沐，边洗边唱，诸如“先洗头，做王侯；后洗腰，一辈倒比一辈高；洗洗蛋，做知县；洗洗沟，做知州”(北平《洗三吉词》)、“三梳子，两拢子，长大了，戴红顶子”、“左描眉，右打鬓，寻个媳妇就四衬”①等。洗完后，用鸡蛋从婴儿的额角、头顶处滚一遍，然后从背滚到臀，称为“滚屁股蛋”，这样的鸡蛋会被求子的妇女拿走。还有的地方，用葱轻轻打三下，以此来求孩子聪明。如今出于对孩子健康的考虑，“洗三”风俗在城市逐渐减少。“洗三”之后就是给孩子命名，一般是乳名多取贱名。

5. 满月

婴儿满月，是个大日子，说明孩子已经平安度过了最易生病、最危险的时期，以后会越来越壮。此时产妇的月子也宣告结束，回到日常的生活状态。因为婴儿大小便还不能自理，产房内空气有尿臊味，这时候可以抱着孩子出去转转、呼吸新鲜空气，所以满月也俗称“出骚窝”。这一天，外婆、亲友们纷纷来祝福，宾客们多携带礼金(俗称“锁钱”)、小儿衣物或者一些银饰品，主家大办酒席，俗称“汤饼宴”。有的地方在这一天还给婴儿剃胎发，也有择日再剃的。满月礼之后产妇和婴儿也可以择吉日被接回娘家小住。

6. 抓周

当孩子满一周岁时，为了预测小孩子的志向和心性，孩子的父祖会在孩子生日时举办仪式，即为“抓周”。南北朝时就有抓周的风俗了，当时称为“试儿”。北齐颜之推《颜氏家训》卷六就有记载：“江南风俗，儿生一期，为制新衣，盥洗装饰，男则用弓矢纸笔，女则刀尺针缕，并加饮食之物及珍宝服玩，置之儿前，观其发意所取，以验贪廉愚智，名之为试儿。”这种仪式相对简单，把一大堆玩具、纸笔、食物摆在孩子面前，看孩子取得什么东西来预测孩子的未来，今天看来这样的预测真是没有多少可取之处，但是在古代，人们还是很乐于这样测试。

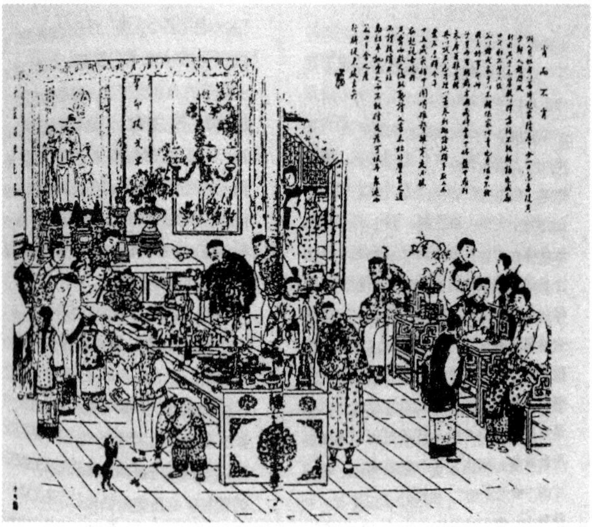

图 5-7　儿童一岁时的抓周礼(采自《点石斋画报》)

① 殷登国：《中国人的礼俗》，百花文艺出版社 2011 年版，第 17 页。

四、繁复严整谈婚嫁

婚姻，不仅仅起到了传宗接代的作用，更是拓宽了中国人的社会交际网络，因此历来受到重视。《礼记·昏义》对此有明确记载："昏(婚)礼者，将合二姓之好，上以事宗庙而下以继后世也，故君子重之。"由于婚姻关系到家庭、家族和社会，所以千百年来，产生形成了繁复严整的婚嫁礼仪和风俗。虽然因为时间、地域而有所不同，但都力求庄严、热闹、隆重而吉祥。

古时候的婚嫁礼俗讲"六礼"，即"纳采""问名""纳吉""纳征""请期""亲迎"。"纳采"是六礼中的第一礼，是男方先请媒妁向女方提亲，女方同意后，再由媒妁带一只雁正式交女方作为"采择之礼"。"问名"是六礼中的第二礼，即男方遣媒妁到女方家中询问女方姓名、生辰八字交男方合算吉凶，并详叙女方门第。合算年庚八字，如果不相克，男方就请媒妁带雁到女方家，表示订婚并商洽订婚事宜，这就是"纳吉"。男女双方协定好之后，男方把聘礼送到女方家，双方正式签订订婚喜帖，婚约从此成立，这称为"纳征"。这一礼不用雁，而是衣物、布料等。"纳征"之后，通常由女方提出两个黄道吉日，交给男方择定其一，照会女方，这就是六礼中的第五礼"请期"。最后一礼是"亲迎"，也就是男方到女方家迎娶新娘。

今天的婚嫁礼俗虽然不再像古代那样繁琐，不再完全沿袭两千多年前的"六礼"程序，但"六礼"仍以它顽强的生命力，得以保留传承，影响着今天的婚姻形式，只是名目上发生了很大变化。"纳采"今天叫提亲或者说媒。"问名"演变为合八字。"纳吉"被许多地方称为"小订"。"纳征"则俗称"大聘"或"过大礼"。"请期"则叫"定日子"或"催妆"。"亲迎"则出现了形式变化，叫迎亲(男方到女方家迎娶)、等亲(男方派使者前去接新娘，新郎在家等待)、送亲(女方把新娘送到男方家)。总体而言，今天的婚嫁礼俗是由六礼传承变异而来的，主要分成了三个阶段，即议婚、订婚、迎娶。

议婚阶段包括提亲、合婚、相亲几个主要步骤。中国婚姻历来讲"明媒正娶"，提亲由媒人主动担当的，也有男方、女方父母请媒人的。对媒人历来褒贬不一，"说成三个媒，死后阎王不问罪"，"说媒婆，嘴头馋，两头瞎话把得严"，但总体上褒多于贬。提亲之后，由媒人把男女双方的属相问好，合适的话，就要进入下一步——相亲。相亲是议婚阶段正式的仪式，由媒人介绍、牵头，让男女双方见面，初步了解考察。现在相亲习俗仍然流行，一般有偷相和明相两种说法。偷相是私下打听，主要是了解男方人缘、品行，访问邻居、亲朋，有时候女方父母会亲自化装去访察。明相，是约定时间带女方去见男方考察，现在多选在第三者家进行，场合也比较随便，双方满意即进入谈恋爱阶段。

订婚阶段礼俗比较多。相亲之后，经过一段时间的接触了解，相互熟悉后，男女双方就要举行"订婚礼"，来落实联姻的意图，缔结婚约。订婚的意义在各地都大体相同，只有称呼和形式上的区分，有的叫"订盟""文订""送订"等，大多一次完成，有些地区分两次完成，叫"初订"(也叫"小订")和"大订"。

“小订”多是交换一些小东西。有的地方也叫“换书”，即“下婚帖”，也有的地方是办酒宴，就“大订”的彩礼争论。“小订”仪式上，双方订立婚约，交换信物。各地均在“小订”后举行“认亲”，即男女双方直接改口，和对方一样称呼亲友。

“大订”则是“下彩礼”。在各地尽管有称呼上的差别，但都是要结婚的信号，所以礼物一般以双数为多，有四色、六色、八色、十色不等(色指的是样、种类)，常见的有礼饼、肉、面条、糖、鸡、鸭、蛋、鱼、布料等。彩礼的多寡因各地风俗不同而不等，随着社会进步，各地多把彩礼货币化，彩礼数量逐渐增多，但讲排场、比阔气的恶劣风气不值得提倡。

订婚之后就是定婚期、迎娶。选定婚礼的日子之后，男女双方就分别开始准备。女方置备嫁妆，嫁妆有婚礼当天随迎娶队伍到男方的，也有提前送到男方的，俗称“抬嫁妆”“送嫁妆”。临近婚礼，女方还在长辈的帮助下“开脸”，即去除面部的汗毛、剪齐额发和鬓角，这是旧俗，是女子嫁人的标志之一，又称开面、绞面、绞脸。开脸有在上轿前在女家进行的，也有娶到男家后进行的。开脸人须是子女双全的妇人，寡妇、孕妇、属相相冲的人不能参与。开脸用具有新镊子、五色丝线或钱币等。开脸后，要给开脸人赏封。

相比女方，男方婚礼准备事务较多。首先准备新房，置办新的被褥，发喜帖。做被褥传统礼俗中有不少的讲究，要找儿女双全的人来做，离异丧偶的人不能参与，并且用一根红线缝边，被褥一般要做好多套，其中必有红面白里的，而且四角加入枣、栗子，做好后不能动。到婚礼当天清晨，按一定次序在新床上摆好。现在的年轻人大多已经不了解这样的礼俗了。

一切准备妥当，便是迎娶。迎娶也有不同的风俗：一般是新郎到女方家迎娶新娘；有的地方则是男方派使者到女方家接新娘，新郎在家等候；还有的地方是女方派人把新娘送到男方家。

婚礼当天，在规定的时间，新娘被接到男方家，称为“下轿”。鞭炮齐鸣，举行拜堂仪式，礼成大开喜宴。

婚礼之后，还有“拜大小”“认大小”的风俗，就是新娘在新郎亲人的带领下，给新郎的家族成员们磕头，亲友要给新娘拜礼钱。婚礼的最后一项习俗就是“回门”，古代叫做“归宁”。这一习俗在各地都存在，一般是在成亲后第三天。新娘子也很期待这一天，河南南阳的《回门歌》把当地的风俗唱得很生动：“新媳妇，想娘家，想着想着哥来啦。搬个小椅哥坐下，问爹好，问娘安，问罢哥嫂问侄男。一家全问遍，掀开门帘去打扮。拜拜公婆，住几天？住七住八，两家都发；住八住九，两家都有。”①

除了汉族的婚俗外，少数民族还有自己独具民族特色的婚俗，如哭嫁、走婚、招赘婚、抢婚等。

---

① 葛世钦：《中州民歌与婚俗》，载《殷都学刊》1986年第1期。

五、仪轨庄郑丧葬礼

据考古发现，我国丧葬礼俗在旧石器时代晚期就已经出现。新石器时代晚期的丧俗中加入了一些宗教仪式行为，如龙山文化中出土的玉琀。夏商周时期，丧葬习俗向系统化、程序化方向发展，特别是周代，《周书·异域上》记载“死者则以苇箔裹尸，悬之树上”。战国时期，古代丧葬礼俗已基本具备，在《墨子·节葬下》中记有“王公大人有丧者，曰棺椁必重，葬埋必厚，衣衾必多，文绣必繁，丘陇必巨”。秦汉时兴起了厚葬风气，直到魏晋时期才自曹操始倡薄葬。唐代丧葬俗制因为社会的繁盛而发展完善，在《大唐开元礼》中就明确记载了丧葬程序有六十六道。此后宋明各代均循此制，仅略作增删。

流传于民间的丧仪在主导习俗不变的情况下，有了具体处置的变化，远比读书人所制定的礼制丧仪复杂得多。由于所覆盖的地域、人口、民族等的差异，我国丧仪又具有明显的地域性、民族性，各地、各民族有区别，不可能对其给予完整的概括，只能对其共有的一些重要程序作简单介绍，这些程序与礼俗包括沐浴更衣、停丧、报丧、吊唁、大敛、出殡等。

1. 沐浴更衣

在中国古代习俗里，讲究寿终正寝，所以尽量避免老人在病床上咽最后一口气。当病人生命垂危时，一般先为其沐浴更衣，然后将其移到正屋明间的灵床上，在亲属的守护下，度过生命最后一刻，这就是“挺丧”，也叫“送终”。《仪礼·既夕礼》和《礼记·丧大礼》中都有病人将死时换穿内外新衣的记载，这样做一方面是怕死后不便穿戴，另一方面也是出于习俗，认为没穿好衣服是“光着身子走了”，亲属们会十分遗憾和内疚。

沐浴用的水是买来的，称为“买水”，是把钱投在水中来加以体现的。其本身是一种仪式，即将“阳水”转变为“阴水”。这一礼俗，后世承袭，但却没有定制，有的只是擦拭尸身，有的只是整理遗容。

为死者更衣称为“小敛”，即正式为死者穿上寿衣，一般在死后次日，也有在死后不久穿的。期间，还要在死者口中加入“饭含”，有金玉和食物两种。民间认为有了“饭含”，在阴间才不会挨饿。20世纪20—30年代的河北定县(今河北省定州市)，饭含是用线系着小银铃放入死者口中，线露在口外，贫穷人家用古铜钱替代①。小敛忌用缎子，因其谐音“断子”，多用绸子，取其子孙繁盛的意思。寿衣件数为单数，无论冬夏都是棉衣，男一般包含大帽、外套、黑鞋，女不用帽子，只用黄布箍顶，下身着裙、蓝布鞋。整套寿衣不能用扣子，而用带子束紧，意为后继有人。

更衣之礼，在新中国成立后的丧礼中仍是不可或缺的礼俗，但它的地方性很强，具体操作上各地也不一致。

---

① 李景汉：《定县社会概况调查》，中华平民教育促进会1933年版。

2. 停丧

死者更衣之后，安放在铺板上，布好帷帐，头前或脚后设置灵桌，摆上遗像，供上果品、香炉、一碗“倒头饭”，点上油灯或者蜡烛，俗称“引魂灯”“长明灯”，这盏灯不能灭，一直点到出殡为止。由于传说魂灵赴阴曹时必经恶狗村，各地又为死者准备好打狗的武器(打狗棒、打狗棍)和食物(如打狗饼、喂狗饼)放在死者手中。

丧家还要在门口挂门幡、糊孝门纸。在河北定县，丧家按死者岁数预备白纸张数，重叠起来，剪成三联，捆在棍上，末尾那条下垂，挂在街门一旁，死者是男挂左边，死者是女挂右边①。山西一带也有类似风俗。

3. 报丧

报丧，在许多民族都是人死后的第一种仪式，即把有人辞世的消息以信号的形式告知亲友和村人。报丧仪礼产生得很早，《仪礼·士丧礼》中就有提及。一般是父死先报族，母死先报舅。

在历史传承中，报丧礼仪演进成各种各样。浙江一带是用雨伞倒挟腋下，到亲友家门前将伞头朝下，柄朝上竖放门边，亲友即知其意，忙备汆蛋请来者食用，俗称“报生不空手，报死不空口”，吃罢告知“某某去了”，于某月某日入殓，即告辞。一般得到死讯的家主会掷摔一只碗以解晦气，然后准备香烛草纸等前往。广西则是放三响火炮报丧，然后派人讣告亲友。北京丧俗也是讣告亲友。有些地方由孝男、孝女亲自哭报丧讯，哭报之后极速回转。

4. 吊唁

在灵棚中择吉“开吊”。吊丧过程中，守灵的家属对前来吊丧的亲友有一套繁琐的礼节。旧时民间吊丧以北京、浙江宁波、贵州贵阳最具代表性。

旧时北京丧礼中，大户人家门外设对锣、对鼓或单锣、单鼓的“门吹”，另在大门设梆子(即古代的“云板”)，二门设梆点二报鼓，谓之全份。另在月台旁设置“清音”(吹奏乐)一部助哀。当来宾到门，门吹打鼓，外场人多半喊一声：“响响鼓您呐!”男客三声鼓加吹大号，女客两声鼓加唢呐，大门梆子听见即连响四下(四下为哀音)，二门的也跟着敲四下。客到内门，回事的人在头前飞跑，高喊“某老爷到”“某太太到”，门吹大锣随在客后敲响。客至拜垫祭拜，一奠一叩一棒大锣，如此三奠三叩。浙江一带，三上香然后祭拜，拜毕，有赞礼唱“伸”，即起，垂手肃立，如是三拜三伸，孝子孝孙匍匐灵旁，磕头答礼，在爆竹声中结束。贵州贵阳一带则是在三天内完成吊唁，先家祭、再点主(一种仪式，先空出神位“主”上一点，再请人用朱笔补上)，然后客祭。

如今吊唁仪式已大为简化，城市中主要是追悼会、遗体告别的形式，农村中的礼节也简化了不少，主要是客人祭拜吊纸，孝子孝孙磕头还礼。

5. 大敛

大敛即收尸入棺。先要打理棺材，在棺材底部铺一层谷草垫底，上面铺一层黄纸，并横放上一些长的五彩线，线头搭在棺外，之后，由主事人喊“撒垫背钱”，死者家属

① 李景汉：《定县社会概况调查》，中华平民教育促进会1933年版。

们便环绕着棺材，在棺材里撒入硬币，并布放其他殉葬物。一切妥当之后，在吉时抬尸入棺，死者亲属大哭。盖棺之后要钉棺钉，孝子高喊“躲钉”。还要附带举行“铭旌”仪式，即用绛色帛制一面旗幡，上以白色书写死者官阶、称呼，用与帛同样长短的竹竿挑起，竖在灵前右方，下葬时，去掉竹竿，将帛盖在灵柩上。

6. 出殡

把灵柩送到埋葬的地方下葬，叫出殡，这是整个丧礼的高潮。出殡讲究“五大件”，即“幡儿、牌儿、棍儿、盆儿、罐儿”。幡儿，即灵幡，俗称“引头幡”。长子打灵幡，父死以左手打，母死以右手打。如果长子先于父母殁，则由长孙打幡。如无儿无女，则由继承死者遗产的亲属或侄辈代替。牌儿，即灵牌，是灵柩入土前供奉的临时纸质灵牌，用黑纱蒙起，出殡时由次子捧着，谓之“抱牌儿”。棍儿，实际上就是“哭丧棒”，是从古代孝子居丧守制的杖演化而来的，出殡时，自三子以下的男孝眷，都平持此棒，也是男左女右。盆儿，又叫“阴阳盆”“吉祥盆”，民间俗称“丧盆子”，是出殡时起灵仪式中，孝子在灵柩前摔破的灵前祭奠烧纸的瓦盆。罐儿，即“焰食”罐子，正名“宝瓶”，送丧出殡时由大儿媳妇抱着，特殊情况下有变化。据说当年袁世凯死后，就由他的大老婆给抱的罐。

出殡先进行的仪式是“起柩礼”，是由丧家找一位有组织能力又通晓丧俗礼仪的人来主持，出殡由其指挥。开始时在司仪引导下，孝男孝女一律大孝，大哭跪拜，孝子摔掉灵前祭奠烧纸的瓦盆，让棺木抬出家门放上灵车。出殡队伍也很有讲究，最前面是幡，紧跟着是打开山锣撒买路钱的，再接着是吹鼓手，扛丧幛、挽联、花圈的，之后是抬灵桌的，再是孝女、灵柩。出殡的队伍一般很长，还要举行路祭等仪式。

图 5-8　摔盆

图 5-9　路祭

项目拓展

1. 中国各地有自己独具的食物，风味各异。各地大众口味的典型代表就是风味小吃，请搜集一下你所了解的当地风味小吃，作一下介绍。

2. 民俗涉及的范围非常广，除了本节介绍的民俗外，还有许多的方面。请你搜集资料，介绍一种其他特色民俗活动，并说说它的文化含义。

第二节　月月节庆　情贯始终：节日

元宵争看采莲船，宝马香车拾坠钿。风雨夜深人散尽，孤灯犹唤卖汤元。

——(宋)姜夔《诗曰》

五月五日天晴朗，杨花绕堤啼晓莺。使君未出郡斋外，江上早闻齐和声。使君出时皆有准，马前已被红旗引。两岸罗衣破晕香，银钗照日如霜刃。鼓声三下红旗开，两龙跃出浮水来。棹影斡波飞万剑，鼓声劈浪鸣千雷。鼓声渐急标将进，两龙望标目如瞬。坡上人呼霹雳惊，竿头彩挂虹蜺晕。前船抢水已得标，后船失势空挥桡。

——(唐)张建封《竞渡歌》节录

节日，是世界人民为适应生产和生活的需要而共同创造的一种民俗文化，是世界民俗文化的重要组成部分。“节日，是社会文化所设置的时间单位，以历日和季节等组成的历年作为循环的基础……节日被赋予了特殊的社会文化意义并穿插于日常之间的日子，节日之所以不同于一般的历日，就在于这一时期包含着特定的风俗习惯。”①

中国是传统的农业国，人们为了调剂单调乏味又劳累的日常生活，敬畏鬼神、娱乐自己，创制了许多节日。岁时节日也是中国民俗文化的重要组成部分。中国节日萌芽于先秦，成长于魏晋南北朝，定型于隋唐两宋。节日的起源主要有以下说法：(1)历法节气，如立春、冬至等；(2)原始崇拜，如图腾崇拜；(3)禁忌与迷信，如春节放爆竹就是为了驱赶“年”这种恶兽；(4)祭祀先人，如清明节、中元节、寒衣节等节日；(5)宗教信仰，如与佛教、道教相关的节日。中国节日历经千百年传承，已经成为中国传统文化的基因，也成为人们对于中国传统文化的重要记忆，人们积极热烈地参与，个人与家庭、国家的感情联系加强，人际关系在节庆中得到和谐发展，身心也获得了愉悦。

粗略地翻检一下，每个月份里都有节日的存在：

农历	正月	二月	三月	四月	五月	六月	七月	八月	九月	十月	十一月	腊月
主要节日	立春 春节 元宵	二月二	上巳 寒食 清明	佛诞节 立夏	端午 夏至	天贶节 三伏	七夕 中元 立秋	中秋	重阳	下元 立冬	冬至 数九	腊八 小年 除夕

① 高丙中：《民间文化与公民社会》，北京大学出版社 2008 年版，第 202 页。

在工业文明和信息时代交融包围的今天，在全球化的演进中，很多中国的年轻人喜欢过西方节日，我们更应该通过对传统节日的弘扬、传承，来延续中华民族的文化。众多的中国传统节日中，以下节日是具有全国性影响的：春节、元宵、清明、端午、七夕、中秋。

一、年节习俗 千载传承

辛勤劳作了将近一年，进入了腊月，天气寒冷。在一年的末尾，为了缓解疲劳，祈祝丰年，人们营造了一个轻松愉快的氛围，创制了包含一系列特殊节日时段的“年”。民间的“过年”从腊月初八开始一直持续到正月十五。广泛流传各地的一首歌谣反映了人们对年的期盼：“小孩小孩你别馋，过了腊八就是年。腊八粥，喝几天。哩哩啦啦二十三。二十三，糖瓜黏；二十四，扫房子；二十五，炸豆腐；二十六，炖大肉；二十七，杀年鸡；二十八，把面发；二十九，蒸馒头；三十晚上熬一宿，大年初一扭一扭。”本节所讲的年节习俗包括了腊八、小年、除夕、春节、元宵这些节日。

1. 腊八节

寒冬腊月，天寒地冻，冬至后最为寒冷的三九、四九节气到来，民谚讲“三九四九冰上走”，而这一时期最寒冷的是腊七腊八，民间也有“腊七腊八，冻死寒鸦”的说法。传说在这样寒冷的天气里，当年朱元璋落难在监狱受苦，又冷又饿，他从老鼠洞里刨出了一些红豆、花生、红枣和大米，用这些熬了一锅粥，饱餐一顿。等朱元璋平定天下，登基称帝后，将这一天命名为腊八节，诏令全国依法制作腊八粥。这就是腊八节的由来之一。

腊八节的另一由来与佛教有关。传说佛祖释迦牟尼成佛前进山修行，十二月初八这天因饥饿劳累栽倒在路旁，被一牧羊女发现，用乳糜救活，使他大彻大悟，得道成佛。各地佛寺作浴佛会，举行诵经，并效仿释迦牟尼成佛的传说故事，用香谷、果实等煮粥供佛，称“腊八粥”。并将腊八粥赠送给门徒及善男信女们，以后便在民间相沿成俗。南宋陆游诗云：“今朝佛粥更相馈，反觉江村节物新。”

全国各地在腊八节这一天除了熬制腊八粥外，还有的地方腌制腊八蒜。腊八揭开了过年的序幕。

2. 小年

腊月二十三被称为小年。这一天的主要习俗是“祭灶爷”，也叫送灶、辞灶。民间传说这一天是灶君上天庭向玉皇大帝禀报述职，汇报某一家人善恶的日子。送灶时，人们在灶王像前的桌案上供放糖瓜、清水、料豆、秣草；其中后三样是为灶王升天的坐骑备的料。祭灶时，还要把糖用火融化，涂在灶王爷的嘴上。这样，他就不能在玉帝那里讲坏话了。民间有“男不拜月，女不祭灶”的习俗，因此祭灶王爷，只限于男子。

民间习俗中，小年在时间上稍有差别，有“官三民四船五”的传统。也就是说，官家的小年是腊月二十三，百姓家的是腊月二十四，而水上人家的则是腊月二十五。清雍正时，为了节省开支，每年在坤宁宫腊月二十三祀神时顺便把灶王爷也拜了。王族随之

图 5-10　灶王爷图

效仿，于腊月二十三祭灶。北方大部分百姓受官气影响，也逐渐把小年定为腊月二十三；相反，南方远离政治中心，小年仍沿用腊月二十四的古老传统；而沿湖、海的居民，则保留了船家的传统，小年定在腊月二十五。

小年一过，离春节越来越近。人们开始忙着办年货，准备过年。民间流传着这样的歌谣："二十三，祭罢灶，小孩拍手哈哈笑。再过五六天，大年就来到。辟邪盒，耍核桃，滴滴点点两声炮。五子登科乒乓响，起火(花)升得比天高。"还有"糖瓜祭灶，新年来到，姑娘要花，小子要炮，老头儿要顶新毡帽，老太太要件新棉袄"。

3. 除夕

据记载，夏代就有了有关除夕的活动。汉武帝时颁行《太初历》后才确立了除夕除旧布新的大节地位。除夕节日关键在于一个"除"字，既有"去、易、交替"的意思，又有驱魔除恶的意思。古代传说"夕"就是一个在人间无恶不作的妖怪，有个叫七郎的人为了替百姓谋福，埋伏了将近一年，才在腊月三十发现了"夕"怕火光的特点，利用这一点驱赶并最终杀死了这只怪物。所以除夕这一天都放烟花爆竹。

除夕的习俗主要有贴春联、贴门神、全家一起吃年夜饭、守岁、放爆竹。这一天中饺子是必不可少的食物，取其"更岁交子"的吉祥寓意。

4. 春节

"爆竹一声除旧，桃符万象更新"，人们迎来了春节，它在古代被称为"元旦""元日""岁首"等。1911 年中华民国成立，临时政府采用公历，规定公历 1 月 1 日为元旦，才改农历正月初一为春节。新中国成立后，农历正月初一定名为春节，并规定放假三天让人们欢度农历新年。春节的礼仪习俗尽管随着时代变迁而有不同的发展变化，但辞旧

图 5-11　踩高跷

图 5-12　跑驴

迎新、家家团圆却是不变的主题，人们通过丰富多彩的习俗表达着美好的愿望，穿新衣、戴新帽、观社火、放鞭炮。春节是中国各族人民共有的节日，俗话说“有钱没钱，回家过年”，千百年来，春节都是世界华人最重要的节日。

春节的主要习俗有祭神祀祖、开门爆竹、拜年贺年，还有的地方春节期间兴起了庙会，举办踩高跷、跑旱船、跑驴、耍社火等活动。

5. 元宵节

元宵节大约源于汉代。关于元宵节的起源有几种说法：一种是汉武帝为纪念周勃、陈平等在正月十五平定诸吕之乱，而将这天定名为元宵节。第二种说法是汉代为了祭祀“太一”星神。第三种说法来源于道教“三元说”，正月十五日为上元节，七月十五日为中元节，十月十五日为下元节。主管上、中、下三元的分别为天、地、人三官，天官喜乐，故上元节要燃灯。第四种说法始于东汉明帝提倡佛教，听说佛教有正月十五日僧人观佛舍利、点灯敬佛的做法，就命令这一天夜晚在皇宫和寺庙里点灯敬佛，令士族庶民都挂灯。不管哪一种说法，都表明元宵节由来已久。

元宵节经过两千多年的发展，形成了极丰富的民俗活动。俗话说“正月十五闹元宵”，各种民俗活动如赏花灯、猜灯谜、耍龙灯、舞狮子、扭秧歌等，把春节的热闹气氛推到了高潮。元宵节是春节的延续和高潮，同样也是阖家团圆的日子，元宵是这一节日必不可少的食物，天上明月，人间汤圆。

图 5-13　赏花灯

图 5-14　舞狮子

二、感物思亲　迎春踏青：清明

我国传统的清明节大约始于周代，又叫三月节，至今已有两千五百多年的历史。众多传统节日里，独有清明节具有双重身份：既是二十四节气之一，又是一个传统节日。清明一到，气温升高，正是春耕春种的大好时节，故有“清明前后，种瓜种豆”的说法。民间也有“植树造林，莫过清明”的农谚。后来，由于清明与寒食的日子接近，而寒食是民间禁火扫墓的日子，渐渐地寒食与清明合二为一，而寒食既成为清明的别称，也变成为清明时节的一个习俗，清明之日不动烟火，只吃凉的食品。

关于寒食，有这样一个传说：

相传春秋战国时代，晋献公的妃子骊姬为让自己的儿子奚齐继位，就设毒计谋害太子申生，申生被逼自杀。申生的弟弟重耳，为了躲避祸害，流亡出走。在流亡期间，重耳受尽了屈辱。原来跟着他一道出奔的臣子，大多陆陆续续地各奔出路去了，只剩下少数几个忠心耿耿的人，一直追随着他，其中一人叫介子推。有一次，重耳饿晕了过去。介子推为了救重耳，从自己腿上割下了一块肉，用火烤熟了送给重耳吃。十九年后，重耳回国做了君主，就是著名春秋五霸之一的晋文公。

晋文公执政后，对那些和他同甘共苦的臣子大加封赏，唯独忘了介子推。有人在晋文公面前为介子推叫屈。晋文公猛然忆起旧事，心中有愧，马上差人去请介子推上朝受赏封官。可是差人去了几趟，介子推不来，晋文公只好亲自去请。当晋文公来到介子推家时，只见大门紧闭，介子推已经背着老母躲进了绵山(今山西介休县东南)。晋文公便让御林军上山搜索，没有找到。于是，有人出主意放火烧山，三面点火，留下一方，认为大火起时介子推会自己走出来的。孰料大火烧了三天三夜熄灭后，仍不见介子推出来。上山一看，介子推母子俩靠着一棵烧焦的大柳树已经死了。晋文公望着介子推的尸体哭拜一阵，要安葬遗体，发现介子推脊梁堵着个柳树树洞，洞里有一片衣襟，上面题了一首血诗：

割肉奉君尽丹心，但愿主公常清明。柳下作鬼终不见，强似伴君作谏臣。
倘若主公心有我，忆我之时常自省。臣在九泉心无愧，勤政清明复清明。

晋文公将血书藏入袖中，然后把介子推和他的母亲分别安葬在那棵烧焦的大柳树下。为了纪念介子推，晋文公下令把绵山改为“介山”，在山上建立祠堂，并把放火烧山的这一天定为寒食节，晓谕全国，每年这天禁忌烟火，只吃寒食。

此事之后的第二年，晋文公领着群臣，素服徒步登山祭奠。行至坟前，只见那棵老柳树死树复活，绿枝千条，随风飘舞。晋文公望着复活的老柳树，像看见了介子推一样。他敬重地走到跟前，珍爱地掐下了一枝，编了一个圈儿戴在头上。祭扫后，晋文公把复活的老柳树赐名为“清明柳”，又把这天定为清明节。

以后，晋文公勤政清明，励精图治，把国家治理得很好，百姓得以安居乐业。百姓们感念介子推，每逢他的忌日，大家禁止烟火来表示纪念。还用面粉和着枣泥，捏成燕子的模样做成“之推燕”，用杨柳条串起来，插在门上。此后，寒食、清明成了全国百姓的隆重节日。

清明的主要习俗有：

(1)祭祖扫墓。这是清明节不可缺少的礼俗活动，正如民谚所说，“三月清明雨纷纷，家家户户上祖坟”。唐代杜牧的诗歌《清明》家喻户晓，“清明时节雨纷纷，路上行人欲断魂”传神地写出了独身扫墓人在雨中触景伤怀的情景，渲染了悲凉忧伤的气氛。清明扫墓，往往全家出动。传统的扫墓主要有两项活动，一是挂纸烧钱，二是培修坟墓。

图 5-15　清明扫墓

(2)踏青赏春。清明节正处在早春三月，春回大地，万物复苏，满目葱翠，正是外出郊游的大好时机。清明踏青赏春的习俗自古就有。

(3)娱乐健身。清明时节，阳气上升，万物萌动，开展户外运动正当其时。传统的清明健身娱乐活动有荡秋千、蹴鞠、放风筝等。

(4)插柳植树。清明扫墓，人们总要折几枝柳条编成柳圈戴在头上，民间还有“清明不戴柳，红颜成皓首”“清明不戴柳，死后变黄狗”的说法。这一习俗与前文中介子推的传说有关。

清明种树成活率较高，孙中山先生提倡清明植树，后来渐成风气。如今，植树造林造福后代子孙的理念已深入人心。

三、龙舟竞渡　粽叶裹香：端午

每年的农历五月初五，我们都过端午节。端是“开端”“初”的意思，“午”在先秦时与“五”相通。端午又有午日节、五月节、浴兰节、女儿节的别称。这是古老的传统节日，始于春秋战国时期，至今已有两千多年历史。中华民族中许多少数民族也过端午节。端午节的由来与传说很多，大致有六种，这里仅介绍以下三种：

第一种源于纪念屈原。据《史记》“屈原贾生列传”记载，屈原是春秋时期楚怀王的大臣。他倡导举贤授能，富国强兵，力主联齐抗秦，却遭到贵族子兰等人的强烈反对。屈原遭谗去职，被赶出都城，流放到沅、湘流域。在流放中，他写下了忧国忧民的《离骚》《天问》《九歌》等不朽诗篇。公元前 278 年，秦军攻破楚国京都。屈原眼看祖国被侵心如刀割，但终不忍弃国而去，于五月初五在写下了绝笔《怀沙》之后，抱石投汨罗江身死。

传说屈原死后，楚国百姓哀痛异常，纷纷涌到汨罗江边去凭吊屈原。渔夫们划起船只，在江上来回打捞他的真身。有位渔夫拿出为屈原准备的饭团、鸡蛋等食物，“扑通、扑通”地丢进江里，说是让鱼虾蟹吃饱了，就不会去咬屈大夫的身体了，人们见后纷纷效仿。一位老医师则拿来一坛雄黄酒倒进江里，说是要药晕蛟龙水兽，以免伤害屈大夫。后来为防止饭团被蛟龙所食，人们用楝树叶包饭，外缠彩丝，发展成粽子。

以后，在每年的五月初五，就有了龙舟竞渡、吃粽子、喝雄黄酒的风俗，以此来纪念爱国诗人屈原。

第二种源于纪念伍子胥。这个传说，在江浙一带流传很广。伍子胥，楚国人，父兄均为楚王所杀，后来子胥弃暗投明，奔向吴国，助吴伐楚，攻入楚都郢城。当时楚平王已死，子胥掘墓鞭尸，报杀父兄之仇。吴王阖闾死后，其子夫差继位。吴越之战，越王勾践战败请和。子胥建议，应彻底消灭越国，夫差不听。吴国太宰受越国贿赂，谗言陷害子胥，夫差信之，赐子胥死。子胥本为忠良，视死如归，在死前对邻舍人说“我死后，将我的眼睛挖出悬挂在吴京之东门上，以看越国军队入城灭吴”，便自刎而死，夫差闻言大怒，令取子胥尸体装在皮革里于五月初五投入大江，因此相传端午节为纪念伍子胥。

第三种源于纪念孝女曹娥。东汉孝女曹娥，其父亲溺于江中，数日不见尸体，当时曹娥年仅十四岁，昼夜沿江号哭。过了十七天，她在五月初五也投江，五日后抱出父尸，就此传为神话，广为颂扬。

端午节是全中华民族的节日。节日的习俗主要有龙舟竞渡、吃粽子、悬艾叶菖蒲、佩戴香囊等。

图 5-16 龙舟竞渡

图 5-17 悬艾叶

四、鹊桥相会　望月乞巧：七夕

七夕节是汉族的传统节日，源自我国重要的民间爱情传说——牛郎织女的故事。

相传在很早以前，南阳城西牛家庄里有个聪明忠厚的小伙子，父母早亡，跟着哥哥嫂子度日，嫂子马氏为人狠毒，经常虐待他，逼他干很多的活。一年秋天，嫂子逼他去放牛，给他九头牛，却让他等有了十头牛时才能回家，牛郎无奈只好赶着牛出了村。

牛郎独自一人赶着牛进了山，在草深林密的山上，他坐在树下伤心，不知道何时才能赶着十头牛回家，这时，有位须发皆白的老人出现在他的面前，得知牛郎的遭遇后，笑着告诉他伏牛山里有一头病倒的老牛，好好喂养，等老牛病好就可以赶着它回家。

牛郎翻山越岭，走了很远的路，终于找到了那头有病的老牛，他看到老牛病得厉害，就去给老牛打来一捆捆草，一连喂了三天，老牛吃饱了，才抬起头告诉他：自己本是天上的灰牛大仙，因触犯了天规被贬下天来，摔坏了腿，无法动弹，自己的伤需要用百花的露水洗一个月才能好。牛郎不畏辛苦，细心照料了老牛一个月，白天为老牛采花接露水治伤，晚上依偎在老牛身边睡觉。等老牛病好后，牛郎高高兴兴地赶着十头牛回了家。

回家后，嫂子对他仍旧不好，曾几次要加害他，都被老牛设法相救，嫂子最后恼羞成怒，把牛郎赶出家门，牛郎只要了那头老牛相随。

牛郎在老牛的帮助下认识了和诸仙女一起下凡游戏的织女，两人互生情意，后来织女便偷偷下凡，做了牛郎的妻子。织女还把从天上带来的天蚕分给大家，并教大家养蚕、抽丝，织出又光又亮的绸缎。

牛郎和织女结婚后，男耕女织，情深义重。他们生了一男一女两个孩子，一家人生活得很幸福。但是好景不长，这事很快便让天帝知道，王母娘娘亲自下凡来，强行把织女带回天上，恩爱夫妻被拆散。

牛郎上天无路，还是老牛告诉牛郎，在它死后，可以用它的皮做成鞋，穿着就可以上天。牛郎按照老牛的话做了，穿上牛皮做的鞋，拉着自己的儿女，一起腾云驾雾上天去追织女，眼见就要追到了，不料王母娘娘拔下头上的金簪一挥，一道波涛汹涌的天河阻隔了牛郎和织女，两人只能相对哭泣。他们的忠贞爱情感动了喜鹊，千万只喜鹊飞来，搭成鹊桥，让牛郎织女走上鹊桥相会，王母娘娘对此也无奈，只好允许两人在每年七月七日于鹊桥相会。

图 5-18　织女与天兵

图 5-19　牛郎与孩子

后来，每到农历七月初七，姑娘们就会来到花前月下，抬头仰望星空，寻找银河两边的牛郎星和织女星，希望能看到牛郎织女一年一度的相会，乞求上天能让自己像织女那样心灵手巧，祈祷自己能有称心如意的美满婚姻，由此形成了七夕节。

七夕节的主要习俗就是乞巧，有穿针取巧、浮针试巧、喜蛛应巧等，尽管很多习俗已经淡化甚至消失，但后人还是年年岁岁乐此不疲地乞巧。在现代，更有聪明的商家在七夕节打出了“中国情人节”的旗号进行促销。

五、月圆仲秋　企盼团圆：中秋

中秋节是我国传统节日中仅次于春节的第二大节日，因其主要活动与月有关，也叫月节。和其他中国传统节日一样，中秋节也是慢慢发展形成的。在《周礼》中，就已经有“中秋”一词的记载。后来贵族和文人学士也仿效古代帝王祭月的礼制，在中秋时节，对着天上又亮又圆的一轮皓月，观赏祭拜，寄托情怀。这种习俗传到民间，形成了一个传统的活动。唐代，这种祭月的风俗更为人们重视，中秋节遂成为固定的节日，《唐书・太宗记》记载有“八月十五中秋节”。中秋节盛行于宋朝，至明清时，已与元旦齐名，成为我国的主要节日之一。

关于中秋节的传说是非常丰富的，主要有：

1. 嫦娥奔月

“嫦娥奔月”，最早记载见于战国末期的《归藏》：“昔嫦娥以西王母不死之药服之，遂奔月为月精。”更详细的记载是在《淮南子》。相传，远古时候天上有十日同时出现，晒得庄稼枯死，民不聊生。一个名叫后羿的英雄，登上昆仑山顶，运足神力，拉开神弓，一气射下九个太阳。立下神功的后羿因此受到百姓的尊敬和爱戴。后羿娶了个美丽善良的妻子，名叫嫦娥。人们都羡慕这对郎才女貌的恩爱夫妻。后羿传艺狩猎，不少志士慕名前来投师学艺，心术不正的蓬蒙也混了进来。后羿到昆仑山访友求道，巧遇由此经过的王母娘娘，求得一包不死药，据说服下此药，能即刻升天成仙。然而后羿舍不得撇下妻子，暂时把不死药交给嫦娥珍藏，不料被小人蓬蒙看见了，他想偷吃不死药成仙。

后来，后羿率众徒外出狩猎，心怀鬼胎的蓬蒙假装生病留下。等众人走后，蓬蒙手持宝剑闯入，威逼嫦娥交出不死药。嫦娥知道自己不是蓬蒙的对手，危急之时一口吞下不死药，身子立时向天上飞去。由于牵挂着丈夫，成仙的嫦娥便飞落到离人间最近的月亮上。

后羿得知真相后，抽剑去杀蓬蒙，然而恶人早逃走了。后羿悲痛欲绝，仰望着夜空呼唤爱妻的名字，这时他惊奇地发现，月亮格外皎洁明亮，里面有个晃动的身影酷似嫦娥。他拼命朝月亮追去，可是无论怎样也追不到。

后羿无可奈何，又思念妻子，只好派人到嫦娥喜爱的后花园里，摆上香案，放上她平时最爱吃的蜜食鲜果，遥祭在月宫里眷恋着自己的嫦娥。百姓们闻知嫦娥奔月成仙的消息后，纷纷在月下摆设香案，向善良的嫦娥祈求吉祥平安。

从此，中秋节拜月的风俗在民间传开了。

2. 吴刚伐桂

关于中秋节还有一个传说。相传月亮上广寒宫前的桂树生长繁茂，有五百多丈高，下边有一个人常在砍伐它，但是每次砍下去之后，被砍的地方又立即合拢了。几千年来，就这样随砍随合，这棵桂树永远也不能被砍倒。

据说这个砍树的人名叫吴刚，是汉朝西河人，曾跟随仙人修道，到了天界，但是他犯了错误，被天帝贬谪到月宫，日日做这种徒劳无功的苦差事，以示惩处。李白诗中就有“欲斫月中桂，持为寒者薪”的记载。毛泽东在《蝶恋花》中也有“问讯吴刚何所有，吴刚捧出桂花酒”的句子。

图 5-20 兔儿爷(月神)

中秋节的习俗很多，主要有祭月、赏月、吃月饼、玩兔儿爷等。

吃月饼相传始于元代。当时，中原广大人民不堪忍受元朝统治阶级的残酷统治，纷纷起义抗元。朱元璋联合各路反抗力量准备起义，但朝廷官兵的搜查十分严密，传递消息十分困难。军师刘伯温想出一计，命令属下把藏有“八月十五夜起义”的纸条藏入饼子里面，再派人分头传送到各地起义军中，通知他们在八月十五日晚上起义响应。到了起义的那天，各路义军一齐响应，起义军如星火燎原，很快就攻下元大都，起义成功了。当上皇帝的朱元璋高兴得传下口谕，在以后的中秋节，将当年起兵时秘密传递信息的“月饼”，作为节令糕点赏赐群臣，中秋节吃月饼的习俗便在民间流传开来。此后“月饼”的制作越发精细，品种更多，大者如圆盘，成为馈赠的佳品。

六、循规蹈矩 避凶趋吉：禁忌

禁忌，即禁止或抑制的意思。英语单词为 taboo 或 tabu，源于中太平洋波利尼西亚群岛土语。在中国“禁忌”最早可见于《汉书·艺文志·阴阳家》：“及拘者为之，则牵于禁忌，泥于小数，含人事而任鬼神。”中国民间禁忌源远流长，是经长期积淀而形成的民间普遍的文化现象，规范人们的思想道德和行为，渗透到人们的物质生活和精神生活的各个领域。常态上，禁忌是一种没有外在行为表现的心意民俗形态，也是社会心理层面上的民俗信仰。民间禁忌确有不少具有宗教信仰性、迷信性，但也有些禁忌确有其经验性、科学性和礼仪性。《礼记·典礼》载：“入竟(境)而问禁，入国而问俗，入门而问讳。”禁忌的“劝惩”的效果是其他任何伦理教化形式都无法匹敌的：代代口耳相传，由家庭而邻里，由邻里而社会，所听到的莫非“违禁”，所看到的无不是“受惩”。禁忌在劝导民众弃恶扬善、笃守伦理纲常方面发挥着特殊的作用。从古至今，在不同场合、环境下与不同层面的人打交道时，是否了解禁忌习俗，约束自己的思想行为，直接关系到交际的成败。

禁忌种类繁多，形式多样，渗透在人类生活的各个方面，如服饰禁忌、行旅禁忌、交往禁忌、言语禁忌、商业禁忌、行业禁忌、岁时禁忌、饮食禁忌、身体禁忌、婚丧禁忌、居住禁忌、性别禁忌等。这里仅对饮食、待客、生活、交往禁忌略作阐述。

1. 饮食禁忌

《礼记·礼运》说："夫礼之初，始诸饮食。"所以饮食上禁忌很多，如吃饭忌敲碗，这是对做饭人不敬的表现。灶前忌摔勺摔刀，敲锅敲碗，怕引起灶神不安。吃梨忌切分，意避分离。酒后不惹(吃)柿，意避伤胃，也有避伤和气的双关意。忌抛洒饭粒或吃完有剩饭。要给长辈盛饭端饭，让长辈先动碗筷用餐，或听到长辈说"大家一块吃吧"再动筷，不能抢在长辈的前面吃饭，这是尊敬长辈的表现。

中国饮食禁忌中最重要的是筷子的使用禁忌，有十二种之多。一忌"三长两短"，即将长短不齐的筷子放在桌子上，因为人们习惯认为"三长两短"代表"死亡"。二忌"仙人指路"，即用大拇指和中指、无名指、小指捏住筷子，而食指伸出。在北京人眼里这叫"骂大街"。三忌"品箸留声"，就是把筷子的一端含在嘴里，来回嘬，并不时发出丝丝声响，这种行为被视为是缺少家教。四忌"击盏敲盅"，用餐时用筷子敲击盘碗，这种行为被看作是乞丐要饭。五忌"执箸巡城"，手里拿着筷子，旁若无人，在桌子上的菜盘里来回移动，此种行为是典型的缺乏修养的表现。六忌"迷箸刨坟"，手里拿着筷子像盗墓刨坟一般在菜盘里不住地扒拉，这种做法属于缺乏教养的做法。七忌"泪箸遗珠"，用筷子往自己盘子里夹菜时，使菜汤流落到其他菜里或桌子上，这种做法被视为严重失礼。八忌"颠倒乾坤"，用餐时将筷子颠倒使用，正所谓饥不择食，以至于都不顾脸面了，将筷子使倒，这是绝对不可以的。九忌"定海神针"，用餐时用一只筷子去插盘子里的菜品，这被认为是对同桌用餐人员的一种羞辱。十忌"当众上香"，把一副筷子插在饭中递给对方。这被人视为大不敬，因为中国人的传统中只有为死人上香时才这样做。十一忌"摆十字"，用餐时将筷子随便交叉放在桌上。北京人认为这是对同桌其他人的全部否定。十二忌"落地惊神"，失手将筷子掉落在地上。中国人认为，祖先们全部长眠在地下，筷子落地就等于惊动了地下的祖先。这些禁忌虽然带有一些迷信的色彩，但是在培养用餐礼仪方面还是有很大功效的。

2. 生活禁忌

(1)忌目无尊长。旧时，我国的家庭都是世代生活在一起的大家庭，要使大家庭的成员能够和睦相处，就必须家有家法，族有族规，而其他人则要尊敬家长、族长以及宗族中年高望重的人，这体现在一个家庭中就是尊重父母。

一般父母健在的时候，忌子女擅管家务，即所谓的"父在堂，子不能专"，此外还有"父在子不得留名""父在没子财"等说法，这都是尊敬父母的表现。

(2)忌不敬祖先、不孝父母。我国民间普遍存在虔诚祀奉祖先神灵的习俗，没有一家敢怠慢自己的祖先神灵，否则就会被认为不孝。民间还忌不孝父母，俗语说"抬手不打无娘子，开口不骂老年人"。民间认为子女在家中辱骂老人，是对父母的不孝，自己也会折寿。孝顺父母是我国千年流传下来的美德，应该得到进一步的继承与发扬。

（3）忌家庭纷争。无论古今，人们都忌讳家庭内部发生纷争，因为“斗气不养家，养家不斗气”。一个大家庭中，如果每个家庭成员都为家庭和睦着想，那么便会“和气生财”“家运旺盛”了。如果整日你争我抢地闹意见，那么家运破败便为期不远了。这也是很多家庭都将“家和万事兴”的文字撰写在门楣上的原因。

3. 交往禁忌

中国自古就是礼仪之邦，在人与人的交际中尤其注重得体合理。交际禁忌主要有：

（1）忌不尊老敬长。在人际交往中，尊敬长辈被认为是良好的品质，所以按辈分称呼都是礼貌的举止。直到现在，子女仍然忌直呼长辈的名字，更不能叫长辈的乳名。尤其忌讳的是，晚辈的名字绝对不能与长辈的名字相同，或者有谐音字，同音字。否则，认为不尊长，是“欺祖”的行为。

（2）在性别上的交往禁忌也比较多，如“男女授受不亲”“男女有别”“男女不同席”“阿姨勿上姊夫门”等，这都是为了避免男女之间不正当关系的发生。另外，“寡妇门前是非多”也属这一类。

（3）忌与品行不佳的人交往。我国民间认为客观环境是造成祸患的一个重要因素，因而除了自身修善行好之外，还要特别注意选择所交往的人。俗语说“跟着好人学好人，跟着巫婆学下神”“近朱者赤，近墨者黑”，所以一定要与好人交往，不与坏人交往。另外，民间的“宁跟红脸人打一架，不跟黄脸人说句话”“黄眼绿睛，莫谈交情”一类的说法，虽然不一定是科学的，但反映着民间愿交好友、忌结恶人的良好愿望。

（4）忌与僧、道、尼交往。中国俗话说“前门不进尼姑，后门不进和尚”，“会交朋友，交些铁匠、木匠；不会交朋友，交些道士、和尚”。之所以这样，是因为僧、道、尼等都是特殊人群，不与他们交往既有避嫌的意思，也有担心招来祸患的含义。

（5）忌打他人脸。古话说：“人活一张脸，树活一张皮。”脸不仅是一个人的仪表，更代表着一个人的尊严。如果在和人嬉笑玩闹或发生争执时被打了脸，被打的人往往会觉得自己的尊严受到了践踏。所以，民间俗语说“骂人不揭短，打人不打脸”，即在与人交往中忌打人脸。即使对小孩，大人也不能打他们的脸，否则民俗认为孩子会被打傻。在今天看来，打孩子的脸也会伤到孩子的自尊心。

（6）忌上朔会客。我国古代民间风俗中有上朔不会客的禁忌，因为所谓的“上朔”是指传说中的凶煞神，通常认为在上朔日会客，主客之间或者客人与客人之间很可能会发生争执等。

（7）忌留宿年长之人。在我国民间俗语中有这样的说法：“七十不留宿，八十不留坐”；“七十不留饭，八十不留宿”。这些都是说，在和年长的人交往时，忌讳留其住宿，因为这些人年纪大了，随时可能有危及生命的事情发生，留宿中一旦发生意外就会造成不必要的麻烦。

（8）病人交往有禁忌。在民俗里，生病之人需要停止或尽量减少社会交往活动，这是因为在人际交往中，其他无病的人有可能对病人形成威胁，病人也可能会对其他人造成不好的影响。因此，停止或减少交往就能避免相互间造成伤害。

4. 待客禁忌

中国人是热情好客的，所以在待客方面非常讲究。主要禁忌有：

(1)忌待客冷淡和“逐客”行为。俗语说：“有理不打上门客。”所以在客人进门时，主人要主动上前打招呼，忌不言不语、不理睬客人，或者光站着说话，不让客人坐下等冷落客人的行为。客人入座后，不能擦桌子、扫地，不能只口头上说请客人喝茶，却没有实际行动，或者说了半天话后才沏茶让客，这些都是有“逐客”嫌疑的行为。

(2)宴客的席位、座次禁忌。对于尊贵的客人和关系亲密的客人，主人通常都会以酒饭相款待。在宴客过程中，也有一些禁忌需要注意。民间非常注重宴客的席位和座次。就席位而言，其方向一定要摆正，忌方向错置，因为民间有“席不正不坐”的说法。如果在南北方向的屋内宴客，桌缝应东西向摆置；如果在东西方向的屋内宴客，桌缝应南北向摆置。汉族人宴请客人要让到首席座位上。如果来客多，那么就要考虑座次的问题了。通常情况下，年长而德高、尊贵而善良者居于上位，然后依次排下，主人自谦，常坐于下位。座次很重要，座次错乱是待客中的一大禁忌。少数民族也非常在意座次，如青海省藏族、蒙古族宴饮时，俗人忌坐在僧人的上位，牧民忌坐在头人的上位，妇女忌坐在男人的上位。

(3)宴客中的菜品数目禁忌。待客用的菜肴喜用双数，而忌用单数，因为“好事成双”。另外，在不同的地方还有不同的禁忌，如河南郸城一带待客忌三盘菜、八盘菜，其缘由是“三个盘子待鳖，八个盘子待三八”。待客用的菜肴最好比较多，这能表明菜肴丰盛，待客心诚，如豫北一带就有“七个碟子八个碗”的说法。

古人对待禁忌现象的态度是极其复杂的，大致可归纳为三种。第一种是弥补型的，在不得已的情况下触犯禁忌之后，往往通过禳解和谢罪的仪式来弥补。第二种是进攻型的，是主动地用法术的仪式化凶为吉。第三种便是冀望型的，这是一种被动的期待，是三种类型的核心。它以宿命论为基础，是指人们试图通过从吉利的角度去解释来淡化、消弭禁忌本身所带有的不吉利，是自我宽慰的做法，是逢凶化吉、趋吉避凶在心理上的实现。

禁忌习俗贯穿于婚娶、生育、丧葬、堪舆、节令等一系列风俗之中，把握了禁忌习俗，对其他习俗中的许多具体内容和仪式的内在含义就可以进行很好的解释。了解禁忌风俗，也有助于我们对古代社会制度和社会发展进程的探索，有助于我们对民族文化心理的研究，对阅读和整理文化典籍也大有裨益。

七、中国传统民俗文化的现实意义

中国传统文化，是世界上唯一一个自从形成以来绵延五千年而从未发生重大断层的文化体系，是世界四大古代文明中的“一枝独秀”。但自鸦片战争到20世纪中后期，中国文化遭受了西方文化强烈的撞击与冲荡。多种文化碰撞与争斗，声势浩大的论争与批判不断，最终也没有培育出植根于中华大地的全新的文化形态，反而留下的是无尽的荒凉。东西文化的双向矛盾导致了中华文化的迷茫与彷徨，导致了当代国人信仰的缺失，文化上的无归属感。

但是，中国的传统文化绝不会沦丧，它在发展过程中吸收融合了本国民族及外来民族优秀的伦理观念和道德价值，形成了别具特色的道德习俗、审美意识、哲学理念。随着中国经济日盛，泰安日久，人们的心境归于平和，从而能更加冷静地思考。在文化氛围日趋开放和理性的今天，我们回过头去理性地分析我们的传统文化，必然有着非同寻常的意义。

中国传统民俗文化具有浓厚的人本主义色彩。尽管中国古代也存在各式各样门类繁多的宗教仪式，如祭天、拜祖等，但神学在思想信仰层面对人的控制或束缚其实是极少的。“子不语乱力怪神”，“未知事人，焉知事鬼”，中国传统民俗文化对鬼神采取的是“敬而远之”的态度；它更关注人，关心凡身肉体所构成的芸芸众生，正所谓“仁者爱人”“泛爱众而亲仁”，提倡对人的关怀是中国传统文化的一大精华。这一点，与我们当代社会提倡的以人为本和民主民本的理念是完全一致的，具有极强的时代意义。

中国传统民俗文化重视家庭伦理。中国传统节日都有贵人伦、重亲情的特点，显著体现着中华民族传统伦理和礼俗，成为维系中国社会人际关系的重要感情纽带。俗语说“每逢佳节倍思亲”，过年尤其如此。春节，合家团聚是最显著的特点，人们不管工作多么繁忙、离家多远，都会千方百计回家过年，与家人欢聚一堂，尽享天伦之乐。在除夕之夜，一个大家庭的所有成员一定要聚在一起吃年夜饭、守岁祈福。中秋节也以家庭团圆为主题，月饼象征着对团圆的向往。

重视家庭伦理还体现在对孝道的重视上。在节日相互的礼物往来中，一般是小辈送给长辈的礼品为重，是中国传统孝道、尊老爱幼道德观的体现。在中国，大部分节日都有对祖先的祭祀仪式，借此表达对先人的怀念与孝思之情，诸如清明扫墓、春节祭祖等，在这个过程中，家庭成员与周围人群进行情感交流，促进了人际关系的和谐，也体现了中国传统重感恩的道德意识。端午节又称“女儿节”，妇女回娘家，女婿看望岳父母，都体现了对长辈的关心。由于中国家国同构的特征，在重视家庭伦理的同时又表现出强烈的爱国主义色彩，如端午节中最重要的内容就是纪念屈原，彰扬他的爱国主义。中秋节、春节都蕴含着对祖国统一的期待。

中国传统民俗文化追求人与自然的和谐，“天人合一”是中国人追求的哲学意境。中国传统节日大都是先人将自然时间进程与社会活动节律有机结合的产物，在节日的选择上体现了人顺应自然的理念，让民众依照自然节奏，适应气候周期的规律来进行农业生产。同时在节日来临之际，都会通过一系列的仪式来取得与自然的沟通，寄托美好的愿望。

中国传统民俗文化的优秀品质，为世界上许多国家所称道。这不仅有助于中国树立自信，而且对世界文化的发展具有重要意义。

项目拓展

一、思维拓展

1. 中国古代许多诗歌中都涉及了节日，如杜牧的《清明》，你还知道其他的节日诗歌吗？

2. 伴随着中国传统节日，产生了中国传统节日饮食，诞生了别具特色的风味小吃。除了本讲提到的小吃、节俗食品，你还能列举出其他的吗？

二、实践拓展

请你利用手中的数码产品，记录一下身边的民俗、节日活动，制作一个直观形象的PPT或者DV小作品。

参考文献

1. (宋)孟元老:《东京梦华录》，中国商业出版社1982年版。
2. 乌丙安:《民俗学丛话》，长春出版社2014年版。
3. 乌丙安:《中国民俗学》，长春出版社2014年版。
4. 常人春、陈燕京:《老北京的年节》，中国城市出版社2000年版。
5. 丁世良、赵放:《中国地方志民俗资料汇编》，北京图书馆出版社1997年版。
6. 胡朴安:《中华全国风俗志》，河北人民出版社1986年版。
7. 胡起望、项美珍:《中国少数民族节日》，商务印书馆1996年版。
8. 齐涛:《中国民俗通志》，山东教育出版社2005年版。
9. 海上:《中国人的岁时文化》，岳麓书院2005年版。
10. 殷登国:《中国人的礼俗》，百花文艺出版社2011年版。
11. 刁统菊:《婚嫁礼俗》，中国社会出版社2008年版。
12. 万建中:《民间婚俗》，天津人民出版社2010年版。
13. 任骋:《民间禁忌》，天津人民出版社2004年版。
14. 张岂之:《中国传统文化》，高等教育出版社2005年版。
15. 李景汉:《定县社会概况调查》，中华平民教育促进会1933年版。
16. 常人春:《红白喜事——旧京婚丧礼俗》，北京燕山出版社1993年版。

第六讲

诗以言志文载道：传统文学

文以载道　以文化人

在中国文联第九次全国代表大会、中国作协第八次全国代表大会上的讲话中提出“文以载道，以文化人”，强调广大文艺工作者要增强社会责任感，用文化的力量传承民族血脉，提升文化自觉，增强文化自信，实现文化自强。“为天地立心，为生民立命，为往圣继绝学，为万世开太平”，既是我国文人优秀的历史传统，也是新时代对我国文艺工作者的要求。

项目实训

1. 全班同学分为“诗歌”“散文”“小说”“戏曲”四组。每组同学在广泛查阅资料的基础上制作课件，展示文学体裁的发展演变，并向全班同学讲解；其他组同学评价打分；老师总结提高。

2. 全班同学分为“风”“骚”两组，广泛搜集资料，制作课件，分别展示现实主义与浪漫主义诗歌的发展脉络及各自特点；小组互相评价；教师补充提高。

第一节　文以载道　经世致用：文学体裁

凡一代有一代之文学：楚之骚、汉之赋、六代之骈语、唐之诗、宋之词、元之曲，皆所谓一代之文学，而后世莫能继焉者也。

——（清）王国维《宋元戏曲史》

诗者，吟咏性情也。

——（宋）严羽《沧浪诗话》

小说家者流，盖出于稗官。街谈巷语，道听涂说者之所造也。

——（汉）班固《汉书·艺文志》

君子居其位，则思死其官；未得位，则思修其辞以明其道。

——（唐）韩愈《争臣论》

华夏文学经过数千年的演变，各种文学形式有了长足的发展。诗歌、散文、小说、戏曲，体式丰盈、作品繁多。它蕴含着人类鲜活的文化记忆和深沉的民族情愫，因此也是中国传统文化中最重要、最具活力的一部分，生动而深刻地传达出中国传统文化的核心价值——讲仁爱、重民本、守诚信、崇正义、尚和合、求大同。

一、文学体裁的发展演变

无论是东方文学还是西方文学，都起源于原始社会的歌谣和神话传说。原始歌谣诞生于先人的劳动与歌舞中。对万物有灵的信仰及对图腾的崇拜则催生了神话传说。在《山海经》《楚辞·天问》《淮南子》等作品中可以窥见我国远古神话的瑰丽。殷商敬天法祖，巫卜文化诞生。甲骨文、《周易》都是这种巫卜文化的产物。

《诗经》中的《国风》和屈原的《离骚》，是中国古代诗歌的两大典范，二者并称风骚，分别为我国现实主义与浪漫主义文学的源头。

先秦散文是我国散文的发轫，可分为历史散文和说理散文。《尚书》被认为是中国最早的史书，《春秋》是我国现存最早的编年史，二者皆为简短精要的王室记录。《左传》文质并胜，是先秦历史散文的顶峰。《国语》记言精练典雅，《战国策》铺张恣肆。历史散文的叙事传统和语言艺术直接沾溉了后世史传文学、散文和小说。春秋战国时期，政治失序、礼崩乐坏的局面引发了哲人先贤的思考。他们各持救国治世的政治主张，纷纷著书立说，形成了“百家争鸣”的局面，说理散文得到长足发展。初期，说理散文以语录体为主，有《论语》《墨子》等，后者在语录体中还夹杂有朴质的议论；而后是对话体阶段，有《孟子》《庄子》，前者由语录体发展为对话式的论辩，后者则向论点鲜明的专题论文过渡；再是专题论文阶段，有《荀子》《韩非子》。诸子散文皆思想深邃，说理形象，人格高扬，还孕育了寓言、小说等因素，特别是庄子、韩非子的“哲理寓言”为后人所熟知。

秦始皇崇尚以法治国，“焚书坑儒”成为中国思想文化史的首次大劫难，许多文化典籍被摧毁。这一时期文学上缺乏建树，仅有秦前的《吕氏春秋》、李斯的《谏逐客书》可以代表秦代文学的成就。

汉高祖吸取秦亡教训，鼓励文人议论政治。汉武帝接受了董仲舒“罢黜百家，独尊儒术”的主张。儒生指陈当今政治之失，政论文创作蔚然成风，其中又以陆贾、贾谊、晁错最具代表性。特别是贾谊的《过秦论》，可以说是汉初政论文力作。西汉统治者好大喜功，追求宏伟华丽的形式以充分彰显汉王朝的财阜物美。与这一思想相称的“赋”受到文人的喜爱与追捧，成为汉代最具标志性的文体。汉赋四大家司马相如、扬雄、班固、张衡都有名篇传世。司马相如被人尊为“赋圣”，他的《子虚赋》《上林赋》标志着汉赋的成熟。

汉乐府是继《诗经》后古代民歌的又一次大汇集，代表着汉代诗歌的最高成就。东汉末年文人五言诗成熟的标志是《古诗十九首》。

司马迁肩负史家责任，以冷峻批判的眼光审视历史，秉笔实录，褒善贬恶，创作了我国第一部纪传体通史——《史记》，记载了从传说中的黄帝到汉武帝共三千多年的历史。东汉班固将其续补完整，编成了纪西汉一代史事的《汉书》（又称《前汉书》），这是我国第一部纪传体断代史。

汉末建安年代是文人诗歌创作的一个高峰。“三曹”（曹操、曹丕、曹植）和“七子”

(孔融、陈琳、王粲、徐干、阮瑀、应玚、刘桢)叱咤文坛。建安后著名的诗人有阮籍和嵇康。阮籍隐晦曲折，嵇康则锋芒毕露。在魏晋偏爱以老庄玄理入诗的风气中，陶渊明、谢灵运独树一帜，分别开辟了田园诗、山水诗这片新天地。鲍照对七言乐府的突破，为后世李白效仿。南齐永明年间，诗歌创作注重格律和谐，“永明体”诞生，意味着格律诗的开端，代表诗人为谢朓。南方乐府民歌清丽自然，北方乐府民歌刚健质朴。

建安时文人创作的中心从辞赋转移到诗歌，但辞赋的某些特点，如语言华丽、句式骈偶、声律讲究等为散文所吸收，于是骈文出现。曹植散文的骈俪成分已经很重，鲍照、孔稚珪、潘岳、陆机、庾信等则是骈文创作的佼佼者。齐梁骈文大盛，出现了过度追求藻饰而内容空泛的倾向。在刻意追求形式美的风气之中，也有一些骈散相间、清丽流动、不求用典的山水清音，如陶弘景的《答谢中书书》、吴均的《与宋元思书》及郦道元的《水经注》等。不同流俗的是陶渊明，他的《桃花源记》《五柳先生传》，通篇为散句，明白如话，思想性和艺术性都很高。

汉末以来，战乱频仍，人们对现实社会深感厌恶与绝望，加之中国人本信神，巫风盛行，佛教传入，因此多谈鬼神怪异的志怪小说，如《搜神记》；另外还有一类是记录人物轶闻琐事的轶事小说，如《世说新语》。它们对后期戏剧及唐传奇的发展影响深远。

隋代继承了南朝浮靡华艳的文风。唐代科举取士制度激发了中下层人物参与政治及文化活动的热情，加上多民族文化融合，对外文化交流频繁，强大宽松的社会环境带来了文学创作的繁荣。唐代达到了中国古典诗歌的巅峰。在唐人不到三百年的时光中，两千多位诗人遗留下来的诗作达五万首。“初唐四杰”王勃、杨炯、卢照邻、骆宾王在诗歌题材、气象、形式上都有开拓。之后陈子昂提出变革六朝文风，复归风雅兴寄，作《感遇诗》三十八首。盛唐诗歌风格多彩，出现了以王维、孟浩然为代表的山水田园派和以高适、岑参、王昌龄为代表的边塞诗派。“诗仙”李白、“诗圣”杜甫分别是屹立于时代巅峰的浪漫主义和现实主义诗人。中唐是唐诗的第二个高峰，诞生了韩愈、孟郊、李贺、元稹、白居易、刘禹锡等诗人。白居易、元稹所倡导的诗歌革新运动——新乐府运动对现实主义诗歌创作起了极大的促进作用。张籍、王建等都是新乐府运动的参与者。李商隐、杜牧为晚唐诗人翘楚，多悼时怀古之作。晚唐后期出现了一批继承中唐新乐府精神的现实主义诗人，如皮日休、聂夷中、杜荀鹤。

唐代散文逊色于诗歌，但与前朝散文相比，也有许多革新。韩愈、柳宗元主张用先秦两汉的散文即“古文”传承儒学道统，复兴儒学，强调要文以明道。“文起八代之衰”的韩愈作《师说》《马说》等。柳宗元的《封建论》被推为“古今至文”，但他写得最出色的首推山水游记，如《小石潭记》。他还把寓言发展为独立的体裁，极力鞭挞讽刺社会病态，被称为讽刺寓言，如《黔之驴》。王勃、刘禹锡、杜牧、白居易等也有不少散文佳作。晚唐皮日休、陆龟蒙等人创作了很多讽刺现实的杂文小品。

词是一种唐代兴起的音乐性诗体，也称“诗余”。词由民间发展而来，到了五代时期，文人词创作已成规模。晚唐五代词可分为两大阵营：一是以温庭筠、韦庄为首的花间词人；二是以冯延巳和李璟、李煜父子为代表的南唐词人。

唐代城市经济与文化生活繁荣，为唐传奇的兴起奠定了基础。与六朝志怪小说相比，唐传奇更具有现实人生的情趣，才子佳人成为文人最青睐的题材，如元稹的《莺莺传》等。

宋初确立了以文治国的方针，开国皇帝赵匡胤重视儒学，提出了“不得杀士大夫及上书言事人”等扶持文人的政策；宋代还建立了完备的教育和科举制度，提振了士大夫参政议政的热情，这些都是宋代文学繁荣的主因。兴于北宋中期的理学强化了士大夫的社会责任感。诗文中议论成分增加，社会政治功能加强。梅尧臣、苏舜钦为宋诗奠基之人。欧阳修、王安石的诗对矫正宋初浮艳之风贡献巨大。苏轼乃北宋诗坛第一大家，技巧纯熟，题材丰富。黄庭坚与陈师道一起开创了宋代影响最大的“江西诗派”。南宋初期，诗人杨万里意在写景说理，范成大趣在田园。随着金兵南侵，抗敌复国成为陆游、文天祥等人的呼声。

欧阳修所领导的古文运动是唐代“韩柳”古文运动的继续，纠正了五代浮华轻靡的文风，提高了散文的审美与实用功能。唐代韩愈、柳宗元与宋代欧阳修、苏洵、苏轼、苏辙、曾巩、王安石，并称唐宋八大家。南宋散文作家多是抗金抗元的文臣武将等杰出人物，岳飞、辛弃疾、陈亮等人的散文意境、文采虽逊于北宋，但激荡洋溢的忠君爱国之情使文章崇高而悲壮。

词虽然是宋代文学的标志，但那时被认为是与治国教化无关的“末枝小道”，内容上依然多风花雪月、伤春怨别，代表作家有晏殊、欧阳修、柳永等。柳永词风格婉约，写尽世间繁华，江湖落拓，是典型的市井文学，“凡有井水饮处，即能歌柳词”①。晏殊、欧阳修、秦观、周邦彦、李清照等人的婉约词风长期支配词坛，直到苏轼的出现才真正打破了“诗庄词媚”的藩篱，开创了豪放词派，变革了词风。南宋后期，张元幹、张孝祥、岳飞、辛弃疾等人为国运呼号奔走。辛弃疾人称词中之龙，与苏轼同为豪放词派代表。随着社会偏安一隅的风气日盛，词又回到追求形式之美的旧途，代表词人为姜夔。

宋代，固定的艺术场所“瓦舍”出现。“说话”是当时最受欢迎的技艺之一，说话人使用的底本“话本”成为流行的文学读物。而宋话本中“小说”最受百姓欢迎，它打破了雅文学一统天下的格局。

古典文学以元为转折点，以诗文为代表的正统文学逐渐走向衰落，而以小说、戏曲为代表的世俗文学逐渐发展壮大。曲从某种意义上可以看作是词的替身。元曲包括杂剧和散曲。在蒙古铁骑统治下的汉文人地位低下，不得已走向市井，从而直接推动了元杂剧的发展。元曲四大家是关汉卿、王实甫、马致远、白朴。关汉卿的《窦娥冤》、马致远的《汉宫秋》、白朴的《梧桐雨》及纪君祥的《赵氏孤儿》悲剧色彩浓郁。而关汉卿的《拜月亭》、王实甫的《西厢记》、白朴的《墙头马上》及郑光祖的《倩女离魂》则以爱情为主题。当元杂剧盛行于北方，继而风靡全国的时候，南戏也在慢慢发展，最有代表性的是《荆钗记》《白兔记》《拜月记》《杀狗记》《琵琶记》。南戏和北戏的并存和消长，促成了元代戏曲的繁荣。元杂剧使我国叙事性文学第一次居于主导地位。元散曲则代表着元代

① （宋）叶梦得：《避暑录话》。

抒情性文学的发展，代表作有“曲状元”马致远的《山坡羊·潼关怀古》和《山坡羊·骊山怀古》。

明初大力提倡理学，强化了士人的价值观。但八股取士制度，抑制了士人内心情感的真实表达，再加上政治上的君主独裁和特务统治，导致了文学上的死气沉沉。明代中后期，王阳明高扬个性、肯定人欲的“心学”兴起，还有读者市民化和艺术趣味世俗化等，都影响和改变着文学的发展轨迹。

明代诗歌是在拟古与反拟古的反复中前行的，没有杰出的作品。在散文创作方面，“开国文臣之首”宋濂擅作人物传记，刘基发挥了寓言托事以讽的特点，作《郁离子》。方孝孺长于议论，文笔畅达。明中叶归有光融合“心学”的精神入散文，以情动人，恢复了唐宋古文的传统。嘉靖末年，新的资本主义经济关系孕育出个性解放的思潮，强调表现自我、张扬个性的晚明小品文涌现，其中以李贽、袁宏道、张岱、李渔的成就为高。

明代戏剧主要有杂剧和传奇两类。明杂剧由元杂剧发展而来，徐渭的《四声猿》代表了明杂剧的最高成就。传奇是宋元南戏发展到明代时的改称，它的成就高于明杂剧。明代“三大传奇”是指李开先的《宝剑记》、梁辰鱼的《浣纱记》、署名王世贞等人的《鸣凤记》。明代后期汤显祖的《临川四梦》加入了个性解放的音符。

清代文学因为历史风云巨变呈现出明显的阶段性。明清易代激化了民族矛盾，唤起了文人的民族意识与创作才情。著名的遗民诗人有顾炎武、黄宗羲、王夫之、屈大均等。由明降清的诗坛盟主钱谦益用诗歌抒发内心的苦涩。与钱谦益并称的吴伟业，其最大的贡献在七言歌行。激烈的民族斗争使得散文创作增加了更多的社会性。顾炎武、黄宗羲、王夫之的论说文都贵在经世致用。“清初古文三大家”侯方域、魏禧和汪琬的散文皆着眼于现实，追求文道合一。词在明清之际呈复兴之势。婉约词名家、云间词派盟主陈子龙揭开清词帷幕。王夫之、屈大均等以遗民词创作为主。清初词派林立，出现了以陈维崧为首的阳羡派、以朱彝尊为首的浙西词派和风格独具的纳兰性德。而戏剧作家则多借历史人物、文人逸事曲折地抒写宗社迁移带来的心灵上的震撼与悲愤，如李玉的《清忠谱》。

清定鼎中原，文人情绪由悲凉慷慨转为安于逸乐。经济恢复，社会稳定，也有助于文学创作局面的展开。清王朝为笼络汉人，承认中国传统文化尤其是儒学的正统地位。康熙极力推崇朱熹，倡导理学。但雍正、乾隆时期严酷的文字狱，又使得文人游离于现实之外。康熙时期的诗坛上，朱彝尊与王士禛并称“南朱北王”。朱彝尊前期诗壮怀激烈，后期则平和典雅。王士禛的诗作拉开了诗歌与现实，特别是与政治的距离，追求超然淡远的神韵。乾隆时沈德潜本于忠孝，转向对诗的格律、声调、美感的探讨；袁枚强调抒写真性情。清中叶影响最大的散文家是“桐城三祖”——方苞、刘大櫆和姚鼐。康熙年间浙江钱塘人洪昇的《长生殿》与山东曲阜人孔尚任的《桃花扇》莲开并蒂，为清传奇创作的最高峰，有“南洪北孔”之称。乾隆五十五年(1790)，四大徽班进京，对京腔、秦腔、昆腔等进行融合吸纳，被看作是京剧诞生的前奏，后来逐渐发展成为全国最大的剧种。

从1840年鸦片战争爆发至1919年五四运动前后的新文化运动，近代文学大幕徐徐开启。异邦入侵打破了天朝大国的美梦，各种社会矛盾激化，文学不能偏安一隅，以龚自珍、魏源为首的作家发出了变革图强、抵抗外侮的最强音。19世纪末，深受西方进化论影响的资产阶级改良派梁启超、黄遵宪掀起了文学革新运动，提出“诗界革命”“文界革命”“小说界革命”“戏剧改良”的口号，认为文学要与时俱进，担当起启蒙大众、救亡图存的历史使命。黄遵宪被树为“诗界革命”的旗帜。柳亚子、陈去病等人把戏剧作为化民新民的工具，创作了大量的历史英雄人物悲剧来激发民众的爱国激情，如歌颂民族英雄文天祥的《爱国魂传奇》。同时西方的戏剧文化也传入中国，上演了《茶花女》《汤姆叔叔的小屋》等。新剧演出活动团体也纷纷涌现。梁启超的新体散文大多与时务有关，开启一代新的文风，如《少年中国说》。

小说是百姓认识社会和娱乐生活的主要文学载体。明清实现了小说的繁荣。“小说界革命”强调小说开启民智的社会作用，使小说上升到与诗文并列的地位。同时中国开始借鉴西方小说的创作手法，丰富了作品的表现力。宋、元、明清产生长篇小说三百余部，短篇小说数以万计，其中《水浒传》《三国演义》《西游记》《红楼梦》代表着中国古典小说思想和艺术的最高成就。《金瓶梅》是世情小说的发轫。另外还有《封神演义》《东周列国志》、“三言二拍”等。明末清初、清代中叶和晚清讽刺小说滋盛，有《镜花缘》《聊斋志异》《儒林外史》等。晚清出现了“四大谴责小说”，为《官场现形记》《二十年目睹之怪现状》《老残游记》《孽海花》。

二、中国古代文体概观

中国传统文学以诗文为正宗。散文是我国较早成熟的文学体裁。在我国古代，为区别于韵文、骈文，凡不押韵、不重排偶的散体文章，包括经、传、史书在内，一律称为散文。先秦散文包括诸子散文和历史散文。西汉司马迁的《史记》把传记散文推到了前所未有的高峰。东汉以后，开始出现了书、记、碑、铭、论、序等个体单篇散文形式。唐宋出现了文学散文，产生了不少优秀的山水游记、传记、杂文、寓言等作品。清代桐城派的代表姚鼐对我国古代散文文体加以总结，将其分为十三类，包括论辩、序跋、奏议、书说、赠序、诏令、传状、碑志、杂说、箴铭、颂赞、辞赋、哀奠。

韵文与“散文”相对，泛指用韵的文体，如歌谣、辞赋、诗、词、曲以及用韵的其他文体。骈文和汉赋基本上也属于韵文范畴，但在行文体制上更类似于散文。骈文因其常用四字、六字句，故也称“四六文”。骈文讲究对仗，因句式两两相对，犹如两马并驾齐驱，故被称为骈体。骈文讲究韵律和谐，注重藻饰和用典。它起源于汉魏，全盛于南北朝，唐初依然流行。在韩柳提倡古文（先秦两汉散文）运动之后，骈文渐衰，到晚唐五代又盛行起来。欧阳修、王安石和“三苏”再次发起古文运动，打击了势头强劲的骈文。至清初骈文又呈复兴之势。

汉赋兼具散文和韵文的性质，在体式上分为骚体赋、大赋、诗体赋，其中大赋最有代表性。汉大赋以大为美。首先它体制巨大，司马相如的《上林赋》《子虚赋》、扬雄的

《羽猎赋》《长杨赋》和班固的《两都赋》都是千言以上的鸿篇巨制，张衡的《二京赋》长达七千多言。其次是气象恢弘，擅写池苑的阔大和物产的富庶，长于歌功颂德，渲染汉帝国的声威气势。汉大赋还以丽为美，不厌其烦地铺陈，穷形尽貌地描写，绚丽的辞藻造就了富丽堂皇的风格特征。汉赋是迎合统治阶级需要的庙堂文学，但也继承了《诗经》的谲谏传统，往往在结尾流露出规劝讽谏的意思。汉赋丰富了文学词汇，发展了修辞技艺，奠定了纯文学美的特质，出现了“以赋入诗”“以赋为词”的文学现象。

词在隋唐已有萌芽，五代十国后开始兴盛，至宋达到顶峰，故称宋词。唐汉族以清商乐为主的音乐与西域胡乐逐渐融合，形成了新的音乐——燕乐。唐人以诗入曲，当整齐划一的五七言诗句式与繁复多变的燕乐曲调发生矛盾时，采取加和声和衬字的办法来填补节拍，长短句因此而生，“词”基本确立。词也叫曲子词，即有歌谱的歌词，如《敦煌曲子词》。又因其能合乐，也称为乐府。《东坡乐府》实际是本词集。句子长短不齐，也叫长短句，如《稼轩长短句》。词是由诗发展而来并被认为是诗的降一格的文学式样，所以还叫“诗馀”，如清代王锡的《啸竹堂诗馀》。词的基本特点是：每首词都有词调，表示曲调名称的是词牌名，决定词内容的是题目。词人依声填词、按谱填词，词牌名称和内容可以毫不相干。词大都分两段，令曲一般只有一段，少数慢曲也有三段、四段。词韵较诗韵宽。慢词与小令是宋人常用的曲调样式。小令急快，慢词则调长拍缓。柳永是慢词圣手，代表作为《望海潮》。词也可以从字数上划分，一般分为小令、中调和长调三种。58 字以内为小令，59～90 字为中调，长调 91 字以上，但此种划分比较机械。宋词逐渐形成了两大流派：婉约派词人以柳永和李清照为代表，另外还有晏殊、晏几道、秦观、周邦彦等人，题材上以男女情事、伤春怨别为主，风格柔婉缠绵；豪放派词人以苏轼、辛弃疾为代表，另外还有陈与义、张元幹、张孝祥、陈亮、陆游等人，题材广泛，风格雄放，笔力劲健。

元曲是元代文学的主要形式。元曲按地域可分为北曲和南戏。北曲流行于北方大都一带；南戏最初流行于浙江温州一带，故又称温州杂剧或永嘉杂剧。到了明代，元杂剧演化为明杂剧，元南戏演化为明传奇。

元曲包括杂剧和散曲。元杂剧又称北杂剧、北曲。它的出现标志着戏曲艺术的成熟。元杂剧是由套数组成的曲文，夹杂以宾白、科介，以表演故事为主。在结构上，杂剧剧本一般由四折戏组成。一“折”相当于现在的一幕或一场，是故事情节发展的一个较大的自然段落。四折一般是故事的开端、发展、高潮和结局。四折之外有时还可以再加一个楔子。安排在第一折之前的，称为开场楔子，用于交代人物和故事的前因；置于各折之间的，称为过场楔子，类似于现代戏曲的过场戏。“四折一楔子”是元杂剧最常见的结构形式。杂剧角色分为旦、末、净、杂。它的舞台演出由唱、白、科三部分组成。唱是杂剧最主要的部分，元杂剧一般由一人主唱。白即宾白，是剧中人的说白。剧本还规定了主要动作、表情和舞台效果，叫作科，也叫科介。

散曲是继诗、词之后出现的新诗体，是配合当时北方流行的音乐曲调撰写的合乐歌词，只用于清唱，又称“清曲”。散曲分小令和套数两种。小令是单支曲，套数是由两支以上宫调相同的曲子连缀而成的组曲，也称散套或“大令”。小令言简意丰，套数则富赡雍容。

三、中国古典文学中的传统文化精神

先秦至晚清，我国古典文学一直为善续儒家学脉而努力。《诗经》经孔子整理删定，体现出儒家的价值取向。孔子曰："诗三百，一言以蔽之，思无邪。""思无邪"即思想纯正健康，这就确立了中国传统文学的创作标准。孔子认为诗可以"兴""观""群""怨"，强调了文学对社会的批判功能。而儒家思想中的"仁、悌、忠、孝、礼、义、廉"成为传世文学创作的主要内容。随着"罢黜百家，独尊儒术"主张的提出，"正心、修身、齐家、治国、平天下"的入世哲学成为中国作家的精神追求，儒学成为中国文学的重要原典，文学则把"文以载道"当做自己的神圣使命。

1. 深沉强烈的国家意识

国运的跌宕起伏，民族的兴衰荣辱，一直是深受儒家思想濡染的文人所思考感慨的内容，因此忧患情结构成了中国文学独特的主题。中国古代神话即体现了深重的忧患意识，诸神与英雄必须以伟大的气魄、磅礴的力量和献身的精神才能战胜严峻残酷的自然。《周易》卦多危辞，时时提醒人们要居安思危，趋吉避凶。孔子以道德品质的提高和学问的精进为忧。《孟子·告子下》则将忧患意识上升到以国家民族为重的高度，"入则无法家拂士，出则无敌国外患者，国恒亡。然后知生于忧患，而死于安乐也"，表现了源于自觉的危机感和使命感。《诗经·黍离》"知我者谓我心忧，不知我者谓我何求"，开创了中国忧患诗词的先河。屈原虽知"路漫漫其修远兮"，仍"上下而求索"，他为挽救楚国竭忠尽智，最后成为理想的殉道者。汉末乱世，曹操以平定天下、安民拯世的英雄心态，发出了"烈士暮年，壮心不已"(《龟虽寿》)的呐喊。曹植"甘心赴国忧"(《杂诗》)，李白望"奋其智能，愿为辅弼"(《代寿山答孟少府移文书》)。杜甫一生以儒学为立身之本，他的诗歌延续了儒家优良的品质：忠君、爱国、忧民。"致君尧舜上，再使风俗淳"(《奉赠韦丞丈二十二韵》)是他的最高抱负。杜牧夜闻商女"隔江犹唱后庭花"(《泊秦淮》)，亡国之恨，难以自抑。历来贬谪多幽怨，范仲淹却能"居庙堂之高，则忧其民；处江湖之远，则忧其君"。他的先忧后乐淋漓尽致地诠释了儒家以天下为己任的情怀。民族危亡之际的宋代文人更是用血泪悲歌维护了民族尊严。陆游"位卑未敢忘忧国"(《病起书怀》)；岳飞豪情满怀，"直捣黄龙府，与诸君痛饮耳"(《宋史·岳飞传》)；李清照悲歌"生当作人杰，死亦为鬼雄"(《夏日绝句》)。爱国词人辛弃疾年逾花甲，仍在京口北固亭吟诵："凭谁问，廉颇老矣，尚能饭否?"民族英雄文天祥在敌人的威逼利诱面前高吟："人生自古谁无死，留取丹心照汗青!"明代于谦"一寸丹心为报国"(《立春日感怀》)，明末遗民诗人顾炎武"老年终自望河清"(《五十初度时在昌平》)。抗英有功却被革职发往伊犁的林则徐仍以国家为念，"苟利国家生死以，岂因祸福避趋之"(《赴戍登程口占示家人》)。鸦片战争后，中国内忧外困。黄遵宪在《出军歌》《军中歌》《旋军歌》中，呼吁民众打倒列强，争取主权。生为变法而生、死为变法而死的谭嗣同留有"我自横刀向天笑，去留肝胆两昆仑"(《狱中题壁》)的千古绝唱。秋瑾、徐锡麟积极从事反清革命活动并为此献身。“粉身碎骨寻常事，但愿牺牲报国家”(秋瑾《失题》)，“只解沙场为国死，何须马革裹尸还”(徐锡麟《出塞》)是他们人生最好的注脚。天下兴亡，匹夫有责，中华民族虽历经磨难但锐气不减，很大程度上是得益于这些在中国文化中生了根的知识分子。我国文人以深沉浩大的儒家意识奏响了一首血与泪、苦难与抗争、屈辱与奋进的交响曲。

2. 博大深邃的民本思想

远古燧人氏教人熟食，有巢氏使人安居，伏羲氏教人织网捕鱼，神农舍身尝百草，女娲炼石补天，禹为民治理洪水。民本思想自古已有。《尚书》曰：“民惟邦本，本固邦宁。”《左传》中“夫民，神之主也。是以先王先成民而后致力于神”，确认天地之间人为最贵。《老子》以“圣人无常心，以百姓心为心”，教导统治者要以人民为重。《管子》将政治的兴废与民心结合，认为“政之所兴，在顺民心，政之所废，在逆民心”。《荀子》提出“君者，舟也；庶人者，水也。水则载舟，水则覆舟”的观点。孔子提出“仁者爱人”的思想，《孟子》则发展为“民为贵，社稷次之，君为轻”。重农裕民、敬天保民的民本思想经过不断充盈，成为文人士大夫的政治信条。当他们的人生理想无法实现的时候，就变声为对民生多艰的喟叹。

《诗经》中的《国风》大多来自于社会最底层人民的歌唱。《豳风·七月》发出终年劳作但衣食无着的慨叹，《王风·扬之水》戍卒念家，《王风·君子于役》思妇盼归。生民贫困、长年兵役、父母失养、兄弟分散、夫妻别离等数次在《诗经》中呈现，让我们看到了一个忧心忡忡的作者群体。屈原爱国亦忧民，他在遭人中伤、君主远离的情况下依然“长太息以掩涕兮，哀民生之多艰”(《离骚》)。王室倾颓，生灵涂炭。曹操面对饿殍满地的惨状悲吟“白骨露于野，千里无鸡鸣”(《蒿里行》)；曹植哀叹，“剧哉边海民，寄身于草墅”(《泰山梁甫行》)；王粲亦感喟，“出门无所见，白骨蔽平原”(《七哀诗》)。自建安以后，仁民爱物、恻隐之心不断地在文人创作中出现，极大地增强了作品的儒家色彩。杜甫悲天悯民，“穷年忧黎元，叹息肠内热”(《自京赴奉先县咏怀五百字》)。多年颠沛流离的生活使杜甫真切地听到百姓的啼号，深切地感受到他们的苦楚。“三吏”“三别”以前所未有的深度和广度真实地呈现了战争给百姓带来的苦难。面对摧肝裂肺、生离却似死别的人间悲剧，杜甫愤懑难平。“白水暮东流，青山犹哭声”“夜久语声绝，犹闻泣幽咽”等诗句表现了他与百姓休戚与共的深情。他还热情地讴歌赞颂人民晓畅大义、忍痛牺牲的精神，如《新婚别》中“勿为新婚念，努力事戎行”的新娘，《垂老别》中“何乡为乐土，安敢尚盘桓”的老翁等。悲哀与愤怒、同情与尊敬的交织使得杜诗呈现出强烈的人民性。尤其是“朱门酒肉臭，路有冻死骨”(《自京赴奉先县咏怀五百字》)，可谓自建安诗歌以来最振聋发聩的怒吼。较之杜甫善于塑造人物群像的特点，白居易的新乐府诗更侧重于运用多种描写方式塑造个性化、典型化的劳动人民形象。如“左手秉遗穗，右臂悬敝筐”(《观刈麦》)的拾麦妇人，“满面尘灰烟火色”“心忧炭贱愿天寒”的卖炭翁，在风雨阴寒夜“痛不眠，终不悔，且喜老身今独在”的新丰折臂翁，细致深刻的摹写使作品呈现出惊心动魄的力量。李绅“四海无闲田，农夫犹饿死”(《悯农》)的强烈对比带给人们沉重的思考。苏轼常以农夫自称，并作《吴中田妇叹》《乡村五绝》控诉对百姓的变相掠夺。王安石本着政治家的良心写了《河北民》，反映了百姓饥馑、徭役、流亡之苦。欧阳修的《食糟民》揭露了百姓只能吃酒糟充饥的不合理现实。此后宋词、元曲、明清小说这些文学样式中，也都不同程度地反映了处于社会最底层的人民的心酸、愤怒与抗争。“兴，百姓苦；亡，百姓苦”（张养浩《潼关怀古》），百姓悲剧一代代重演，无论秦汉、隋唐与明清。“心中为念农桑苦，耳里如闻疾苦声”（白居易《新制绫袄成感而有咏》）的文人士大夫心怀悲悯之情、仁爱之心，把百姓冻馁饥饿之声传与世人，上达朝廷，以资政道，裨益当世。忧民与忧国的交织渗透，成为我国古典文学的主旋律，彰显了文人士大夫的以家为国、以国为家的高尚节操。

3. 刚健有为的襟怀

夸父诞宏志，乃与日竞走；精卫衔微木，将以填沧海；大禹为治水，三过家门而不入。心怀壮丽的理想，以锲而不舍的精神去抗争和创造，这就是我们的民族精神。“天行健，君子以自强不息”（《周易》），君子自当刚健有为、不断精进。孔子重视为真理、国家、民族牺牲的“仁”，认为“志士仁人，无求生以害仁，有杀身以成仁”（《论语·卫灵公》）。孟子善养浩然正气，立志做“富贵不能淫，贫贱不能移，威武不能屈”（《孟子·滕文公下》）的大丈夫。屈原“伏清白以死直兮”“虽九死其犹未悔”，他生命的意义是为了追求高贵、纯粹的人格。中国文学史可以说因为有了《离骚》而有了灵魂。司马迁选择忍辱负重地活下来，是希望给后人留下一笔宝贵的精神财富。霍去病“匈奴未灭，何以家为”，王昌龄“黄沙百战穿金甲，不破楼兰终不还”，一寸河山一寸血，好男儿自当铁骨铮铮，纵横疆场。李白虽“欲渡黄河冰塞川”，仍坚信“长风破浪会有时”（《行路难》）。苏轼两鬓微霜，却无妨“会挽雕弓如满月，西北望，射天狼”（《江城子·密州出猎》）的踌躇壮志。李白自傲“天生我才必有用”（《将进酒》），李贺笃信“少年心事当拿云”（《致酒行》）。沉舟之畔，千帆竞发；病树前头，万木萌春——经过二十余年谪居生活的刘禹锡仍能笑看世事变迁。陆游虽“零落成泥碾作尘”，依然“香如故”；龚自珍虽以“落红”自喻，还甘愿“化作春泥更护花”。拳拳之心，赤子情怀。岳飞碧血丹心，仰天长啸，壮怀激烈；孔子曰成仁，孟子曰取义，义尽而仁至的文天祥一腔忠烈，彪炳青史！

纵观中国文学的历史长河，不管文学体裁如何演变，艺术手法如何多元，爱国、忧民如孪生般并存，密不可分。儒家“国以民为本，民以国为家”的家国同构的伦理道德意识，影响了中国封建社会政治、经济、文化的发展方向，铸造了国民思想性格，形成了国人对国家、民族深沉执著的忧患意识和悲天悯人的价值观念。文学从来都不是躲在象牙塔里的呓语，文以载道、经世致用就是文学家社会责任与人文情怀的体现。文使道彰，道使文传，文道统一，汇则兴邦。文学家应有以德润身的自觉，担当起以文化人的历史责任，创作出文以载道的佳作，实现以文聚力的目的。

项目拓展

一、思维拓展

1. 思考文学与时代的关系，有人说，进步和上升的时代，艺术家倾向于客观现实地反映生活；倒退和衰亡的时代，艺术家倾向于抒发内心的感受。你认为有道理吗？

2. 思考文学风格和作家个性的关系，从体裁、题材、审美趣味上阐述不同的个性气质产生不同的艺术风格。

3. 思考中国思想史与中国文学史的关系，看儒释道及明清启蒙思想是如何影响文学的发展演变的。

二、实践拓展

1. 请尝试从以下三个方面探讨“文以载道”思想的价值：

(1)历史价值。论述“道”要使“文”为自己服务，成为载道之器。

(2)审美价值。论述“文”不应成为“道”的附属品，应有自己的规律特点。

(3)现实意义。阅读2010年6月7日《中国文化报》的《儒家仁爱如沐春风》，了解儒家思想的现实意义。

2. 试着从诗歌、散文、小说、戏剧四大体裁中选择一种，结合具体文章谈谈“文”与“道”的完美结合。

三、学思结合

1. 观看昆曲青春版《桃花扇》电影，写一篇影评，可从主题、情节、人物形象、改编等角度进行评价。

2. 任选宋词中的一首，根据自己所学专业或爱好，将其改编为另外一种艺术形式，如音乐、舞蹈，绘画等。

3.“字字看来皆是血，十年辛苦不寻常。”批判现实主义的力作《红楼梦》饱含深切的忧患意识和人道主义精神，请谈谈宝黛爱情悲剧的深层内涵。

第二节　风骚肇始　李杜才情：诗歌

公元744年，李白与杜甫在洛阳初次相逢，两位诗坛泰斗一见如故，同醉同游，度过了一段永生难忘的时光。后杜甫来到成都，孤独中常想起与李白相处的日子，阔别十多年，故友他乡安好？而此时已仲春，蓉城景色秀美，李白若能来此同游，该是何等美事！狂放不羁的李白，在这兵荒马乱的年代又栖身于何处？想至此，杜甫挥笔写下《春日忆李白》：“白也诗无敌，飘然思不群。”诗豪相逢，电光石火，互相激发，引领唐代风骚。

辞赋文章能者稀，难中难者莫过诗。

——（唐）杜荀鹤《读诸家诗》

莫话诗中事，诗中难更无。

——（唐）卢廷让《苦吟》

陶谢文章造化侔，诗成能使鬼神愁。

——（宋）陆游《读陶渊明诗》

江山代有才人出，各领风骚数百年。

——赵翼《论诗》

唐宗宋祖，稍逊风骚。

——毛泽东《沁园春·雪》

一、风骚文脉

煌煌几千年的中国文学史，在很大程度上就是一部诗歌发展史。诗经楚辞，始肇风骚；历秦汉高古，魏晋风流，隋唐鼎盛，李杜才情，登峰造极，宋元激荡，明清扬波。华章沙数，名家星陈。“风骚”文脉，源远流长。

诗是我国最古老的文学样式之一，可以追溯到文字产生之前的原始歌谣，是伴随着先人的生产劳动、宗教祭祀、婚丧风俗等发展起来的。甲骨卜辞和《周易》卦爻辞中的韵语，是有文字记载的古代诗歌的萌芽。

《诗经》先秦时称《诗》或《诗三百》。汉代儒家学者尊其为经典，称《诗经》。它是我国第一部诗歌总集，收录了自西周初年至春秋中叶的诗歌共305篇。《诗经》按音乐的不同可分为《风》《雅》《颂》三部分。《风》是采自15国的土风歌谣，共160篇，对当时社会的剥削、徭役、反抗、战争、婚姻等予以摹写。《雅》分“大雅”和“小雅”，共105篇，是宫廷宴享或朝会时所用，几乎全是贵族作品。《颂》40篇，是宗庙祭祀用的舞曲歌辞，内容多是歌颂统治者的文治武功和美德善行。其中《国风》集《诗经》之精华，多方面展示了社会风貌，因此成为我国现实主义文学创作传统的代称。《诗经》句式以四言二拍为主，节奏整齐。结构上多用重章叠句的形式，一唱三叹。它的隔句押韵且韵脚押在偶句上的押韵方式，为我国后世诗歌所沿用。《诗经》已经熟练驾驭赋、比、兴的艺术表现手法。赋即铺陈直叙，如《豳风·七月》描写了四季更迭中农人整年的劳动。比就是打比方，如《魏风·硕鼠》中把剥削者喻为硕鼠。兴乃托物起兴，常用于诗歌开头，起到联想、托寓、象征、烘托等作用，如《周南·关雎》以雎鸠的雌雄唱和来比喻男女好合。赋、比、兴也成为我国古代诗歌创作的基本手法。

战国后期，在南方楚地，涌现了一批书楚语、作楚声、记楚地、名楚物的诗歌作品，汉人始称之为“楚辞”。楚辞的主要作者是以《离骚》名世的屈原，另外还有宋玉、唐勒、景差等。与《诗经》偏于写实的风格不同，楚辞善于融合想象、夸张和神话传说，编织成超现实的境界，成为我国浪漫主义文学的源头。楚辞继承并发展了《诗经》的比兴手法，具有象征的意味。王逸在《楚辞章句·离骚经序》中论述楚辞：“善鸟、香草以配忠贞；恶禽、臭物以比谗佞；灵修、美人以媲于君；宓妃、佚女以譬贤臣；虬龙、鸾凤以托君子；飘风、云霓以为小人……”这些比喻艺术化地折射了现实社会中善与恶、美与丑、光明与黑暗的对立冲突，扩展了文章内涵，丰富了表现力。尤其是香草美人的意象经常为后世所承袭，以抒发不同流俗或怀才不遇的情怀。楚辞繁辞华句，善于描写，长于铺陈，雍容典雅，对汉赋的形成有很大的影响。它打破了《诗经》以四言为主的形式，五、六、七言皆有，句式参差，富有节奏。屈原也是我国第一个高举爱国旗帜的伟大诗人。

“乐府”原是汉代掌管音乐的官署，后来把由乐府机构采来的诗也称为“乐府”。汉乐府的精华在于民歌。它秉承“感于哀乐，缘事而发”(《汉书・艺文志》)的现实主义精神，深入地反映了下层民众的日常生活状况，展示出一个微缩的汉代。它还善于截取生活片段加以描述，注重人物心理和性格的挖掘塑造，画面具体可感，情节简洁生动，奠定了我国叙事诗的基础。被誉为“古今第一首长诗”的《孔雀东南飞》是我国古代最早的长篇叙事诗。汉乐府有五言、七言和杂言，这是后世五、七言诗的先声。高度的思想性及艺术性使汉乐府民歌成为我国现实主义诗歌的第二座里程碑。“三曹”父子、鲍照、李白、杜甫、白居易等都有不少拟乐府的作品。收录乐府诗最完备的是宋代郭茂倩的《乐府诗集》。

汉代成熟的五言诗形式大大促进了文人诗歌的创作。《古诗十九首》多是汉末不得志文人的失意歌唱，是他们对人生无常的表达，虽格调低沉，但善于体察内心，表现了诗人生命意识的觉醒，不愧为“五言之冠冕”(《文心雕龙》)。它的成就意味着诗歌创作由民间文学到文人创作的过渡，代表作为《迢迢牵牛星》。

汉末建安是现实主义与浪漫主义诗歌俱放异彩的时期。对时代乱离的反映使得诗歌富有现实意味，高扬的志气与残酷现实的矛盾又使个人情志的抒发呈现出慷慨悲凉之美，文学史上谓之“建安风骨”。建安文学的勃兴与曹操的倡导密切相关。用乐府旧题写时事即始于曹操，其诗《薤露行》描写了国家丧乱、百姓遭殃的史实，并被明代钟惺的《古诗归》赞为“汉末实录，真诗史也”。曹丕把诗歌由对现实的临摹发展为对内心的探寻。《燕歌行》是我国现存第一首成熟的七言诗，展示了思妇怀人的拳拳心曲。他的笔触还涉及军旅、思妇、游子、宴游等社会生活，丰富了建安诗歌的题材。曹植前期诗歌如《白马篇》尚在歌唱理想和抱负，后期如《美女篇》则着重表现理想与现实的矛盾，同时还借游仙诗来寄托理想。曹植完成了乐府诗由叙事向抒情的转化。王粲、阮瑀等“建安七子”的诗都反映了大动乱、大分裂所造成的人间悲剧。蔡琰的《悲愤诗》是我国第一首自传体五言长篇叙事诗。建安诗人对黑暗现实予以鞭笞，对建功立业热烈追求，对自我价值进行探寻，将写实、言志与抒情完美结合，掀起了我国诗歌史上第一次文人创作的高潮。

建安之后，司马集团大肆杀戮异己，政治气氛恐怖。阮籍的《咏怀诗》八十二首开创了我国政治抒情组诗的先河，曲折地表达了政治重压下的苦闷与抗议。嵇康因拒与司马集团合作惨遭杀害，其绝命诗《忧愤诗》词锋犀利。西晋左思曾以《三都赋》造成“洛阳纸贵”，其《咏史》诗八首笔调劲挺矫健，被钟嵘《诗品》誉为“左思风力”。他还开创了借咏史以抒怀的新路。西晋末年，以阐释老庄和佛教哲理为主要内容的玄言诗兴起，但多枯淡寡味，缺少意趣。辞官归隐的陶渊明以他的田园诗为中国诗歌开辟了新的题材。

南北朝长期对峙的局面造成南北民歌的差异较大。南方物产丰饶，形成以清丽缠绵为主的艺术趣味，《西州曲》代表着南朝民歌的最高成就。北朝民歌侧重描写北地苦寒及战争灾难，语言质朴，风格豪放，著名的有《敕勒歌》《木兰诗》等。南朝诗人谢灵运大力创作山水诗。鲍照《拟行路难》十八首传达出寒门子弟的强烈呼声，他还完成了对七言歌行的初步定型。齐永明年间，总结规定了一套五言诗创作的声律韵调，诗人依声律而作，称“永明体”，这标志着我国诗歌在追求艺术美进程中的进步，为律诗的出现奠定了基础。谢朓借山水景物来抒发情感，是对谢灵运山水诗的发展。齐梁形成了以皇室成员为中心的文学集团，诗歌拘于宫廷生活及男女私情，形式上追求辞藻靡丽，时称“宫体诗”。南北政治对峙造成了南方文学成就高于北方。由南入北的文士庾信的诗作汲取了齐梁文学声律之美，又融入了北方文风的遒劲有力，对南北文风的融合作出了贡献。

唐朝经济繁荣，政治稳定，促进了唐代诗歌的繁荣。“初唐四杰”王勃、杨炯、卢照邻、骆宾王拓宽了诗歌的表现领域，诗从宫廷走向市井，从台阁走向关山塞漠，增强了诗歌充沛刚健的力量。王、杨专工五律，卢、骆擅长七言歌行。陈子昂标举“风雅兴寄”和“汉魏风骨”，要求诗歌有深刻的现实意义和丰盈的感情，现实主义诗歌创作又见起色，代表作为《登幽州台歌》。一首《春江花月夜》使张若虚为世人皆知，“年年岁岁花相似，岁岁年年人不同”的慨叹使刘希夷的《代悲白头翁》成为传世名篇。

开元、天宝时期唐诗发展到了高峰。以诗赋取士的科举制度有助于知识分子登上文坛和政治舞台，多彩的社会生活带来诗歌表现内容的丰富。王维的山水田园诗，诗中有画，画中有诗，富有禅意的悠远与宁静，代表作有《山居秋暝》《竹里馆》等。隐逸诗人孟浩然擅写自然山水，代表作有《过故人庄》《宿建德江》等。常建与王维风格相近，作《题破山寺后禅院》。以王昌龄、高适、岑参为首的边塞诗派侧重表现边塞风景的奇异、战争的悲壮、将士的艰辛、征夫思妇的幽怨等。王昌龄留有《出塞》《从军行》，高适留有《燕歌行》《别董大》，岑参留有《白雪歌送武判官归京》《走马川行奉送封大夫出师西征》，王之涣留有《凉州词》等。清溪澄月与大漠雄风共同构成了唐诗的万千气象。

李白的横空出世将盛唐的魅力展现无遗。李白是继屈原之后最伟大的浪漫主义诗人，是盛唐文化孕育出来的天才诗人。李白诗歌想象丰富，夸张奇特，意象壮美，结构跳跃，豪放飘逸。他多种诗体皆长：其乐府诗大量沿用乐府古题，如《将进酒》；其歌行体全面展示了诗人奔放的个性和燃烧的激情，如《梦游天姥吟留别》；其五绝、七绝语言明快、内蕴丰富，如《静夜思》。千余年中，韩愈、李贺、苏轼、陆游、辛弃疾、龚自珍等诗人自觉从中汲取营养。

安史之乱导致了唐代诗风嬗变，杜甫是这一转变的旗手。现存杜诗一千四百多首，全面深刻地反映了唐由盛转衰的历史，因此杜甫被后人誉为“诗史”。杜甫早期作品如《望岳》也曾充盈着盛唐的昂扬气息，后期则因写当权者腐朽淫糜、叛军残暴、山河残破和百姓困顿呈现出沉郁顿挫的特点。杜甫擅长以鲜活的叙事、生动的描写、栩栩如生的人物群像塑造艺术地再现历史风云，并在叙事中融入对时事的感慨，增强了诗的抒情性和议论性。其代表作有《兵车行》《丽人行》和“三吏”“三别”等。杜甫还是七律圣手，他的律诗囊括现实生活的各类题材，拓展了诗体的容量，代表作有《秋兴八首》。他最为后人景仰的是仁民爱物、忧国忧民的崇高情怀。深刻的思想内容和臻于完美的艺术风格给杜甫赢得了“诗圣”的美誉。

安史之乱后，韦应物、刘长卿的诗由刚劲昂扬转向幽独淡远。韩愈、孟郊、朱仝等“韩孟诗派”诗人均以奇崛险怪为美。“诗鬼”李贺诗用语奇特，想象奇诡，有《苏小小墓》等作品。屡遭贬谪的刘禹锡依然风情俊爽，但境遇相同的柳宗元却显得内敛沉重。

以白居易、元稹为首的元白诗派重写实，尚通俗。他们共同倡导的新乐府运动，继承了汉乐府的现实主义精神，主张用新题写时事。白居易是继杜甫之后杰出的现实主义诗人，侧重劝谕，因此更有批判性。其代表作有《秦中吟》十首、《新乐府》五十首等。元稹、李绅、张籍及晚唐皮日休、聂夷中和杜荀鹤也深受其影响。李商隐、杜牧并称“小李杜”，是晚唐诗人的翘楚。杜牧的咏史怀古诗极为出色，如《过华清宫绝句》《赤壁》。李商隐也作社会政治诗和咏史怀古诗，但他的无题爱情诗更有影响。晚唐时局如西风落照，文人士子暂时抛开了兼济天下的豪情壮志，在温柔乡里寻找慰藉，于是艳情绮思的主题，在词这一新的艺术形式中表现得较充分。词是配乐歌唱的新体诗。晚唐温庭筠是文学史上第一个大力填词的作家，因内容多写闺情，浓艳精致，开了“词为艳科”的先河。韦庄词除男女柔情外，还涉及记游、送别、咏史等，题材较广。五代文学的主要成就在于词。南唐后主李煜代表了晚唐五代词的最高成就，早期词写尽宫廷繁华、人间欢爱，后期多写亡国之恨。

北宋梅尧臣、苏舜钦并称“苏梅”，主张发挥诗歌干预生活、批判现实的作用。欧阳修的诗倾向于散文化、议论化，有较强的现实性和思想性，如《食糟民》《边户》。同时北宋诗文革新运动也强化了诗歌为现实政治服务的意味。唐诗为宋诗的发展提供了题材与技巧上的借鉴。在描绘山川风光、反映劳动生活、抒写离情、揭露矛盾、反抗压迫、抒发感情等方面，宋诗与唐诗一脉相承又有所拓展。王安石的诗歌，除了关注社会政治外，还长于对日常家居的描写，开拓了诗的题材和表现范围。苏轼诗歌成就最大，其内容涉及饮食赏玩、亲情友情、民俗民风等，显示出宋诗审美情趣世俗化的倾向。北宋末南宋初，以黄庭坚、陈师道为代表的江西诗派创作上推重学识技法，求新求变，重要作家的诗作风格迥异，成为宋代最有影响的诗歌流派。

南宋中期，宋诗又一次出现繁荣局面，“中兴四大家”杨万里、陆游、范成大、尤袤跳出江西诗派藩篱。杨万里的诗师法自然，意象谐趣，语言浅近，自成一体——诚斋体；范成大的诗语言清新，风格温婉，其田园诗真切地反映了农村生活。陆游是古代诗人中留下作品最多的一位。《剑南诗稿》收录的诗有九千余首，其中渴望抗战的诗最引人注目。宋元鼎革，爱国主义主题发展到一个新的高度。《指南录》和《指南后录》记录了文天祥的民族气节，一片丹心，永垂青史。

元明清诗歌成就虽难以企及唐宋，但诗作数量远远超过唐宋，说明诗歌这一体裁顽强地占据着文学的尊贵地位。

元代的民族高压政策使汉族文人趋于沉寂。金元之际的元好问是当时北方文学的主要代表。他的“丧乱诗”反映了社会动乱和黎民苦难，沉郁悲凉，直追杜甫。另外还有王冕、杨维祯、耶律楚材等，为元代诗歌作出了贡献。

明初诗歌当推杨基、高启、袁凯，其中高启成就最高。明中叶，反复歌咏太平盛世的文学在尖锐的阶级矛盾面前显得苍白无力。明“前、后七子”于是提出“诗必盛唐”的复古口号，他们以汉魏盛唐诗为最高典范，试图引领诗歌由歌功颂德走近现实人生，起到了探索文学新走向的作用。晚明以袁宏道为中心的“公安派”，主张独抒性灵。明后期的复社、几社成员，评论时政，臧否人物，缩短了诗歌与现实斗争的距离。

清代诗歌虽不及唐宋，但成就远在元明之上。清初以哀悼故国、力主抗清、讴歌忠烈的遗民诗作为主，遗民诗人有顾炎武、黄宗羲、王夫之等人。曾经降清失节的钱谦益和吴伟业为文坛领袖。吴伟业的《圆圆曲》将古代叙事诗推向了新高度。袁枚等人强调诗歌要写真性情，王士禛崇尚清远淡逸的神韵，他们共同推进了浪漫主义诗歌的创作。龚自珍对腐朽末世的批判及对改革风雷的呼唤，使作品充满积极浪漫主义色彩，如《己亥杂诗》。魏源、林则徐、张维屏、张际亮等人以强烈的反帝情绪，突出反映了鸦片战争这一重大历史事件。戊戌变法失败后的梁启超认为开启民智、培育民德、提振民气应成为文学应有之义，提出“诗界革命”的口号，定了晚清启蒙主义的基调。诗界革命的旗帜黄遵宪在诗的题材、风格、语汇、意境上与时为变。他以诗纪史，记述了近代中外战争、太平天国起义和义和团等时事，还记载了世界各地的风土人情，语言趋向自由与通俗，是“五四新诗”的雏形，也是旧体诗向新体诗的过渡。秋瑾、南社诗人柳亚子等人充满革命豪情，近代浪漫主义诗歌发展到高潮。中国古典诗歌在历经革故鼎新后达到了新的高度。

二、含英咀华论诗歌

1. 诗歌的分类

古典诗歌按格律可分为古体诗(或“古风”)和近体诗(也称今体诗或格律诗)。唐人把当时新出现的格律诗称为近体诗。唐以前和唐以后不合近体格律的诗则被称为古体诗。古体诗的字数有四言、五言、七言、杂言等，不讲究对仗，押韵较自由。近体诗又分绝句和律诗。绝句每首四句，又含五绝、七绝。律诗一般每首八句，有五律、七律；超过八句的则叫“排律”“长律”。律诗格律极严，篇有定句(除排律外)，句有定字，韵有定位(押韵位置固定)，字有定声(诗中各字的平仄声调固定)，联有定对(中间两联必须对仗)。

诗歌从表现内容上大致可以分为写景抒情诗、即事感怀诗、咏物言志诗、咏史怀古诗和边塞征战诗等。

2. 诗歌的鉴赏

(1)再现形象法：反复吟诵、涵咏语言、借助想象、联觉通感、分析意象。

吟诵是古人学习诗歌的重要门径。孔丘、墨翟昼日讽诵，韩愈口不绝吟，白居易苦读以至口舌成疮。反复吟诵可以领悟诗歌的语言、结构之妙，体悟诗人情志，同时调动多种感官，激发审美期待。吟诵应注意把握诗歌的平仄规律、长短间歇、停顿轻重、快慢张弛等。

诗歌的语言高度凝练。为了“平字见奇，常字见险，陈字见新，朴字见色”（沈德潜《说诗晬语》），杜甫曾“为人性僻耽佳句，语不惊人死不休”；卢廷让“吟安一个字，捻断数茎须”。一字可以兴文，重在以意取胜。贾岛月下苦吟，终得推敲之妙；王安石瓜州泊船，明了“绿”字之趣。炼得好字，文章游龙飞动；赏得好字，曲尽其妙。

诗善于留白，犹抱琵琶半遮面，给读者留下更多的余地。这就需要读者借助想象进入诗所营造的意境。清代画家郑板桥题画竹：“其实胸中之竹，并不是眼中之竹也。因而磨墨展纸，落笔倏作变相，手中之竹又不是胸中之竹也。”此画竹经验也是对诗歌创作过程的描述。“眼中之竹”乃“物象”，“胸中之竹”乃“意象”，“手中之竹”则是形成意境、构成作品的过程。意象是熔铸了作者主观感情的形象，是诗歌的灵魂。古人常常用某些意象来表达感情，构成了其内涵的固化。寒蝉感身世，诉悲凉；鹧鸪痛别离，苦远游；秋雁羁旅，游子思乡；杜鹃啼血，不如归去；黄莺啼春，高猿啸哀；折柳相赠，惜别怀远；梅花耐寒，不谐流俗；菊花傲霜，气质清高；秋雨梧桐，离情正苦；芳草喻离恨，明月寄相思；长亭外，古道边，南浦岸，多少离人相看泪眼；爱上层楼，倚栏杆处，正恁凝愁！同一意象在不同诗歌中，也会有多种内涵。晋陶渊明独爱菊，因其不与群芳争艳，白居易则有“耐寒唯有东篱菊”的赞语。

意象是构成意境的材料，意境则是意象组合之后的升华。王昌龄在《诗格》中说道：“诗有三境：一曰物境，二曰情境，三曰意境。”物境求形似，情境求传情，意境求诗味。意境是作者的主观情思与客观物境的契合交融，是物与神游，心与物会，思与境谐。“明月松间照，清泉石上流”，月色澄澈，心境淡泊；“共看明月应垂泪，一夜乡心五处同”，弟兄羁旅，寥落凄清。诗以境界为上，有境界自成高格。

（2）体会情感法：知人论世、物象言志、辨明寄托、通感共鸣。

诗乃言志抒怀之作，怎么才能了解作者真正的心声？孟子认为要“知人论世”，只有了解作者的生平遭际、思想信仰、文学主张、写作风格及时代背景，才能与古人精神相通。

诗是诗人之志的外化，诗人善借有形寓无形，借有限表无限，借刹那见永恒。意象是有限的，意境是无限的，而理趣是幽深的。景象汇境，借景传情，如“孤帆远影碧空尽，唯见长江天际流”；物象咏志，咏物寄情，如“粉骨碎身浑不怕，要留清白在人间”；事象寓兴，即事感怀，如“东风不与周郎便，铜雀春深锁二乔”。破解“象”之后的“意”，辨明寄托，体察寓意，领会诗歌真谛。

关于诗歌常用修辞格及表现手法，鉴于篇幅所限，不再赘述。

三、诗歌与社会的对话

1．诗歌对社会政治的“美刺”“讽谏”

诗歌对现实既有形象呈现，又有批判提升的责任。孔子的“兴观群怨”说高度概括了诗歌的社会政治功能和教化民风的作用。通过诗可以观风俗，知得失，也可以讽刺政治，批评社会。

《诗经》中讽刺时政的诗主要集中在大雅、小雅和国风中，这也是《诗经》现实主义精神最好的体现。公卿贵族面对日趋没落的现实，以强烈的社会责任感指责为政之失。小雅中的《十月之交》《雨无正》指刺幽王的昏聩，大雅中的《民劳》劝告厉王体恤民力。平民百姓也勇敢地在国风诗中抗议剥削，如《魏风·伐檀》《魏风·硕鼠》。《毛诗序》论《诗经》说：“上以风化下，下以讽刺上，主文谲谏。”强调了诗歌对社会政治的“美刺”“讽谏”作用。自《诗经》始，讽喻社会、大胆谏言成为诗歌创作的重大主题。屈原政治抒情诗《离骚》继承了《诗经》的怨刺精神，他历数商纣等昏君荒淫亡国的教训，劝谕楚王追先王之迹，以史为鉴，施行美政，并不惜以死相谏。其铁骨铮铮，日月可鉴。

两汉乐府的采集者把目光聚焦在老妪孤儿、流民饥夫、征夫思妇等社会底层百姓上，以尖锐的笔法描写了他们的生活窘况，揭露统治阶级无尽的盘剥，希望统治者听到百姓吟哦不平之声。《妇病行》《十五从军征》《战城南》等控诉社会，指斥兵役，诅咒战争。东汉末年，曹操的《蒿里行》、陈琳的乐府诗《饮马长城窟行》和阮瑀的《驾出北郭门行》等，都是反映社会离乱的杰作。

李白虽为浪漫主义诗人，但绝非消隐遁世。他在《乌栖曲》等诗中大胆批评了当朝皇帝唐玄宗倦于朝政、不用贤人、迷信道教的荒淫行为。杜甫以谏君致君为人生追求。《自京赴奉先县咏怀五百字》在“朱门酒肉臭，路有冻死骨”的巨大反差中，传达出对玄宗耽于享乐的不满；《洗兵马》警告肃宗居安思危；《忆昔二首》严厉指责肃宗的荒唐，希望代宗不要重蹈覆辙。他的反开边、促睦邻、抑藩镇、反战争、兴农桑、尚俭德、开谏路、安黎民等思想都在诗中有所体现。“安史之乱”后，白居易、元稹所倡导的新乐府运动，是对美刺现实传统的再次发扬。元白二人响亮地提出了“文章合为时而著，歌诗合为事而作”①的口号，认为诗歌要承担起“补察时政，泄导人情”的政治使命，以便达到“救济人病，裨补时阙”的政治目的。白居易宣扬他的诗是“为君、为臣、为民、为物、为事而作，不为文而作也”②，《秦中吟》《新乐府》集中体现了这类诗的思想价值。这种诗歌为现实服务的理论对促使诗人正视现实、关心民生具有积极的意义。

当唐朝日渐衰落，诗人又借亡国乱政的皇帝以古讽今，如杜牧的《隋宫春》《隋苑》，李商隐的《南朝》《北齐》等。杜牧的《过华清宫绝句》对唐玄宗为博妃子一笑而劳民伤财的行为给予了极大讽刺。李商隐的《行次西郊作一百韵》描述了藩镇叛乱、宦官乱政、

---

① 白居易：《与元九书》。
② 白居易：《新乐府序》。

官府盘剥、人民被迫为盗的社会危机。晚唐诗人在历史与现实惊人的相似中总结出成败兴衰的经验教训，以史论政，希望带给统治者更多的思索。

宋代的文学家普遍具有社会责任意识，反映现实、干预政治是宋代诗歌的重要主题。梅尧臣主张诗要下情上达，美刺时政，其代表作为《陶者》。苏轼说“托事以讽，庶几补于国”，“而今风物那堪画，县吏催钱夜打门”①就严厉谴责了官吏对人民敲诈勒索，借新法肥己的罪恶。王安石坚持“文者，务为有补于世而已矣”。《郊行》对“勤苦尚凶饥”的百姓予以同情，暗示苛税猛于虎。苏舜钦的《庆州败》嘲笑边塞将帅丧师辱国。欧阳修的《食糟民》揭露种田人反而只能食糟的惨状，王令的寓言诗《梦蝗》刻画出人食人的社会本质，南宋诗人陈与义的《伤春》讽刺皇帝逃跑误国。

“国家不幸诗家幸，赋到沧桑句便工”②，国家飘摇不定，百姓哀鸿遍野，时代剧变激起儒家士子匡扶国家、救济人民的意志。他们以批评家的眼光审视世界，以智者的视角反思日益衰落的国运，以仁者的心态体恤人民的深重苦难，以勇士的姿态呐喊出时代的最强音。

2. 诗歌对社会生活的审美超越

仁者乐山，智者乐水。春日寻芳秋赏月，冬看飞雪夏观荷。诗人徜徉山水之间，情景互生，物我难辨，与自然相融，达成“天人合一”的境界，完成心灵的澄澈与人格的净化。

远古人对自然的感激与敬畏可以视为“天人合一”观念的源头。春秋战国时期，儒家和道家分别对“天人合一”进行了阐发。在儒家看来，“道未始有天人之别，但在天则为天道，在地则为地道，在人则为人道”③。人道与自然之道是相通的。孟子所说的“尽其心者，知其性也，知其性，则知天矣”，以人心体天心，以人道体天道，从而以人合天，天道与人德合而为一。《周易·文言传》说“夫大人者，与天地合其德”，儒家把天人合一视为一种道德境界，并在现实生活中成就有道德的人生。这种思想，反映在文学创作上，必然带有更多的道德与理性的色彩。孔子曰：“知者乐水，仁者乐山。知者动，仁者静。知者乐，仁者寿。”④孔子游山，他感受到的是山的宽容仁厚，正直刚劲，不忧不惧；孔子观水，感受到是水的柔弱坚韧，随遇而安，处变不惊。

深受儒家思想浸染的士人常常将自己的品德移于大自然，借助自然景物的生命状态投射心灵品格，将自然山水人格化、道德化，在描山摹水的过程中体验到人生的智慧和处世从政的技巧。杜甫有三首《望岳》，他将自然山水作为自我精神的象征，赋予其崇高昂扬、坚忍不言或遁世无门的内涵。自然山水成为诗人人格精神的外化，带有鲜明的个人审美风格。刘熙载的《诗概》有“诗品出于人品”之说，沈德潜写道：“有第一等襟抱，第一等学识，斯有第一等真诗。”⑤诗品与人品的统一，可以说是我国古典诗歌独具

① 苏轼：《陈季常所蓄朱陈村嫁娶图》。
② 赵翼：《题遗山诗》。
③ 程明道：《语录》。
④ 《论语·雍也》。
⑤ 沈德潜：《说诗晬语》。

的民族文化性格的表现。以儒家思想为精神支柱，诗人将慈悲怜悯之心展衍至万物生灵，以醇厚丰盈的恻隐仁爱之情写春秋之代序，赞天地之化育，营造出深含伦理道德意味的山水意境，从而将山水由无我之境转化为有我之境。

与儒家不同，道家的“天人合一”实质上是天人合“艺”，更具有一种艺术的精神境界。老子认为人与天地万物同为“道”所生，“人法地、地法天、天法道、道法自然”①，道是自然存在的。庄子则发展出“天地与我并生，而万物与我为一”②的观念。可见道家追求的是天人和谐。自然是人们安放生命、安顿心灵的所在。人处其中，物我两忘，身心皆空。诗人逐渐消融于大自然之中，与自然灵魂合为一体，达到一种理想的境界。

魏晋时期，一些名士在正统的儒家信仰发生严重危机后，对宇宙、社会、人生进行哲学反思，重新寻找灵魂栖居的家园，于是避世而居、恬淡宁静的老庄哲学大行其道。当他们摆脱了世俗礼法的约束，得到精神的自主和自由后，其诗歌就呈现出超然尘世、自乐逍遥的风格。诗人漫步山水之间，体悟山水真趣，并与其相契相合。“山林与，皋壤与，使我欣欣然而乐与”③。王羲之置身茂林修竹，于清流激湍之岸，仰观宇宙，俯视曲水，一场山水盛宴成就了著名的《兰亭集序》。陶渊明种豆南山，采菊东篱，临溪赋诗，淡泊超拔，山水的情味韵致就在那“此中有真意，欲辨已忘言”之间。

徐增《而庵诗话》中说道：“无事在身，并无事在心，水边林下，悠然忘我，诗从此境界中流出，那得不佳。”天人合一思想投射到诗歌创作中，孵化出诗歌的无我之境。王维儒释道三修，是唐代山水诗的集大成者。其山水诗典型地体现了禅宗所追求的虚无寂灭的境界和老庄道家纵情自然的精神观念。他的《辛夷坞》：“木末芙蓉花，山中发红萼。涧户寂无人，纷纷开且落。”深山幽谷的辛夷花自开自落，随缘应运，诗人观花悟道，物我神会。王维月下独坐，弹琴长啸，看松间明月，晚归浣女，静观万象，用诗心慧眼体察万物，感受宇宙的生命精神，物我同游，让心灵自此逍遥无忧。

儒道互补、天人合一的思想为中国古典诗歌增添了潇洒和深刻。

3. 诗歌是文化审美之根

朱自清先生说：“诗原是乐语，古代的诗和乐是分不开的，那时诗的生命在唱。”《吕氏春秋·古乐》云：“昔葛天氏之乐，三人操牛尾，投足以歌八阙：一曰载民，二曰玄鸟，三曰遂草木，四曰奋五谷，五曰敬天常，六曰建帝功，七曰依地德，八曰总禽兽之极。”葛天氏之乐是我国现在所知最早的古乐。由此可见，在我们的文学源头，诗歌和音乐、舞蹈已经联系在一起了。

《诗经》被公认为是一部配乐演唱的乐歌。《史记·孔子世家》曰：“三百五篇，孔子皆弦歌之，以求合韶武雅颂之音”，而风、雅、颂本身就是按音乐划分的，《诗经》合乐可歌。《毛诗序》曰：“诗者，志之所之也。在心为志，发言为诗，情动于中而形于言，言之不足，故嗟叹之，嗟叹之不足，故咏歌之，咏歌之不足，不知手之舞之，足之蹈之

---

① 《道德经》。

② 《庄子·齐物论》。

③ 《庄子·知北游》。

也。”诗借助于乐，乐借助于舞，三者互补互善，共同实现诗教、乐教的目的。诵诗、歌诗、舞诗成为当时的社会风尚。楚辞中的《九歌》本是楚国的祭祀歌曲，《招魂》由招魂者用歌唱的方式将一个人的魂招回，它们也是与音乐、舞蹈密切相关。

汉乐府的重要职能是采集民间歌谣，汉乐府诗都是入乐而歌的歌词。它采诗入乐，依调作歌，按曲式致辞，常有重声不重辞的现象。与此同时，文人开始创作独立于音乐之外的诗歌。《古诗十九首》即不入乐的诵诗，它脱离了诗歌长期以来对乐、舞的依附，成为一门独立的艺术形式。

唐宋时期，诗歌和音乐又一次联姻。唐诗可唱者多为绝句。清人王世祯《万首绝句选叙》云：“唐三百年以绝句擅场，即唐三百年之《乐府》也。”绝句入乐者，以王昌龄和李白为多。此外以“歌”“吟”“行”“词”“曲”命名的诗，也多带有可歌性。如王昌龄的《采莲曲二首》、王之涣的《凉州词》、孟郊的《游子吟》、白居易的《长恨歌》《琵琶行》。

唐代不少诗人都喜爱音乐，精通音律。王维善弹琵琶曲，张志和会击鼓吹笛，温庭筠精通音律，白居易可以说是杰出的音乐评论家，唐玄宗亲自参与编创了《霓裳羽衣舞》。诗人极高的音乐素养赋予了诗歌鲜明的节奏、抑扬的声调、和谐的韵辙，使之颇具音乐之美。唐诗中描写音乐的佳作很多，如白居易的《琵琶行》、韩愈的《听颖师弹琴》、李贺的《李凭箜篌引》等。另外唐代诗人与乐工及歌者关系密切，也促进了歌诗的传播。

随着域外文化传入中原，音乐发生了巨大的衍变。汉族俗乐与其他民族以及外来俗乐如胡乐相融合，形成了包罗万象的隋唐燕乐。燕乐的乐器以琵琶为主，琵琶有二十八调，音律变化多，五、七言诗体不容易跟它配合，长短句的歌词就应运而生。为了适应音乐的变化，诗歌创作进入了“倚声填词”的新阶段。诗的另一种形式——词诞生了。

南宋后期，词逐渐失去了和乐的能力。同时古北方少数民族粗犷壮丽的乐曲不断传进中原地区，这种“胡乐”结合北方民间的“俗谣俚曲”，配上通俗化的语言，就形成了一种新的诗歌样式——散曲。

朱光潜先生认为，诗、乐、舞最早分立的大概是舞蹈。《诗经》中有舞的除《颂》之外似不多见。楚辞《九歌》之类为祭神曲，此时诗、乐、舞仍密切相连。诗、乐、舞各自经过长期的发展演变，有结合也有疏离，最终在艺术家取长补短的过程中凸显了个性，走向分化，发展为独立的艺术。

诗歌乃中国文化的一大渊源。中国绵延三千年的诗歌历史，孕育了现实主义与浪漫主义文学两大传统。风骚并举，双峰对峙，各放异彩，构成了中国传统文化的重要原典并薪火相传。从儒家修身经世的深邃博大到道家恬淡无为的放达任情，从《诗经》的率真自然到唐宋诗词的刚健清婉，从战国屈原的瑰丽奇思到柳亚子的浪漫情怀，生生不息，代代传承，共同奠定了我们民族精神的根基。雅言传承文明，文化涵养生命。学习国学，传承经典，守护民族的精神家园是我们的神圣使命。

项目拓展

一、思维拓展

从阅读中我们发现了如下规律：

1. 刘勰在《文心雕龙·时序》中指出“文变染乎世情，兴废系于时序”。时代与人情世态的流变必然引起文章的流变。

2. 同一题材的诗歌，因诗人不同，艺术个性迥异而不同。

3.“国家不幸诗家幸，赋到沧桑语便工。”时代变迁会对诗人个人创作风格的转变产生影响。

如上所述，你在阅读中还发现了哪些规律？

二、实践拓展

请选择一首或几首有代表性的中国诗歌，结合所提示的欣赏技巧加以品鉴。

三、学思结合

1. 探讨诗人的素养、品格与其诗歌成就的关系。

(1)诗人才品：柏拉图在《理想国》中把诗人称为“神的代言人”，想象力、素朴性和直观是天才的本性。

(2)学习砥砺：亚里士多德认为“用模仿造就了诗人”，后天的学习有助于其技巧的成熟。

(3)人文关怀：胸襟、理想与境界展示了诗歌创作的深度。

2. 朱光潜在其诗学著作《诗论》中说“每首诗都自成一种境界”，认为境界是诗歌艺术的基本品质与价值取向。请结合具体作品阐述对此话的理解。

参考文献

1. 蔡钟翔：《中国文学理论史》，北京出版社 1987 年版。

2. 袁行霈：《中国文学史》，高等教育出版社 2005 年版。

3. 游国恩：《中国文学史》，人民文学出版社 1963 年版。

4. 郭预衡：《中国散文史》，上海古籍出版社 2002 年版。

5. 萧华荣：《中国散文史话》，中国国际广播出版社 2010 年版。

6. 隋树森：《全元散曲》，中华书局 1964 年版。

7. 唐圭璋：《词话丛编》，中华书局 1986 年版。

8.(清)何文焕：《历代诗话》，中华书局 1981 年版。

9. 傅璇琮：《全宋诗》，北京大学出版社 1998 年版。

10. 傅璇琮：《中国古代文学通论》，辽宁人民出版社 2005 年版。

11. 陈玉刚：《简明中国文学史》，陕西人民出版社 1985 年版。

第七讲

歌舞兴衰话国运：传统艺术(一)

高山流水遇知音

故事取自《列子·汤问》，是春秋战国时期俞伯牙和钟子期因音乐相遇并结为知己的故事。

俞伯牙是春秋战国时楚国人，在晋国当大夫。某年，俞伯牙奉晋国国君之命出使楚国。在汉水遇大风，被迫停泊。夜晚，伯牙奏瑶琴数曲，吸引了途经此地的钟子期。曲曲打动子期：高山雄伟，流水浩荡。两人相见恨晚，遂结拜为兄弟，相约次年中秋此山此水再会。伯牙赴楚国谋国家大事，子期留在汉江山水之间。第二年中秋，俞伯牙如约赶到汉江与钟子期相见，以琴声唤子期，但未见子期。俞伯牙向山中老人打听，得知钟子期已染病离世。子期辞世前曾留言葬于汉江边，以便八月十五听伯牙琴音。伯牙痛失知音，万千感慨系于瑶琴，于是在子期坟前再次弹起了“高山”“流水”。曲罢，伯牙挑断琴弦，将瑶琴摔个粉碎：知音已逝，高山流水何人听？

在这个故事中，我们会被伯牙子期的友谊感动，被古乐器的精致感动，被高山流水的琴音感动，但最终我们是被音乐感动。

古琴艺术于2003年成为联合国非物质文化遗产项目之一，“高山流水”这首古曲成为中国传统音乐中的代表曲目。

图7-1　古琴

项目实训

按照音乐、舞蹈、戏曲表演专业或特长的不同，同学们自由组合。每组同学在了解“音乐、戏曲、舞蹈艺术发展线索”的基础上广泛查阅资料，制作课件或创作节目作品，向全体同学讲解本组所负责的艺术内容；其他各组组长评分，教师总结补充。

第一节 移风易俗 莫善于乐：音乐

音乐是不假任何外力，直接沁人心脾的最纯的感情的火焰；它是从口吸入的空气，它是生命的血管中流通着的血液。

——[匈]李斯特

诗是寄寓文字中的音乐，音乐则是声韵中的诗。

——[法]福莱

移风易俗，莫善于乐。

——《孝经》

民族音乐是一个民族用旋律、节奏表达灵魂的独特语言，是一个民族的气质和精神的集中体现。中华民族是一个多民族的国家，其音乐是不断继承民族主旋律，又不断借鉴、吸收其他民族和国家风格、曲律而构成的丰富多彩的民族音乐，是世界音乐宝库中的重要组成部分。

一、中国传统音乐的发展与传承

1. 音乐的起源

音乐作为艺术，反映人的个性精神，在温饱尚未解决的上古时期无从谈起。解决衣食必须进行劳动，最早的音乐是在劳动中孕育出来的。劳动过程中有规则的行进、发声和使用工具形成了最早的音乐节奏和韵律，劳动工具就是最早的乐器。劳动者将个人的情感赋予劳动工具上，形成了高低、快慢等有节奏的韵律，这是“发乎于情”的原始乐舞。《尚书·益稷》记载“击石拊石，百兽率舞”，“击石拊石”便是以石为器，有意识地通过击打石器而发出有节奏的韵律。

原始社会晚期，音乐走向理性，音律被总结出来，乐器开始被发明。传说伏羲氏取桐木投流水浸四十九天，根据四季和阴阳五行变化制作出五弦之琴和三十五弦之瑟。另在新石器遗址中发现了大量乐器，如在河南舞阳县遗址中发现了新石器时代乐器——十八支七音孔和八音孔骨笛等。

原始乐舞、巫术是人们渴望借助集体的力量和上天的恩赐而产生的。传说中的上古葛天氏之《歌八阕》、黄帝之《云门》、唐尧之《大咸》、虞舜之《九韶》等乐舞，均为巫术活动时的配乐。殷商时期，巫师职业化，他们在巫术活动中用乐舞的形式与天地沟通，巫师成为最早经过培训的为上层社会服务的乐师。

2. 西周制礼作乐

西周继承夏商礼仪活动，并将礼乐纳入治国方略。西周认为音乐不只是钟鼓琴瑟，而是关乎国家体制、形象的管理手段。西周王朝在中央设立大司乐，总管与音乐有关的事务：一是沿用前朝祭拜的礼仪活动，但从祭拜天地转为祭拜祖先为主，巫师转变为职业乐师，庙堂音乐兴起；二是负责组织国家大型礼仪的乐舞表演，为当朝统治者歌功颂德的“颂乐”和为士大夫提供娱乐享受的“雅乐”兴起；三是派出官员到民间采风，即采集乐歌。采风是西周政权了解民情民风和实施教化百姓的重要途径和手段，说明西周民间音乐盛行。西周乐舞已从原始乐舞中分化出来，成为“经国家，定社稷，序民人，利后嗣”①的政治手段和治国方略。

西周的乐器有琴、瑟、编磬、编钟、多孔埙、镈、笙、芋、箫等。其中弦乐器中琴、瑟最具特色，成为中国传统乐器的代表。十二声律已经具备。

3. 礼崩乐坏的春秋战国时期

春秋战国时期，音乐理论兴起。当时墨家学派认为音乐有三患——“饥者不得食，寒者不得衣，劳者不得息”，认为音乐不能成为治理天下的手段；道家提倡自然无为的音乐，主张“音声相和”，提出“大音希声”的音乐理论；儒家提出音乐的核心是“仁”，音乐的目的是“中和”。孔子的这种以“和”为中心的音乐审美，以及内容和旋律“尽善尽美”的主张，对我国音乐发展产生了深远的影响。

春秋战国时期礼崩乐坏。鲁国季氏“八佾舞于庭”使孔子愤愤然：是可忍，孰不可忍？民间音乐“新声”，如“郑卫之声”，冲击了“颂”“雅”之音，即孔子所说“郑声之乱雅乐也”。

春秋战国时期，北方民歌一般是无伴奏的徒歌。楚越民歌在部分文人作品中得到运用。如屈原《九歌》采用了民间套曲的方式表达被放逐后的痛苦与愁思。歌词句式自由，又大量使用楚辞“兮”字。这时还出现了许多有影响的民歌手，如“薛谭学讴于秦青”②。其他歌手还有雍门的韩娥、淇川的王豹等。

独奏乐器仍以七弦琴为主，出现了许多民间七弦琴演奏家，如晋国伯牙、楚国钟仪、齐国雍门周等。西周的乐器此时继续承担着主要礼仪大典的伴奏，同时出现了一些新乐器：筝、筑、笛、大型编磬、大型编钟、铜鼓等。1978 年，湖北随县（今随州市）曾侯乙墓出土编磬四十一件、铜编钟六十四件。编钟包括钮钟十九件，甬钟四十五件。

4. 秦汉至魏晋南北朝音乐

秦参考西周制度在中央设置了音乐机构太乐署和“乐府”。汉承秦制，发展和扩大了音乐机构管理。太乐署负责祭祀、宴飨等国家大典时的音乐。西汉雅乐沿袭前朝乐舞，制作本朝新作品。武帝以后，乐府职能扩大：负责编写各种祭祀、宴飨等仪式音乐，收集“赵、代、秦、楚之讴”，兼采西域、北狄等地音乐。后世称乐府收集整理的诗歌为“乐府诗”。汉乐府有三类：一是祭祀、宴飨等国家大典时的音乐，以秦、楚之声为主的“郊庙歌辞”；二是采集来的以“街陌谣讴”为主的各地民歌，即“相和歌辞”；三是边塞和北方少数民族音乐，因其乐器主要使用排箫与笳，故称为“鼓吹”或短箫铙歌，主要是民间创作。

---

① 《左传·隐公十一年》。
② 《列子·汤问》。

汉以后数百年间，民歌形式新增不少。首先，中原民歌仍为主流。长江下游的吴声、荆楚之地的西调等开始传唱，北方少数民族的“北歌”在北魏宫廷中被推广，如《敕勒歌》。其次，北方“相和歌”流行。徒歌，即清唱无伴奏；但歌，在清唱的基础上加上帮腔，所谓“一人唱，三人和”①；相和歌，即在但歌的基础上配以乐器伴奏，所谓“丝竹更相和，执节者歌”②。相和歌的配乐除前朝的管弦乐器之外，新增了外来乐器琵琶和击打乐器“节”。相和歌的调式形成平调、清调和瑟调的“相和三调”。晋室东渡后，相和歌与南方吴声、西调互为交流，发展成为“清商乐”。再次，相和大曲出现。大曲是在相和歌的基础上发展而成的大型歌舞曲形式。大曲的词、曲都相对比较固定，一般由解、艳、趋、乱③几个部分组成。最后，古琴理论研究与古琴名曲增加。古琴逐渐从伴奏乐器中独立出来成为独奏乐器，古琴独奏曲随之涌现。如嵇康的《广陵散》、蔡文姬的《胡笳十八拍》、阮籍的《酒狂》，以及南朝梁代丘明的手法谱《碣石调幽兰》等。

魏晋南北朝，是民族音乐大融合和承前启后的重要时期。西域、西凉地区少数民族音乐，天竺、高丽等国的音乐通过各种途径传入中原地区。各种异域乐器，如琵琶、箜篌、腰鼓、胡琴、铜钹等，各种舞曲、歌曲，如《天曲》《小天》《敕勒盐》等传入中原。各地歌伎、乐师被送到朝廷为统治者服务。

东汉佛道兴起。受天竺拼音字母启发，汉语发音建立了平、上、去、入的四声体系，使汉语诵读佛教教义具有了节奏感。印度的汉传梵呗④在各大寺院盛传。梵呗和汉语四声体系是按照一定的旋律，有节奏地唱诵佛经、谒赞，对中国佛乐产生了一定的影响。土生土长的中国道教，为传唱道教教义，使用通俗说唱的形式讲诵道教故事，奠定了民间说唱道情的基础。

5. 隋唐音乐的发展

隋唐开放兼容的文化政策，使其音乐达到了历史上的高峰。唐朝在中央设置太常寺负责大乐署、鼓乐署两个机构，另在宫廷中设置教坊和梨园。大乐署主要掌管雅乐和宴乐；鼓乐署专门掌管仪仗中的鼓吹乐；教坊最初归太常寺，后移交宫廷，负责培训和管理乐工；梨园是专门演习法曲的机构，这里集中了唐朝宫廷音乐的全部精华。

当时宫廷音乐包括燕乐和雅乐，雅乐渐趋式微，燕乐达到中国传统音乐的最高水平。燕乐，即“宴乐”，是隋唐宫廷大型庆典和娱乐欣赏的艺术性很强的歌舞音乐。唐燕乐称“唐十部乐”⑤，其中既有传统汉族和少数民族音乐，也有外来音乐。十部乐是用于皇帝大宴群臣或宴请国宾时的仪仗性表演，演奏时有严格的顺序，依次是燕乐、清商乐、高昌乐，最后是龟兹乐等，乐工也要根据十部乐的内容着装。十部乐演出形式分

---

① 《晋书·乐志》。

② 《晋书·乐志》。

③ 大曲的前面加引子，叫做“艳”，中间是有乐器伴奏的民歌演唱。后面有尾声，叫“趋”和“乱”。

④ 梵呗就是和尚念经的声音，是中国佛教音乐的原声的特称。

⑤ 包括：燕乐(杂用中外音乐)、清商伎(传统音乐)、西凉伎、天竺伎、高丽伎、龟兹伎、安国伎、疏勒伎、康国伎、高昌伎。

为坐伎部和立伎部。坐伎部是坐奏者，立伎部是立奏者。到唐玄宗时，坐部伎在室内坐奏，人数较少，音响清雅细腻，要求乐师有较高的技艺；立部伎在室外立奏，人数较多，常有喧闹的合奏，有时还加入百戏等。

宫廷宴乐中歌舞音乐比重最大，汉魏时期的相和大曲发展为清商乐，清商乐以汉民族音乐为主，数量可观。演奏可以分为法曲和大曲。法曲重在声乐，追求演唱者声音清雅，著名的法曲有《霓裳羽衣舞》；大曲重在鼓的伴奏，追求声音的热烈。

唐朝宫廷音乐有以下几种情况：第一，燕乐表演范围扩大，涉及“先王之乐为雅乐，前世新声为清乐，合胡部为燕乐”①；第二，龟兹乐备受上层偏爱，雅、俗、胡乐融和；第三，十部乐演奏配器大量使用西域乐器，当时可谓“洛阳家家学胡乐”②；第四，龟兹等地西乐在向中原流传的过程中加速了汉化的进程，唐朝大乐署根据汉民族的审美习惯将龟兹乐曲名更改，刻于石碑上，强化其汉民族审美和记忆；第五，隋唐的宫廷音乐、燕乐对朝鲜和日本等国音乐产生了影响。

隋唐民间音乐得到长足的发展。一是民歌的形式日益多样化，五言、七言句式达到了鼎盛。二是诗人喜爱的民歌曲子词成为城市流行音乐。三是文学与音乐融合，许多大诗人的诗被音乐家度曲。文人曲子词以各种形式被保存了下来。如王维的《阳关曲》，原是七言诗《送元二使安西》，后来被谱曲改名为《阳关曲》，后人再加工成著名古琴曲《阳关三叠》。四是民间说唱艺术进一步地发展。隋唐佛道兴盛，两大宗教利用民间说唱艺术的形式将道情、变文和梵音发扬光大，宗教音乐进入了一个辉煌时期。

隋唐创制了许多乐器。如改良创制的奚琴被广泛地运用在器乐演奏中，后来成为南戏主要伴奏的乐器。七弦琴的制作工艺在唐朝很发达，出现了许多制琴高人，如成都人雷生、江南人张钺等。

隋唐音乐理论也日益提高。如记谱方法上，减字谱代替了文字谱，这种用符号代替语句的记谱方法是中国音乐史上的一大进步。唐教坊中发明了工尺谱，有为舞蹈专门记录的舞谱等。隋唐专门的音乐著作颇多，据记载，隋唐音乐著作多达 38 部，共 257 卷。

6. 两宋音乐

两宋是我国政治、经济、文化的转折点，宋代音乐走向衰微，音乐机构及其人员设置都比唐朝规模小许多。宫廷燕乐机构设置了四部，分别是教坊、云韶部、钧容部和东西部。教坊中的坐部伎被取消，到南宋教坊被撤销。云韶部是由宦官组成的乐队，一般只在某些节日时为皇帝享乐使用。其他两部都是皇帝的禁卫军骑兵队员，实际是兼皇帝的侍从及仪仗队，演奏鼓吹乐。宋代理学兴起，传统雅乐再度兴盛。雅乐表现为以唱诵《诗经》为主的复古主义。宋徽宗时，雅乐乐队有 599 人，乐器有 25 种、351 件，乐队规模超过盛唐。北宋亡国以后，金国在一定程度上继承了宋朝宫廷音乐，在宋元之间起到了承上启下的作用。

两宋时期，频繁的战争导致各种矛盾激化，这在两宋的民间音乐上有所体现。一是

① （宋）沈括：《梦溪笔谈》。

② 王建：《凉州行》。

民歌内容丰富，形式多样。如农民起义、人民困苦、金国南下、爱情等题材的民歌、民谣俯拾皆是。这些民歌最初主要是单曲，也叫只曲。后来人们不断对其加工，或“减字”“偷声”①，或采用“犯调”②手法。两宋还出现“叫声”“嘌声”，其他还有小唱、唱赚等艺术性较强的民间歌曲。二是曲子词成就了宋代文学体裁宋词的卓越地位。宋词的繁荣从侧面反映了宋代曲牌音乐的繁荣。这个时期著名填词人温婉如柳永、周邦彦，豪放如苏轼、辛弃疾等。自度曲代表如南宋的姜夔。三是市民音乐繁荣。宋代市民阶层日益扩大。市民娱乐场所“勾栏”，为词调、说唱、戏曲等音乐形式的迅速发展提供了土壤。四是民间说唱音乐形式增加，如鼓子词、诸宫调、覆赚、涯词、陶真等。鼓子词是一种说唱相间的艺术形式，将散文讲述和曲子歌唱交互进行，伴奏乐器是鼓、管乐器和弦乐器。诸宫调③是一种表现复杂故事的以唱为主的大型说唱形式。五是为歌舞伴奏的音乐兴盛。歌舞音乐形式有大曲、曲破、缠达和单曲四种④，歌舞音乐为戏曲音乐的发展奠定了基础。六是宋杂剧、南戏与音乐结合起来，音乐成为戏曲艺术不可或缺的重要元素，戏曲音乐在宋杂剧、南戏中已经充分体现出魅力，成为一种新的音乐体裁，并逐渐超越了其他音乐形式的地位。

宋代在继承使用前朝乐器的同时，会根据需要加以改进，如将隋朝十九簧笙改进为“义管笙”；或进行创新，增加管弦乐器，如新增管乐器官笛、小孤笛、竖萧等，弦乐器如锹琴、葫芦琴等。宋代古琴演奏超越唐朝，奠定了后来古琴演奏技法和曲目。古琴演奏出现了汴梁、江西和两浙几大流派，还出现了众多关于古琴演奏的理论和新创作的古琴曲。两宋古琴名家、名曲辈出，如郭沔创作了《潇湘水云》《秋鸿》等，王元量创作了《拘幽十操》等。

7. 元代音乐

元代宫廷音乐基本继承了两宋、辽、夏、金的体制，燕、雅乐沿用了汉族体制和曲牌乐曲，兼用一些少数民族乐曲，使用的乐器包括前朝使用的管乐器、打击乐器、弹拨乐器、弓弦乐器和键盘乐器大约 30 种之多。

曲子词在元代得到进一步发展，成为元代知识分子抒发情感的重要载体。曲子词在元代称为“散曲”，分为小令和套数两种。小令也叫“叶儿”，是市井小曲。套数也叫散套，是由几支同宫调的“只曲”联结在一起的组合形式。元代散曲作家众多，著名如关汉卿、马致远、白朴、张养浩等。元代的说唱音乐创立了一些新形式，如驭说、货郎

---

① 在原歌词字数定格的范围内增减歌词字数。

② 将许多不同曲牌的只曲乐句连接在一起，组成一个新曲牌，形成一个统一的有逻辑性的新曲。

③ 诸宫调最早产生于汴梁，后来随南宋传播到余杭，于是产生了南北诸宫调不同风格。南北不同风格的诸宫调的伴奏乐器也因此不同，北诸宫调以鼓、笛和板伴奏，南诸宫调以琵琶和筝为主要伴奏乐器。

④ 宋代词人为唐代大曲填词，音乐家对大曲进行“摘遍”，即对唐大曲有选择地进行使用，使大曲在音乐和曲式上简化。歌舞形式变得短小精悍。曲破是将大曲中的“曲破”单独抽离出来使用的一种方式，后来与大曲、缠达经常混同使用。缠达是艺术歌曲唱赚中的形式。单曲是使用一个曲调穿插在所描述的故事情节之中的形式。

儿、词话、琵琶词等，其中货郎儿①与宋代“叫声”类似，又有创新。元代各种音乐形式发展最辉煌的莫过于与元杂剧、南戏等戏曲形式相伴而生的戏曲音乐。杂剧音乐继承了大曲、民间曲子词、词调、说唱音乐、散曲等音乐元素。王国维曾统计，元代335个杂剧曲牌中有11个大曲，唐宋词75个，诸宫调28个。除杂剧、南戏外，各地地方戏曲逐渐形成了海盐、余姚、昆山和弋阳四大声腔，奠定了明清戏曲音乐的基础。

8. 明清音乐

明清两代宫廷音乐分为礼仪音乐和娱乐音乐。此时西方资本主义在扩张中将西方音乐带进中国，一度对宫廷音乐产生过影响。

伴随商品经济的发展，市民音乐逐渐成为音乐艺术的主要成分。自娱性的民歌小曲、民间歌舞音乐，以及说唱、戏曲音乐，取得了巨大成就。明代将当时的民歌小曲同唐诗、宋词、元曲相提并论，称其“为我明一绝耳”②。文人收集民歌蔚然成风，如明代冯梦龙编订出版《桂枝儿》和《山歌》两本民歌集，搜集歌词800余首；清代先后刊出的民歌集子更达万余种，李调元《粤风》收录了南方少数民族民歌。民间歌舞也十分丰富，汉族民间歌舞有秧歌、花鼓、采茶、花灯、打连响、跑旱船、竹马灯等，少数民族的歌舞有维吾尔族的木卡姆、藏族的锅庄等。说唱有各种牌子曲和各种鼓词、弹词等，还有介乎两者之间的曲种。各地出现了一些具有本地特色的渔鼓道情。戏曲达到了空前的繁荣，戏曲音乐进入繁荣期。元代形成的海盐、余姚、昆山和弋阳四大声腔逐渐形成了昆山腔和梆子腔为主的南北风格的戏曲唱腔。

明清时期，鼓吹乐在各地流行，如江南的“十番锣鼓”“十番鼓”等有广泛影响。蒙古族荣斋曾为弦索著书《弦索备考》，使弦索演奏更加成熟。丝竹乐合奏形式也在各地广泛流行。琵琶、三弦等乐器在戏曲、说唱等多种音乐形式中广泛运用。

二、中国传统音乐的基础知识

1. 中国传统音乐的音律

五声音阶是我国古代乐律学的基础。五声音阶指宫、商、角、徵、羽，它们与现代音乐C、D、E、G、A五个音阶相匹配。《管子·地员篇》是最早地较完整记述五声音阶的古籍，记载了计算五声音阶中各音的弦长比例的数学方法，史称“三分损益法”。在传统五声音阶的基础上，七声音阶的体系形成和发展。西周时期，七声音阶和十二律已经形成。七声音阶是指宫、商、角、变徵、徵、羽、变宫，与现代音乐C、D、E、F、G、A、B匹配。十二律是指古乐的十二调，是古代的定音方法，即用三分损益法将一个八度分为十二个不完全相同的半音的律制。各律从低到高依次为：黄钟、大吕、太簇、夹钟、姑洗、中吕、蕤宾、林钟、夷则、南吕、无射、应钟。十二律又分为阴阳两类，奇数六律称阳律，偶数六律称阴律。奇数各律又称“律”，偶数各律又称“吕”，故

① 货郎儿是将小贩货郎儿手摇布鼓沿街叫卖时形成的声腔，经过艺术加工后的说唱艺术形式。

② 陈宏绪：《寒夜录》。

十二律又称“律吕”。

传统器乐曲分为散曲和套曲。散曲指由一个曲牌或曲调构成的乐曲，套曲指由几个曲牌或段子连缀而成的乐曲。曲牌是民族器乐曲式中最小的结构单位，散曲常见的结构类型有：第一，单曲牌体，由一首曲牌构成的乐曲结构；第二，联曲体，由多个曲牌连缀而成的乐曲结构形式；第三，循环体，一首乐曲中两首曲牌不断反复地循环出现；第四，变奏体，反复构成的一首曲牌，每次反复都有变化，形成变奏体；第五，综合体，综合两种或两种以上的结构，或以某种结构原则为主，兼有另种结构的因素。在传统乐曲中常见的有“循环兼变奏体”“联曲兼变奏体”等。

2. 传统乐器的分类

中国古代乐器按照制作材料分为金、石、土、革、丝、木、匏、竹八类，俗称“八音”，这种分类方法一直沿用至今。金类主要指钟，钟盛行于商周时代，主要用于祭祀等各种仪典、宴飨和日常燕乐中。石类指石灰石等材质制作的各种磬。磬的器形分上下两层，每层分两组，按不同律(调)组合。丝类指各种弦乐器，因弦是用丝做的，故名丝弦，有琴、瑟、琵琶、胡琴等。竹类即竹制吹奏乐器，主要有笛、箫、篪、排箫等。匏类，指用葫芦类植物果实制作的乐器，如笙。土类是陶制乐器，如埙、陶笛、陶鼓等。革类是皮革蒙面制作的各种鼓，以悬鼓和建鼓为主。木类是各种木鼓、敔等打击乐器，用于历代宫廷雅乐，唐以后此类乐器渐渐失传。

中国传统乐器根据乐器发声体又分为吹、拉、弹、打四大类。吹即吹奏乐器，它的发声体多为竹制或木制，如箫、笛、笙等。拉即拉弦乐器，主要指胡琴类乐器，被广泛使用于独奏、重奏、合奏与伴奏。拉弦乐器大多为两弦，少数用四弦。大多数琴筒蒙蛇皮、蟒皮、羊皮等。典型拉弦乐器有二胡、马头琴、京胡等。弹即拨乐器，分横式与竖式两类。横式如筝、古琴等，竖式如琵琶、阮等。弹拨乐器的演奏流派风格繁多，演奏技巧的名称和符号也不尽一致。打即民族打击乐器，根据其发音分为响铜、响木和皮革三类。音高分为固定音高和无固定音高两种。典型打击乐器有大鼓、碰铃、铜鼓、大锣、小锣等。

以上各类传统乐器的表演方式是合奏和独奏。器乐合奏大多数用于民间习俗和信仰仪式活动中。独奏主要是文人用古琴、琵琶、箫等自娱的方式，这类乐器的独奏名曲能够保留下来一部分。

3. 主要传统乐器

(1)古琴。

初名五弦琴，传说周王在五弦琴上增加两弦，称“七弦琴”。20 世纪初作为中国最古老的弹拨乐器，定名“古琴”。古琴为横式琴，传说伏羲制作古琴依据天地关系而设计，琴面弧形代表天，琴底为平象征地。琴长三尺六寸五分，寓意一年 365 天；设计 13 个徽位，寓意一年 12 个月及闰月。古琴代表曲目有《梅花三弄》《广陵散》《高山》《流水》等。古琴艺术在中国音乐史、美学史、思想史上具有广泛影响。

(2)瑟。

中国丝弦乐器之一，传说伏羲做 50 弦，黄帝改良为 25 弦。迄今瑟有 18、19、21、23、24、25 弦六种弦制。瑟体用整木斫成，瑟长 150~230 厘米不等，宽约 40~50 厘米。瑟面略隆起，中间空。瑟一般按五声音阶定音，用按弦升高半音的方法得到七声音阶。《诗经·关雎》有诗言“窈窕淑女，琴瑟友之”，《诗经·鹿鸣》有“我有嘉宾，鼓瑟鼓琴”，琴瑟并称，比喻美好和谐的情感。

图 7-2　曾侯乙墓出土的瑟

图 7-3　大鼓

(3)鼓。

从周代开始，鼓主要用于祭祀、乐舞。鼓为八音之首，祭祀大典时，琴瑟开弹之前，必先以鼓声引导。鼓由鼓皮和鼓身两部分组成，鼓皮通常是用动物的皮革蒙在鼓框上，经过敲击或拍打使之振动而发声。鼓类乐器主要有腰鼓、大鼓、铜鼓、花盆鼓等。唐代以后鼓的应用范围扩大，广泛地应用于各种戏剧、曲艺、歌舞、赛船舞狮、喜庆集会、劳动竞赛等活动。

(4)箜篌。

中国古老的弦乐器，最初称“坎侯”“空侯”，汉代由西域传入内地，唐代广泛应用于唐十部乐中，明代失传。文献中记载，箜篌形制独特，大致有卧箜篌、竖箜篌、凤首箜篌三种，其中竖式居多。竖箜篌状如半截弓背，张着 20 多条弦，竖抱于怀，从两面用双手的拇指和食指同时弹奏，因此唐代人称演奏箜篌又叫“擘箜篌”。

图 7-4　箜篌

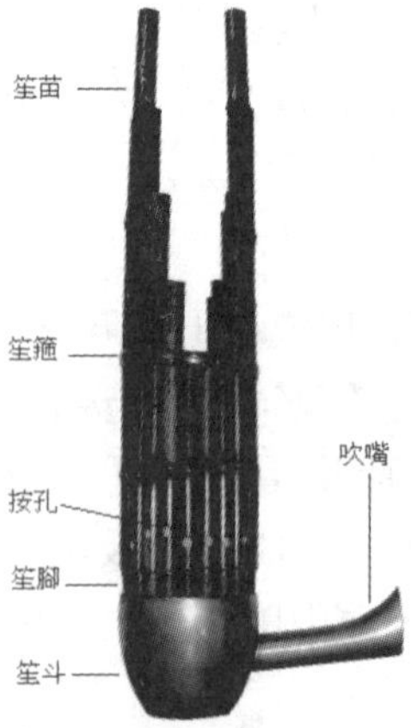

图 7-5　笙

(5)笙。

古称卢沙，殷商“大笙谓之巢，小笙谓之和”①，是古老的簧管乐器，八音之一。笙由笙簧、笙管和笙斗三部分组成，可吹奏单音，也可演奏和声，是吹管乐器中唯一的和声乐器，也是唯一能吹吸发声的乐器。可独奏、重奏或合奏。其形制常见的有圆笙、方笙和丝竹笙。

(6)筝。

古老的民族乐器，战国时盛行于秦国，故名“秦筝”。筝最初是五弦，其形与瑟类似，一弦一音，按五声音阶排列，最早为25弦筝，后在13、16、18、21根弦上变化。古筝有十大名曲：《渔舟唱晚》《出水莲》《高山流水》《林冲夜奔》《平湖秋月》《汉宫秋月》《寒鸦戏水》《东海渔歌》《香山射鼓》《战台风》。

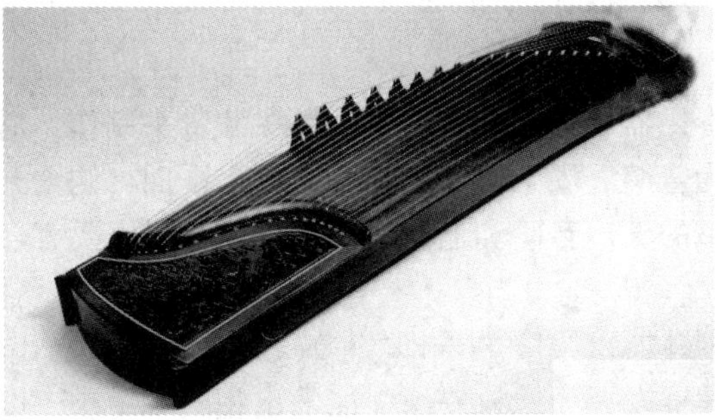

图7-6　古筝

(7)箫。

又名“洞箫”，吹奏乐器，古代八音之一。秦汉以前，箫是指排箫，器形与竹笛相似。唐宋时期称为尺八、箫管和竖篴，与横吹的羌笛不同，明代将竖吹之篴称为箫。

(8)笛子。

古代称为“篴”，是最古老的横吹木管乐器之一，分为南方曲笛、北方梆笛和介于两者之间的中笛。战国时篪笛是祭神或飨宴演奏的主要旋律乐器之一。秦汉时，七孔竹笛能奏七声加两个变化音。笛子的制作材料主要是竹子，最早有骨制、石制、玉制和红木制作的笛子。

(9)二胡。

又名“奚琴”，民族乐器家族中的弓弦乐器之一。唐代将西方、北方民族传入乐器统称“胡琴”，明清时期胡琴成为弓弦乐器的通称。二胡主要用于戏曲、说唱、民间丝竹音乐演奏和民歌伴奏。各地发展出高胡、京胡、板胡、二弦、喇叭弦等不同形制的弓弦乐器。二胡琴筒以木制为主，也有象牙、玉石等材料制作的。琴筒一端蒙以蛇皮或蟒皮，张两根金属弦，定弦内外弦相隔纯五度，演奏手法丰富。

(10)琵琶。

又称“批把”，魏晋以前将弹拨乐器统称为“琵琶”。后来的琵琶可追溯到秦汉直项琵琶。琵琶主要是伴奏乐器，弹奏方式为直抱，以戴上假指甲的手指弹奏，可演奏多种和音、和

① 《尔雅·释乐》。

弦。著名乐曲有《十面埋伏》《霸王卸甲》《浔阳月夜》《阳春白雪》《昭君出塞》等。

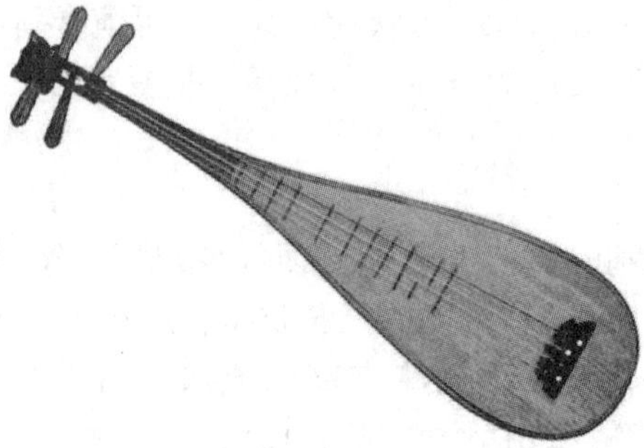

图 7-7　琵琶

(11)埙。

中国最古老的吹奏乐器之一。早期埙多用石头和骨头制作，后来发展为陶制，形状多种，其中以梨形最为普遍。埙上端有吹口，底部呈平面，侧壁开有音孔。春秋时期有六个音孔，能吹出完整的五声音阶和七声音阶。埙的曲目主要有《哀郢》《楚歌》。

(12)编钟。

青铜器时代的大型礼器。飨宴之乐即“钟鼓之乐”。商代已出现三枚或五枚一组的编钟。西周中晚期，编钟发展为八枚一组，能发出相隔一个小三度或大三度音程的两个音级。春秋战国增至九枚或十三枚一组。秦汉以后编钟由盛而衰，隋唐偶尔使用，宋以后随着青铜铸造技术的失传，“钟鼓之声”渐行渐远。

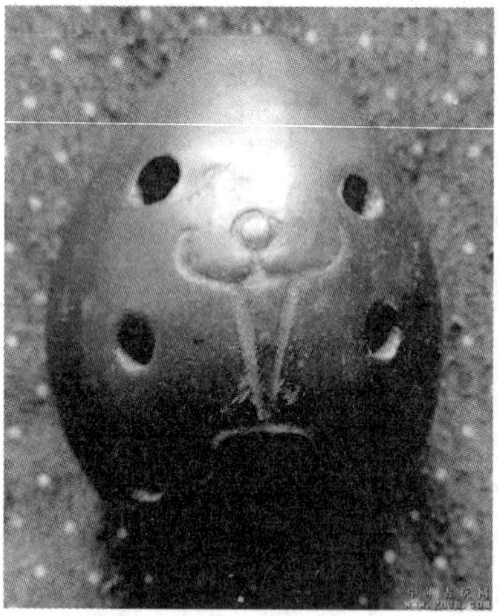

图 7-8　埙

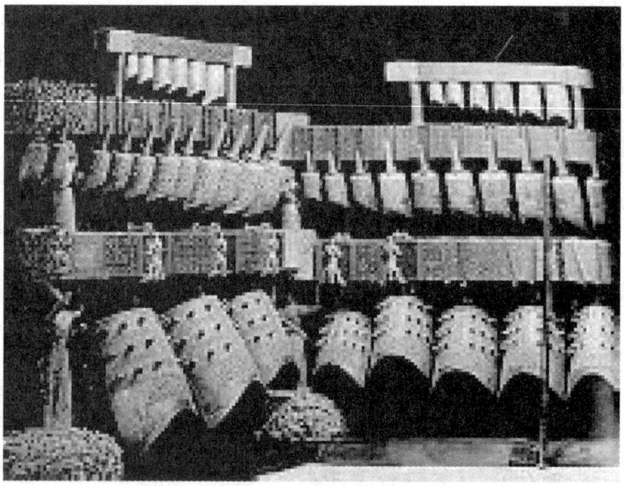

图 7-9　编钟

三、中国传统音乐的影响

1. 中国传统音乐在政治中的教化作用

中国传统音乐具有深厚的政治目的。音乐与礼制紧密联系，成为维系社会的重要手段。从三皇五帝开始，就以音乐的形式，通过英雄崇拜建立权威，如黄帝作《云门大卷》，舜作《大韶》，禹作《大夏》等大型乐舞。殷商崇信神鬼，设巫师问天地大事，巫师便成为最早的乐师，制作乐舞《大濩》处理人神关系。西周以后历朝以礼乐治国，在中央设专门的机构总管音乐。各朝飨宴乐舞为祖先歌功颂德，树立权威，在统治范围内确立王朝正统地位。中国历朝用本朝的标准来规范各族礼乐的内容，并以制度的形式推行到各个不同等级的统治阶级中去，扩大本朝文化的影响，维护社会秩序，诚如孔子所言："乐云乐云，钟鼓云乎哉？"①礼乐是"经国家，定社稷，序民人，利后嗣"②的工具。音乐具有维护社会和谐和稳定的作用。"乐求和"的思想奠定了整个古代音乐的基本精神，反映了中国传统音乐的功利性。

音乐具有陶冶情操、激励情趣的教化作用。在以儒家思想为主流的两千年的历史中，孔子的音乐教化思想影响着中国的政治。孔子认为，"安上治民，莫善于礼；移风易俗，莫善于乐"③。礼乐具有改变社会风俗，同化人的思想和行为的作用。音乐的教化功能为古代音乐注入了政治热情、进取精神，诱导人的善思，淳厚人的道德，培养和浇灌了中国古代文人的社会责任感和使命感。但作为艺术的表现形式，音乐服从政治导致了音乐家主体意识和个性自由的丧失，沦为政治附庸。

2. 中国传统音乐的哲学思维

中国传统音乐贵和尚中，主张中正、和谐，无过也无不及，即"乐而不淫，哀而不伤"。音乐作品表现要有节制地宣泄情感，情感表达不可过分强烈，体现了中国传统哲学中的刚柔相济、音声相和、虚实相生的审美原则。这种审美思想直接作用于后来中国民间的礼俗音乐，产生了中国独有的曲牌体音乐。传统音乐的这种不偏不倚的中性化思维，使得中国传统音乐的曲牌、曲调更有通用价值，因而在戏曲、说唱及民歌中，就能够用少量的固定的曲调演唱不同的内容，形成了中国音乐独特的通用曲调的现象。

"天人合一"是中国思想中比较普遍的哲学思维。中国传统音乐中追求"形神兼备"的审美意象恰好与"天人合一"的哲学理念吻合。儒家讲"万物皆备于我"，道家讲"天地与我并生，万物与我为一"。汉代董仲舒则认为人的情志是对天与本性的自然反应，提出了"天人合一"的理论。儒道两派皆追求音乐与自然的和谐，认为音乐应该是情感的自然表露，庄子更提出最美的音乐是"天籁"，阮籍则认为音乐是"天地之体，万物之性"。中国传统认为音乐是自然的真实体现，音乐的美便是人的心灵与自然的和谐相融。

中国传统音乐中蕴含着以人为本的"仁爱"精神。孔子提出"人而不仁，如礼何？人而不仁，如乐何？"④，又说"礼云礼云，玉帛云乎哉？乐云乐云，钟鼓云乎哉？"⑤。钟鼓琴瑟不过是形式，音乐最本质的内容是仁爱。因而传统音乐是修养人身心性命的手段，是完成人的理想的精神状态的重要途径。

---

① 《论语·阳货》。
② 《左传·隐公十一年》。
③ 《孝经》。
④ 《论语·八佾》。
⑤ 《论语·阳货》。

中国传统音乐具有求变、创新的精神。传统音乐中保留了汉民族音乐的主体元素，但从不拒绝吸收外来的音乐，包括风格、曲调、格律等，并将这些要素融入自身，在不同时期创造出自己的新的音乐模式。唐十部乐十之六七是少数民族音乐和外来音乐，它们后来成为中国传统音乐中的重要组成部分。各种风格、曲调在传统音乐格局中熔铸成为一个有机的统一整体，是连续性与变革性的对立统一体。

3. 中国传统音乐的美学价值

儒家“以和为美”的美学观对中国传统音乐艺术审美产生了深刻影响，由此产生了刚柔相济、音声相和的审美方法和审美准则。“以和为美”的审美原则将各种矛盾的要素有机地统一在一个整体中。诸如长短、刚柔、高低、快慢、强弱等，将它们统一在一个曲调、曲牌中，形成高低起伏、错落有致的旋律和节奏。

传统音乐将“气韵生动”作为审美追求。音乐的“气”指音乐作品的精神，是音乐作品的生命力。“韵”指音乐作品的状态，是音乐作品的状态美。音乐作品“气韵生动”，就是音乐旋律贯穿于作品的全过程，如中国戏曲套曲是由同一宫调的若干曲牌相连成套，主题间有内在联系，或快乐、或哀伤，虽然是若干曲牌连缀而成，但能够一气呵成，在结构上形成了速度上的慢、中、快、散的“神韵”。

项目拓展

一、思维拓展

1. 儒家思想在中国两千多年的中央集权政治中一直居于主导地位，儒家的“礼乐治国”思想毫无疑问影响了音乐在中国的发展。根据所学知识分析音乐对中国古代政治的影响表现在哪些方面。

2. 为什么古琴会成为中国最有代表性的乐器？

二、实践拓展

在条件许可的情况下听一场音乐会，并试着分析音乐鉴赏的基本原则。

第二节　霓裳舞罢　断魂流水：舞蹈

舞是生命情调最直接、最实质、最热烈、最尖锐、最单纯而又最充足的表现。

——闻一多《说舞》

言之不足，故长言之；长言之不足，故嗟叹之；嗟叹之不足，故不知手之舞之，足之蹈之也。

——《礼记·乐记》

舞蹈是有节拍的步调，就像诗歌是有韵律的文体一样。

——[英]培根

一、中国舞的传承

华夏民族舞蹈不仅富有韵律、造型，更强调刚柔并济的文化审美和追求。基于汉民族的文化特征产生的中国舞蹈，兼具政治功能、思想内涵和审美情趣等。

1. 舞蹈的起源

关于中国舞蹈的起源大致有三说，即祭天说、巫术说和劳动运动说。

祭天说源自上古时代人们对自然的畏惧。每遇灾害恐惧，或逢丰收喜悦，人们皆将此推及为上天的惩罚或恩赐。为谢罪或感恩，先民会以各种形式祭拜天地。国家博物馆收藏的新石器时代马家窑出土的彩陶盆内壁画上，五人牵手的协调整齐的动作，仿佛载歌载舞。其舞蹈表现形式应该是人们在庆祝丰收，将上天的恩赐溢于手足之上，也说明当时的祭祀活动主要是舞蹈。

图 7-10 马家窑文化彩陶盆

巫术说与模仿密切相关。上古人们对天地的敬畏和恐惧表现为模仿世俗间各种飞禽走兽的动作和习性，或是模仿自然景物的动态形象。这些模仿是通过巫师与天地沟通，用动物、自然景物慰藉天地神灵，同时在模仿中宣泄自己的内心诉求，依托自然界传达自己的灵魂。殷商时期巫师卜问天地时，就是模仿动物、景物的舞姿，巫师为最早的有意识地进行舞蹈的舞者。巫者舞者，“女能事无形，以舞降神者也。像人两袖舞形”①。

劳动运动说是指舞蹈产生于人类的劳动实践和各种社会生活实践，如狩猎、农耕、健身和战斗操练等。基于生存状态下的歌舞激发了人类生命的激情。舞蹈的产生与音乐起源说并行不悖，舞蹈与音乐成为最早产生的艺术形式。

2. 先秦舞蹈

伴随阶级社会的出现，舞蹈的功能分化为统治者施政的手段、宗教仪式活动和艺术活动三种。如上古葛天氏之《歌八阕》、黄帝之《云门》、虞舜之《九韶》等舞蹈，首先是

① 东汉许慎《说文解字》中的解释。

与天地、祖先沟通的仪式，是宗教活动，是巩固部落力量的手段，并赋予了艺术美感。夏朝开始有职业舞蹈表演，夏桀后宫有女乐3万人，商纣命师廷作“北里之舞，靡靡之音”。夏商两代全民性的娱神舞蹈，开始渗透着娱人和教化两大功能。

周代设立“大司乐”，专门负责乐舞。“大司乐……以乐舞教国子，舞云门大卷、大咸、大韶、大夏、大濩、大武。以六同、五声、八音、六舞、大合乐。以致鬼神示，以和邦国，以谐万民，以安宾客，以说远人，以作动物。”①舞是“礼仪性乐舞”。礼在于别人伦，乐在于和人心。“六舞”就是“舞云门大卷、大咸、大韶、大夏、大濩、大武”。这些舞蹈，一是舞、乐不分割，载歌载舞。二是舞蹈排列有着严格的等级。宫廷乐舞分为正乐悬位、舞佾行列，其中舞佾规定王八佾②、诸侯六佾、卿大夫四佾、士二佾。三是舞蹈分为文舞和武舞。文舞执羽龠，源自巫师，以手舞与天地沟通，彰显自然之道；武舞执干戚(盾和斧)，源自劳动和部族战争，以足蹈与人沟通，展现先祖和部族英雄功德。此外，宫廷中还盛行六种小舞，即帗舞、羽舞、皇舞、旄舞、干舞和人舞，供天子朝臣娱乐。

民间歌舞蓬勃发展。孔子整理的《诗三百》，集诗、歌、舞于一体，因而诗三百、歌三百，舞也三百。其中《诗经》十五国风均是来自民间的歌舞。

春秋战国礼崩乐坏，鲁国的权臣季平子曾在大庭表演八佾之舞，破坏西周礼乐制度，是以孔子愤怒地说：“是可忍也，孰不可忍也？”③民间歌舞又充斥于高堂之上，特别是充满浪漫情调、音乐缠绵、舞姿妙曼的“郑卫”乐舞受到了上层社会的青睐。

3. 秦汉隋唐舞蹈的发展

秦汉统一，实行统一的文化政策。汉承秦制，在中央设太乐署管理乐舞，宫廷宴飨、祭祀必以“六舞”为仪仗；又自创了节令时节的礼仪性舞蹈，象征王权不可逾越。但“楚虽三户，亡秦必楚”的观念一直影响着汉王朝文化政策的实施，汉王室提出了“修仪操以显志兮”的乐舞主张，因而出现了表达个人情怀的即兴舞蹈，如汉高祖刘邦且吟且舞自己写的《大风歌》。汉武帝对雅乐、六舞等礼仪性舞蹈失去兴趣，汉室舞蹈此后以满足个人声色欲求为目的，宫廷中出现了职业舞者，统称为女乐。女乐舞蹈兴起，以纤腰、轻舞为美，以富于变化、有节奏的舞姿为佳，产生了戚夫人的“折腰舞”、赵飞燕的“掌上舞”。她们的舞蹈“轶态横出，瑰姿谲起，云转飘忽”④。女乐舞蹈最大限度地开发了女舞者的形体能力，为后来舞蹈艺术的发展奠定了基础。

汉代出现了上林苑平乐馆，为民间歌舞的发展提供了一个大舞台。民间娱乐的百戏促进了民间俗舞的发展。民间舞蹈中，追求舞蹈技艺的高难度成为一种风尚，当时《盘鼓舞》在众舞蹈中最具代表性。受相和大曲的影响，在民间出现了且歌且舞的大型集体舞，如《巴渝舞》《鞞舞》等。还有用道具而舞的舞蹈，如以长巾和长袖为道具的《公莫舞》、以乐器铎为道具的《铎舞》、以扁鼓为道具的《槃舞》等。此时偶尔会有带叙事情节的舞蹈，比如《兰陵王入阵曲》表演的是北齐兰陵王高长恭骁勇善战的故事。

---

① 《周礼·春官》。

② 西周举行朝廷大典时的仪仗排列的秩序，规定八佾一行8人，一列8人，合计64人，只有天子才配享受。

③ 《论语·八佾》。

④ (汉)傅毅：《舞赋》。

汉武帝以后，与周边各族各国进行的文化交流增多，少数民族和外国的舞蹈进入中原，当时少数民族的歌舞被称为“四夷乐”①。它们对汉族舞蹈风格的变化与发展产生了一定的影响。

魏晋南北朝时期汉民族舞蹈进入发展时期。首先宫廷乐舞依然盛行，三国魏，曹丕设置“清商署”负责表演俗乐歌舞，清商乐盛行，著名清商乐歌舞有《明君》《白纻舞》《拂舞》等。其中《拂舞》和汉代的《铎舞》《巾舞》《鞞舞》，到隋唐统称为“四舞”。其次，五胡入华带来了大量的具有异域风格的歌舞，即劲健、奔放、明快的“胡舞”。来自天竺、西域的龟兹舞蹈充溢于宫廷乡野，它们直接影响了汉族舞蹈的审美取向。再次，魏晋文人奉行及时行乐，或追求放达不羁、超脱自然，促进女乐舞蹈在此时步入了一个高峰。最后，舞蹈开始步入对舞蹈自身规律的总结阶段，为隋唐舞蹈进入高峰奠定了基础。如轻柔曼妙、行云流水的舞姿为隋唐的文舞提供了可能，劲健矫捷、腾踏跳跃的剑舞成为隋唐武舞的先声。

图 7-11　敦煌莫高窟飞天舞

图 7-12　云南石寨古墓舞俑图

隋唐时期，中央设太常寺、教坊、梨园、宜春院等，大量技艺高超的乐舞伎人被集中在宫廷。宫廷舞蹈有三类。一是礼仪性舞蹈。与《十部乐》相伴而生十部舞蹈，旧乐新声，汉胡交融，如《西凉乐》是一部中西结合的乐舞，《天竺乐》带有浓郁的印度风格和宗教色彩。二是祭祀性舞蹈。《破阵乐》《庆善乐》《上元乐》是三部影响突出的乐舞，被称为“三大舞”。其中《破阵乐》，唐太宗所造，其音律高亢慷慨，舞容纵横凌厉，是对传统武舞的继承和发展。三是娱乐性舞蹈，包括健舞、软舞、大曲、歌舞戏。唐代舞蹈按舞蹈风格划分，分为健舞、软舞。它们多是独舞或双人舞，动作技巧水平较为高超。健舞动作矫健有力，节奏明快，如《剑器舞》《柘枝舞》《胡旋舞》。软舞动作抒情优美，节奏舒缓，如《屈柘枝》《绿腰》等。大曲是在相和大曲的基础上，吸收西域乐舞创

① 东方曰昧，西方曰朱离，南方曰任，北方曰禁。

新而成的乐舞套曲。歌舞戏是表现某种风格和比较单一的情绪舞蹈，如《踏谣娘》《钵头》《大面》等。这一时期，少数民族风格的舞蹈成分增多，如《胡旋》《胡腾》《柘枝》《菩萨蛮》之类遍及各地。同时，民间歌舞规模扩大，成为宫廷燕乐的主力。民间歌舞分为无故事情节和有故事情节两类。无故事情节的舞蹈出现了踏舞、五方狮子舞、胡旋舞、柘枝舞等；有故事情节的舞蹈形成了后来的舞蹈戏，如参军戏、踏摇娘等，它们是尚未成熟的戏曲。

隋唐舞蹈取得了一定的艺术成就，舞蹈开始以独立的艺术形式登上艺术舞台。舞蹈动作技巧体系日益完善，开始按照动作技巧和风格特征进行分类，出现了独舞、双人舞、三人舞和大型群舞等舞蹈表演形式。

4. 宋元明清舞蹈的发展

宋代宫廷雅乐兴盛，乐舞随之发展，宋乐舞继承唐代宫廷乐舞又有发展，大致分为大曲乐舞和队舞两类。大曲歌舞是集歌、舞、乐于一体的多段体乐舞套曲，是在“相和大曲”的基础上发展而来的，多用于飨宴表演。队舞是在大曲的基础上，辅以诗歌、道白，分段落表演的歌舞形式。队舞表演有严格程式，分为小儿和女子两队。整个表演过程中，队舞有朗诵，表现一定的故事情节，运用道具，以多段体歌舞套曲大曲伴奏，唱、念、舞相结合。当时比较著名的故事歌舞有《降黄龙》《剑舞》《采莲》《柘枝》《调笑》等。队舞的出现标志着中国舞蹈进入了规范化阶段，标志着舞蹈形式的成熟与定型，对后来的戏曲舞蹈产生了一定影响。宋代出现了专门为舞蹈记谱的音乐舞谱——“德寿宫舞谱”。

图 7-13　宋代宫廷队舞

图 7-14　勾栏瓦肆

随着宋代商业化的进程，歌舞娱乐在城市也开始兴盛，勾栏瓦肆为民间娱乐提供了商业经营性的场所。宋代民间舞蹈继承了唐代的民间舞蹈，如《踏歌》《狮子舞》等；同时出现了一些舞蹈性较强的舞蹈形式，如《舞蛮牌》《舞判》《扑旗子》等。“民间鼓乐，谓之社火”(范成大)，社火也叫“舞队”，是一项集音乐、舞蹈、武术和杂技等多种技艺于一体的民间娱乐活动。每逢节日，如元宵节，舞队活动就会变成全民性的、大规模的娱乐活动。人们一面游行，一面表演，各种表演集中在一起进行，如《清乐》《掉刀》《鲍老》《乔亲事》《杵歌》《竹马儿》《旱龙船》等。

宋代舞蹈是从汉唐舞蹈向明清戏曲舞蹈发展的转折点。宋代舞蹈朝着综合化、情节化和程式化的方向发展，为后来明清戏曲舞蹈的发展奠定了基础。

元代宫廷乐舞基本继承了宋金宴享乐舞，元初宰相耶律楚材曾写诗："素袖佳人学汉舞，碧冉宫伎拨胡琴。"元中期以后宴享乐舞衰微，元末密宗娱佛舞蹈"天魔舞"充斥于宫廷："红簾高卷香风起，十六天魔舞袖长。"①明朝宫廷的主要娱乐形式是戏曲，礼仪宴乐舞蹈只应用于典礼仪式的例行活动，因而很难见到高水平的艺术舞蹈。当时宫廷乐舞众多，如《寿星队舞》《赞圣喜队舞》《百花圣朝队舞》等。此外，民间百戏歌舞杂技进入宫廷表演。清代宫廷礼仪宴享乐舞也叫队舞。当时著名队舞有《庆隆舞》，包括扬烈舞、喜起舞、德胜舞等。清代宫廷还有外国乐舞，如《瓦尔喀部乐舞》《朝鲜国俳》《蒙古乐》《安南国乐》等。这些外来乐舞汇演，实际上是隋唐宴乐遗风。此时，独立表演性舞蹈基本上销声匿迹。

明代民间歌舞活动盛行，春节期间举行盛大歌舞游乐活动，称作"行春之礼"，对后来民间歌舞产生巨大影响的有《观音舞》《采莲舟》《捶大鼓》等。清代已有秧歌活动，秧歌可以在广场、戏馆等众多地方表演。春耕农作插秧时，"群歌竞作、弥日不绝"②。秧歌在城市、农村广泛流行。清代传统灯节和迎神赛会时，多种民间艺术组合在一起表演，形成一种综合性表演队伍，叫"走会"。现存的清代《北京走会图》记录了大量的民间舞蹈，如《旱船》《杠子》《地秧歌》《少林拳》《狮子》《花钹》《高跷》等。

元明清三代舞蹈发展最突出的是将舞蹈融入戏曲表演。传统舞蹈追求线和圆的意象在戏曲艺术中得到展示，戏曲舞蹈继承和创新了传统舞蹈的核心要素，形成了自身的特色：一是保留了古代舞蹈的传统，如戏曲舞蹈中的"舞袖"是汉代"长袖善舞"的传统舞蹈；二是延伸了传统道具舞蹈，如扇子舞、剑舞等，以及运用刀、枪、棍、棒、戟、翎子、须发和服饰的戏曲舞蹈的表演；三是继承发展了传统拟兽舞蹈和对大自然的模拟，如双飞燕、大鹏展翅、金鸡独立、虎跳，以及兰花手、云步等。

元明清各地少数民族舞蹈得到了进一步发展，各民族舞蹈风格确立。如彝族火把节的盛装舞蹈、瑶族的长鼓舞、土家族的摆手舞、傣族的孔雀舞、苗族的芦笙舞、壮族的打桩舞、维吾尔族的木卡姆、满族著名舞蹈太平鼓。此外，朝鲜族、黎族、高山族等兄弟民族也有不少优秀民间舞蹈流传。少数民族民间舞蹈是中国古代舞蹈发展史中重要的组成部分。

二、中国传统舞蹈的艺术特色

1. 舞蹈的分类

中国传统舞蹈是世界舞蹈发展史上的一个重要组成部分，大致可以划分为宫廷舞

---

① (元)萨都剌：《上京杂咏》。

② (清)李调元：《南越笔记》。

蹈、民间舞蹈、宗教舞蹈、戏曲舞蹈等。

(1)宫廷舞蹈。

宫廷舞蹈，是历代统治者基于政治管理，为先祖歌功颂德，或为愉悦享乐而进行的规模较大的舞蹈。这种舞蹈最初在礼乐治国方针的指导下，为仪式性舞蹈，通常在大型庆典活动中表演，具有严格的规范。明清以后，仪式性乐舞渐渐衰落，徒有其名。宫廷乐舞除用于仪式外，还有为满足贵族个人声色需要的舞蹈。这类舞蹈以女乐为主，为满足统治者审美情趣而创作，因而其风格可能绮靡、消极，但大部分是由艺人们在民间舞蹈的基础上创作出来的，所以不乏精美之作。

(2)民间舞蹈。

民间舞蹈是指创作于民间，流传于民间，具有鲜明的民族风格和地方特色的传统舞蹈。民间舞蹈与现实生活密切相关，直接反映人民的生活、思想感情与审美理想。如南北两朝佛教盛行，佛教乐舞在民间广泛流传。唐代诗歌繁荣，其舞蹈也因此富有诗意，使我国传统舞蹈美学思想——轻盈、飘逸、优美、向上发扬光大。由于各民族、各地区人民的历史、自然条件和风俗习惯不同，民间舞蹈的风格和特色迥异。如魏晋南北朝时期，在乐舞方面形成了不同特色，北朝胡乐胡舞粗犷豪放，南朝软舞情意绵绵。

(3)宗教舞蹈。

可以上溯到原始社会人们祭拜天地英雄时，模仿自然界的万物生灵的动作而形成的集体舞蹈。如中国上古“六舞”可以看作是基于对天地、英雄和神灵的崇拜而进行的具有某种功利性的舞蹈，这种舞蹈一般不是出于审美需要，而是生存使然。商周两代演变为巫舞，实际上是一种全民性的风俗性舞蹈，如《蜡》《雩》《傩》就是盛行于商代而流传后世的全民性巫舞。随着佛道等宗教的发展，这种巫舞发展成为纯宗教性质的舞蹈，如面具舞、安代舞等。这种舞蹈是在人类生存发展的目标刺激下进行的，因而舞蹈的表现力会最直接、最强烈、最纯粹、最充分。

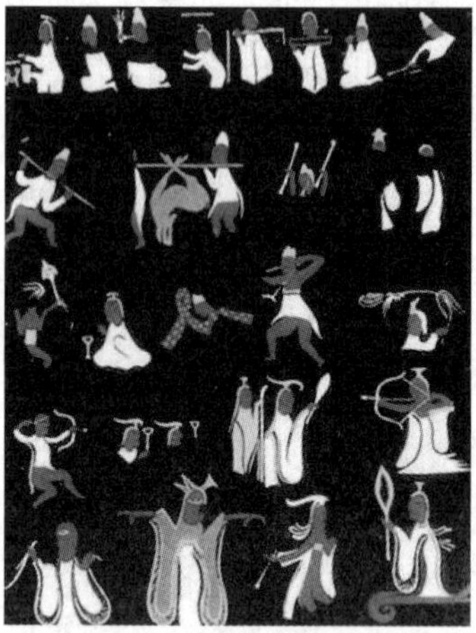

图 7-15　河南信阳巫舞(摹本)

图 7-16　戏曲舞蹈之巾舞

(4)戏曲舞蹈。

戏曲舞蹈是一种综合性的艺术舞蹈。戏曲舞蹈是戏曲四功之做、打的表演，是将传统舞蹈、武术、杂技等集为一体的表演活动。戏曲舞蹈是在中国古代舞蹈的基础上，根据剧情和人物的需要发展而形成的，因而戏曲舞蹈在舞台空间和时间上具有灵活性、虚拟性和程式性。同时它保留了中国古典舞蹈的特色和精粹，并随着戏曲艺术的发展而发展。

2. 代表性传统舞蹈

(1)代表性宫廷舞蹈。

①《盘鼓舞》，汉代宫廷舞，又称《盘舞》《七盘舞》。盘、鼓为舞蹈道具，数量因舞者的技能高低而不等。舞者表演时，盘、鼓覆置于地上，男女舞者双脚在盘、鼓上高纵轻蹑，踏出有节奏的声音。该舞形态多姿多彩，技术重在脚上。在汉画像砖石中保留了丰富的盘鼓舞舞姿，如踩鼓下腰、按鼓倒立。盘鼓舞是将舞蹈与杂技结合的娱乐性舞蹈。

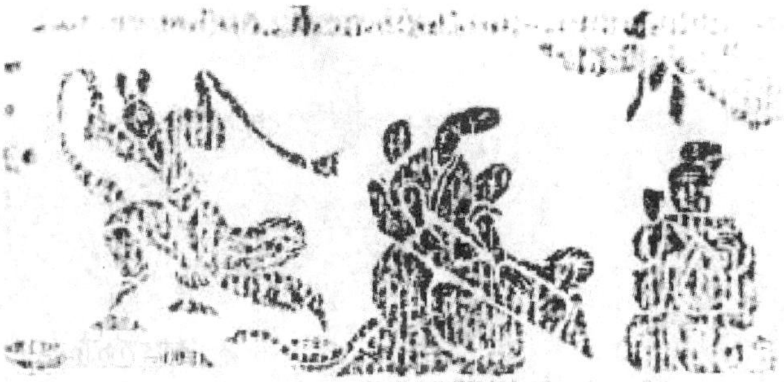

图 7-17　汉画像砖石《盘鼓舞》

图 7-18　长袖舞

②长袖舞。西周《六小舞》之一的《人舞》“以舞袖为容”，汉高祖刘邦的宠姬戚夫人就“善为翘袖折腰之舞”。汉画像砖石中的袖舞图像丰富多彩，河南洛阳金村出土的一对玉雕舞女，两人肩并肩、身靠身作对舞状。出土的众多唐代舞蹈壁画和舞俑，都是身着掩手长袖舞衣，长袖舞为汉唐时期重要的舞蹈技术。

③《白纻舞》，原为江南民间舞，后被引入宫廷，成为宫廷飨宴上不可缺少的表演节目，特别盛行于从晋至唐的五六百年间。舞者佩戴珠翠饰品，身穿质地轻薄的白纻缝制的白色长袖舞衣，故名白纻舞。该舞的主要技术在舞袖上。到唐代，《白纻舞》列入“九部乐”“十部乐”的“清商”乐部中，成为一个艺术水平较高的舞蹈作品。

④《破阵乐》，又名《七德舞》，是唐太宗李世民即帝位后，根据出征时使用的《破阵乐》曲编成的舞蹈。该舞蹈是表现战场威武的劲舞，舞蹈规模宏大，舞者要达到 120 人，披甲执戟而舞。该舞排列左圆右方的队形，表演中加入方阵的变化。全舞分三大段，每段四次变化阵势。伴奏用大鼓，曲调有龟兹声，急、缓的击刺动作，合着雄壮的歌声。

⑤《霓裳羽衣舞》，唐代著名的歌舞大曲，是唐玄宗李隆基吸收印度《婆罗门曲》编

图 7-19　河南洛阳金村出土的一对玉雕舞女

创的。《霓裳羽衣舞》描绘的是虚幻中的仙境。该舞有散序、中序和入破三个部分，散序只有优美动听的音乐，到中序入拍起舞。舞者扮成仙女，上身穿羽衣、霞帔，下身着如霓虹般淡彩色裙，故名《霓裳羽衣舞》。《霓裳羽衣舞》有独舞、双人舞及群舞的表演形式。杨贵妃尤擅长表演此舞。

图 7-20　破阵乐

图 7-21　霓裳羽衣舞

⑥《剑器舞》是唐代健朗、豪爽、劲健的健舞，因持道具利剑，故名剑器舞。剑器舞始于民间的剑术，传说唐代民间公孙大娘及其弟子在民间表演《剑器舞》，舞姿健美，深得人们喜爱。后公孙氏被召入宫舞剑，其技艺“当时号为雄妙”①。《剑器舞》被引入宫廷，成为宫廷著名舞蹈。《剑器舞》曾传入朝鲜，朝鲜古籍《进馔仪轨》绘有《剑器舞》图。宋代宫廷队舞小儿队有《剑器队》，还有《剑器》大曲。

⑦《胡旋舞》是唐代流行的健舞，原为中亚一带的民间舞。唐“十部乐”的《康国乐》即胡旋舞曲。该舞蹈的伴奏以鼓为主，舞蹈特点是快速连续的多圈旋转，“急转如风，俗谓之胡旋”。敦煌 220 窟唐代壁画伎乐天急转如风的舞姿图，反映了唐代《胡旋舞》的风姿。《胡旋舞》至今仍是中亚新疆一带的民间舞。

① 郑隅：《津阳门诗》自注。

图 7-22　双人胡旋舞

图 7-23　柘枝舞

⑧《柘枝舞》是从西域传入中原的健舞。原为女子独舞，身着华服，足穿锦靴；伴奏以鼓为主。舞姿既刚健明快，又婀娜俏丽。快速的足踏，使锦靴上佩带的金铃发出清脆有节奏的响声。

(2)代表性的民间舞蹈。

①《秧歌》，节庆、朝山进香、城市戏馆和宫廷娱乐的群众性风俗娱乐活动表演舞蹈。秧歌源于模拟性的农业劳作舞蹈，与插秧、薅秧等劳动有密切关系。它载歌载舞，后来从单一民间舞蹈节目发展成综合性民间歌舞形式。

图 7-24　秧歌

图 7-25　龙舞

②《高跷》，是民间舞蹈活动中的杂技性舞蹈节目。舞者双足踩在有踏脚板的木棍上，表演各种动作技巧，同时扮演各种人物角色。这个节目多与秧歌同台演出。

③《太平鼓》，是明清时娱乐活动和民间巫术活动中重要的舞蹈表演节目。舞者执鼓而舞，以旋转动作为主。

④《龙舞》，民间舞蹈，已流传千年，明清时尤其流行，南北方皆有。龙是风调雨顺的标志。明清时龙舞多姿多彩，技巧很高，各地区由于不同的地理环境、风俗习惯，舞龙风格不同。

⑤《狮舞》，南北朝时已有狮舞，唐代宫廷舞狮表演盛行，明清时民间狮舞表演达

到高潮。狮舞中舞者身披狮子道具表演，旁有一人以球相逗，是一种活泼轻松的舞蹈。狮舞在民间广泛流传，发展变化成多种形式。

3. 历史上著名的舞蹈家

(1)戚夫人。

汉高祖刘邦的宠姬戚夫人是擅长歌舞的名姬，尤精于舞蹈。其舞袖、折腰的舞蹈功夫备受当时人们的赞誉。刘邦常与之宫中歌舞作乐，极得汉高祖宠爱。汉高祖死后，被吕后处以“人彘”之刑。

(2)赵飞燕。

汉代著名舞蹈家。原名赵宜主，其容貌绝丽，体态轻盈。父死流落长安，以舞技寄寓阳阿公主家。因舞姿轻盈，改名为赵飞燕。赵飞燕舞艺超群，得汉成帝宠幸，入宫封为婕妤，后又封为皇后。据传汉成帝为赵飞燕特制了一个水晶盘，命宫人托盘，让飞燕在盘上起舞，备增飘逸轻盈之美。赵飞燕还擅走一种特别的舞步——踽步，走起来“若人手执花枝，颤颤然”。汉成帝死后，赵飞燕被废为庶人，最后自杀身亡。

(3)窅娘。

五代南唐后主李煜的宫嫔。窅娘以帛缠足，穿白色素袜，在莲花中舞蹈，回旋飘飖之姿，有凌云飞舞之态。当时妇女争相仿效，足以纤弓为美。史家认为窅娘的莲花缠足舞，与后世戏曲中旦角的“跷功”有继承关系。

三、中国传统舞蹈的影响

儒家历来主张丝竹弦管、歌咏舞蹈的目的在于“节奢侈，正风俗，通文雅”，“经夫妇，成孝敬，厚人伦，美教化，移风俗”。因此舞蹈同音乐一样具有“移风易俗”，改变世事潮流和方向的作用。周公治礼作乐，要求“歌九德、诵六诗、习六舞”，目的是“行德化”以“风化天下”。

儒家学派还认为乐舞与人情、人性、人的生命密切相连，直接参与人的心灵活动。人们在舞蹈的过程中，触动内心情感，引起心灵共鸣。形体动作会体现人的内心：温婉、宽广、方正、好义，或恻隐、善行等，通过活生生的形体、美的声音感染人，激发人的进取精神和审美情趣。

各类舞蹈道具的运用，反映了中国古代固有的在其物质生活基础上形成的艺术思维和审美情趣。自古以来，剑戟、盘鼓、舞巾、长袖等道具都反映了那个时代的物质水平和精神审美取向。以唐代敦煌飞天乐舞为例，飞天衣带飘举，反映了华夏民族对舞蹈美的一种认同。再如《霓裳羽衣舞》改编自印度舞，是印度文化与中国思想、学说交融的结果。《霓裳羽衣舞》肢体意象神幻，本质上表现了中国古人对生命意义的思考，是中华民族的文化心理特征和审美理想在艺术创造中的自然流露。

舞蹈是人将美好的意念通过形体展现出来，是人的形体艺术。人在舞蹈中作为主体，势必将个人的感受、认知和审美通过形体表现出来，而感受、认知和审美等必然与其他文化艺术连在一起。如舞蹈与音乐不可分割，舞蹈直接体现音乐的节奏、韵律，并将音乐具化为人的行为；传统舞蹈是文学、绘画等艺术形式的重要题材，敦煌莫高窟壁画的大量题材来自舞蹈，白居易的许多诗作是写舞蹈，等等；舞蹈提升了中国戏曲表演的审美，成为戏曲表演唱、念、做、打中的重要组成部分。戏曲的身段继承了中国传统舞蹈的精髓，并使之成为戏曲艺术中最具特点的艺术形式。

中国传统乐舞中，不同舞蹈突出不同风格，如健舞的气势、软舞的韵律、戏曲舞蹈的意趣、独舞的笔墨、队舞的变化，等等。多变是中国传统舞蹈艺术的生命和灵魂。中国传统舞蹈有多种形态、各种风格，在汉代画像石、画像砖、陶俑、石窟、壁画中皆可见。舞风、舞韵、舞姿、舞意都凝聚着中华民族的浪漫主义艺术气质。

中华民族有着几千年的悠久历史和文化积淀，只有深深植根于民族土壤，继承优秀传统文化，才能在实践中不断创新。现当代的舞蹈艺术家在继承、挖掘传统乐舞文化后，创新编导出的具有本民族特色的舞蹈往往更具有影响力。如梅兰芳的京剧《天女散花》和戴爱莲的双人舞《飞天》就是以石窟壁画为蓝本，创作出的具有影响力的舞蹈。20世纪七八十年代，甘肃的《丝路花雨》以独特的敦煌乐舞为基底，创造了中国民族舞剧史上的里程碑。近年来，杨丽萍以云南乡土歌舞和民族舞经典整合重构，创编了大型舞蹈剧《云南印象》，成为当代舞蹈经典。

项目拓展

一、思维拓展

1. 中国传统舞蹈是依附于音乐的一种艺术形式；中国传统舞蹈与世俗生活分不开。根据所学知识，试着分析中国民间舞蹈的发展与什么活动的关系最密切。

2. 请各专业的同学分析舞蹈与本专业的关系主要表现在哪些方面。

二、实践拓展

在条件许可的情况下观看一场大型舞蹈表演，并试着以该作品为例说明舞蹈鉴赏的基本原则。

第三节　生旦净丑　唱念做打：戏曲

学君臣，学父子，学夫妇，学朋友，汇千古忠孝节义，重重演出，漫道逢场作戏

或富贵，或贫贱，或喜怒，或哀乐，将一时悲欢离合，细细看来，管教惊奇拍案

——清代楹联

传奇无冷、热，只怕不合人情。如其离、合、悲、欢，皆为人情所必至，能使人哭，能使人笑，能使人怒发冲冠，能使人惊魂欲绝。

——（清）李渔

中国戏曲之特点，一言以蔽之，谓以歌舞演故事也。

——王国维

中国戏曲以艺术写意的方式表现中国社会的思想形态和人生百态。其多元复合的文化艺术形式及民族特色鲜明的虚拟性、程式化的表演技术手段，以及强烈的表现力、宏阔的时空维度等，使之成为各国剧种中首屈一指的艺术表现形式。

图 7-26　戏曲脸谱

一、中国戏曲的历史沿革

1. 先秦：戏曲萌芽

中国戏曲起源很早，但其成熟却经历了一个漫长的历程。

父系氏族至夏、商时期，单纯的自然模仿开始演变为对自然、天地、英雄的祭拜仪式，这种祭拜仪式一般通过部族首领领导实施，并将劳动中发展起来的歌舞融于其中。这时的乐舞表现形式以仿生为主，《周礼·夏官司马》中还记载“方相氏掌蒙熊皮……帅百吏而时傩，以索室殴疫”。祭拜仪式中不仅模仿百兽的动作，还要戴上面具以驱瘟镇疫。祭拜仪式具备了一定的戏剧要素和特征——模拟表演、程式化舞蹈、有节奏的伴奏等，甚至出现了短小的叙事性歌舞等。

殷商根据沟通天地的不同功能分出男女巫师，巫师职业化增强了祭拜仪式中的戏剧要素，巫师被看作是戏剧中最早的职业表演演员。

西周对先祖、英雄的崇拜逐渐代替了殷商之前对鬼神的崇拜，巫师转化成迎合天子和士大夫的宫廷乐师，乐师中女性多于男性。西周幽王时，宫廷男乐师以讽刺调笑的方式向天子纳谏，称为“弄臣”。后来这些弄臣成为专供帝王声色娱乐的职业艺人，称为“优”“倡优”或“俳优”。春秋战国打破了人们从对英雄、祖先的崇拜。神的地位被动摇，人们对神或敬而远之，或将其人格化，如楚国祭拜湘水配偶神的《九歌》，用歌舞形式叙述湘君、湘夫人缠绵凄婉的爱情故事，配偶神湘君、湘夫人被人格化、世俗化。表演除了模拟外，还辅以诙谐、夸张、归谬的语言逗人发笑，引起思考。这种表演被称为“优戏”，戏剧表演初具形态。

2. 汉唐：戏曲各要素产生

优戏到汉代是百戏①之一，汉代文化的繁荣，为优戏的发展提供了丰厚的土壤，特别是民间艺术中具有竞技表演特色的“角抵戏”②对优戏的发展产生了极大的影响。优戏将角抵戏中的矛盾对立形式和歌舞形式引进，增强了优戏的戏剧效果。

图 7-27　汉代角抵戏壁画

魏晋政权更迭频繁抑制了百戏娱乐性，优戏衰微。但弄臣表演却有发展，弄臣表演增强了角色扮演、叙事和鉴戒功能，开启了优戏的另一种类——“参军戏”。

优戏到唐朝再次繁荣。一是唐玄宗作为歌舞爱好者增设教坊，促进了百戏的发展。唐玄宗设置的梨园改进了宫廷优戏和歌舞戏的表演。二是宫廷优戏的观众从宫廷下移至民间，优戏表演日益社会化，特别是优戏中弄臣表演发展起来的“参军戏”在民间广泛

① 百戏是兴起于秦汉时期的民间艺术。它混合了体育竞技、杂技魔术、杂耍游戏、歌舞装扮等各种表演形式。

② 角抵戏最初是模拟黄帝与蚩尤交战时双方的对决情形，后来发展为男子间的竞技和格斗，以体现男子的力量。在角逐对抗中对抗双方形成了矛盾对立的局面，这种对决到后来被引入优戏的表演中。

普及。三是优戏表演出现了两个角色。扮演官吏的弄臣叫做“参军”；戏弄官吏的弄臣，叫做“苍鹘”。晚唐时参军戏发展成为多人演出，戏剧情节日益复杂。

唐朝民间出现了说唱艺术。这种说唱艺术源于“变文”①，注重演绎故事情节，有不同角色对话和人物情态的表演，增强了角色扮演的特征和对话体成分，为元代剧本的产生奠定了基础。说唱艺术还利用“大曲”，反复吟唱一个故事，加强了戏剧音乐性效果。

五代后唐皇帝李存勖是著名的“俳优皇帝”，他对戏剧角色增多、场面扩大起到了很大作用。中国传统戏曲到五代还不完备，但已粗具规模。

3. 宋元：戏曲要素逐渐完善

北宋时期参军戏角色发展为专职艺人，职业演员出现，参军戏改称“杂剧”。宋初杂剧盛行于汴梁，辐射到北方各地，成为北宋各阶层主要的娱乐方式。北宋沦陷后，勾栏瓦舍随之南渡临安，宋杂剧遂盛行江浙。宋杂剧对辽金等政权的杂剧均产生了很大的影响。宋亡，宋杂剧艺人归顺金国，将杂剧推广至燕京，杂剧演出范围扩大。

宋杂剧已经接近成熟的戏曲表演。首先，具备了一定的结构。宋杂剧出现了两段以上的多段式结构，多段式结构使优戏即兴的独场表演跨入多场次的表演时代。其次，职业艺人的角色表演更加专业，出现了末泥、引戏、副净、副本和装孤五大角色，形成了明确分工的角色制度。再次，演唱音乐逐渐形成了南北两大体系。北杂剧音乐吸收了北方民间曲调，为元杂剧的发展奠定了基础。南杂剧吸收了器乐伴奏，将大曲等引入杂剧配乐。最后，宋杂剧的综合表演特征更加突出，沿用了优戏中滑稽科诨的表演，并将歌舞表演引入。

图 7-28　北宋杂剧砖雕

① 变文即把佛经内容演变为便于诵唱的通俗语言。许多学者认为变文是后来的平话、小说、戏曲等中国俗文学的渊源。

两宋之间，浙江“温州杂剧”继承唐朝歌舞戏，发展为“南戏”①，也称南曲戏文、南曲、戏文。南戏继承了唐朝优戏和歌舞戏的表演特征，吸收南方民谣和宋词格律演唱故事，既无宫调又少节拍使其演唱灵活而通俗。南宋中期南戏向周边地区传播，迄今仍是浙、闽、赣等地的传统声腔剧种。南戏是我国最悠久的戏曲代表剧种之一，2005 年被列入世界非物质文化遗产名录。

南戏比宋杂剧更成熟。一是演出体制不分段，舞台上从头至尾表演一个完整的戏剧故事。故事情节主要靠生、旦唱曲、说白和念诗交代。二是角色行当分为生、旦、净、末、外、贴、丑七种，奠定了后来戏曲行当的基础。三是音乐配器主要使用鼓、笙和箫等传统乐器，调式沿用传统五音阶，广泛吸收南方民谣和俚曲，歌唱成为表演的重要形式。四在内容上主要围绕爱情伦理和人世的悲欢离合，与现世生活息息相关。五是舞台特征突出，如程式化的动作、夸张的装扮化妆、时空转换的舞台表现手法等。

北宋时期说唱艺术主要是鼓子词，即道情②。南宋时道情因采用渔鼓、简板伴奏，又称渔鼓道情。渔鼓道情分成两种形式和风格，其中道观吟唱的诗赞体道情在南方流传，形成了唱白相间的说唱道情；为满足故事内容和情绪的表达，在山陕豫鲁等北方地区出现了注重唱腔的曲牌体道情③。这种说唱音乐形式的道情对戏曲产生了一定的影响：一是促进了文学剧本的创作，出现了一批专门从事说唱艺术脚本创作的职业作者——书会先生；二是曲牌体促进了戏曲唱腔艺术的发展。

宋代北方派杂剧在金政权所辖的范围中发展为金院本。金院本对后来北曲声腔的形成产生了直接的影响，使戏曲剧目在内容上完整统一。北方民间的鼓子词发展为曲牌道情，北方“蕃曲”渗透到中原并被推广，产生了新的具有北方民族特色的曲调、曲牌，这些曲牌还借用北方少数民族乐器进行伴奏和配乐，如筝、琵琶、胡琴等。曲牌道情和蕃曲构成了北曲体系。金元时期北曲吸取民间俚曲，形成了小令和套数两种形式。人们常将同一个宫调的小令组合起来，发展成诸宫调联套。诸宫调使北曲具有张力，后来成为元杂剧中重要的音乐要素。

元朝建立后，北方杂剧成为主要娱乐方式，知识分子参与杂剧创作，使杂剧在元朝中晚期传播到江浙一带，杭州成为杂剧在南方地区的核心地带。元杂剧与宋杂剧比较有以下变化：一是吸取了北曲的音乐模式，如曲牌联套，创新了北方曲牌体唱腔；二是文人参与到杂剧的创作中，创作出大量的剧本，即“传奇”，杂剧表演质量提高；三是演出结构发生改变，建立了比较严格的形式框架；四是角色分工更细腻，一个行当常常分为正副两个角色；五是在杂剧表演中增加了歌唱的比重，规定只有主角可以演唱，歌唱加重了主角的地位。

---

①　南戏是指自宋末叶至元末明初时期在中国南方流行的戏曲艺术。

②　最早是唐代道观内所唱的经韵，为诗赞体。宋代后吸收它吟唱用的词牌、曲牌，在民间衍变为新经韵，又称道歌。

③　是集合若干不同宫调的不同曲子咏诵一件事，采用多种宫调的曲牌连缀体组合成了自己的音乐结构。

图 7-29　元杂剧演出壁画

图 7-30　早期南戏演出

南戏在元代一度衰微，但元末再度复兴。原因大致为：元末知识分子离开杂剧创作，杂剧衰落，为南戏复兴创造了机会；南戏以开放的心态吸取北曲之长，争取了观众；南戏艺人主动学习北曲声腔、曲调、曲牌等，使南戏音乐格式日益规范和严谨，出现了一批擅长“南北调合腔”的南戏艺人；南戏在元末成为南方汉族反元的工具，汉人参与南戏剧本创作，当时南戏剧本称为“戏文”，南戏勃兴。

元代的杂剧、南戏等对中国戏曲舞台原则与表演要素的丰富、完善和定型起到了决定性的作用。第一，元杂剧、南戏使戏曲表演趋于程式化。元杂剧中将累积起来的、被观众认可接受的表演形式定型，逐渐程式化。第二，元杂剧的表演装饰考究，服装、道具①和化妆成为渲染舞台角色和气氛的重要手段。第三，元杂剧、南戏的受众扩大到市民，二者成为城市娱乐的主要方式，市民消费为戏曲的繁荣提供了外部条件。第四，剧目创作开始从即兴表演变为诗、歌、舞的综合性表演。第五，以家庭为单位的表演组织“戏班”成为普遍现象，他们世代传承，将戏曲表演变为赖以为生的职业。第六，元代用于表演的戏曲建筑增加。各地涌现了不同风格的戏台，杂剧、南戏已深入到民间。第七，戏曲理论和批评更加深入。

图 7-31　晋祠水镜台

图 7-32　乌镇古戏台

① 戏曲舞台上使用的服装、道具等在戏曲行业中有专业术语，叫“行头”。

4. 明清：戏曲进入成熟期

明初百年元杂剧几乎占据当时北方各地舞台，但到明万历年间却几近消失。原因有如下几点：文人淡出，使元杂剧剧本创作枯竭；元杂剧的曲律、体制严格，一般艺人难以参与，使元杂剧人才不济；元杂剧一直恪守严格的剧本创作、严格的音乐曲律、严格的配器，甚至严格的观众群，与观众产生了距离。

与此同时，南戏日兴，几乎占据半壁江山。原因是南戏曲律没有杂剧那么严格，在创作上艺人可以参与其中，使剧目创作兴盛；此外，明神宗对南曲产生兴致，在宫廷中增设机构，将南曲声腔的弋阳腔、海盐腔、昆山腔等引入，动摇了北曲杂剧的独尊地位。南戏在声腔、曲牌上的自由度使之能够很快入乡随俗，渗透到民间。到15世纪中期，南戏在东南浙江沿海各省演绎变化出许多新声腔①，并北上至京城。

明代南戏大胆改革，到明中叶达到了辉煌，形成了自己独到的表演风格。一是在音乐上大胆创新，吸取北曲音乐创新南戏套曲音乐，运用“犯调”丰富南戏的音乐体制等，并确定南戏宫调法则、传奇准则。二是演员角色上新增小生、老旦两个，发展为九个行当，增强了表演后备力量。各种行当在演出中形成了规范的登台秩序。三是结构上开始打破传统演出。南戏传奇拖沓冗长，戏剧性减弱，于是出现了对整个剧本的再选择，“折子戏”产生。

明万历年间在北方民间兴起了一种新的北曲弦索，并很快繁衍出众多新声腔，成为与南戏抗衡的又一个民间剧种。北曲弦索实际是金元时期流行的民间小令，采用弦索乐器伴奏，故称“弦索”。北曲弦索声腔在传唱中形成了弦索腔、姑娘腔、诰猖腔、西秦腔四大曲牌，万历之后，南戏、北曲弦索两大民间剧种不断交流，产生了南北声腔变体，为清代戏曲声腔的发展奠定了基础。

明代基本奠定了清代以后的戏曲模式。第一，更注重演员的基本功和技能表演，特别是折子戏对演员舞台表演技能要求更高了。在表演中为追求效果，逐渐形成了中国戏曲特有的程式化表演。第二，演出场所的形式增多，并逐渐固定下来。演出地多设于富贵家庭中的堂会、商业活动中的会馆、乡村寺庙酒馆等处，甚至会临时搭台在船上“卷梢”等。第三，戏曲的个性化趋势呈现，如脸谱色彩突出，服装装饰和色彩增加了图谱，须生佩戴的髯口分类更细致。第四，戏曲理论研究出现。王骥德撰写的《曲律》是中国戏曲史上第一部系统的理论著作，奠定了中国戏曲理论的基础。

清前期，戏曲声腔形成了四大系统。一是昆山腔，即昆腔、昆曲，是最有影响、最为成熟的戏曲声腔剧种。清初被士大夫推崇，成为高雅的戏曲艺术，2001年被联合国列入首批非物质文化遗产名录的19项之首。二是弋阳腔，又称高腔。它是元末南戏流传到弋阳后，与当地的语言、音乐相结合，并吸收北曲、目连戏演变而成的，是南戏、北曲融合交流后流行于北方的新声腔系统。三是弦索腔，在清初传入中原一带，出现了

① 这个时候的新声腔是南戏的变体，约有15种：余姚腔、海盐腔、弋阳腔、昆山腔、杭州腔、乐平腔、徽州腔、青阳腔、太平腔、义乌腔、潮腔、泉腔、四平腔、石台腔、调腔。这些腔调大多出自江浙吴语方言。

众多的声腔剧种。四是西秦腔，即西调、秦腔。其曲调激昂，行腔迅速，是板式变化体唱腔，因用梆子击节，俗称“梆子腔”。它在清前期流行于山陕，并远播至江、广、闽、浙、川、贵等地。

另外，在民间歌舞的基础上源于乡村庆典的社火、灯会等活动形成了具有各地区特色的新的戏曲剧种。如长江流域的花鼓戏、云贵川两湖地区的花灯戏、南方的采茶戏、山陕冀鲁豫的秧歌戏等。其他还有道情、滩簧、落子、琴书、坠子等流传于各地，形成各具特色的地方小戏。

各声腔系统在彼此借鉴、学习、吸收中发展，并保持自己的独特的成分和风格。乾隆年间盛行的秦腔、枞阳腔和襄阳腔都吸收、保留了南方吹腔的成分，而吹腔再与其他声腔相结合演变出更大的新复合声腔，如乱弹、二黄等。“乱弹”是“梆子腔”的一种，清初“梆子秧腔”和“梆子乱弹腔”统称为“梆子腔”，又叫“昆弋腔”。其中“梆子乱弹腔”在学习、借鉴中形成了自己独特的音乐结构，梆子击节，以弹拨乐器伴奏，吸收了吹腔“三五七”的句式，保留了江南音乐的舒缓柔丽，从而构成江南各地不同风格的“乱弹”。“二黄”是秦腔加入胡琴伴奏，并吸收枞阳腔和襄阳腔成分形成的新的声腔。二黄腔出现后，迅速向东西两处传播，尤以徽、鄂等地发展起来的“徽班二黄”最有影响力。乾隆五十五年，徽班三庆班受浙江盐务推荐赴京为清高宗八十大寿演出，一举成名。之后四喜、春台、和春先后进京，统称为徽班。徽班带来的二黄腔成为京城最流行的声腔。

秦腔传入湖北，与襄阳腔结合，发展为二黄、西皮统一的皮黄腔，楚调最早采用“皮黄腔”，后来发展成汉调。楚调采用月琴、弦子和二胡伴奏，并辅以鼓板打击乐。今天京剧伴奏乐器沿用了这种伴奏模式。清道光年间汉调艺人步徽班足迹赴京，米应先为汉调在京城立足立下汗马功劳。他使观众的欣赏趣味由旦行转到老生行，老生异军突起，先后出现了“老生三鼎甲”——程长庚、余三胜和张二奎，“后老生三鼎甲”——谭鑫培、汪桂芬和孙菊仙。

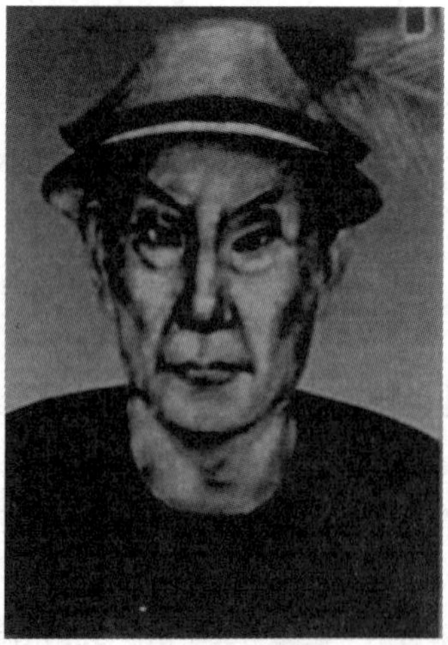

图 7-33　京剧老生三鼎甲之程长庚

图 7-34　京剧后老生三鼎甲之谭鑫培

汉调进京丰富了京城徽班的声腔系统，加快了京剧形成的步伐。汉调艺人进京后在保留楚音的同时尽量采用京城官方语言，打破了徽班在舞台语言上同京城北方观众的隔阂。徽汉合流，道光年间在京城京剧诞生。同光年间京剧向全国蔓延，大批杰出的京剧艺人涌现，最著名的是“同光十三绝”①。京剧音乐属于板腔体，用胡琴、锣鼓、二胡、月琴等伴奏，主要唱腔有二黄、西皮两个系统，故京剧又称“皮黄”。京剧集徽、汉、昆、梆多种声腔及其剧目之长，取各行当表演之功力，形成文场、武场不同的配器规模和格调，成为我国戏曲的集大成者，成为迄今影响最大的剧种，被视为“国剧”。2010年11月，京剧被联合国列入“人类非物质文化遗产代表作名录”。

图 7-35　同光十三绝

二、戏曲——集中国传统艺术于一体的综合性艺术

中国戏曲是集音乐、舞蹈、杂技、武术、美术、文学、念白等多种艺术门类于一体的综合性艺术形式。它将多种艺术形式融合在舞台上，是台上与台下、演员与观众共同参与的综合性艺术。

1. 戏曲基本功

中国戏曲是程式化的歌舞表演，是运用唱、念、做、打“四功”，手、眼、身、步、法“五法”等多种表现手段来创造舞台形象的艺术。

戏曲音乐包括声乐和器乐两大部分。声乐部分主要是唱腔和念白，它们是戏曲音乐的主体。戏曲中声乐演唱主要是曲牌和板腔，两者都可以分为抒情性唱腔、叙事性唱腔和戏剧性唱腔，三类唱腔都要求“声要圆熟，腔要彻满”②；念白在舞台上的表现是吟咏，要求“虽不是曲，却要美听”③。念白形式是语言与音乐的不同程度的结合，念白要抑扬顿挫，表现出语言韵律和节奏，形成音乐美。戏曲音乐还包含增强戏剧故事情节配器的乐器伴奏。

---

① 同光十三绝是晚清画师沈蓉圃的工笔写生戏画像，其中十三绝是指京剧戏曲人物，他们是老生程长庚、卢胜奎、张胜奎、杨月楼，武生谭鑫培，小生徐小香，旦角梅巧玲、时小福、余紫云、朱莲芬，老旦郝兰田，丑角刘赶三、杨鸣玉。

② 燕南芝庵：《唱论》。

③ 王骥德：《曲律》。

明清时期的四大声腔系统为皮黄腔、昆腔、梆子腔、弋阳腔。每个声腔系统在某地发展时与当地的方言等结合，形成一个新系统。如皮黄腔衍生出徽剧、汉剧、京剧、粤剧、湘剧等20余种地方戏曲剧种。皮黄腔唱词格式沿用七言、十言的对偶句式，演唱时能朗朗上口，在伴奏乐器上都以胡琴为主，如京剧是典型的皮黄腔。梆子腔后来也形成众多支系，其中影响较大的有陕西的秦腔，山西的蒲剧、晋剧、北路梆子，河南的豫剧、山东梆子和河北梆子等。梆子腔以硬木梆子击节，以板胡为主要伴奏乐器，调式多为徵调，唱腔是上下句式，但有花腔乐句为辅。其曲调则以七声音阶为主(上党梆子例外)，常用闪板，音乐高亢激昂，悲壮粗犷。弋阳腔又称高腔，它派生出众多声腔剧种，如川剧、湘剧、滇剧等。高腔伴奏只用锣鼓等打击乐器，不用管弦乐伴奏。其演唱往往是一人在台上唱，众人在台后帮腔。弋阳腔音调高亢，富有朗诵性。

戏曲舞蹈在戏曲表演体系中被称作做、打，是四功中的两种基本功。做是指演员配合角色需要所进行的表情和形体动作，打是指武生、刀马旦等角色在表演战斗时程式化的形体动作。戏曲舞台上人物的行动有手、眼、身、步、法“五法”，加以程式化、舞蹈化。戏曲表演中用手、身、步等肢体的舞蹈、塑形表达人物的身段、工架和武打，用眼、法等变化表现人喜怒哀乐的情感变化。戏曲舞蹈形式表现多姿多彩、丰富而富有变化，但大致可分为五种：一是插入性的舞蹈；二是程式化的舞蹈段子，如趟马、走边；三是程式化的舞蹈动作，如水袖功、翎子功、髯口功、长绸功等；四是刀枪把子；五是跟斗。每一种形式都含有多种技能，如水袖功有勾、挑、撑、冲、拨、扬、掸、甩、打、抖、抛、抓等种种不同的舞法，须生髯口则有甩、抖、掸、撩、推、托、挑、捻等不同要法。

2. 戏曲行当的划分及常用术语

行当表演是中国戏曲的重要特征。清末民国初年，戏曲基本形成了生、旦、净、丑四大行当。

生行是戏曲表演中的男主角，根据剧中人物的年龄、身份，又划分为老生、小生、武生等。老生因挂髯口(胡须)又名须生。旦行是戏曲表演中女角色的统称，根据剧中人物的年龄、性格、身份等，分为正旦(青衣)、花旦、武旦、老旦、彩旦等专行。净行

图7-36　大花脸

图7-37　小花脸

俗称花脸，就是运用各种色彩和图案勾勒出面部脸谱。净行人物一般都是有特异性格、气质和相貌的男性角色，是舞台表演中具有独特风格的造型。丑行是戏曲表演中的喜剧角色，又称“小花脸”。根据剧中人物的身份、性格和技术特点，大致可分为文丑和武丑两系，表演上各有特点。丑行涉及的人物性格较多，表演程式不像其他行当那样严谨，基本功重在念白。

戏曲作为一门综合性艺术，在发展过程中逐渐形成了一套行业术语，这些术语对观赏中国戏曲有很大帮助：

压轴：指一台折子戏中的倒数第二个剧目。因最后一个剧目称大轴得名。

串：演戏俗称“串戏”，因角色须连贯成队，故称串。

反串：指演员扮演自己行当外的角色。如旦行演员演生行或武生等。

客串：非职业演员参加戏班演出称客串。

票友：是戏曲、曲艺的非职业演员、乐师的通称。

优伶：古代对表演戏谑为主的演员称“俳优”，以表演乐舞为主的称“倡优”，演奏音乐的艺人称“伶人”。宋元以来称戏曲演员为优伶。后来将以歌唱、舞蹈、杂技等表演为业的艺人统称为优伶。

龙套：又称“文堂”“流行”。主要是在剧中扮演士兵、夫役等侍从人员，因身着特殊形式的龙套衣得名，一般四人为一堂。

板眼：中国戏曲音乐中的专有名词。奏乐或唱曲时，每一小节，强拍以板敲，称“板”；弱拍或次强拍则以鼓点击，称“眼”，合称板眼。分别称为三眼板（四拍子）、一眼板（二拍子）、有板无眼（一拍子或称流水板）、无板无眼（散板）等。

自报家门：戏曲表演程式，也是戏曲中介绍人物的传统手法。剧中主要人物第一次上场时用引子、定场诗、定场白等作自我介绍，内容包括姓名、籍贯、身世和剧中规定情境等。

起霸：戏曲表演程式。通过一套连续的舞蹈动作，表现古代将士出征上阵前整盔束甲的情景。全套的称整霸或全霸，大多用于剧中主要人物。此名因明代传奇《千金记·起霸》而出。

亮相：戏曲表演程式。剧中人在上下场或一节舞蹈结束时的短暂停顿中所做的塑像式姿势。用以突出显示人物的精神状态。

趟马：戏曲中策马疾行的表演程式动作。通过成套的连续的舞蹈动作，配合快速的锣鼓节奏，表现策马疾行的姿态。

打出手：戏曲武打特技，简称“出手”。在一部戏中常表现为一个主要角色手足并用同数人交战，通过互接、踢、抛、掷武器等手法，做出惊险复杂的战斗场面。

翎子：戏曲中演员盔帽上的两根五六尺长的雉鸡尾制饰物。插翎子的多为英武、勇猛或暴戾的人物。翎子功加强了表演的舞蹈性，用于表现人物感情。

3. 戏曲与文学

中国戏曲渗透了诗情画意，是集诗、歌、舞于一体的舞台表演。歌即戏曲之“曲”，通过唱、念的形式体现，舞是通过做、打的身体语言体现。诗即戏曲文学，唐宋以“传奇”形式表现，元明以传奇、戏文表现。现存宋代南戏剧本有《张协状元》，元末涌现的南戏剧本有《琵琶记》《荆钗记》《刘知远白兔记》《拜月亭记》《杀狗记》《胭脂记》《东窗记》《破窑记》等十几种。《张协状元》是现存唯一一部南宋戏文，也是我国目前发现最早的一部完整的戏曲剧本。《张协状元》与《刘知远白兔记》《拜月亭记》《杀狗记》合称四大南戏。

元杂剧是中国古典戏曲文学的巅峰时期。元代出现了一大批著名的戏曲文学大师和作品。前期杂剧名家有关汉卿、王实甫、白朴、马致远等，他们使元杂剧进入黄金时代。关汉卿堪称元杂剧领袖。他一生创作杂剧六十余种，现存十余种，《窦娥冤》《望江亭》《拜月亭》等成为长盛不衰的各种戏曲剧种代表剧目。王实甫的代表作《西厢记》，描写张生对莺莺始乱终弃的悲剧故事，与关汉卿的《拜月亭》、白朴的《墙头马上》和郑光祖的《倩女离魂》并称为元代四大爱情剧。《西厢记》在结构形式上突破了一本四折的格式，使剧情更富于戏剧性和曲折性。《西厢记》唱词华丽、宾白又口语化，是古典戏曲文学中“文采派”的杰出代表。白朴的《梧桐雨》描写唐明皇和杨贵妃的爱情悲剧，其文采不输王实甫的《西厢记》，在人物心理的刻画上则更胜一筹。马致远的《汉宫秋》写昭君出塞，用清丽典雅的曲辞表现一个哀婉动人的故事，文学性很强。

明后期至清初，戏曲传奇继元杂剧创作之后再次兴盛，戏曲创作大师及其优秀作品层出不穷，如明代汤显祖的《牡丹亭》，清代洪生的《长生殿》、孔尚任的《桃花扇》、李渔的《笠翁十种曲》等。明清传奇总体上表现为“典雅有余，当行不足，谨严有余，生动不足”，剧中曲词文学性极强，适于诵读，未必适合舞台演唱，许多优秀的剧本成为“案头文学”。

4. 戏曲与美术

戏曲综合了多种传统艺术，绘画理论进入戏曲舞台。程式化脸谱、装饰性服装、象征性道具等外在美术形式均能表现角色的性情和精神世界。脸谱是传统戏曲演员舞台演出时脸上的化妆与造型。不同行当，脸谱不同。生、旦两行当妆容最简单，略施脂粉，面部干净而清丽，称作俊扮、素面或洁面。净行当面部化妆相对复杂，要重施油彩，图案复杂，称为“花脸”。通常人们所说的戏曲中的脸谱，主要是指“净”的脸谱。丑角只在鼻梁上抹一小块白粉，俗称“小花脸”。戏曲脸谱具有写意和程式化的特点，通过颜色表现剧中人物的性格、品德，具有浓厚的道德评价色彩，如红表忠勇、黑表刚直、白表奸邪、蓝表威猛、黄表阴狠、绿表强悍等。

戏曲舞台上的行头主要为戏衣，泛指蟒、靠、褶等，款式不多，但富于变化。戏衣还有用来帮助塑造形象的附件，如护领、胖袄等。戏鞋是各式靴、鞋，如厚底靴、彩鞋等。盔头是指剧中人所戴的冠帽，主要分为冠、盔、巾、帽四类。冠一般为帝王、贵族的礼帽；盔一般为武士所戴；巾多为软件，属于便服；帽类名目繁多，从帝王将相到平民百姓可能都戴帽，最常见的是文官戴的“乌纱帽”。

图 7-38　冠

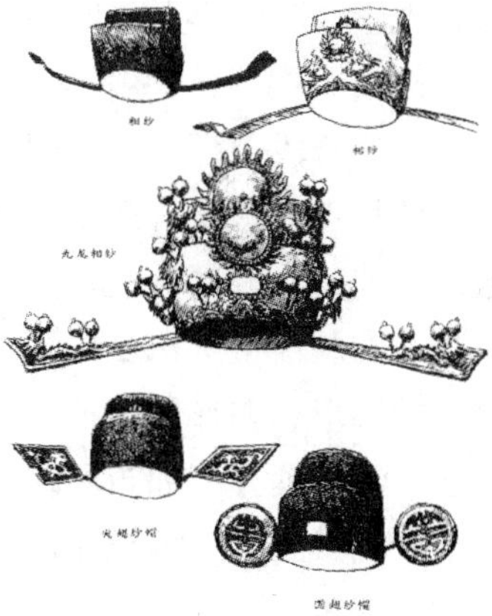

图 7-39　乌纱帽

三、中国戏曲艺术的文化特征

戏曲舞台承载着中华民族文化传承和道德教化的使命。每一出戏都反映了中华民族的生存状态、生活方式，以及理想、愿望和追求，一部部戏曲故事串起来就是一部中国史。

戏曲以教化为目的。任何一个角色都能够成为教化的老师，如丑行通过插科打诨对丑恶进行鞭挞，“寓道德于诙谐，藏经术于滑稽”。戏曲通过忠臣孝子的故事感染人，达到教化的作用；通过惩恶扬善的结果唤起人们对美好事物的追求。从南戏戏文《张协状元》，到杂剧《窦娥冤》《望江亭》《救风尘》等，无不关注和反映那个时代的善恶美丑。剧作者希望通过戏曲故事和舞台表演唤醒人们的道德、理想、责任意识，观赏者会随着剧情发展而喜、怒、哀、乐。戏曲故事对百姓具有潜移默化的、浸润的作用，对中国文化产生了深远影响。

中国戏曲具有写意、虚拟、象征的美学观。写意原是中国美术术语，是画家以精练的笔法勾勒出人和物的精神和本质。写意表现在戏曲上，就是通过演员的一言一行、一颦一笑刻画出角色内在的精神世界。写意、虚拟和象征的艺术手法为戏曲故事的展开提供了巨大的空间。写意、虚拟需要演员有丰富的想象力，在戏曲小舞台上通过夸张的表演，用时空转换的方法体现人生的大舞台。如有一个圆场的千里行、四个龙套的千军万马，有红脸关公、白脸曹操，有长歌当哭、无花春色、无波江河。象征的手法使戏曲舞台具有很强的包容性。

“一切美皆形式之美”①。戏曲是通过音乐、舞蹈、脸谱、服饰等形式美让观众感受人物的精神世界的，这种形式美已经超越了生活的真实，而立足于传神达意。许多生活中不被视作美的东西，都可能通过戏曲表演转换成一种美，比如丑角未必就丑，在其

① 王国维语。

表演中也要找到一种诙谐美。

中国戏曲在表现生活时，离形而取意，得意而忘形。即使是哭声感天动地，也不可以将现实生活中的声嘶力竭带入戏中，哭声要在写意下体现美的音色。戏曲表演中，文、武不同性质角色的身段，都要结合塑造的形象体现形体的美感。旦角之兰花指要具备钩、柔、白、瘦的特点，由此打造出众多造型。有人统计梅派兰花指就达53式，其形之美不可胜数。

中国戏曲中独有的脸谱审美深受中国画的美学思想影响。“神似”运用到戏曲脸谱中，构成了脸谱中的离形、取形、传神的美学思想。戏曲脸谱中的构图、勾线，都要按照中国书画的章法、笔法展开，如布局疏密、避让、虚实、均衡等。戏曲服装的美在戏曲舞台上既增强了戏剧效果，也为戏曲观赏增色。服装及饰物蕴含着中华民族的趣味和爱好，如强烈的纯对比色、寓意深刻的纹饰图案，形成了东方的、民族的，既花团锦簇又协调统一的整体美。

中国戏曲具有很强的娱乐性。中国最早的戏曲角色便是以讽刺调笑的方式向天子纳谏的专职演员——弄臣，他们是专供帝王声色娱乐的职业艺人。到唐朝他们演变为被戏弄的对象——“参军”，宋元杂剧和南戏中成为净末、副末，到明清演变为成熟的丑角。戏曲有“无丑不成戏，丑是戏中胆”的说法。丑角在戏曲表演中插科打诨、诙谐风趣，增强了戏曲表演的喜剧效果，即使在悲剧中也能使人在悲情中看到希望。

中国戏曲是承载中国社会、历史、文化等的艺术形式。传统戏曲剧本大多源于历史传说、历史著作、古典文学等。观看传统剧目，可以使人了解不同时代的社会风貌和社会生活。通过中国戏曲的表演，可以体会中国传统艺术的美学与传统哲学。中国戏曲承载了丰富的、多样性的中国传统文化，在发展的过程中传播了中国文化。

中国戏曲是世界了解中国的桥梁。如16世纪欧洲传教士通过中国宫廷的戏曲表演来了解中国人的生活。到19世纪中期，有传教士将中国戏曲带到西方进行公演。20世纪京剧大师梅兰芳多次在美国进行访问演出，他精湛的表演唤起西方戏剧家对中国戏曲的兴趣，使西方观众了解到在戏曲艺术中渗透着的中华民族文化。

项目拓展

一、思维拓展

1. 从课文中我们发现：中国古代戏曲是一种综合的舞台艺术样式，它的特点是将众多艺术形式以一种标准聚合在一起。你在阅读中还发现了中国戏曲的哪些特点？

2. 结合本讲所学知识，分析元代戏曲形成杂剧、南戏不同风格的原因。

二、实践拓展

观看一折地方折子戏，并以该作品为例说明鉴赏戏曲的基本原则。

参考文献

1. 金文达：《中国古代音乐史》，人民教育出版社 1994 年版。
2. 王光祈：《中国音乐史》，团结出版社 2007 年版。
3. 邓光华：《中国民族民间音乐》，高等教育出版社 2002 年版。
4. 廖奔、刘彦君：《中国戏曲发展简史》，山西教育出版社 2011 年版。
5. 彭吉象：《艺术学概论》，北京大学出版社 2006 年版。
6. 王克芬：《中国舞蹈发展史》，上海人民出版社 2004 年版。
7. 于平：《舞蹈文化与审美》，中国人民大学出版社 2005 年版。
8. (清)李渔：《闲情偶记》，上海古籍出版社 2000 年版。
9. 王国维：《宋元戏曲史》，复旦大学出版社 2004 年版。

第八讲

独具匠心丹青墨：传统艺术(二)

鹅池碑亭

鹅池碑亭位于浙江绍兴，传说是书圣王羲之养鹅的地方。

图 8-1　鹅池碑亭

传说王羲之在兰亭建造了一口养鹅的池塘，取名“鹅池”。一天，王羲之父子在鹅池赏玩，兴致来了，欲为鹅池题名。王羲之刚写出“鹅”字，就有大臣持圣旨而来，王羲之停笔接旨。儿子王献之趁父亲接旨时，在“鹅”字后挥笔续写了“池”字。“鹅池”两字，父子合璧，两字高低、瘦肥、纵横相得益彰。王羲之对“鹅池”两字很是喜欢，遂将其立于池塘之上。“鹅池”之碑成为中国传统艺术——书法的标志性界碑，而今这里已成为著名旅游景点。

书法是中国各种艺术中最具特色的艺术表现形式，是中国绘画、建筑的基础。书法及其姊妹艺术篆刻在 2009 年 10 月被联合国教科文组织列入世界非物质文化遗产目录，是目前我国 37 项被列入世界非物质文化遗产的项目之一。

本讲从书法开始，讲解中国传统造型艺术——书法、绘画和建筑。

项目实训

将同学们分为“书法组”“国画组”“古建筑组”，每组同学在了解中国书法、绘画和古建筑发展线索的基础上广泛查阅资料，制作课件或拍摄相关作品，向大家讲解本组所负责的课题，其他各组组长评分，教师总结补充。

第一节　草走龙蛇　墨流芳香：书法

文字是第一度的人类文化的伟大创造，书法是以汉字为基础的华夏民族第二度的伟大文化创造。

——金学智《二度文化的创造》

几千年来，汉字在中华民族的融合与凝聚方面，在维护中华民族的尊严和统一方面，功莫大焉。汉字文化是中华儿女永远的精神家园。

——任继愈

书法代表中国文化最核心的部分，可以说是核心的核心。

——熊秉明《在美术研究所座谈会上的讲话》

文字是文化和文化传承的重要载体，是一切文化现象赖以表达的归宿。汉字不仅是文化现象、文化载体，还是一门综合性艺术。书法是中华文化中最具中国思维的、独特的代表性艺术，是东方美学与思维的浓缩反映。

一、汉字——书法艺术的基础

迄今为止，我国发现的最早文字是三千余年前的商代甲骨文。据汉字研究专家考证，商代甲骨文已基本具备“六书”①的构字要素，其中“象形”字尤多。甲骨文的作用主要是记录，如记录商王及贵族等对未知军国大事在执行前进行的“问天”仪式及其结果。

图 8-2 甲骨文

商周是青铜器的鼎盛时代。商代晚期铸刻在青铜器上的文字渐渐增多，西周更加普遍。这些铸刻在青铜器皿上的文字，后人称“铭文”“钟鼎文”或“金文”。铭文仍以记录为主，如记录宗族人物的事迹及各种国家大事。

西周金文在构字形式上比甲骨文更注重书写的美感，出现了不同风格的字体。如西周“大盂鼎”铭文形体肥腴、笔势雄健，起止有露锋；“天亡簋”铭文则形体瘦削、笔画质朴，笔锋有收藏；康王世的“作册大方鼎”铭文自由恣肆，肥瘦随意。金文注重形美，是书法审美的基础。

西周末年金文日趋规范，线条圆润、均匀，形成“大篆”②。后来，相传周宣王的太史籀以大篆为基础，将钟鼎文整理“繁化”注入其中，创造“籀文”。籀文象形、象事文字逐渐减少，结构左右对称，布局工整，纵横成行。籀文是大篆向小篆承转过渡的字体。籀文被刻于石鼓上，故又名“石鼓文”，它是流传至今最早的刻石文字，被看作“石

① “六书”，汉字的造字法。根据汉代许慎《说文解字》，汉字有象形、指事、形声、会意、通假、转注六种造字法，通常称为“六书”。其中前四种为基本造字法，象形居于六书之首。

② 大篆，西周晚期流行的字体，传说是夏朝伯益所创。由于书写媒介的不同，大篆又有金文、籀文之别。

刻之祖”。石鼓文体势“方正”，奠定了汉字方块字的基础。

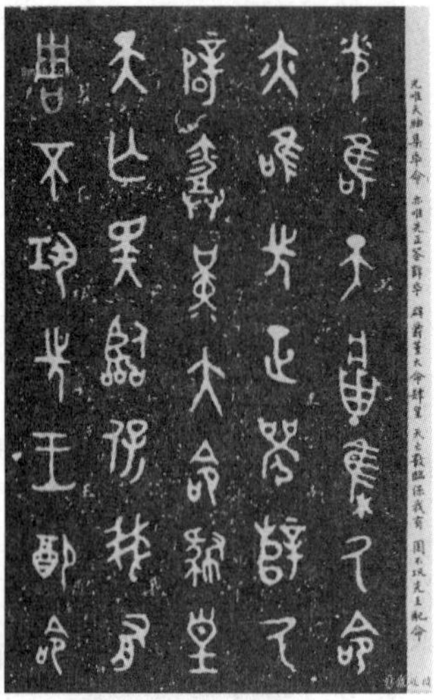
图 8-3　西周毛公鼎拓片

图 8-4　石鼓文

春秋时期政治动荡，礼崩乐坏，铭文异体字兴起，铭文的作用由长篇记史转向为新兴地主歌功颂德。同时青铜器减少，大量的石刻记录取代了青铜记录，碑刻兴起。

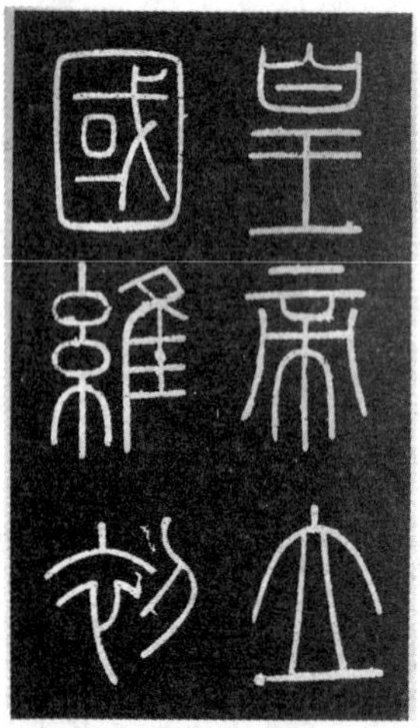
图 8-5　峄山刻石局部

秦灭六国，天下统一。秦王嬴政为加强管理，命人对文字进行改革。丞相李斯著《仓颉篇》，将大篆统一为小篆，又称玉筋篆。小篆字体简化，字体呈纵势，象形字更少。唐李嗣真说李斯之小篆“古今绝妙”。书同文使汉字通过国家行为完成了一次重大变革，小篆被看作是汉字发展史上古文字到今文字的界碑。小篆多刻于石碣、石碑上，代表作有“峄山刻石”。小篆注重章法，字体结构体现了平衡、对称的审美思维和情趣。汉字的功能从单纯记录转向记录、审美兼顾的双功能。

小篆生涩不易推广，于是开始对小篆改造，其中秦代程邈对小篆进行的革新最有影响力。因程邈曾为囚徒，称“隶人”，故程邈改造后的字体被称为“隶书”。到汉末，隶书逐渐成为主要的书写文字，其字体结构日趋规范，逐渐走向成熟。东汉经学教育盛行，蔡邕受皇命之托将隶书与篆书同时刻在石碑之上，并立于太学，称为《熹平石经》①。这是古代由政府颁发的第一部书法范本，

① 因制作完成于东汉熹平年间，故名。由著名学者蔡邕书写。共四十六石，立于太学门前。现残石分藏洛阳博物馆、西安碑林及北京图书馆。《熹平石经》集汉隶之大成，被奉为书法的典范，其流风所及，至深且远，在汉字字体由隶变楷的过渡中起了桥梁的作用。

隶书被官方承认和推广。此后还有对隶书的改造，如东汉桓、灵帝时创八分隶书。魏正始年间再以古文、篆、隶三种书体刻于石经，立太学，史称《三体石经》。《三体石经》使碑刻盛极一时，延及隋唐。到汉魏之际，隶书已形成了多种艺术风格，如《乙瑛碑》劲健、《石门颂》沧桑、《张迁碑》古穆等，隶书不自觉地体现着书法造诣。如果说小篆是汉字从古文字到今文字变革的里程碑，那么隶书就是汉字从实用向艺术化转变的里程碑。

图 8-6 《张迁碑》

隶书之后百余年间，汉字在损益的过程中逐渐走向规范，并形成了草、行、楷书等，为书法艺术化提供了空间。秦汉之间、篆隶之际，一些人以隶书为基底，将其简化形成“章草”。“章草”更讲究章法，强调竖写成列，横不拘以行。魏晋时，众文人在章草的基础上，不断创新，打破了字字断开的章草章法，形成“今草”。另有文人转而关注字体笔画的内部变化，同时保持章草字字断开的格式形成“行书”。楷书①狭义上讲是在隶书的基础上形成的楷隶，北方构成了行笔粗犷的民间楷隶，南方则形成了细腻的文人楷隶。隋唐时期，楷书经文人修饰雕琢，构成了与隶书不同书体的新体，即现代意义上的楷书。至此，篆、隶、章草、行草、楷隶五体皆备，“帖学”也同时兴起，并成为书法主流。

二、书法向艺术化的自觉发展

1. 汉字成为书法艺术的条件

汉字成为书法艺术需要具备以下条件：

一是字体稳定。汉字到秦汉时期，篆、隶形成，字的结构基本稳定，如单字体、笔

① 广义上讲，凡有法度的书体皆为楷书，故篆、隶、章草、草书均可以看作是楷书。

画多变而固定、字形符号化等，为书法艺术个性化提供了可能。二是书写材料不断变化。从甲骨、金属、石碣到简牍、丝帛，至纸的应用，汉字笔法因书写材料的变化而变化，如“碑学”有刀刻的沧桑、“帖学”有连带的痕迹等。三是书写工具的改进，特别是秦代笔墨的广泛应用与改进使书法艺术化得以突破。四是汉魏之际，一批具有深刻思想意识、有担当、充满人文情怀的文人、艺术家通过书写文字表达思想、情感等，打破了文字仅仅记录的功能，开始自觉追求情感表达和美感。在实用中追求汉字艺术化，成为汉魏之后汉字发展的主要方向。

2. 魏晋南北朝的书法

魏晋南北朝时期，书法从“无法”向“有法”过渡，由感性向理性发展。这种发展大致分为民间和文人两条路线。民间路线流布于黄河流域，以碑刻为主，记录某事、佛经或用于墓葬碑文等。这些碑文主要是隶书，字体结构已具备一定法式。其作品简单、朴实、稚气，具有自然、端庄的装饰美。碑刻者多数是工匠，因而作品俗世化有余，艺术化不足。碑刻汉字已经成为书法艺术，但是是未经文人加工的“民间书法艺术”。

图 8-7　北魏龙门十二品选

图 8-8　钟繇《荐季直表》

文人路线因官方及文人参与而成。隶书艺术化的过程中，汉代蔡邕、张芝，汉魏钟繇、卫夫人等起到了举足轻重的作用，而尤以钟繇最有影响力。钟繇生于汉末三国，师承曹喜、蔡邕，擅长隶、楷、行三体。钟繇是第一个将章法和结体纳入书法研究的书法家，他的楷书大量地保留了隶书的笔法和结体，并融入了章草笔意，使楷书具有了灵动感，后人将其视为楷书的“开山鼻祖”，他成为我国书法史上重要的转折人物，人称“魏晋风度，极尽钟王”，堪与书圣王羲之并列。其代表作有《荐季直表》等，遗憾无真迹遗存。卫夫人是晋代书法艺术承上启下的重要人物。据传卫夫人师承钟繇，并集家传于一身。卫夫人对字形进行了大胆改造，将钟繇楷书由扁方变为长方形，形成楷书新势，代表作有《名姬帖》。卫夫人撰写《笔阵图》，对书法笔法做了系统而形象的阐述，在书法理论上起到奠基作用。作为“书圣”王羲之的老师，卫夫人对王羲之书艺的启蒙功不可没。

东晋南朝时局动荡，一批文人墨客开始用草、行、楷书等字体在尺牍上抒发个人情怀。尺牍上的各类书体或恣肆张扬，或行云流水。与汉、魏的石碑、石碣上的书体相比，尺牍书体成为后来中国书法主流。

东晋王羲之的书体自成一体，他将汉字书写从实用引入到技法、情趣共存的境界，被称为“书圣”。与北朝碑学的阳刚之美相比，他开创了帖学的阴柔之美。至此帖学与碑学并行，形成不同风格、不同笔法、不同人群的书法道路。王羲之书体是一种新的书法，但他的书体早期还保留着钟繇法度，隶书痕迹突出。晚年他冲破汉隶法度，自创“不端正者，爽爽有一种风气”①的新书体，在结构上呈“欹侧”之势，章法上强调字与字的承转契合、交相映带的关系，奠定了书法的基础笔法。王羲之晚期的《兰亭序》被称为“天下第一行书”。其草书作品不多，但对“今草”颇有建树，代表作有《十七帖》等。王羲之是开创新书体的划时代书法家，后来书法之法再难离其左右，构成“帖学”主流。

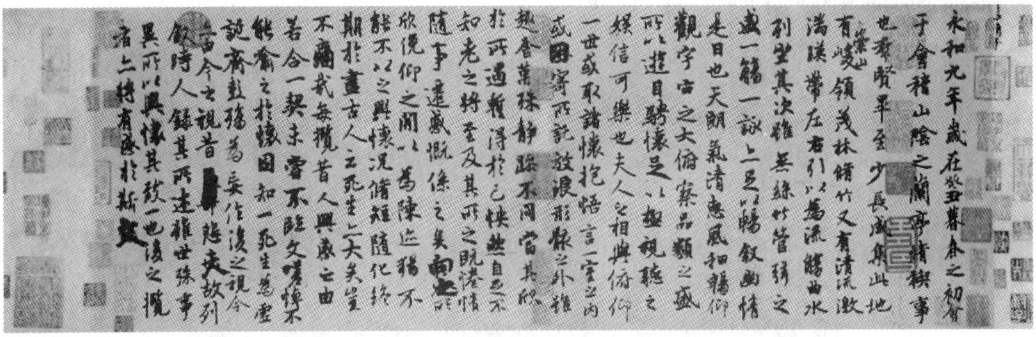

图 8-9　王羲之《兰亭序》

王献之继承其父法统而略改变。他打破章草的常规，使笔画连绵回绕，创造了姿态更加妍美的书体和外拓式笔法，有人认为是他创立了“今草”。王献之的书法在历史上曾一度盖过其父，后来梁武帝、唐太宗推崇王羲之，父子二人方被并称“二王”。“二王”与魏钟繇和东汉张芝，又并称为“书法四贤”。王献之的代表作有《鸭头丸帖》等。魏晋之后，中国书法基本沿着魏晋之风，围绕“二王”加以继承和创新。

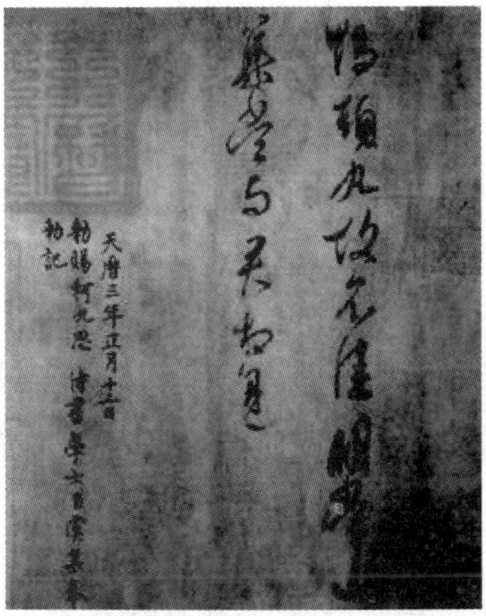

图 8-10　王献之《鸭头丸贴》

3. 隋唐书法艺术

隋唐书法是对魏晋书法的继承与革新，是对魏晋书法规范化的过程。

隋代书法较有影响的首推蜀王杨秀，他撰写的《董美人墓志》上承北魏旧体，下开唐朝新风，具有承前启后的作用。

唐代书法艺术按其发展可分初唐、中唐、晚唐三个时期。

初唐出现欧阳询、虞世南、褚遂良、薛稷四大家。四大家延续并刻意追求晋代书法劲美，构建了

① 出自（梁）袁昂：《古今书评》。

图 8-11　褚遂良《阴符经》

楷书法则。如褚遂良的楷书，师承王右军书法的妍媚之态，又创新线条，使之疏瘦劲练，富于变化。笔与笔之间藏着意念，开创了前人没有的境界。其楷书代表作有《阴符经》。

盛唐书法进入繁荣期，草、行、楷书皆盛极一时，大家辈出。草书如孙过庭儒雅清新，堪称“二王”草书嫡系，他撰写的《书谱序》既是一篇杰出的书法理论文章，又是一篇优秀的书法作品；张旭、怀素的书法放浪形骸，有“颠张醉素”之称。张旭创新草书，谓之“狂草”，被尊为“草圣”。怀素是一个好酒的僧人书法家，李白称其草书“天下称独步”。盛唐行楷一改妍美之风，趣向多样化，如李邕师承二王，创立了豪迈雄劲的风格，用行书书写碑文。

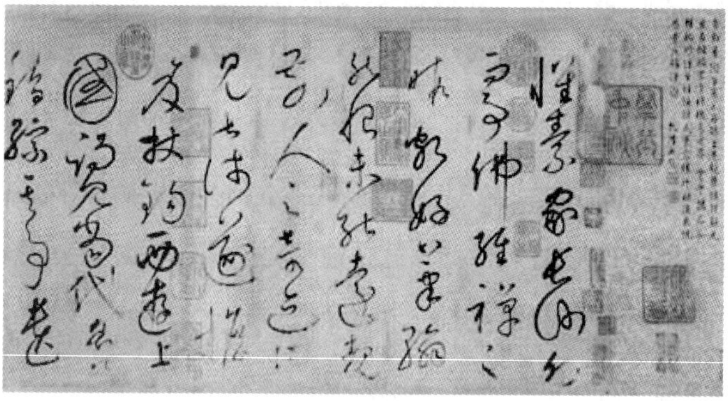

图 8-12　怀素《自叙帖》

这一时期楷书再度突破，出现了书法史上继王羲之之后的里程碑式的书法家颜真卿。苏东坡评价说：“书至颜鲁公……天下之能事毕矣。”颜真卿独创了“颜体”，一改初唐书风，奠定了楷书正统。他的楷书代表作有早年的《多宝塔碑》、晚年的《颜勤礼碑》。颜真卿的行草也成绩卓著，其中《祭侄文稿》的墨迹被看作是王羲之《兰亭序》后的“天下第二行书”。与颜真卿同期的李阳冰以篆书闻名，被誉为秦代李斯后的小篆第一人。李阳冰的小篆圆淳瘦劲，线条婉转流动。他不仅善写篆书，还善刻石，当时颜真卿所书之碑多请他以篆书刻于碑额。两大书法家之书同刻于一碑，实属难得。

晚唐至五代书艺中颇有建树的是柳公权、杨凝式。柳公权再变楷法，瘦劲露骨，丰富了唐楷之法，与颜真卿齐名，并称“颜筋柳骨”。杨凝式生在五代，他上溯“二王”，兼采颜柳之长，开启宋代“尚意”书风，为承上启下的书法家。

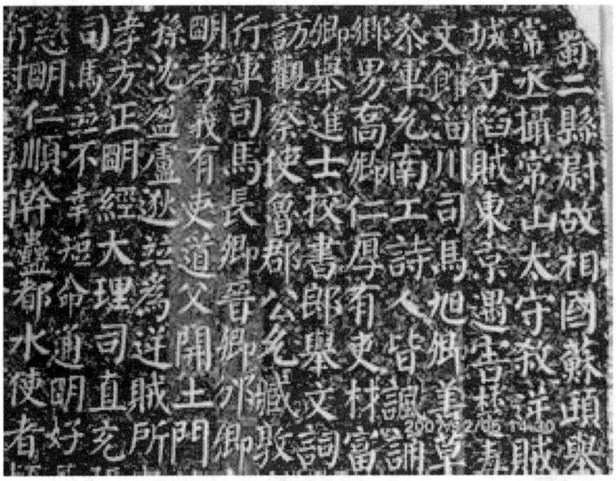

图 8-13　《颜勤礼碑》局部

图 8-14　李阳冰碑额篆书

4. 两宋的书法发展

宋代书法突破隋唐书法法度，继承和发扬了五代“尚意”风气。被后世推崇的有苏东坡、黄庭坚、米芾和蔡襄①“四大家”。苏东坡说“我书意造本无法”，点画信手拈来，按照自身气质随性表现，是当时“尚意”书法风格的主要倡导者，代表作有《苏州寒食诗帖》等。黄庭坚的书法独具特色，自创书体“中宫”体，人称“黄体”，在草书上以笔墨抒情，变化无端。其代表作有《寒山子庞居士诗卷》，米芾书法五体兼备，以行书著称。米芾好“集古字”，广泛临摹古人之书，临帖几能乱真，自称“刷字”。米芾的字用笔迅疾劲健、沉着痛快。四大家中米芾书法成就最高，代表作品也较多，著名如《蜀素帖》。

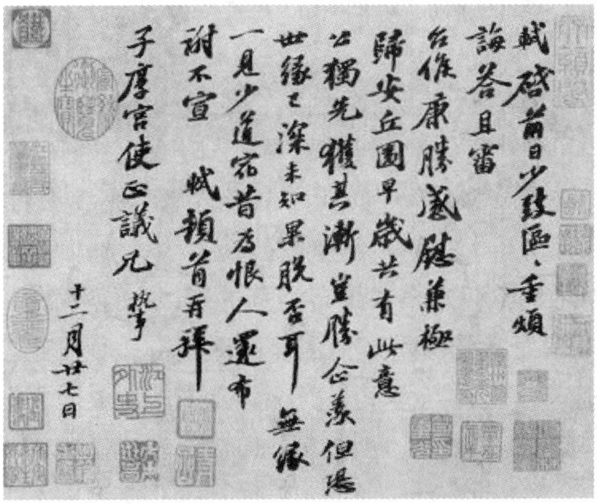

图 8-15　苏东坡《苏州寒食诗帖》

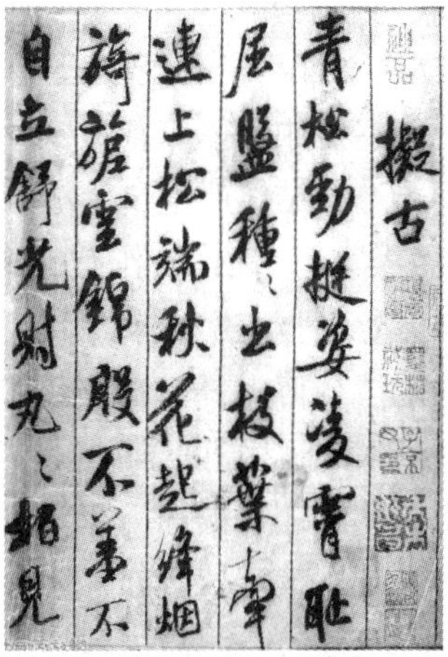

图 8-16　米芾《蜀素帖》

① 蔡襄，宋代书法四大家之一。但此蔡有另一说“蔡京”。蔡京为北宋奸臣，虽书法成就高，但终因人品所限，被蔡襄所替代。

在书法史上，北宋皇帝宋徽宗赵佶①需特别一书。徽宗赵佶不是好皇帝，但他却是一位艺术天才。赵佶书画皆通达，书法学薛稷，变其法度，使之更精致和规范，创“瘦金体”。赵佶的代表作有瘦金体《秾芳诗》、真草《千字文》等。

5. 元明清的书法

元明清政治一统，文化上在继承传统的同时，广泛吸收少数民族文化，成为集大成时期。这时期书家辈出②，具有重要影响的如元代赵孟頫，明末董其昌，明清之际傅山、王铎等。总体上赵孟頫、董其昌一脉，书风柔媚，以技炫世；傅山、王铎另辟一路，书风阳刚，以性情博世。

图 8-17　宋徽宗的瘦金体

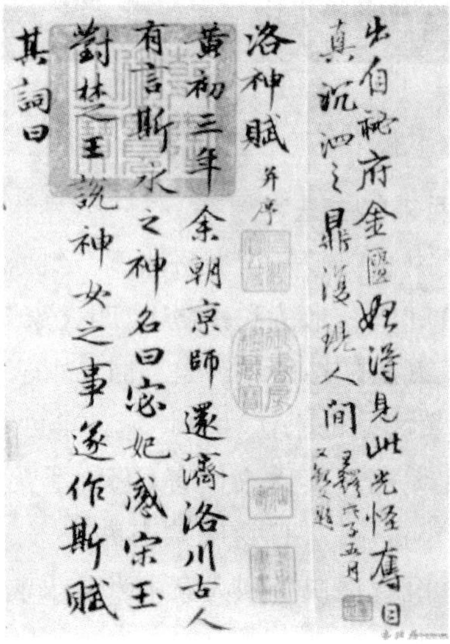

图 8-18　赵孟頫《洛神赋》

元代赵孟頫五体兼备，楷、行书著称于世，崇古乏创新，是书法界的集大成者。其书妩媚秀逸，结体严整、笔法圆熟，世称“赵体”，与颜真卿、柳公权、欧阳询并称为楷书“四大家”。其代表作有《洛神赋》《赤壁赋》等。董其昌书崇晋唐，充满淡雅的书卷气，兼有“颜骨赵姿”之美。

明末清初傅山一扫赵、董的柔媚之风，树立书法雄奇浩荡的新风。他将做人与书学结合，其书法也因其“学问志节”的人品而备受珍重。傅山作品颇丰，手稿、楹联尤多。与傅山同期的还有被称为“神笔”的王铎。王铎与董其昌齐名，时称“南董北王”。王铎师承古人，用笔流转自如，笔力千钧又跌宕起伏，融性情于其书，形成了他恣肆雄放、

① 赵佶，宋徽宗，靖康之变被金兵所虏。在位期间，尚书画，建立了画院，是中国画院体书画的杰出代表，其书法、绘画自成一体，开启了院体书画的香丽、端妍和规矩的风格。

② 除文中所述书法家外，其他书法家有：元代鲜于枢、康里巎巎、杨维桢等；明代刘基、宋濂、宋遂、朱克、祝允明、文徵明、王宠和晚期的徐渭、邢侗、张瑞图、米万钟、黄道周、倪元璐等；清代郑簠、金农、郑燮、刘墉、范永琪、邓石如、包世臣、林则徐、吴熙载、何绍基、钱松、赵之谦、翁同龢、吴大澂、吴俊卿(吴昌硕)、康有为等。

激越雄浑的书风。他被看作是继王羲之之后的最有影响的书法家。王铎的墨迹传世较多，著名的如《拟山园帖》。

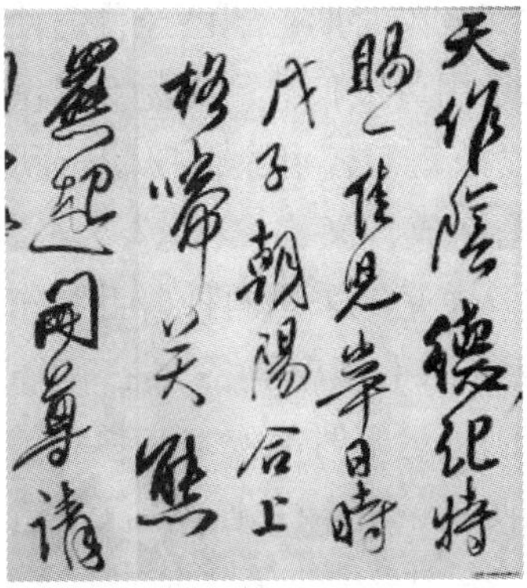

图 8-19 傅山《蔷庐墨妙卷》局部

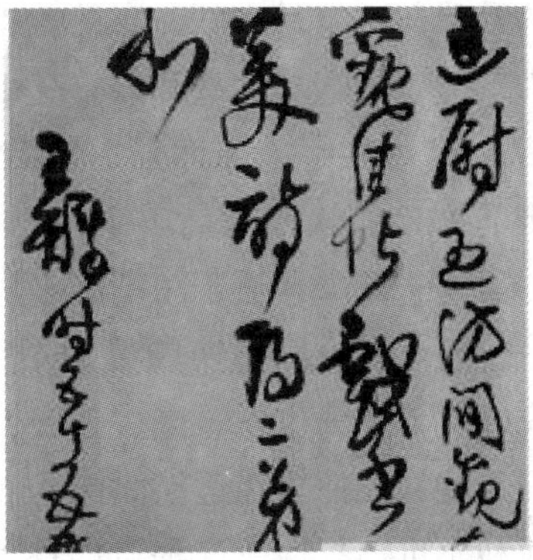

图 8-20 王铎《拟山园帖》局部

书法艺术是中华文化的重要组成部分，其悠久的发展过程是一个传承与创新的进程。

三、书法是技能与人品的高度统一

当汉字书写开始具有艺术性时，书法技艺及其理论即相应发展起来。书法技艺主要是章法、字法、笔法和墨法①。

1. 书法章法、笔法与毛笔

任何一种艺术能够感染人的首先是整体构图上的美感，书法艺术的整体构图即章法。书法章法分为作品的谋篇布局和字的间架结构两个部分，前者指作品中字与字、行与行之间形成的关系，后者指字的线条、色彩组合和书写者气韵、意趣的表达。五种书体各有不同的章法，但基本有三种。一是纵有行、横有列。字与字、行与行之间突出等距，整齐划一，多见于篆书、隶书、魏碑和楷书。二是纵有行、横无列。字与字没有规定的距离，上下贯气，行与行之间有一定距离，如行草。三是纵无行、横无列。纵横之间错落自然，有欹斜、大小等方面的参差变化。甲骨文、金文多以此表现。总之书法章法追求变中求均、奇中求稳的格局。此外，一幅完整的书法作品除完成正文外，还需“附文”，即启首、落款、印章、题款等。“附文”不仅可以调整全篇气韵，而且可以对全篇布局的失误进行修正。

赵孟頫说“书法以用笔为上，而结字亦须同工”，“学书有二，一曰笔法，二曰字形。笔法不精，虽善尤恶”，意思是用笔与结字同等重要。汉字点画变化全在笔法上，

① 中国历来有书画同源之说，笔法、墨法在书画中的表现技法异曲同工，因此为节省篇幅，此处略去墨法。墨法详见本讲第二节。

笔法是指中国书画书写工具毛笔在书写过程中产生的特有的用线方法，结字技巧归根结底是如何运笔。

笔法的变化与书画专用书写工具毛笔密切相关。传说毛笔是秦朝将军蒙恬发明的，目前发现的最早的毛笔是在湖北省的曾侯乙墓，到战国时期毛笔已经普遍使用。毛笔从性能上分为三类：硬毫、软毫和兼毫。硬毫一般是用黄鼠狼毛、山兔毛等做原料，称为“狼毫”或“紫毫”。硬毫笔弹性强、笔尖锋锐，线条粗细皆可，顿挫使转利落，易于书写刚健劲挺的方笔；软毫笔是羊毫、鸡毫等软毛制成，又称“羊毫”。软毫笔性柔软，弹性较差，但易于浸墨，适于写圆润丰满的书体。兼毫笔采用两种兽毛制作，使书写能够刚柔相济，适于写方圆转换频繁的书体。一支好的毛笔应具备“尖、齐、圆、健”四德，就是说好笔要笔锋尖锐，毫尖整齐，笔头饱满，运笔时笔腰富有弹力。

毛笔的这些性能使之在运笔时能八面出锋，使线条富于变化，使汉字造型具有了无限的可能性和不可捕捉性。这种可能性就蕴含在“笔法”中，笔法是书法艺术的不变之术。常用笔法有中锋、侧锋和逆锋三种，其次有拖锋、飞白锋等。中锋是书写用笔的主要方法，“折钗股、屋漏痕”①就是中锋行笔的变异手法，侧锋是书写时将毛笔倾斜使中心位置偏于侧面，逆锋是指落笔时笔锋先逆行，再转回顺行，因而用笔力度可透纸背。结字取笔主要在中、侧、逆锋，落笔是方、圆两种线条，方笔圆笔之间可互相转换。

2. 书法理论与研究

对书法的研究大致分为三个阶段。第一阶段为东汉后期到唐朝初年，是从“书技”到“书道”的探索。东汉书法家崔瑗的《草书势》是目前我国发现最早的书法理论，文中第一次从审美角度描述了书法的形态和动态。之后赵壹、蔡邕等也提出了一些书论。汉代书法被看作是“末技”，是“形下”。真正将书法上升到“书道”“形上”的是魏晋文人。成公绥著《隶书体》、索靖著《草书状》、杨泉著《草书赋》、卫夫人著《笔阵图》、王羲之著《笔势论》等，将书法形态与自然界各种形态类比，追求自然审美，并开始探求用笔、结体和章法技巧的内在规律以及人的主观意志与书法的关系。

第二个阶段是隋唐到宋初，是从立法到破法的时代。唐代书法家同时也往往是书法理论家，他们在实践创作中对书法细部技法和创作规律等各方面加以总结和概括，确立了一定书法法则，使书法理论系统化和理论化。这一时期的隋代高僧智永《永字八法》为唐代楷书法式的建立奠定了基础。欧阳询的《三十六法》、李嗣真的《书后品》、孙过庭的《书谱》、张怀瓘的《书议》、张彦远的《法书要录》等都是这一时期书论的代表作。李嗣真从美学的角度提出了“逸品”之论，张怀瓘阐述了书法“十体”及其源流，提出了书作的“神、妙、能三品”书论。唐代书法理论的完善对宋代的书法构成了一定的束缚，但宋代书法和书法理论成就依然突出。宋变革唐代书法之法，从“尚法”到“破法”，他们不再关注书写的点画、布白等具体方法，而更关注书写者的主观感受，重视作品的意韵及书家的内在精神与气质。朱长文的《续书断》、苏轼的《论书》、黄庭坚的《论书》、

---

① 卫夫人：《笔阵图》。

米芾的《海岳名言》、姜夔的《续书谱》等，是这一时期“破法尚意”思想的代表著作。

第三阶段是元朝到清末。元代书法及书法理论基本上承继晋唐之法，讲究法度，崇尚书法艺术的形态美，否定宋代“尚意”书风，书法技法在破立的循环中前行。书法理论主要有赵孟頫的《松雪斋书论》（崇尚古雅，倡导雄健与妍美并举）、陶宗仪的《书史会要》、项穆的《书法雅言》等论著。明末清初社会动荡，傅山和王铎极力反对元明书风：傅山倡导以“拙”代巧，王铎反对淫巧而直抒胸怀，对后来的书风产生了一定的影响。清中期随着考古的发展，汉碑研究兴起，形成了帖学与碑学两大流派。前清包世臣和晚清康有为分别撰写了碑学论著《艺舟双楫》和《广艺舟双楫》，掀起了抑帖尊碑、重北轻南的风气，一度被淹没的碑文，再次推出。清代是书法研究集大成时期，其中刘熙载的《艺概·书概》对古代书法史、书体演变史和书法技巧、风格等问题进行了全面、系统的理论总结。

3. 书法是技艺与性情的综合体现

书法作品的载体和表现形式因生产力发展水平以及艺术鉴赏力的提高大致经历了先秦的甲骨、青铜，春秋战国时期的竹简，秦汉时期的碑石砖瓦、丝帛纸札，汉魏之后不断衍生出以纸为主要媒介的各种书法表现形式，如手札、扇面、手卷、册页、横幅、对联、屏条、斗方、中堂、条幅等。中国书画素来有同源之说，这不仅是指线条、笔法，还包括表现形式，因此对以上书法作品的表现形式或媒介这里不做更多阐释，可参看下一节中国绘画相关内容。

作为审美艺术的书法，必然有其艺术技巧的传承，没有哪一位书法家可以离开这些书写技巧的积习和感悟而成为书法家。真正的艺术是技法与才情的统一，是书写者文化深度的体现和延伸。

书法是一门技巧性很强的艺术，临摹、实践的基本功是所有书法家的必经之路。从临摹前人经典到实践创作，是书家必须坚持的基本功。如唐代书法家颜真卿成名时已是天命之年，足见他“如神之笔”是数十年累计的结果。宋代米芾说“一日不书，便觉思涩，想古人未尝半刻废书也”。再如钟繇“学书三十载”，王羲之“二十七年专攻‘永’字”，怀素“退笔如山”、埋成“笔冢”等。

古来书法大家很少有以书法家自居或以书法为职业的，他们往往是政治家、文学家，或是将军。他们的政治见解、文学素养甚至是征伐挥戈之言辞都能将他们的书法艺术天分发挥到极致。如书圣王羲之是东晋会稽郡驻军右军的统领，是一名武将。据考证，“天下第一行书”的《兰亭序》并非“文人雅事”聚会的记录，而是一次军政群贤秘密聚会时的即兴之作。颜真卿是唐玄宗年间进士，曾任监察御史。苏轼是一代文豪兼政治家，傅山则是思想家、医生和隐士。

书法是功夫，也是性情。俗话说“书如其人”，就是说人的性格、性情与人的书法风格有一定的关系。“艺术作品是艺术家以自己的人生体验为原料，以生命的冲动为动力生产出来的，是最具有个性的行为工程。”①唐玄宗、德宗时期的颜真卿为人刚正不

① 童庆炳：《艺术与人类心理》，北京十月文艺出版社1990年版，第25页。

阿，敢于直言谏诤，反映到他的书法作品中就是刚劲、圆润、浑厚、大气磅礴的“颜体”。杨凝式生于乱世五代，为保持节操，佯癫装傻，他的书法表现为恣肆和狂态。一个人性格的形成与其生活环境密切相关，出身和阅历又影响他的作品风格。杨凝式、赵孟頫同是名人之后，但两人却形成了完全不同的书风，杨凝式痴狂，赵孟頫小心谨慎。米芾和王铎皆出身低微，以才学闻名。相同的出身、不同的经历又使米芾的字兼具真率和矫饰、狂傲而谦卑，王铎的字激昂、愤懑而抑郁。

中国传统艺术追求“德成而上，艺成而下”，将人品、道德与技法有效的融合才是书法艺术的最高境界。所以“书当以人传，不当以书传”，人品成为评价书法优劣的标准之一。汉扬雄说“书，心画也”，宋代苏轼说“书有工、拙，而君子、小人之心，不可乱也”，形成了书法因人品高低而被抑扬的艺术标准。赵孟頫是中国楷书四大家之一，在书坛上享有很高的声誉。但赵孟頫身为宋代赵氏后人而仕于元朝，人品饱受诟病，其书法也因此受到过指责。

境界是书法艺术的灵魂，是书家固有性格、人生体验与即兴抒情的完美展现。唐代李嗣真将书法分为能、上和神品三类，其中神品就是将书法的灵魂——境界展现出来。如王羲之的《兰亭序》、颜真卿的《祭侄文稿》和苏轼的《寒食帖》被公认为行书的前三甲，皆因三人分别将其所处时代的意境反映在作品中，形成了不同的风格。

四、书法在中国传统文化中的价值

有了文字，才有了真正意义上的历史。书法史中能看到世事变迁、人情冷暖。在王羲之的《兰亭序》中我们体会到东晋不同阶层的分歧，在颜真卿的《祭侄文稿》中我们能够体验到安史之乱带来的国破山河在的悲凉。书法史中还能看到科技与经济的变迁。从甲骨刻字、青铜铸写、砖碑刻写、竹简丝帛描写，再到纸上笔墨，无不透露着中国科学技术与经济水平的发展。从象形到符号、从繁复到简单、从对称到欹侧等，演绎着汉民族的思维、审美和思想的变化。

中国美学家宗白华曾说：“中国书法在创造伊始，就在实用之外，同时走上艺术美的方向，中国书法不像其他民族的文字，停留在作为符号阶段，而成为表达民族美感的工具。”中国书法是视觉的艺术，追求视觉上的自然和造型美的统一。汉字从写字演变为书法艺术，始终坚持着与自然同步。蔡邕说：“夫书肇始于自然。自然既立，阴阳生焉；阴阳既生，形势出焉。”在蔡邕看来，书法的造型美源于自然的“阴阳”。卫夫人论“横”如千里之阵云、“点”似高山之墜石等，在她看来自然是书法美的最高境界。甲骨文、金文是象形思维的产物，是对“物象”进行的抽象化再现，因而具有重塑造型的特质。汉字中固定的偏旁符号构成了多变而稳定的象形结构，而稳定的结构通过多变的书体和书写者的情绪形成了特有的、各具风格的书法造型。

中国书法是想象力的艺术，追求精神上的创造力和个性美。中国书法无论是书写者还是观赏者，均以书法作品为介质进行思想、情感交流，书写者以想象力、创造力为条件，将自身的情感向外扩散，以便与观赏者交流。蔡邕说“书者，散也。……为书之体，须入其形，若坐若行，若飞若动，若往若来……纵横有可象者，方得谓之书也”①，散即是不受约束，是发现自己，将自己的生命和情感用抽象的线条表达出来。创新与个性美是书法发展的生命源泉。不同时期不同心境，不同的人生不同的风格，书法艺术归根结底追求的是个性再现。

中国书法是静态的艺术，追求心灵上的交流，在意象和抽象中引起共鸣。意象美是一种中国式的历史文化心理的表现。书法艺术的笔墨线条、结构章法，都是书写者以主观的意念概括客观世界而产生的“意象”。元代杜本最早将“意象”引入书法审美，他说：“夫兵无常势，字无常体：若坐、若行、若飞、若动、若往……倘悟其机，则纵横皆成意象也。”②

中国书法是思辨的艺术，追求辩证统一的哲学思维。书法艺术强调神韵、个性和创新，但书法技法却有章可循，章法、技法讲究结构组合的协调与统一。书法作为艺术，展现的是和谐中的矛盾与对立，如字的大小搭配、墨色的轻重组合、线条的断连顿挫、字形的方扁长短变化、距离的远近虚实、角度的欹侧倾斜、重心的错位曲线等。

中国书法是充满哲学精神的艺术，追求道法自然的变化。蔡邕的“书肇自然”说，从哲学的角度指出客观自然是书法的本源。古代书法理论认为书艺“发于心源”，书写者仰观万物，俯察宇宙，独出心机，将万物化为书之痕、气之韵，在点、画、线之间与天道融合。书法笔墨、黑白变化遵循阴阳变化，彼此牵制、衬托、消长。在黑白变化中寻求坚守与舍弃，厚重与轻灵，局部与整体，开端、发展与结局的平衡。说到底，书法技法近于道。

项目拓展

一、思维拓展

从课文中我们发现了如下规律：

(1)文字的发展是有继承的，汉字的成长是渐变的过程。

(2)文字的发展是有规律的，它们由繁到简，由不统一到统一。

你在阅读中还发现了哪些规律？

二、实践拓展

以王铎的书法作品为例，说明中国书法章法鉴赏的基本原则。

三、学思结合

结合所学知识，分析魏晋时期书法能够进入自觉发展时期，并形成南北不同风格的原因。

---

① (汉)蔡邕：《笔论》。

② (元)杜本：《论书》。

第二节　书画同体　丹青写意：绘画

中国写意画的发展加深了绘画的意境和内涵，产生了不少优秀作品。

——[美]高居翰

对中国画而言，书法是其不可分割的一部分。如果你并不是一个书法和绘画的双料大师，评论家们不会把你当作优秀的艺术家，而是一个职业画家。

——[加]迈克尔·苏立文

欧洲人是“画画”，中国人书法入画，是“写画”，不说“画兰画竹”，只说“写兰写竹”，又说“一世兰，半世竹”，从兰竹上最能看出书法的功力和修养。

——李苦禅

中国画是相对于西方绘画而言的绘画，是指中国历史上出现的主要绘画形式，包括绘写在宣纸、绫绢上的水墨，描摹在山崖石壁和陵墓中的刻绘，以及绘制在各种建筑廊檐上的彩绘等。这些绘画在历史上都产生过一定影响，实现了中国画的传承、发展和创新，形成了中国画独有的技法、形式、风格等，奠定了具有中国特色的美学基础。

一、中国绘画发展进程

中国书画研究认为“书画同源”，即书法、绘画产生于同一背景，并成一脉。书、画都是对各种具体“物象”的再现：一是将现实中的“物象”用抽象的点、线“象形”，使之成为汉字；二是将现实中的“物象”用形象的线描，使之成为中国画。

1. 中国远古时期的绘画

中国画最早可以上溯到石器时代。考古反映出这时的画主要绘制于彩陶、山岩和地面上，如陕西西安半坡遗址出土的“人面鱼纹彩陶盆”。这些器物、山岩上的绘画包含了人们对具体现象的简单再现，以及对美好情境的追求。

图 8-21　西安半坡遗址“人面鱼纹彩陶盆”

2. 先秦绘画状况

夏、商、周至战国时期的绘画研究材料主要来自于文献记录和考古发现。文献中有关夏、商、周代绘画的内容多从政治角度阐述，如《墨子》记录殷纣王时“宫墙文画”“锦绣被堂”①，《孔子家语》记载孔子到雒邑看到西

① 《墨子》一书中的间接引文，传为《墨子》中的佚文。

周遗迹“关乎明堂，睹四门墉，有尧舜之容，桀纣之像，而各有善恶之状，兴废之戒焉”等。考古挖掘还发现部分殷商宫廷壁画：1975 年河南殷墟发现商代建筑壁画残块，1973 年在商王室墓葬的随葬木质品上发现有残留的漆画。先秦绘画基本以人物画为主，将人物贯穿于历史故事中，为王朝政治服务；此外还有少量蕴含原始宗教思想的神话故事、自然景观绘画等。

战国时期是中国绘画发展的一个重要时期。首先，壁画内容发生了变化，从描绘先贤转向描绘贵族的家居宴乐、出行、田猎等世俗生活以及战争等。壁画进入第一个创作的高峰期。其次，绘画与政治相连带动了与绘画相关的工艺美术的发展，如青铜器皿纹饰图、旌幡帛画、漆画等发展繁荣。再次，漆画与帛画同时孕育了中国画的基本要素，如毛笔运用下的线描法、虚实法等。最后，绘画出现了地域性特色，南北差异显现，奠定了后来中国绘画的笔法、技巧乃至风格和流派的基础。

图 8-22　长沙楚墓《人物龙凤帛画》

3. 秦汉时期的绘画

秦汉统一的多民族封建国家的建立与巩固，为中国绘画艺术风格的确立奠定了基础。从这一时期的壁画残片和文献记载中，我们发现壁画依然是此时的主要绘画形式，除了传统宫廷壁画外，出现了寺观、墓葬等地的壁画。青铜纹饰、帛画、漆画等有所提高，但又有被砖、石画像取代的趋势。

秦汉壁画分为宫廷、寺观和墓葬三类壁画。宫廷壁画在汉代从宫廷延伸至王公贵族府邸，但基本继承了夏、商、周三代的题材和内容，延续了为政治服务的功能。寺观、墓葬两类壁画在汉代成就尤其突出。寺观壁画因东汉佛道两教的兴起而兴盛。中国第一座佛教建筑洛阳白马寺壁墙上绘制了大量的佛塔和大象，其壁画开启了魏晋南北朝佛教壁画的先河。墓葬壁画在周代、战国遗迹中已有零星出现，但大规模的墓葬壁画则出现在两汉。汉代墓葬壁画主要绘制于墓顶、立壁和空心砖上，其内容庞杂，但基本表现的是灵魂信仰、丧葬观念等，同时受谶纬学影响，装饰性吉祥图案更加突出，如朱雀、白虎，山峦、日月等。墓葬壁画色彩出现了绿、黄、橙、紫等矿物质的原色，造型上继承春秋晚期以来的写实而夸张的传统。毛笔勾线的技法被用于墓葬壁画中，出现了写意法、没骨法、白描法、渲染法等。墓葬壁画构图场面大、人物多，画面注意比例和透视关系，艺术化趋势增强。

汉代设立了机构“鸿都学”专司收集天下奇艺，如帛画、青铜装饰画、漆画等，但留存甚微。还出现了与书法同向发展的石、砖画像，这种艺术品制作以刀代笔，融绘画、雕刻于一体，其笔法类似书法之魏碑，稚拙、粗犷，这大概是“书画同源”的一个依据。

4. 魏晋南北朝时期：中国绘画独立的开端

魏晋南北朝时期，绘画作为一门艺术表现形式开始独立出来。首先，与不具名的民间绘画发展同期，一批有确切历史记载的专业画家出现，如曹不兴、顾恺之、陆探微、张僧繇、曹仲达等。曹不兴是东吴著名的画家，最早的佛教画家，他将印度画法植入中国画中，丰富了中国画的题材与技巧。顾恺之是东晋画家和中国最早的绘画理论家，他的绘画重在表现人的精神，所谓“悟对通神”，代表作品为《洛神赋图》。曹仲达是来自中亚的北齐画家，他将印度造像的特点带入中原，丰富了中国绘画的题材、风格和技巧。这些画家均以人物画为主，尤攻佛像绘画，奠定了中国人物画的基础。

图 8-23 东晋顾恺之《洛神赋图》局部 摹本

其次，绘画在坚守本民族技巧风格的同时，融入异域的技巧和风格。中国画雏形在秦汉基本形成，此时“五胡”入主中原，文化多样性体现，绘画进入第一个开放而辉煌的时期。由于文化习俗和地理环境不同，南方出现了文人绘制的以宗教为题材的长卷式绘画，偶尔涉猎山水风情，开启了山水画之端；北方出现了大规模异域风情和宗教题材的石窟和墓葬壁画，如著名的甘肃敦煌莫高窟的壁画，以及近年发掘的山西太原王家峰北齐徐显秀墓壁画。

再次，以宗教为题材、石窟为介质的壁画独领风骚。宫廷壁画遗迹较少发现；墓葬壁画得到继承和发展，但集中在边疆地区，如新疆、云南等地，并以描绘世俗贵族的生活为主题；石窟建造盛极，从魏晋延至唐末长达三四百年，主要集中在南北朝，著名的有新疆克孜尔克石窟、甘肃敦煌莫高窟、山西大同云冈石窟等。石窟建造促进了石窟壁画的发展，佛像、佛教故事等宗教题材的内容被绘制在石窟、寺院的墙壁上，佛教教义的传播一般用几幅连续的佛教故事画面表现故事情节，以便人们牢记。这种绘画形式衍生出特别的绘画形式——变相①。北方石窟壁画的创作者主要是民间工匠，他们用色大胆浓烈，“拿来主义”尤甚，使西域的“晕染法”得到了广泛的应用和改造，开启了后来大笔涂刷的“写意法”，其率真、稚拙与“北碑”同源。

最后，绘画理论出现。绘画理论家顾恺之撰写《论画》，提出了技法“六法”和追求

① 变相指“经变画”，是指佛经在传诵过程中，为便于传诵用绘画故事表现的形式。

图 8-24　甘肃敦煌莫高窟壁画局部

画的内涵“神韵”。这一思想开创了中国画理论研究，并影响到书法等领域。南齐谢赫撰写《画品》，重在品评作品和作者，使中国画的政治功能从理论上得以系统完善。

5. 隋唐时期：中国绘画步入有法时代

隋代绘画同书法一样具有承前启后的地位。许多画家继承南北朝绘画的技法、风格和题材，为唐朝绘画艺术的繁荣奠定了基础。同时他们学习、观摩不同地域的绘画，运用新技法创作出大量的新形式、新题材的作品，并将南北分化的文化融为一体，使传统绘画发扬光大。

图 8-25　唐吴道子《天王送子图》局部

隋唐绘画进入有法时代，题材比前朝分科更加细微，人物、山水、花鸟等绘画的品类基本形成，出现了“术业专攻”的画家代表。描绘贵族人物肖像和生活风俗的绘画有了更大发展，张萱和周昉以仕女图闻名。描绘山川风景为主的山水画逐渐进入成熟阶段，对山水画影响最大的是“画圣”吴道子，其次是王维。王维以诗入画，创“泼墨法”，开启文人绘画先河。反映贵族奢侈生活的花鸟画随着绘画的发展而独立出来，著名画家如薛稷、曹霸等。在绘画技法的创新上，山水画的开创者吴道子曾随张旭、贺知章学习书法，体会用笔之道，创立了“疏体”。在人物绘画方面，吴道子更是“冠绝于世”，“吴带当风”的技法使他手下的人物充满了灵动感。《天王送子图》是他的传世作品。传说吴道子绘制的宗教壁画有三百多件，人物却无一雷同，《孔雀明王像》是其著名的佛教壁画。吴道子除从事独立的绘画创作外，还培养了一批绘画弟子，将中国画精髓发扬光大。

隋唐宫廷、墓室和石窟壁画在汉魏的基础上进一步发展，石窟壁画继汉魏之后进入创作的第二个高潮。经变画等壁画大量出现，创造了佛、菩萨、天王等栩栩如生的浪漫主义形象。

唐代绘画大胆地吸收异域技巧。在引进外来绘画技巧和风格方面，于阗画家尉迟乙僧和康国人康萨陀功不可没。这两人将异域人物、佛像、奇禽异兽引入中原，为中原传统绘画注入了新的方向和风格，丰富了绘画技巧。

五代十国是中国绘画的鼎盛时期。一是创立了专业的皇家画院，推动了画学勃兴；二是文人绘画、世俗绘画兴盛；三是山水、花鸟画日趋成熟，地位上升；四是在绘画技法外，致力于追求“神韵”；五是将诗歌、书法渗透到绘画中，出现了诗、书、画一体的审美风尚。总之，这一时期绘画从描绘客观事物或人物向展现绘画者的内心转变，中国画的独特技法和气韵日渐成熟。

五代十国的董源和荆浩将水墨法发扬光大，分别开创南、北山水画派。南唐、西蜀画院的创立为画家开辟了新的出路，并引领民间绘画的观念和风尚的发展方向。肖像画、宗教画、仕女画、花鸟画等得到进一步发展。如花鸟画更精致写实，出现“黄家①富贵、徐熙野逸”两个艺术流派。

图 8-26　五代荆浩《匡庐图》

图 8-27　黄荃《珍禽图》

6. 两宋时期：中国绘画审美和绘画语言的新时代

北宋继承旧制，在宫廷设立“翰林书画院”，宋徽宗赵佶将“画学”列入科举中，意味着画家可以通过绘画考试为官，至此院体派兴起，宫廷画兴盛。宋徽宗赵佶成为院体画的代表，代表作有《芙蓉锦鸡》《池塘秋晚》等图。

北宋山水画、花鸟画、人物画在前朝基础上不断创新笔法，对画的题材分门别类，

① 指五代十国西蜀画家黄荃。

确定了主要画科，并出现了不同画科名家，如李成和范宽为山水画代表，宋徽宗赵佶和崔白促成了院体花鸟画的形成，张择端成为宗教绘画、人物肖像画及人物故事画题材的卓越画家。

图 8-28　赵佶《芙蓉锦鸡》

图 8-29　李成《读碑窠石图》

北宋出现了因画家出身不同造就不同画风的现象。一种是职业画家的宫廷画和民间工匠的世俗画①。职业画家画风严谨，画技上不断创新。另一种是有一定身份和官职的文人学士业余创作的“文人画”，代表人物有苏轼、黄庭坚、米芾等。他们追求神似和恬淡的诗境，不拘泥于外形刻画。其创作手法以水墨为主，涉及山水、花鸟等题材。文人画的兴起对后来明清绘画产生了深远的影响。

南宋偏安东南，画中隐含着画家起伏的心境，构成了新的山水画画风，出现了四大家：李唐、刘松年、马远、夏圭。他们在画风、技法、章法、意境等方面均有建树。如马远、夏圭创造了一种新意境，素有“马一角，夏半边”之说，即指他们的构图多截取一角或片断。

宋代绘画开启了中国绘画审美和绘画语言的新时代。

7. 元明清时期：中国绘画的技巧、流派等成熟

元代壁画繁荣依旧，且绘制分工清晰。民间画工继续在寺、观、墓室中绘制壁画，文人士大夫画家也参与到壁画绘制中，一改工匠格调，将山水、竹石、花鸟等题材引入宫殿、府邸，传统壁画的格调得以丰富。枯木、竹石、梅兰等成为绘画中的主题，中国绘画的隐喻性②越来越突出。元初钱选、赵孟頫、高克恭等在山水画的表现技法上做了大胆尝试，他们将笔意与气韵融入山水画，将书法引入创作，将水墨与青绿画法结合等，

---

① 世俗画也叫风俗画，是以社会生活风俗习惯为题材的人物画。它从客观真实的角度描绘所处时代的社会习俗，因而能够比较客观地帮助人们认识那个时代的政治、经济、文化、价值和伦理等历史现状。宋代比较著名的风俗画家及其作品如张择端《清明上河图》、李嵩《货郎图》等。

② 隐喻性是指中国绘画中将一些特定的物象，如梅、兰、竹、菊等，比喻文人、君子等人群的气节、性格等，具有含蓄的、隐喻的特点。

图 8-30　刘松年《罗汉图》

图 8-31　马远《山径春行图》

对后来中国画的发展产生了很大影响。

明代文人崇尚宋代画风，强调个人主观意兴的表达，开启了以画为生、以画寄情的个性化时代。同时他们将文学与笔墨结合，最终确立了诗、书、画三位一体的中国画特色。当然文人画也非完全一路，如在苏杭一带先后兴起不同风格的文人画派。先是以戴进为首的豪放的“浙派”，盛行百余年，后被沈周、文徵明为首的“吴门画派”①取代。吴派“书卷气”甚浓，被称为“院体”画。明末以董其昌为首的“松江派”推崇元代赵孟頫等四家，将文人画再次推向高潮。明代朝廷设“画院”，宫廷画盛极一时，其设色富丽，取材吉祥，如花鸟画比宋代明显妍丽绚烂。宫廷画在技法、构图和风格上都深受文人画、西洋画影响。民间绘画则随着商品经济的发展更加世俗化、商品化，同时出现了版画②插图、木版年画等新形式。

明代绘画技法日趋成熟，各种题材中技法交叉，彼此借鉴、融合的同时，出现南北分流，形成“南画北工”的地域风格。明万历年间，意大利传教士利玛窦来华带来文艺复兴时期的天主像一幅、圣母像两幅，第一次将西洋画法带进中国。特别是透视等技法的引入，直接影响了中国传统宫廷画的风格和技巧。此外，在明末清初，一部分文人墨客以明朝遗民自居，隐于山野，以出卖书画为生，构成“明遗民画派”，因其在气节和艺术上的独创精神，又被称为“野逸派”。石涛、八大山人朱耷、髡残、弘仁、龚贤和方以智（无可）等是该派代表。

---

① 文徵明、祝允明、唐寅和徐祯卿共称“吴门四才子”。

② 版画是伴随着商品经济的发展而兴起的，一说兴起于宋，是当时为了适应“广告”宣传大量传发而出现的一种雕刻、重复翻印的绘画形式。版画到明代已经相当繁荣，但多为工匠所为，不登大雅之堂。

图 8-32 戴进《关山行旅图》

图 8-33 董其昌《仿王蒙山水》

图 8-34 石涛作品

图 8-35 八大山人朱耷作品

清代文人画呈现出商品化①、西洋化、地域化和职业化的“四化”趋势。清中叶，扬州一带出现了著名的具有强烈个性的以卖画为生的文人画家“扬州八怪”。随着西方传教的深入，一些西洋传教士将西画技法引入清廷画院中，如意大利的郎世宁、法国的王致诚等传教士将凹凸阴暗的光影技法融入中国绘画中，在中国画笔法中注入了写实性。这是继汉魏引入印度、西域技法之后再次引进本土之外绘画技法的又一个变革期。如王致诚的《十骏图》集中体现了兼采中西技法的特点。另外，这时期画派的地域特色更突出，绘画甚至开始按照地域进行划分，如金陵八家、常州画派、扬州画派，以及晚清海上画派等。

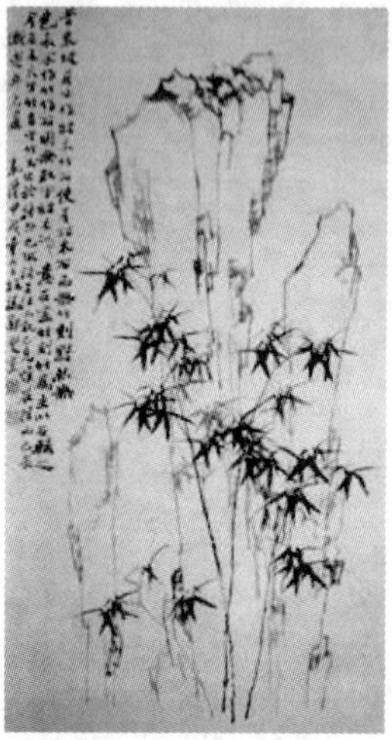

图 8-36 “扬州八怪”之一郑燮《竹石图》

图 8-37 王致诚《十骏图》

清朝文人绘画始终被奉为“正统派”，清初王时敏、王鉴、王翚和王原祁是清代文人绘画的代表。其他各派画家在题材、内容、技法和艺术形式上均有所创新。到清晚期，中国传统绘画的全部内容基本确立，本讲所涉及的中国传统绘画时间截至晚清。

二、中国绘画常识

1. 中国绘画的媒质、形式和分类

中国绘画早期以山岩、石壁、砖瓦等为主要媒材，随着社会经济的发展，丝帛和纸张等逐渐成为主要绘画媒材；并由此出现了除壁画外，可以进行装裱②的屏风、手卷、

---

① 关于中国画商品化的开端有多种说法，近年有一种理论，认为中国画的商品化可以追溯到唐朝，与唐朝绘画技法的成熟基本同步。

② 装裱，也称装潢、装池或裱背。装裱是中国书画特有的一种保护和美化书画以及碑帖的技术，具体方法是先用纸覆托于书画背面，再用绫、绢或纸镶边，再用复背纸复背，干透后装框或挂轴。

册页、扇面、斗方等媒材和形式。

中国壁画作为较早的绘画形式，对后来中国画的影响很大。如屏风，它是对空间进行分离的建筑隔断物，有学者认为屏风画是壁画的转化和变体。屏风在中国绘画中被作为一种绘画媒材启用，既有遮蔽作用，又有审美效果。每个屏风的画面由三个部分组成：天头、地脚、画心。屏风画面的内容以屏风“架子”的多少确定，可以是一个独立的画面，也可以是连续的故事。

绘画媒材丝帛、纸张出现后，其表现形式受屏风画的启示而出现了立轴、屏条、对幅等形式。立轴呈纵向悬挂于厅堂墙壁上，一般四尺以上的称“大轴”或“中堂”，特大的称“大堂”或“大中堂”；三尺以下的称“立轴”。这种格式盛行于北宋宣和年间，明代以后尤其盛行。屏条是四尺或五尺宣纸对开，单独一幅就称“条屏”，四幅并排悬挂的称“堂屏”；还可以多达十六幅，称为“通景屏”。对幅就是成对的两幅，书法对幅时称为“对联”，绘画对幅时称为“画对”，通常悬挂在厅堂正中。中堂画可与对联同用，成三联幅，中堂画居中间，两边挂对联。

斗方、册页和手卷均采用宣纸。斗方以正方形为主，大小一般为四尺宣纸的八开或十二开不等。册页画较小，又称“小品”，有正方形的，也有长方形的。册页有推蓬式、蝴蝶式、经摺式三种，册页均取双数，有四开、八开、十开至二十四开不等。手卷也称“长卷”或“图卷”，如北宋张择端《清明上河图》为手卷装裱。

这是中国画外在的形式，一幅优秀的绘画作品更重要的是其风格和图像。

风格是画家表达自我感受、情绪的方式，是用线条、墨色等形式概括生活、表达思想情感的产物，因而它是画家的思想、性格、生活阅历、审美趣味、艺术修养等因素的综合体现。图像是指画面内容的表现形象。中国传统上将绘画分为十三科①，现在归为人物、山水、花鸟、界画等。

以人物为主要描绘内容的就是人物画，它是中国传统绘画中的重要画科。人物画又分为道释画、仕女画、肖像画、风俗画和历史故事画。以山水自然景观为描绘对象的画是山水画，宋代已发展为独立画科。山水画分为青绿、浅绛和水墨三类，其中青绿山水是以色为主的山水画，水墨山水是以水墨为主的山水画。花鸟画是以花卉、鸟等各种动植物为描绘对象的画，根据画法分为工笔、写意、兼工带写三种。工笔花鸟画即用墨勾勒物象，再深浅分层着色；写意花鸟画即用简练概括的手法绘写物象；介于工笔和写意之间的就是兼工带写。界画是指以宫殿、楼台、屋宇等建筑物为题材，并借助直尺画线的绘画，又称“宫室”。

2. 中国画技法

中国画技法是运用笔墨进行绘画的方法，它分为墨法、笔法两类。

墨法是用水蘸墨的方法，在水的作用下使墨产生浓、淡、干、湿、深、浅的不同效果。墨法追求变化的效果：水的多少形成焦、浓、重、淡、清五个变化，色泽出现黑、

① 即佛菩萨相、玉帝君王道相、金刚鬼神罗汉、风云龙虎、宿世人物、全境山水、花竹翎毛、野禽走兽、人间动物、界画楼台、一切旁生、耕种机织、雕青嵌绿。

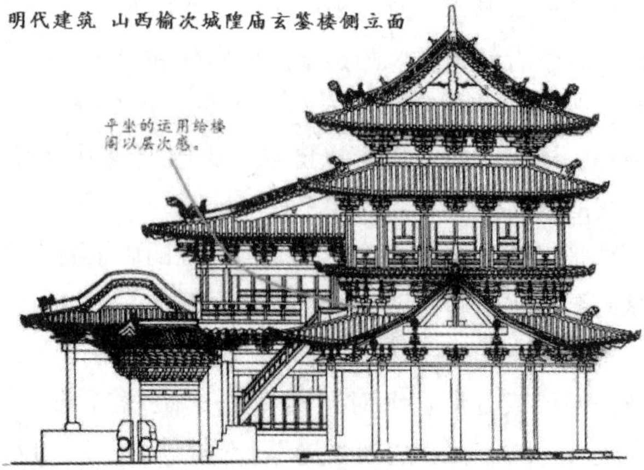

图 8-38 界画

白、浓、淡、干、湿六种，墨色处理上会出现枯、干、润、湿、漓五种形象，用水产生浓墨、淡墨、焦墨、宿墨、破墨、积墨、泼墨七种。

山水画大师黄宾虹说：“书画同源，贵在笔法。”是说书、画笔法相近，书之笔法即画之笔法。这里补充两个绘画中常用的笔法术语：一是笔势四势，即筋、骨、肉、气——“笔绝而不断谓之筋，起伏成实谓之肉，生死刚正谓之骨，迹画不改谓之气”①；二是强调笔的力度和运转的笔法五要，即平、圆、留、重、变——平若“锥划沙”，圆若“折钗股”，留若“屋漏痕”，重若“高山坠石”，变若“百川归海”“惊蛇入草”。

中国画注重水墨的效果，用色一般比较少，墨、色之间需有“色不碍墨，墨不碍色”的互补原则。用色方法主要有三种：一是水墨法，以水墨为主，不着色或少着色；二是用浅绛色，轻着色，以花青、藤黄、赭石为主色。此两法多用于写意画。三是重彩法，是大着色，多用在工笔画上，以石青、石绿、朱砂、金银等矿物色为主，用色厚重而又鲜艳，多用于描绘花鸟和建筑。

虽说是笔墨的运用使墨色极具变化而不可预测，但在实际操作中也有可以把握的技巧，如泼墨、工笔、写意、皴法、白描、没骨等。泼墨，顾名思义是墨如泼出去一般，表现豪放；工笔是点线笔画工整；写意是用简练的笔墨，表现物象的形神和意境；皴法最初是用来表现山石的明暗凹凸变化和地质构成形态的方法，后来此法已不局限于山水画科；白描是指不着颜色而用墨线勾描物象的画法；没骨法是不用墨线勾勒，直接以彩色描绘物象的方法。

中国画的布局又称为“经营位置”“章法”，即作者在绘画前进行构思，将所要展现的图像进行安排和布置，然后运用绘画的各种技法把创作意图展现出来。在布局过程中须考虑形象、对比、平衡、统一等各要素。形象是布局的根本与基础，形象产生，才能“经营”设计它的“位置”。对比是将矛盾的两个方面有效放大，使画面对比强烈，产生

① 出自五代荆浩山水画论《笔法记》。

生命力、感染力和形式美。对比是布局的第一法则。平衡是将各要素进行有机的分配，实现多样统一与视觉上的均衡。统一是指画面完整，完整的画面不仅包括物象，还包括诗文、题跋、落款、印章等。总之，中国画的布局贯穿着中和之道，要充分考虑各种关系的协调。

南朝齐谢赫曾经对好的人物画规定了“六法”①，后来六法成为中国各类绘画的标准，其中气韵生动是最重要的。绘画之气是“结乎于胸怀，发之于毫端”的韵味，“气韵”是指绘画所体现出的画家的格调、胆识、胸怀和眼界。中国画是技法的再现，也是画家综合素质的反映。一幅好的作品要“脱略形骸”，不可“拘守迹象”②，要表达人的精神世界，而从形到神“非学养兼到，不能得之”。形神兼备是中国画的一个重要特点。

三、中国绘画的文化价值

历代画迹，如各类壁画、帛画，各种卷轴、屏条，从画的媒材到画的内容，都是研究中国历史、社会、民俗、民族审美、艺术情趣等重要而丰富的资料。这些绘画比文字、书法更形象、直观、感性和具有情境感。如 2002 年山西太原王家峰北齐徐显秀墓的发掘，就为研究北朝晚期的葬俗、葬制等提供了珍贵的图像资料，对了解当时墓室壁画的绘制技法及艺术水平都具有重要价值。

图 8-39　山西太原王家峰北齐徐显秀墓壁画局部

中国历史上的文治之兴，莫不体现在绘画上。从夏、商、周三代残壁到晚清高堂庙宇，无不将历史故事、宗教故事用图画展示出来劝勉、教化民众。因而中国绘画总是以不同形式体现所处时代的政治、经济和文化：汉墓壁画，反映了汉王朝“独尊儒术”“天人感应”的思想；两宋世俗画的兴起，反映了商品经济繁荣；宋代文人画成为主流，毫

① 六法即气韵生动、骨法用笔、应物象形、随类赋彩、经营位置、传移摹写。
② 当代中国画大师黄宾虹语：拘守迹象者为庸工，脱略形骸者为名作。

无疑问与宋代抑武扬文的政策密切相关。

每种绘画形式都是对前期文化的继承与发展。如山水画在两汉时期依附于人物画，但到魏晋六朝出现了《禹贡图》《三礼图》等书籍，配图说明山水、植物、鸟兽的形态。由此，山水画科初具雏形，逐渐从人物画中脱离出来，并在继承中发展和创新。

中国传统画鲜明地体现了中国的哲学和审美思想。儒释道思想深深地影响着中国绘画的发展，在技法、题材和思想上均有明显的表现。如王维的绘画深受禅宗美学思想的影响，他将"韵"的内在审美引入绘画，使中国绘画蕴含了生命力和韵律美。他在绘画中运用线条的长短、粗细、方圆、干湿、浓淡、刚柔、疏密、虚实等对比，表现物象的气韵、形体、空间、质感等，使线在运动和变化中彰显自然和谐之美，体现"中和为美"的绘画主张。

中国画作为艺术形式，既追求形而下的技法，更强调形而上的道，所谓道成而上，艺成而下。中国传统绘画崇尚情韵与意境，关注精神世界，主张"以形写神""立意为象"，在形神之间追求"似又不似"的境界。中国画要求用笔精确，细腻传神，水墨浓淡干湿的变化都间接地表达着画者的情感。可以说，每一幅中国画都是诗。

项目拓展

一、思维拓展

阅读课文，总结壁画发展对中国绘画题材、技法的影响。

二、实践拓展

到当地美术馆观看一次国画展，结合所学内容概括该展览的画派、风格和画科。

三、学思结合

深入了解一位国画大师，结合所学知识分析其绘画的特征及审美取向。

第三节　朱门琉璃　宝刹晨钟：建筑、雕塑

中国古建筑是最大宗的文化遗产，是我们的根，是我们的脉，是我们的魂。

——梁思成

建筑不仅反映了各个时期建筑本身的技术和艺术水平，而且反映出各方面科学技术、文化艺术的成就，还反映出社会政治、经济情况。

——罗哲文

建筑是一种社会艺术的形式。

——贝聿铭

一、中国建筑发展进程

1. 上古时期的建筑

我国古文献中记载："古之民未知为宫室时……下润湿伤民，故圣王作为宫室"①，"昔者先王未有宫室，冬则居营窟，夏则居橧巢"②，"上古之世，人民少而禽兽众，人民不胜禽兽虫蛇，有圣人作，构木为巢以避群害……号之曰有巢氏"③。以上反映了上古无专业营造建筑，筑巢穴是为了满足保暖、驱兽等基本生存需求。如果巢穴算是建筑，那么它是中国最早的建筑。

辽阔的地域导致南北生活各方面的差异，黄河流域形成了依地穴居的建筑，长江流域形成了依树巢居的建筑。穴居的发展有赖于广阔而丰厚的黄土层，这是今天窑洞的前身。巢居是"构木为巢"，即在单株的大树上架巢，最早出现在黄河流域，后成为长江流域的主要居住建筑。

为便于群体管理和群体居住，氏族公社产生了公共建筑。如陕西半坡等多处遗址有公共建筑，它是氏族集体议事的地方，也是老弱病残者居住的场地。公共建筑已有初步规划，一般建造在水边，周边建壕堑，用于防御，内部分出居住、生产、墓葬等区域。除公共建筑外，还出现了隔离空间的建筑，为对偶和家族提供住房，这意味着建筑开始注重居住者个人的隐私。父系氏族阶段，氏族首领开始将公共建筑据为己有，并将其规模扩大，夯土技术已被掌握并运用于公共建筑的砌筑墙体，这应该是王宫建筑的开始。

2. 夏、商、周三代的建筑

《史记・夏本纪》记载夏朝"有万国"，理论上讲此"万国"应筑有"城池"，但目前无遗迹佐证。商朝建筑既有考古佐证，也有文字可考。在殷墟安阳小屯发现了宫殿建筑群遗址，在出土的甲骨文中还发现了"邑商"之地，在二里头遗址中发现了一个不同于宫殿的建筑群，类似"邑商"。这些说明，商朝已有都城和"商城"。二者皆有城垣城基，以夯土技术筑造城基，建立"庑""庭"④等建筑结构，这些建筑具有对外防御和对内举行仪式、象征权威的双重功能。宫廷建筑中出现了"重屋"，即四坡顶、两重檐，奠定了我国此后主体宫殿的定制。

西周建筑已有相当规模，建筑技术上有较大变化：一是建筑出现了专门测量的器具；二是建筑材料土、木被广泛应用，土结构建筑发明了版筑墙体；三是夯土技术进步，成为后来城墙的主要建筑技术；四是建筑的实用性与艺术性融为一体，木构建筑从

---

① 《墨子・辞过》。

② 《礼记・礼运》。

③ 韩非：《五蠹》。

④ 庑、庭均是中国古代建筑中的一部分。"庑"又称为"廊庑"，是指堂下周围的走廊、廊屋；"庭"是指堂阶前的院子，故有"庭院"之说。

擎檐柱①向栾②飞跃；五是人工建筑材料开始运用在宫廷建筑中，如陶和青铜器制品，大量陶制材料运用在城市排水管中，青铜制品被运用在宫殿的柱基中；六是建筑装饰多样化，出现彩绘装饰、木石金雕等。此外，周代建筑是区别尊卑的重要标志。继商代重屋后出现了“明堂”③，建筑主体十分考究：“北墙谓之墉”，“君南面而北墉下”④。

3. 秦汉至魏晋南北朝时期的建筑

秦汉集权制度确立，体现王朝政治一统、帝尊位高和领导力的大型建筑出现。那时城市建筑具备了一定规模，如秦咸阳城、西汉长安城、东汉洛阳城；出现了奢华的宫殿、宫苑建筑，如秦代阿房宫、汉代未央宫；象征位尊的地下陵墓建筑涌现，如始皇陵、茂陵等；表现威仪的坛庙建筑初具规模，如墓阙、庙阙和各种人群居住的住宅建筑等。秦汉建筑布局、构图整齐规则，表现出质朴、刚健、清晰、浓重的艺术风格，兼具政治和社会功能，奠定了中国建筑的理性基础。

源于西周的斗拱到汉代已被广泛应用于各种建筑中，抬梁式和穿斗式主要木结构成为秦汉时期的重要建筑形式。木构架的五种屋顶形式⑤在南北各地推广，战国时期的榫卯技术在秦汉时被广泛运用于各类大型建筑中。传统砖石结构⑥仍是主要的建筑结构。砖、陶瓦、石被用于地下水道、台基、屋顶和墓葬建筑中。夯土技术是秦阿房宫建造的主要技术，但到汉代被木结构建筑技术取代的趋势明显。干阑技术从长江流域推进到中原，并有质的飞跃。

魏晋南北朝政治动荡，异族入驻，汉民族在保留自己本民族文化的基础上不断吸收外来文化。“五胡”进入中原严重冲击了秦汉建筑，佛教传入推进了中原地区佛教建筑的兴起，佛教建筑由此成为仅次于宫殿的最重要建筑内容。佛塔、石窟等建筑大量涌现，如北魏时期的云冈石窟。这些佛教建筑在中国传统建筑技术、文化的基础上融合了异域建筑技术、文化的各种要素，如琉璃技术传入并用于建筑。佛教装饰、彩绘、纹样以及凹凸画法，都被运用到建筑中。

北朝统治者热衷佛教，佛教寺院建筑兴盛。据考证，北魏末年，洛阳寺院多达1300余所，外州郡寺院多达30000余所。而东南地区经过东吴至南朝数百年经营，佛教寺院流布各地，正所谓“南朝四百八十寺，多少楼台烟雨中”⑦。寺院分为两种，一种是立塔为寺，如将东汉灵台塔改为佛寺。这类寺院基本保留了东汉以塔为中心的“浮

---

① 擎檐柱，是木结构建筑中用以支撑屋面出檐的柱子，多用于重檐建筑。

② 栾是屋架中承受梁木的曲木，如果是直木就称为栌。

③ 明堂，中国古代建筑中的礼制建筑，始于西周，以明尊卑。帝王在此举行祭祀朝会、庆赏、选士等大礼。著名的明堂有唐代武则天建制的“通天宫”和明代的“天坛”。

④ 墉指中央土台。

⑤ 五种屋顶形式是庑殿、悬山、屯顶、攒尖和歇山顶。

⑥ 砖石结构，指用胶结材料砂、浆等将砖、石、碎石块等砌筑成一体的结构，一般用于房基、墙体、柱子等。古希腊、埃及等国家的重要建筑都采用此法，如埃及金字塔，中国运用此法相对较晚。

⑦ 诗句出自唐朝诗人杜牧诗《江南春》。南朝历代帝王提倡佛教，使得佛教寺塔建筑兴盛，且以木建结构为主，其中著名的有同泰寺、瓦官寺、栖霞寺等。

屠阁”式样，多层楼阁，且木制建筑为主。另一种是士大夫将府邸改造为寺院。前厅佛殿，后堂讲堂，庭院池塘相连，初具亭榭楼台的园林风。

此时建筑总体上从古拙端严转向豪放壮丽，从劲直方正的直线转向遒劲挺拔的曲线，构造上从土木混合结构转向全木构架为主。城市建设继承和发展了东汉的规划，如曹都邺城、北魏都城洛阳、六朝古都建业等。此外，东南出现了以自然山水为特色的新园林。皇家园林向士人园林转变，营造观念也从形似自然向神似自然转变，极大地丰富了园林文化的内涵，为唐以后园林主题的深化和构图提供了新的思路。这一时期的建筑装饰保留了秦汉风格，以朱柱素壁为主，偶见彩画。

4. 隋唐时期的建筑

隋唐时期文化空前繁荣，规范的建筑逐渐形成，表现出独创精神。

宫殿建筑繁盛，主要有太极宫和大明宫。太极宫为原隋旧宫，唐高宗将其降为闲散的宫殿。大明宫是唐太宗在太极宫的东北处营建的新宫，到高宗时成为唐朝的政治中心。大明宫分为内廷、外朝两个部分，呈前朝后寝布局。内廷殿阁、楼、台宫苑结合，是皇帝的起居游宴区。外朝是尚书、中书、门下三省驻地，即皇帝上朝处理政务的议事之地。“明堂”在武则天时被进一步扩大为洛阳恢弘的“万象神宫”，用于祭拜天地、先祖。

这一时期的陵墓建筑不逊于秦汉，唐太宗亲选陵地，为唐以后的陵墓建制奠定了基础。唐初将依山建陵作为定制，高宗以太宗定制为定制，建造了乾陵。

图 8-40　乾陵

图 8-41　五台山佛光封大殿

在隋唐时期，由于统治者对佛教好恶几度变化，宗教建筑也随之损益。这一时期佛寺营造曾达到历史高峰。著名宗教建筑有五台山佛光寺大殿、南禅寺大殿，芮城广仁王庙正殿等。唐朝在寺院建筑中改变了魏晋以来以塔为中心的佛寺布局，建造了以佛殿为中心的布局。宗教建筑的其他附属艺术，如壁画、雕塑达到了空前的水平，并在各类建筑物上呈现出独有的文化风格。

城市建设上，隋唐两代均以长安为帝都。隋文帝杨坚派高颖等在汉长安城的旧址上主持规划兴建了大兴城，将城市分为皇城、居民区和市场三个部分，城市规划达到了相当高的水平。

传统建筑中的主要材料基本得到推广，应用技术非常熟练。夯土技术仅见于城墙和地基。砖被大规模用于佛塔建筑，并极力效仿木构建筑分层处理，如西安著名的砖塔建筑——大雁塔、小雁塔。各种瓦在不同建筑中使用，琉璃瓦此时已被广泛地运用于各类大型的建筑中，成为重要的建筑装饰材料。木结构建筑基本解决了大面积、大体量的技术问题，如武则天在洛阳建造的万象神宫号称"巨木十围，上下通贯"。木建中的柱、斗拱等构件日益规范，都有了规定的比例和尺度。

隋唐建筑纵向上继承了传统建筑模式，规模宏大，构图谨严，壮丽辉煌。建筑群的空间排列组合与传统伦理思想结合，强调建筑的递进关系，呈纵轴延伸，如大明宫。在屋顶建筑的形式上表现出等级秩序，如一般建筑多用庑殿顶，略高一级用歇山顶与攒尖顶，特别重要的建筑上用重檐。隋唐建筑横向上广泛吸收外来建筑技术与风格，将异国风情与技术以理性精神融入建筑，并将南北朝以来文人的浪漫情调与现实民风交织在一起，形成了理性与浪漫相结合的中国特色的建筑体系。

5. 两宋时期的建筑

两宋是令人感到纠结的朝代：经济上高度发达，但政权不统一；国民生产总值居世界第一，但建筑上走向精致简约；思想上形成保守的理学，但出现了追求自由的、尚意的艺术气韵；汉民族建筑因循守成，但周边民族文化自由生长，出现了辽金华靡的建筑等。

两宋都城建设规模大大缩减，北宋都城汴梁和南宋都城临安均是用旧城改造而成，但开启了新规划：宫城设在城中央，打破前朝置于城北的格局。此规划被元明清继承和沿用。城市格局也发生了变化，原有的里坊制被打破，商业街兴起。坛庙建筑小而精致，如北宋天圣年间建造的奉祀晋侯始祖唐叔虞的祠庙——晋祠，是目前宋代所留殿宇中最大的一座，其中圣母殿的彩塑极其精致，是中国古代彩塑史上的名作。帝陵建筑也远逊于汉唐，南宋堪称简陋。陵墓规制承唐而改变，将唐以前的十字轴线构图变为以纵轴为主帝陵建制的新格局。

图 8-42 晋祠 圣母殿

图 8-43 山西应县木塔

佛教大型建筑在宋代逐渐减少，但散落民间的小型寺院不少，如河北正定的隆兴寺、山西大同的华严寺等。在整体佛教建筑走向衰微时，塔建在建材、结构和用途等方面有了进一步发展。佛塔原是用于埋藏佛骨佛舍利的建筑，但宋代塔建用途扩大为可登高眺望、可瞭望敌情，如北宋真宗在今河北定州开元寺修建的舍利塔，仁宗更名料敌塔。海岸塔上点着灯，为航海船只指明方向。

宋代园林建筑，特别是私家园林，在规模和水平上均超过皇家园林，而叠造假山的城市园林蓬勃兴起。南宋南渡后，园林建筑向江南转移，文人积极参与园林建设，将古典诗文、意境和高雅的情趣注入园林建筑中，构成了中国园林的灵魂——文心，形成了"古今难画亦难诗"的园林风景。著名的杭州"西湖十景"是南宋园林杰作。

图 8-44　南宋　苏州拙政园

图 8-45　湖南长沙岳麓书院

在宋代建筑中最具开创性的是书院①建筑。由于理学兴起，各地将孔庙扩建为书院。一般在孔庙大成殿内安置孔子像，东西庑殿、光贤祠等用于祭祀，增设藏书的御书阁和讲学辩论的讲堂。当时著名的书院有岳麓书院、白鹿洞书院、嵩阳书院和应天书院等。

宋代砖石建筑结构发展，许多城市的城墙、佛塔使用砖砌，或用砖铺路。砖塔或砖木混合结构塔大量出现，带动了砖雕、石雕的发展。木结构建筑朝着简化、定型和标准化方向发展。斗拱形式虽然多样，但结构作用减退，装饰作用加强。建筑装修、彩画、雕饰等装饰形式多样。建筑平面设计中的组合手法不再拘泥于传统的中轴建筑，园林、民居建筑的设计更加灵活。宋代为了控制各地建筑规模颁布了《营造法式》，将建筑材料确定为建筑规模的判断标准。

与宋代建筑不同，辽、金建筑呈现出奢靡气象。佛塔建筑别具格调，著名的如辽国建造的山西应县木塔、金国建造的山西浑源圆觉寺释迦塔等。辽金政权的建筑较好地继承了汉族建筑，如辽继承了唐代开朗雄健的作风，金受北宋影响，倾向于精巧雅致、纤

---

①　书院是古代民间教育机构。最初是地方教育组织，以藏书为主，最早出现在唐朝。到宋朝演变为正式的民间教育制度，集藏书、教学、辩论于一体，书院的学生来去自由。书院一般设在山林僻静之处，主要作用是教育、培养人的学问和德性。

巧秀丽。

6. 元明清时期的建筑

元明清三代在传统建筑上不断创新，形成建筑文化的多元化，由此中国古代建筑进入繁荣期。

元明清均以今北京为都，都城与城市建筑成绩卓著。元大都形制为南北长、东西短的长方形；明都城在元大都废弃的基础上以南北向为中轴，向南延展轴线达 8 公里，两侧分置各类建筑；清代都城布局基本在明代旧貌的基础上有所损益，分为外城、内城和皇城三个部分。皇城即紫禁城，宫殿恢复旧制，宫城内分为外朝、内廷两个部分。在宫城外东、西两侧分设太庙和社稷坛。宫殿建筑以北京故宫最为杰出。沈阳故宫是清入关前的宫殿建筑，极具满族特色。坛庙建筑首推北京的天坛、社稷坛。

元帝无陵墓，死后葬于大漠。明清帝陵继承汉唐，形制上有所创新，规模上有过之而无不及。明十三陵、清陵皆依山而建，陵区设“致祭区”呈院落递进。明十三陵集中在北京周边，清陵集中在沈阳、遵化和易县三地。

元明清宗教信仰多元化，各种宗教建筑兴起。元、清两代统治者崇信藏传佛教，藏传佛教建筑异常兴盛。北京的妙应寺白塔是元代由尼泊尔工匠设计建造的现存全国最大的喇嘛塔。清代喇嘛塔造型多样，如北京北海琼岛白塔、扬州瘦西湖白塔等，成为园林中的一道风景。北京雍和宫和承德则是藏传佛教寺庙的杰出建筑。明代崇尚密宗，金刚多宝座塔盛行，现今遗存不多的金刚多宝座塔主要是明遗迹，著名的有北京真觉寺金刚多宝座塔、碧云寺金刚多宝座塔和山西五台山台怀镇圆照寺金刚多宝座塔等。此外道教、伊斯兰教、基督教等宗教的建筑出现，到晚清还出现了中西合璧的建筑。

图 8-46　天坛 祈年殿

图 8-47　广胜寺 飞虹宝塔

明清园林继承唐宋，文人气质渗透其中，出现了专业造园师和匠师。清代帝王皇家园林的规模，尤甚于前代，如圆明园与颐和园。

元明清三朝地方城镇兴起，城镇的主要街道多为南北、东西相交的十字大街，相交点上一般建造钟楼或鼓楼作为城市中心的地标。

明代建造的防御建筑——长城，东起鸭绿江边，西至甘肃嘉峪关，长达5000余公里。山海关、嘉峪关等著名关城，是中国建筑艺术中独具风格的杰作。北京八达岭段长城、司马台段长城等有较高的艺术价值。

中国民居建筑到明清已经相当丰富多彩，自由式建筑增多，辽阔的地域使民居建筑表现出较强的地域特点，如岭南的客家民居小巧精致，山西的大院建筑则气势逼人。

图8-48　山西王家大院

图8-49　清太原永祚寺

在建筑结构方面，许多殿宇使用大尺度木材做立柱，结构更灵活。出现了加强结构的新手法，如在内外柱间施用穿插枋等加强柱与柱之间的水平联系。与木结构变革同步，建筑结构中出现了砖墙砌筑。这种建筑深受伊斯兰教建筑的影响，屋顶采用砌筑、多层、斗八角形的穹隆顶①，如太原永祚寺、苏州开元寺无梁殿等。另外许多大型建筑采用砖石建筑，如长城许多重要段落的墙体和城关都用砖砌。夯土技术在汉唐收缩，此时反而得到推广，取得了更高成就。一般三四层楼的建筑都以夯土墙承重。为使土质结实，在黄土中掺入一定的白灰、江米汁，以提高抗震、抗压的强度。

琉璃砖瓦成为贴面材料，用于各类建筑装饰。如山西洪桐广胜寺的飞虹宝塔，塔身全由土色琉璃装饰，远远望去像一道彩虹，故名“飞虹塔”。大同九龙壁、北京故宫九龙壁等均用琉璃贴面装饰。建筑装饰大量使用鎏金、砖雕、石雕、木雕等工艺。

明清建筑继承宋代，但比之规模更宏大，更雄伟，在装饰上更崇尚工巧华丽。

二、独具特色的中国古代建筑

1. 建筑类型

中国古代建筑根据功能大致可以分为宫殿、礼制性祭祀建筑、宗教建筑、陵墓、军事防御体系、桥梁、古典园林以及民居等建筑类型。

---

① 穹隆顶，也称为圆顶、穹顶、拱顶。穹隆意即天空，穹隆顶是指屋顶像穹隆(天空)一样。一般从外形来看为球形或多边形的屋顶形式。伊斯兰教建筑多为此顶，它也是古罗马建筑和欧洲文艺复兴时期建筑的造型特征。我国汉代出现，但多用于墓葬建筑。

宫殿是帝王居住和处理朝政的地方。其形制最高、最富丽堂皇，是中华民族建筑中技艺最高超的建筑。目前保存较完好的宫殿有北京故宫和沈阳故宫。礼制性祭祀建筑包括坛庙祭祀建筑和祠堂建筑。这类建筑从一个侧面反映皇权或家族地位，其形制规模堪与宫殿一争高下。坛庙祭祀建筑，著名的如北京天坛、地坛等，祠堂建筑，著名的如曲阜孔庙、山西解州关帝庙以及各地的民间祠堂等。陵墓是安葬皇帝的建筑，是中国古代建筑中最宏伟、最庞大的建筑群之一，著名的有汉代茂陵、唐代乾陵、明十三陵、清东陵等。

宗教建筑在我国主要是佛教建筑，如佛寺、佛塔、石窟、藏传佛教的宫室式木建筑等。此外还有伊斯兰教的阿拉伯式建筑和道教的宫观庵庙，如拉萨布达拉宫、五台山佛教建筑群、武当山古建筑群。宗教建筑与宫殿、陵墓建筑一样带动了中国绘画、雕刻等诸多艺术门类的发展，成为反映多种艺术成就的综合体。

城防建筑主要指城市城垣建筑和用于防御的长城。城垣建筑中著名的有山西平遥古城与西安古城墙。园林建筑可以分为江南私家园林和北方皇家园林，现存著名皇家园林如北京的颐和园，私家园林如苏州的拙政园、留园。桥梁建筑包括浮桥、梁桥、索桥和拱桥，著名的有赵州桥、虹桥、五亭桥、晋祠的鱼沼飞梁等。

2. 各类建筑的用途

用于祭祀和宗教信仰的建筑有塔、寺、庙、坛、祠等主要形式。塔即“佛塔”，主要是用于供奉或收藏佛骨、佛像、佛经、僧人遗体等的高耸型的点式建筑。寺，原是帝王的办事机构，如大理寺、鸿胪寺等。佛教传入中国后，人们将佛陀教化世人的办事管理机构称佛寺，如东汉白马寺。佛寺成为敬信佛陀的场所。庙是古代用于供祀祖宗的地方，后来圣贤也建庙，如孔庙。佛教传入后，部分用于祭祀祖先的庙演变为佛教徒获得“妙”法的地方，之后进一步独立出来成为佛教传播的场所。坛是古代举行祭祀、誓师等大典时用的高台，如天坛、地坛。佛道引入后进行弘法、讲经等活动的场所也称为坛，如神坛、讲坛、法坛等。

亭、台、楼、榭、阁、轩等是园林建筑的主要形式。亭是人们休息的地方，“亭者，停也。人所停集也”①。亭有半山亭、路亭、半江亭等。亭后被用于园林建筑中，多样的形式使它的艺术性高于实用性。台是一种高耸的夯土建筑，宫殿多建于台之上。后来将台引入园林建筑中成为厅堂前的露天平台，即月台。“楼观”指两层以上的道教临水建筑，主要是用以登高望远。榭也是水边建筑，“榭者，藉也。藉景而成者也。或水边，或花畔，制亦随态”②。因建于水边，为防人落水增设防护栏和用于观景的椅子——吴王靠，从而使榭这一建筑增加了风景。轩是高而敞的建筑，但体量不大。在园林建筑中，轩与亭一样都是点缀性的建筑。

3. 建筑形式

中国古代建筑的外观由屋顶、屋身和台基三部分组成，称为“三段式”。

---

① 《释名》。

② 《园冶》。

屋顶建筑造型主要有庑殿式、歇山式、攒尖式、悬山式、硬山式、盝顶、卷棚顶等形式。屋顶建筑原是用于排泄屋顶积水的实用建筑，后成为等级象征。

图 8-50　庑殿式

图 8-51　攒尖式　悬山式

殿宇屋顶还有一种建筑构件——吻兽，又称"鸱尾""鸱吻"①。这个构件具有三重作用：一是设计不同造型从而对屋顶起到装饰作用；二是各种造型被赋予了人们神秘的期盼，如"鱼虬尾似鸱"，寓意避火；三是正脊和垂脊上不同形状和名称的吻兽，通过形状大小和数目反映殿宇等级。目前最大的吞脊兽，在故宫太和殿的殿顶上。

图 8-52　北京天坛内建筑一角

图 8-53　山西王家大院台基一角

台基即基座，是高出地面的建筑物底座，用以承托建筑物，防潮、防腐。根据建筑级别，台基可分为普通台基、较高级台基、更高级台基②和最高级台基③四种。故宫三大殿和山东曲阜孔庙大成殿就耸立在最高级台基上。

屋身是建筑物使用的主体部分，指屋顶与台基间的中间部分。屋身外部正面较少使用墙壁，一般以木质楹柱和玲珑精美的窗户表现。左右两面为山墙时也很少开窗。屋身

① 鸱吻有大吻(正脊吻)和垂脊吻两类。

② 更高级台基又称须弥座或金刚座。

③ 最高级台基是由几个须弥座相叠而成的台基。

的外檐和窗户是屋身主要装饰的地方。屋身的外形主要有正方形、长方形、六角形、八角形、圆形、半圆形等形式。

中国古建筑是木构架梁柱式结构，就是屋顶、屋身之间用木构柱梁为承重构建的骨架。木构结构后来发展成为最具中国古建特色的“斗拱”结构，即像“斗”形的构件与像弯弓一样的拱形构件组合在一起。斗拱中横梁架与立柱间的连接点用榫卯结合，榫卯法是中国古建中一种极具特色的建筑法，它不仅增加了建筑物的弹性，而且对建筑物有极强的装饰作用。

图 8-54　殿内木柱

图 8-55　榫卯法

木构架系统主要有抬梁式、穿斗式和井干式三种木构架，其中抬梁式木构架(斗拱)使用范围最广。木构架材料是木材，木材的弹性使得木构架有较好的整体性和弹性，这也增强了抗震效能。这种传统木结构营造技艺在 2009 年 10 月被列入世界非物质文化遗产目录。

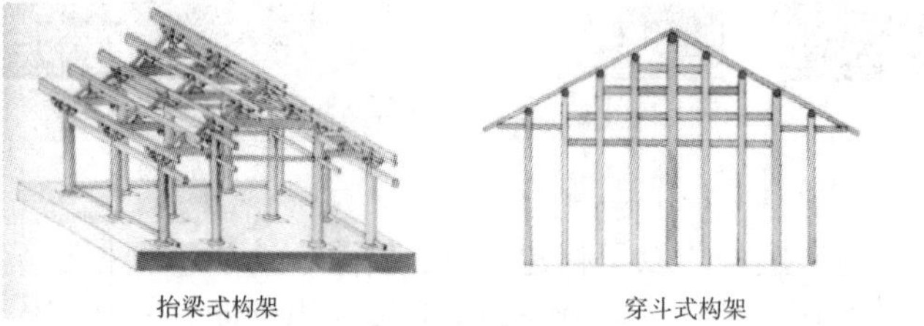

图 8-56　抬梁式、穿斗式架构

图 8-57　榫卯　彩绘　吻兽　琉璃

中国建筑的平面布局主要有两种：一是整齐对称的帝王官衙建筑，二是曲折灵活的园林、民居建筑。两类建筑在布局上一般都采用单座建筑组成的庭院式布局，以院子为中心，四面布置建筑物，每个建筑物的正面都面向院子，门窗开在正面。庭院与庭院组群以纵轴为中轴，以横轴为辅，两侧建造对称的次要建筑物。庭院以三合院和四合院为主，体现中国传统家族伦理关系的各个方面。园林、民居在依山傍水中也要尽可能保证中轴为主的格局。

中国古代建筑有自己独特的色彩规律。宫殿庙宇中，黄色琉璃瓦顶，朱红色漆身，檐下阴影部分蓝绿色加金，白色石台基，轮廓鲜明，富丽堂皇。住宅则常用青灰色的砖墙瓦顶，或用粉墙瓦檐，木柱、梁枋门窗等多用黑色、褐色或本色木面。

彩画被运用于屋檐下及室内的梁、枋、斗拱、天花、柱头等各部位。彩绘构图在明清时期常用的有和玺彩画、旋子彩画和苏式彩画。和玺彩画线条全部沥粉贴金，主要用于宫殿、坛庙等大建筑物的主殿，是彩画中最高的等级。旋子彩画在等级上次于和玺彩画，主要用于官衙、庙宇、牌楼和园林。苏式彩画多用于园林和住宅，其风格与前两者大不同。藻井①将彩绘发挥到极致，它集寓意、造型、色彩于一体，体现了中国传统建筑的哲学和审美情趣。

图 8-58　彩绘

图 8-59　天坛祈年殿藻井

门窗在中国建筑中具有实用、象征、装饰三大作用。门作为建筑的门面，是阶层、身份的象征，汉代著书《门堂之治》中就严格规定了每个阶层的住屋形式。堂是屋顶主体，门是面目，因而门窗一般用楠木、柏木雕成。门、窗、隔断每个部件都饰以不同的图案，寓意福禄、寿喜、富贵等。

雕塑是中国古建筑中的附属建筑。雕塑主要有两类，一类是在建筑物身上的，或雕刻在柱身、梁枋上，或塑制在屋顶、梁头、柱子上。雕塑的材料有木有石，有砖有瓦，有金有银，有铜有铁。另一类是在建筑物里面或周边的雕塑，它们大多是脱离建筑物而存在的。建筑物内的雕塑多为寺院内的宗教内容。

雕刻大致分为线刻、平雕、浮雕、圆雕、半圆雕等种类。雕刻的媒介有石、砖、木等，其中石雕在古建中运用最广。雕刻形式一是素平法，把砖石表面打制光平的技法；二是阴刻法，向下平刻出各式花纹图案和各种题材；三是阳刻法，刻去不需要的部分，留出需要的各式花纹图案和各种题材；四是浮雕，包括浅浮雕、高浮雕。

① 藻井是中国传统古代建筑中宫殿、坛庙的室内顶棚的独特装饰部分。顶棚一般采用向上隆起的井状，有方形、多边形或圆形凹面，周围饰以各种花藻井纹、雕刻和彩绘。

图 8-60　天坛石

图 8-61　王家大院石

图 8-62　山西王家大院砖雕

图 8-63　门窗　木雕

三、中国古代建筑的文化价值

中国古代建筑在几千年发展中保持着自己独有的特征，它注重继承，又不断地更新和发展，成为我国历史重要的实物见证。

古代建筑能反映一个时代的政治制度、经济水平和科学发展状态等。如在半坡遗址中看到母系氏族的社会关系、生产力发展水平，在明堂、帝陵中看到皇权和等级，在坛庙的布置中看到先民祭祖敬天的思想和宗法制度，在长城上看到大明王朝抵御蒙古的遗迹，在承德避暑山庄中看到清帝囊括四海、包举宇内的帝王雄心。

中国古代建筑设计反映了汉民族的心理和哲学思想。如古代建筑平面设计上追求对称均齐，皇宫、坛庙、陵寝、寺院、宫观以及祠堂，布局上均以南北中轴为主线，两边整齐对称地陪衬中轴建筑群，既体现了统治者的权威，也体现了中央政权在整个集团中的中枢作用及其追求中正的理念。宫殿或传统民居在造型、体量上平铺在大地上，体现了与天地合一的理念。中国古代建筑的设计均建立在顺应自然的思想基础上，这其中蕴含着汉民族“天人合一”的哲思。

中国传统建筑体系的框架结构和标准反映了中国古人“恒久不变”的思想，如院落群格局、木构架结构等从上古一直沿用到清末，成为中国传统建筑的正统。但不变中追求变化也是传统建筑中的观念，汉民族总能在外来建筑涌入时找到与本民族文化相契合的元素，构建出新的建筑元素，如将印度佛塔建筑融入中国寺庙建筑中，体现了古人兼容并蓄的思想观念。

中国古代建筑中贯穿着维护社会秩序的礼制。如北京故宫建筑群，严格界定单体建筑的等级和名分，明确主次和内外。屋顶的建筑模式不得僭越规定的格式：太和殿是重檐庑殿顶，级别最高；保和殿是重檐歇山顶，用于宴请重臣和举行殿试；中和殿次之，用单檐四角攒尖顶，是皇帝大朝的备用房。建筑等级反映在人的关系上，以别远近、长幼、亲疏、高下、尊卑、贵贱等。

中国古代建筑体现着政治和社会的双重功用。如坛庙建筑符合儒家倡导的敬天命、尊先贤的思想，建筑外观庄严雄伟。宫城建筑的规格是前宫后苑，前宫庄严肃穆，后苑山清风秀。园林建筑依山傍水，将个人情怀寄于山水中，体现了道法自然和外儒内道的生命观。

中国古代建筑“风水说”的实质是现代环境科学。在建筑前一定要审慎周密地考察、了解自然环境，每个建筑物的建造都要顺应和有节制地利用自然。建筑不是简单地堆砌材料，营造良好的环境才是建筑的至高境界，因而形成了因环境、气候、材料、民风等诸多方面的不同而风格迥异的建筑，形成了自成体系的独特的地域建筑。中国古代建筑的木构梁柱结构，由立柱、横梁、顺檩等主要构件组成，各构件之间的结点用榫卯相结合。这种结构主要以柱梁承重，墙壁只起间隔作用，不承受屋顶的重量，这种结构构成了一个富有弹性的框架，增强了抗震性能，这也正是山西应县木塔千年不倒的原因。此外，其他砖石结构根据铜铁、琉璃瓦、灰泥等材料的性能创造出与之适应的结构方法，这些方法在今天的建筑中依然传习和运用。

中国古代建筑具有风格独特的、变化多样的优美线条和形式。如屋顶不仅形式多样，而且曲线造型变化多端，从庑殿顶到歇山顶、攒尖顶莫不如此。古建平面、立面的形式也丰富多彩，有长方形、三角形、六角形等，还有圆形、半圆形、日形、桃形、扇形、梅花形等。中国古代建筑也有不同的风格，有庄重肃穆的祭坛，有雍容华贵的宫廷，有亲切宜居的民宅，有自由委婉的园林。

通过中国古代建筑色彩的分配，不仅能够辨别贵贱、高低，还可感受中国色彩的审美情趣。中国古代建筑配色和谐、庄严，颜色遵循传统的纯色，在皇家建筑上基本采用黄、红两色，以突出皇家的华贵、庄严、兴旺和崇高。古代建筑上的彩画不仅增强了色彩对比，而且完成了各部件间的转换和过渡，使整个建筑更加和谐。

中国古代建筑具有诗情画意，畅游在古代建筑每一处，一山一水一庭院、一砖一瓦一玉阶、一石一叶一琉璃无不引发微妙复杂的情绪，使“寓之者忘归，游之者忘倦”。所以在阿房宫的残垣下杜牧写出“后人哀之而不鉴之，亦使后人而复哀后人也”的感慨，王勃在滕王阁里觅出“落霞与孤鹜齐飞，秋水共长天一色”的佳句，王之涣在鹳雀楼上发出“欲穷千里目，更上一层楼”的哲思。每过一处，不独有沧桑岁月的感悟，还会有静静的思索。你可以居高饮清话仙阁，你可以筑圃携书见文心，你可以高堂明镜参众妙，你可以亭榭廊轩说沧桑……观中国古代建筑，就是在读诗，读人生。园林也好，宫堂庙宇也好，都承载着中国人的品格和情感。

项目拓展

一、思维拓展

中国四大石窟是哪四个？它们分别出现在何时？当时的时代背景是怎样的？

二、实践拓展

在家乡寻找一座有代表性的古建筑，试着分析该建筑的时代风格和美学特点。

三、学思结合

结合前面所学的知识，分析唐代建筑风格特征及形成这种风格的原因。

参考文献

1. 白蕉：《白蕉论艺》，上海书画出版社 2010 年版。

2. 阴法鲁、许树安：《中国古代文化史》，北京大学出版社 1991 年版。

3. 中央美术学院美术史系中国美术研究室：《中国美术史》，高等教育出版社 1990 年版。

4. 中国传统文化大观编撰委员会：《中国传统文化大观》，中国大百科全书出版社 1996 年版。

5. 黄宾虹：《黄宾虹论艺》，上海书画出版社 2012 年版。

6. 贺西林：《古墓丹青》，陕西人民出版社 2001 年版。

7. [美]巫鸿：《重屏》，上海人民出版社 2009 年版。

8. [美]巫鸿：《中国古代艺术与建筑中的“纪念碑性”》，上海人民出版社 2009 年版。

9. 曹林娣：《静读园林》，北京大学出版社 2005 年版。

10. 彭吉象：《艺术学概论》，高等教育出版社 2006 年版。

11. 罗哲文：《中国古代建筑》，上海古籍出版社 2001 年版。

12. 楼庆西：《中国古代建筑》，中国国际广播出版社 2009 年版。

第九讲

金榜题名虚富贵：选官与教育

皇　榜

学而优则仕是封建社会有意仕官者一致选择的晋升之道，而通过科举考试，无疑是功名富贵的开端。

古代科举制度殿试后录取进士，张贴揭晓名次的布告，用黄纸书写，所以称黄甲、金榜。又因多由皇帝点定，人们俗称皇榜。考中进士就称金榜题名。金榜题名是人生一大得意事，因为一旦科举及第，就会有无限的荣耀。

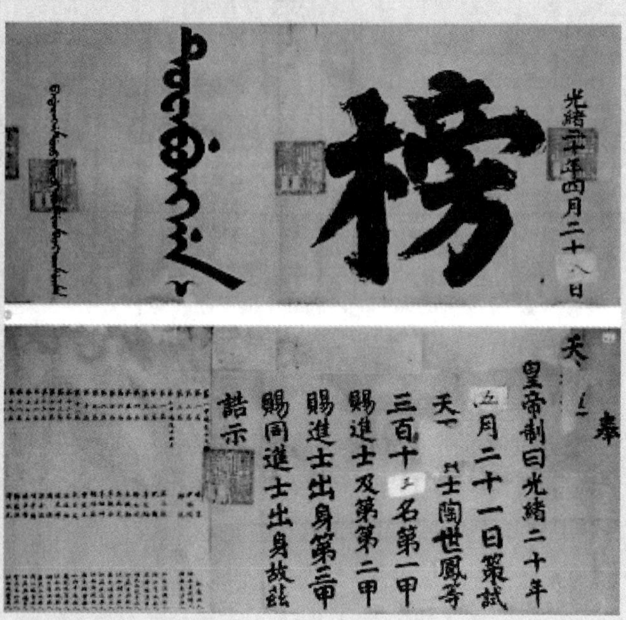

图 9-1　皇榜

唐代著名诗人孟郊，几次落榜后，作《落第》诗：“晓月难为光，愁人难为肠”，“弃置复弃置，情如刀刃伤”。但是当他及第之后，“一举成名天下知”，其诗风流放荡，难以自制，作《登科后》：“昔日龌龊不足夸，今朝放荡思无涯。春风得意马蹄疾，一日看尽长安花。”及第后的功名宠幸，一步登天，极大地刺激了庶族出身的读书人。

项目实训

以自然班级为单位，自由组合成若干小组，每组 2~6 人，明确组长、组员的责任。组长领取任务并分配到每个组员。挖掘传统戏曲中有关“金榜题名”的剧目，结合本讲的知识，收集图片和信息，制作演示文稿向同学们进行讲解。其他组进行评议，教师对每组发言及时点评，让学生自行总结出每组知识的重点、要素。

第一节 宗法制与分封制

文王孙子，本支百世。

——《诗经·大雅·文王》

大邦维屏，大宗维翰。

——《诗经·大雅·板》

普天之下，莫非王土，率土之滨，莫非王臣。

——《诗经·小雅·北山》

今王公大人，其所富，其所贵，皆王公大臣骨肉之亲。

——《墨子·尚贤》

中国选官制度有着悠久的发展历史，随着国家的产生而产生，又随着国家性质的演变而不断发展变化。苏东坡在《论养士》中说："三代以上出于学，战国至秦出于客，汉以后出于郡县吏，魏晋以来出于九品中正，隋唐至今出于科举。"这段话实际上归纳出了中国古代选官制度的几个发展阶段，即世官制、察举制和科举制。

教育作为一种特有的社会活动，伴随着人类社会发展的始终。教育起源于人类的生产、生活实践，学校则是人类社会和教育发展到一定阶段的产物。

封建社会，教育的直接目标和结果就是要使学生顺利地通过选士而入仕为官。这样一来，选官制度实际上是"学而优则仕"在制度上的保证。学校培养人才供国家选士，是选官赖以发展的基础；而选官是士子必经的出路，成为支配教育的重要力量。因此，要想理解我国先秦时期的选官和教育制度，首先就要理解先秦时期两项最重要的政治制度——宗法制和分封制。

一、宗法制

宗法，即祖宗之法。

宗法制是以血缘和家庭为纽带建立起来的等级制度，源于原始社会后期的父权家长制，确立于夏朝，发展于商朝，完备于周朝。宗法制度通过血缘的亲疏，确立起一整套土地、财产和政治地位的分配与继承制度。

宗法制有利于保持奴隶主贵族的政治特权，巩固贵族的世袭统治，保证奴隶主阶层的爵位和财产权不至分散或受到削弱，同时也有利于凝聚宗族，防止内部纷争，抑制统治阶级内讧，强化王权，从而加强对奴隶和平民的统治。

宗法制的核心是嫡长继承制，即妻所生的长子是法定的王位继承人。周王自称天子，是天下的大宗。天子的儿子中，除嫡长子以外的其他儿子被封为诸侯。诸侯对天子而言是小宗，但在他的封国内却是大宗。诸侯仍然采用嫡长继承制，诸侯的其他儿子则被分封为卿大夫。卿大夫对诸侯而言是小宗，但在他的采邑内却是大宗。从卿大夫到士，再到庶人，都是如此。因此贵族的嫡长子总是不同等级的大宗。大宗不仅享有对宗族成员的统治权，而且享有政治上的特权。宗法制度在秦以后基本消亡。

天子{（大宗）嫡长子继任为　天子
　　（小宗）余子分封
　　　　为诸侯{（大宗）嫡长子继任为　诸侯
　　　　　　　（小宗）余子分封
　　　　　　　　为卿大夫{（大宗）嫡长子继任为　卿大夫
　　　　　　　　　　　　（小宗）余子分封为　士

图 9-2　宗法制

二、分封制

西周建立之后，经历了短期的社会动荡。周公旦修改了商王朝的内外服制度，大举实行分封制。分封制又称封邦建国，是在保证周王室强大的前提下，将宗族姻亲和功臣分派到各地，广建封国，以拱卫周王室，巩固周天子统治。

分封制体现了西周最高统治者周王与被分封的地方诸侯之间权利与义务的分配。周王是国家的最高统治者，周王把国都附近的地区划为王畿，由周王直接统治。王畿以外的地区分封诸侯。周王是诸侯们的共同主子，自称为上天之子，故又称天子。诸侯是周王的臣属，必须接受周王的册封和礼器，对周王承担纳贡与朝聘的义务，并随周王参与出征、祭祀、吊丧庆贺等事项。有的诸侯兼任周王的卿士，诸侯国内重要的官职任免须呈报周王批准。

同姓亲族是分封的主体。他们的封地居于富庶之地或者占据战略要地，而且除土地外，这些亲族还得到大量的物资、武装和人口。异姓诸侯国的情况不尽相同，有的古老附属国维持原状，有的被强制迁徙到姬姓封国区域内，同时周人又分封了一些殷商降族。通过分封，周的亲族、姻亲、功臣建立了一批新兴国家，扩大了周人的势力范围。

分封制是一种分级立宗制度，不仅周天子分封诸侯，诸侯在其封国内也要进行分封，封其子孙为卿大夫，给予一定的土地；卿大夫在其封地进一步分封，封其后代为士，士以下不再分封。因此分封制使西周形成了“周王—诸侯—卿大夫—士”的等级序列。

三、先秦官制

宗法制、分封制是西周的基本政治制度，两者相辅相成，共同维护了西周政局的稳定。

西周时期选拔官吏实行世卿世禄制。世卿就是天子或诸侯国国君之下的贵族，父死子继，世代承袭。禄是官吏所得的财物，世禄就是官吏们世代享有土地及赋税收入。

郭沫若在其主编的《中国史稿》中论述了西周政治制度："各种各样的官吏，大都是世袭的，世代享有特殊的、神圣不可侵犯的地位。"杨宽的《战国史》也提及西周的官吏情况："在周王朝和各诸侯国中，世袭的卿大夫便按照声望和资历来担任官职，并享受一定的采邑收入，这就是世卿、世禄制度。"

世禄、世卿制度作为一定历史条件下的产物发挥过重要的作用。首先，世禄、世卿制度给贵族和官吏充分共享政权的机会，各级官吏与周天子形成稳定的共存共荣关系，从而使王朝在相当长的时期内维持了正常的统治局面。其次，世禄、世卿制度将可供选择的官吏人选确定在贵族集团，与之相适应的是贵族官吏垄断教育文化，这就保证了贵族官吏富于统治才干，成为为政当官的合适人选。

世卿、世禄制度也有很大的局限性。任人唯亲而非唯才的世卿、世禄制度客观上压抑了人才，并且在这一制度下社会等级森严、仪秩繁琐，连穿衣、吃饭、亲朋交际都有严格的规范。春秋战国时期，随着奴隶制度的崩溃和封建制的确立，出现了按照军功、事功选拔官吏的制度。军功、事功选拔制是对官吏世袭制的否定，扩大了国家选拔官员的范围与渠道，具有一定的开放性和公平性。随着维公维贤选官制度的逐步建立，官吏世袭制度也宣告结束。

世卿、世禄制度与宗法制、分封制互为一体。宗法制和分封制从根本上保证了世卿、世禄制度的推行，世卿、世禄制度是宗法制和分封制在选官制度上的具体体现。世卿、世禄制度作为一种选官制度，是国家产生的主要标志，是人类由野蛮向文明的一种过渡，也是原始公有制向私有制演变的必然产物。

四、教育的起源和古代学校的萌芽

教育一词最早见于《孟子·尽心上》："得天下英才而教育之。"在我国丰富的古籍中，有不少关于远古教育的记载，如《孟子·滕文公上》："后稷教民稼穑，树艺五谷，五谷熟而民人育。"再如《淮南子》："尧其导民也，水处者渔，山处者木，谷处者牧，陆处者农。"可见，教育活动在我国远古时期就已经开始了。

夏商周时期，奴隶制度进一步发展，古籍记载在商朝已经有学校，且有丰富的文物作为实证。殷墟考古发现大批甲骨文"卜辞"，其中许多资料证明商朝已经有较完备的学校教育。例如郭沫若就在一片甲骨上发现五行字，重复地刻着"甲子、乙丑、丙寅、丁卯、戊辰、己巳、庚午、辛未、壬申、癸酉"的干支表，其中一行字迹工整精美，另有四行歪斜不齐，郭沫若推断这可能是当时的"习刻文字"，从中可以看出商朝传授与学习文字的真实情况。

西周时期，建立了一套比较完备的学制系统。西周的学校，分为"国学"和"乡学"两种。"国学"专为奴隶主贵族所设，"乡学"为一般奴隶主以及部分庶民子弟设立。所学内容包括德、艺、行、仪四个方面，特别重视道德教育。《周礼》记载"保氏教国子以六艺、六仪"。六艺指礼、乐、射、御、书、数，其中，御、射、礼、乐为"大艺"，书、数为“小艺”。这种教育的意义在于发掘远古社会的血缘亲情观念，将氏族社会的淳朴民风融入礼乐教化之中，美人伦，厚教化。“六艺”教育对我国后世的教育思想产生了重要的影响。

图 9-3 “六艺”

“国学”“乡学”教育，保证了统治经验的传承和积累，为西周选官制度的实行提供了人才上的支持。

春秋战国时期，社会大动荡、大变革，形成了“诸子风气，百家争鸣”的局面，教育也发生了剧烈的变化，私学大量兴起，教育对象由少数贵族扩大到平民。当时，对教育影响最大的学派是儒、墨、道、法四家。私学的产生是我国教育史上的一个创举，改变了之前只有贵族才能受教育的状况，扩大了教育对象的范围，开创了我国教育史的新纪元。

项目拓展

1. 依据所学知识，谈谈宗法制与宗法观念的不同。

2. 选官制度在中国历史上是不断进化发展的，请制作一张表格或一个时间轴，反映选官制度的演化。

第二节 举孝廉与科举制

贤士大夫有肯从我游者，吾能尊显之。布告天下，使明知朕意。

——刘邦《求贤诏》

量才而授官，录德而定位。

——班固《汉书·董仲舒传》

举秀才不知书，察孝廉父别居，寒素清白浊如泥，高第良将怯如鸡。

——葛洪《抱朴子·审举》

八股之害等于焚书，而败坏人才有甚于咸阳之郊。

——顾炎武《日知录》

秦汉是我国历史上统一的封建国家形成和确立的时期，也是我国封建教育制度化和定型化的时期。

秦朝统一前后的仕途主要有：客、保举、军功、吏道、征士、通法。"客"即"宾客"，"以客出仕"是战国最风行的仕进途径；"保举"又称作"任"，是肩负法律责任的荐举，即"举其贤，复保其微；举其始，复保其终"；"军功"即按军功授爵；"吏道"即由"吏"选"官"，吏主要指官府中的低级公务人员；"征士"即以征召的方式收罗人才；"通法"是指凡通晓法令者，都有可能入仕。公元前213年，秦始皇接受李斯"焚书"的建议，"以法为教"，"以吏为师"，几乎垄断了秦朝仕进的途径。

一、汉代察举制度——举孝廉

汉代统治者非常重视人才的选拔和利用。汉高祖十一年，就曾下诏求贤，要求郡守劝勉贤士应诏。汉文帝亲自出题策问，对策者"百余人，唯错为高第，由是迁中大夫"。"错"即晁错，汉景帝时期位列三公。这是汉代察举制度的开端，但当时的察举制度有较大的随意性，举士往往是为了找到施政的过失，并据以检讨自身的为政。

汉武帝时，察举开始制度化，主要体现在两个方面：一是设立常科，即举孝廉，每年进行一次；二是确立察举责任制，规定选任者与被选任者负连带责任，赏罚也相同。

1. 察举科目

汉代察举科目分为两大类：一类是常科，如举孝廉，每年一次；一类是特举，统治者临时需要或者兴之所至，偶一为之，如茂才科、贤良方正科、明经科、童子科等，茂才在西汉为特举，东汉定为岁举。

(1)举孝廉。

孝廉是汉代察举中最重要的科目，每郡每年按规定名额举人，送至朝廷。两汉从地方官吏到朝廷的名公巨卿，有不少是孝廉出身，对汉代政治影响很大。

孝、廉是"孝子廉吏"的意思。"孝"是指孝敬父母，"廉"是指清廉勤政。儒家强调为人立身以孝为本，任官从政以廉为方，所以被举孝廉者大部分是州郡属吏或者通晓儒经的儒生。通过举孝廉，汉代形成"在家为孝子，出仕做廉吏"的风尚，对社会影响很大。孝廉举至中央后，按制度并不立即授以实职，而是入郎署为郎官，承担宫廷宿卫，目的是使之"观大臣之能"，熟悉朝廷行政事务。然后经选拔，根据品第结果被任命不同的职位，如地方的县令、长、相或中央的有关官职。一般情况下，举孝廉者都能被授予大小不一的官职。孝廉出身的官吏，被认为是正途、清流，很被看重。

举孝廉最初以郡为单位，每郡每年 1 人或 2 人。东汉时，和帝采纳大臣的建议，改以人口为标准，大致每 20 万人举 1 人，大郡可举 2 人以上，人口不满 20 万人的郡每 2 年举 1 人，不满 10 万人的郡每 3 年举 1 人，外围郡国则作适当放宽。

在汉代察举常科中，孝廉是最重要的一科，通过举孝廉入仕为官的人最多，也出了许多名人。例如曹操 20 岁就通过举孝廉入仕为官，再如“建安七子”之首的孔融曾推举东汉经学大师郑玄的儿子郑益恩为孝廉。

(2)茂才。

茂才，原称为秀才，出现于汉武帝元封五年。东汉时，为避光武帝之讳，改称茂才。茂才科主要选拔有奇才异能之士，因此又称“茂才异等”“茂才特立之士”。与孝廉相比，茂才更注重才干。茂才的组成比较复杂，其中既有官员、州郡属吏、孝廉，也有太学生和平民，但以已仕官吏和孝廉为主要来源，属于对有特异才能品行和突出贡献的官吏进行升迁提拔。茂才被举之后，绝大多数担任县令或相当于县令一级的官职。

茂才科的地位居于孝廉科之上，主要体现为选拔较高水平的人才。与孝廉不同的还有，茂才是州举，孝廉是郡举，因此茂才的数目远少于孝廉。

(3)贤良方正。

贤良方正属于特举，设此科目的目的在于得直言极谏之士，广开言路，匡正过失，在西汉时期经常举行，影响很大。察举贤良方正始于汉文帝二年，《史记·孝文本纪》记载，汉文帝下诏“二三执政……举贤良方正直言极谏者，以匡朕之不逮”。被举荐者对政治得失应直言极谏，如表现特别优秀，则授以官职。贤良方正一般由公卿、诸侯王、郡首等高级官吏举荐，由皇帝亲自策问，授以官职。皇帝策问，有时一策即毕，有时还有两策、三策，如董仲舒连对三策，授以江都相。

汉代诏举贤良方正，主要是表示皇帝广开言路、匡正过失。按照董仲舒“天人感应”之说，认为各种灾异都是上天对人世帝王的谴告，灾异降临，表明帝王有过，必须自我检讨，并下诏书求贤，征求意见，匡正过失。所以诏举贤良方正多在日月之蚀、冰雹虫害、瘟疫流行之时。在汉代所有察举科目中，皇帝对贤良方正一科最为重视。因此有人说，论轻重以贤良为重，论得人以孝廉为多。

贤良方正科具体名称不固定，一般称贤良方正，或称贤良文学。董仲舒就是由贤良方正被荐，出仕做官。唐宋沿用，设“贤良方正科”。清代称“博学鸿词”，也称“贤良方正”，名称的取舍，“由部臣临时请旨定夺”。

(4)明经。

明经科始于汉武帝时期，宋神宗时期废除，主要察举通晓经学的人才。明经由郡国或公卿推举，被举出后须通过射策以确定等第而得官。汉代设置这一科，为儒生进入仕途提供了渠道。

汉武帝“罢黜百家，独尊儒术”，两汉察举均重经学。但作为察举科目，明经科在西汉并不明确，而专置在东汉。东汉时期，由于经学的发展，不同学派对“五经”的解释相悖甚多，特别是古文经派和今文经派斗争激烈。为此，汉章帝为统一儒学，特下诏书，强调明经，对经学进行统一的解释。两汉时期，有不少人以明经举为高官，如孔安国以明经被举为博士，韦贤、韦玄成父子以明经先后官至丞相。举明经者得授官职教高，使得汉儒习经成风，并对后世影响深远，重经之风一直延续到隋唐时期的科举考试。

(5)童子科。

童子科主要选拔15岁以下“博通经典者”。考试内容一般是“讽”，即背诵，学童“能讽书九千字以上，乃能得为史”，成绩优异的竟可任尚书、御史等官职。另外还要考“六体”或“八体”(字体)。汉朝规定：“孝廉试经者拜为郎，年幼才俊者拜童子郎。”历史上，在汉代出现了不少风云一时的“神童”“奇童”“圣童”。例如“二十四孝”中“扇枕温衾”的黄香年方九岁时，便知事亲之理，名播京师，京师号曰：“天下无双，江夏黄童。”拜童子郎，后任郎中、尚书郎、尚书左丞，又升任尚书令，名闻天下。

2. 察举法规

汉代察举制度推行近400年，开始并无完善的程序和制度，在实施过程中，汉朝根据实际实施情况进行调整和完善，逐步建立起比较严格而完备的察举法规。

(1)荐举方式。

汉代察举以推荐为主，考试为辅，考试与推荐相辅而行。推荐过后需要经过考试复核，复核合格后才能量才录用。在察举的基础上加强考试，是汉代察举制度的一个重要特点。

察举科目繁多，“诸生试家法，文吏课间奏”，原来是儒生的按所习学派的章句考试经学，原属官吏的考试公文奏章的写作，最终由尚书综合考核，对不符合察举规定的人要按律惩治。考试的方式则分为“对策”和“射策”两种。“对策”是将政事或者经义方面的问题写在简策上发给举生作答；“射策”则类似于抽签考试，由应举着用矢投射简册，并解释射中的简册上的疑难问题。

(2)连坐制。

汉代规定选任得当与否，选任者和被选任者都要负连带责任，功罪奖惩相同。汉武帝诏令郡国贡举贤才，由于选令苛刻，以致有“阖郡不荐一人者”。于是元朔元年(公元前128年)，汉武帝又两次下诏书，规定“不举孝，不奉诏，当以不敬论；不察廉，不胜任也，当免”。明令必须定期举人，有才不举，轻则免官，重则以“不敬”论处。在汉代，“不敬”为重罪，法为斩首，甚至族诛。

西汉末年，汉平帝即位，王莽执政，为拉拢各地官员，曾诏令适当放宽荐举法，“赦小过，举贤才”，对那些被举荐者的恶行暴露于举荐之后的，不追究推荐者的责任。结果滥举之事屡见不鲜，察举风气急剧堕落。东汉初年，为纠正察举不实，重申严格选举之法，保证了察举制的正常实施。东汉末年，察举制度被门阀世族操纵和利用，他们借助自己在朝廷和地方上的双重优势，左右乡闾舆论，使察举滋生了种种腐败的现象。

3. 评析

汉代察举制度使儒家思想和儒家伦理道德得到推行，使得孔子“学而优则仕”的观念在汉代获得制度上的落实，为儒生提供了晋升的途径，为汉朝成为强盛的封建王朝提供了人才支撑。

察举制度体现了举贤才的宗旨，给汉朝的教育带来巨大的驱动力。汉代平民可以通过察举被选任官职，极大地激发了人们接受和从事教育的积极性。但是汉代察举与学校教育并未建立制度上的联系，察举不依靠学校，在校学业也不能成为察举的资历，从对教育的影响上来看，察举制度还远不能与后世科举制度相比。

但察举方式和标准不完善，察举的决定权在主管官员手中，主观随意性强，加之高官贵戚干扰取士，贿选成风，出现"举秀才，不知书；察孝廉，父别居"的情况。"寒素清白浊于泥，高第良将怯如鸡"的可笑局面，败坏了士风和学风。察举的败坏伴随着汉朝政治、吏治的败坏，形成恶性循环，最终成为导致东汉灭亡的一个重要原因。

二、秦汉时期的教育

封建时期，教育的直接动机和结果就是使学生顺利通过选士而入仕为官。选士制度是"学而优则仕"在制度上的保证，因此选士制度成为古代教育最主要的宏观调控手段，具有"指挥棒"的功能。

1. 秦代教育

公元前 221 年，秦始皇统一了六国，结束了长期的封建诸侯割据的局面，建立了一个专制主义中央集权的国家。在文教方面，为巩固新创建的中央集权，秦代采取了严厉的文化专制政策，如"书同文""行同伦""焚书禁学""以法为教""以吏为师"等。秦代的文化专制严重摧残了古代的文化教育，对一般的学校教育采取了错误的全盘否定的态度。因此秦代并没有建立起完整的学校制度，到目前为止在典籍中甚至没有发现一所载入史册的秦代学校。

(1)"书同文""行同伦"。

为了消除战国时期"言语异声、文字异形"的现象，秦统一之后推行"书同文"。丞相李斯对当时流行的大篆和金文加以改造，简化大篆和金文笔画，创造"小篆"推行全国。狱吏程邈又根据小篆再简化而创新"隶书"字体。

"书同文"为文化的传播和学校教育的普及创造了极为有利的条件，出现了以小篆为字体的蒙学教材，如李斯的《仓颉篇》、赵高的《爰历篇》、胡毋敬的《博学篇》等，供学童识字之用，这些教材成为汉以后蒙学识字课本的先驱。

"行同伦"的目的是进一步融合各民族的风俗习惯，从思想上规范人民，尤其是在原六国旧地实施教化，这对于全民族的道德规范有积极作用。

(2)"焚书禁学""以法为教"。

在治理国家的问题上，法家和儒家政见不一，发生严重分歧，李斯要求禁止私学，以加强对教育的控制。秦始皇三十四年(公元前 213 年)，通过"挟书令"的法令。按照这个法令，民间除了医、农、占卜之外的书籍均要收缴焚毁，重点是取缔"百家语"，打击对象是"言必称《诗》《书》，行必颂古圣贤"的儒家学派。

由于书籍被焚，言论被禁，私学失去了存在的基础，法令成为唯一的学业内容，而且只能以那些制定、执掌和解释法令的官吏为师，这就形成了秦朝的“以法为教”“以吏为师”。这实际上导致了学校教育制度的消亡。

2. 汉代文教政策与学校教育

汉代，在教育上采用儒家的主张，把教育作为巩固“大一统”的重要工具，逐步实行了“独尊儒术”的文教政策。

董仲舒在《对贤良策》中提出“独尊儒术”的建议，被汉武帝采纳，为培养和选拔人才确定了方向和标准。汉代教育制度，包括与教育制度密切相关的选士制度，是在“独尊儒术”政策的指导下建立和发展起来的。在这个政策指导下，教育成为治国之本，儒学成为教育的主体内容。

图 9-4　董仲舒

汉代学校教育蓬勃发展，形成了较为完整的学校教育体系，主要分为官学和私学两大类。

中央官学最重要的是太学。从汉武帝创立太学，置博士弟子开始，太学成为汉代国学的定制。

汉平帝时，为太学生建设校舍，能容万人，这是我国历史上大规模建筑大学校舍之始，在世界教育史上也是少见的。

太学教育的目标是为国家培养“经明行修”的官吏。“经明”就是要通晓经书；“形修”就是要具有“三纲五常”的德行。“三纲”即君为臣纲、父为子纲、夫为妻纲，“五常”即仁、义、礼、智、信五种道德观念。

太学有御定统一的教材，即孔子编纂的儒家经典“五经”。太学的教官由博士担任，博士各专一经。

太学的学生称为太学生或“诸生”，贵族子弟居多，但也有家境贫寒的子弟。如匡衡“从博士受《诗》。家贫，衡佣作以给食饮”。太学为门第低下却勤奋好学之人开拓了一条入仕之路。汉代太学教育使孔子“学而优则仕”的思想得到制度上的落实。汉代太学的教育模式也为汉代以后历代封建王朝所继承和发展。

汉代私学盛行。汉代私学大致分为两种：一种为“蒙学”，主要进行儿童启蒙阶段的教育；另一种为“精舍”，主要进行专经教育。东汉名儒马融，教授学生人数以千数。郑玄的学生也经常达百千人。私学学生分为著录弟子与及门弟子两种。著录弟子不必亲自来学习，及门弟子则是要直接跟从老师受教。

中国传统教育制度的初步轮廓自汉而初步形成，对巩固封建大一统的政权起到了积极作用。

三、魏晋南北朝时期的选官和教育

九品中正制也叫九品官人法，由魏文帝曹丕时的陈群提议设置，是魏晋南北朝时期盛行的主要选官制度。它上承两汉察举制，下启隋唐的科举制，是中国封建社会三大选官制度之一。

1. 九品中正制的内容

(1)设置中正官。

这是九品中正制的关键环节。中正官又有大小之分，州设大中正官，各郡另设小中正官。中正官负责对某一地区的士人进行品评。

中正官最初由各郡长官推举产生，晋以后，改由司徒选授。其中小中正官可由大中正官推举，但仍需经司徒任命。一般情况下，州郡的大小中正官由司徒举荐的现任中央官员兼任，有时，司徒或吏部尚书还直接兼任州的大中正官。

(2)品评人物。

这是中正官的主要职责。品评的主要内容包括家世、行状和定品。家世即家庭出身和背景，主要指父祖辈的资历仕宦情况和爵位高低等。行状是对个人品行才能的总评。根据家世和行状，中正官确定被举荐者的品级，即定品。原则上，定品依据的是行状，家世只作参考。

根据士人的行状和家室，由中正官来评定品级，将士人分为九个品级，即上上、上中、上下、中上、中中、中下、下上、下中、下下，故称九品。前三品为上品，后三品为下品。

(3)按品授官。

中正官将品第人士的有关材料造册，逐级上报：小中正报送大中正，大中正核实之后将定案材料写在黄纸上，送交司徒，由司徒核实，呈吏部待用。吏部根据中正所定的品级授官。通常品第越高，官职越大。同时，吏部对所定品级“清定”，即中正官所定品级，并非一成不变，一般是三年一清定，依其行状再给予升降，有时变动还很大。

九品中正制是选士制度的革新，是察举制度的发展。九品中正制不仅看门第，而且重视品德才能，有利于纠正察举名实不符的弊端。清定制度的实行，有利于士人进取和仕宦者忠于职守、廉洁奉公。

但晋以后，世家大族势力几乎把持了所有的中正之职，而且中正官还总揽了品第以及选拔官吏的双重权力，吏部被架空，致使九品中正制偏离了选拔人才的方向。原本由德才、家世并重的制度演变成以家世出身为品评士人唯一标准的贵族化制度。出身寒门者评语再高也只能定在下品，出身豪门者行状不佳却能位列上品，于是就造成了当时“上品无寒门，下品无士族”的局面。

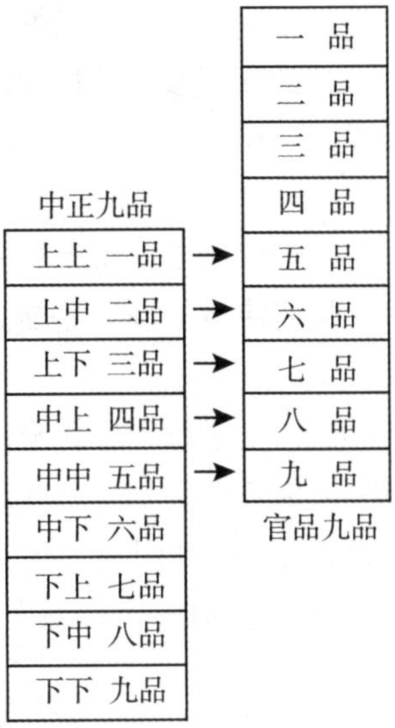

图 9-5　九品中正制

隋代，随着门阀制度的衰落，九品中正制度最终被废除。

2. 魏晋南北朝时期的教育

魏晋南北朝是我国古代由统一转为分裂和长期战乱的时期。这一时期学校废置无常，官学数量大大减少。在教育思想领域，玄学盛行，佛道广泛传播，儒家经学继续发展，被称为“继汉开唐”。魏晋南北朝教育体制的发展还呈现出另一个特点，即冲破“独尊儒术”的藩篱，先后涌现了史学、文学、律学、医学、算学、玄学、道学等专科教育学校。尽管当时专科教育在形式、规模上都还没有形成完备的制度，但是对隋唐专科教育的发展有积极的意义。

四、科举制

科举制是指通过考试选拔人才的一种制度，由于采用分科取士的办法，所以叫做科举。科举制从隋朝大业元年(605 年)开始实行，到清朝光绪三十一年(1905 年)举行最后一科进士考试为止，经历了 1300 年。

1. 隋代科举制度创立

由于以门第取人的察举制不利于人才的选拔和任用，九品中正制也并未从根本上改变察举中的腐败现象，所以隋代废除九品中正制，设进士、明经两科取士。

隋炀帝大业三年，有孝悌有闻、德行敦厚、节仪可称、操履清洁、强毅正直、执宪不挠、学业优敏、文才秀美、才堪将略、膂力骁壮十科取士，已经明显看出分科取士的走向，其中“文才秀美”科就是后来的进士科。进士科的创立标志着科举考试制度的正式产生。

开科考试把录取和任用权集中在中央朝廷，录取标准全凭试卷，不再由地方察举、层层推荐，声明德望和家世门第不再是取士的主要依据。由察举到考试，这是中国古代选士制度的转折。科举制度的建立，为庶族参与政权开辟了道路，扩大了统治阶级的统治基础，有利于中央集权制的加强。

2. 唐代科举制度的发展

唐朝实行偃武修文的文教政策，重振儒术，重视教育，大力推行科举考试制度，并且扩大考试科目、完善考试程序，从而使科举制度逐渐完备起来。唐太宗、武则天、唐玄宗是完善科举的关键人物。

唐太宗时期，要求参加科举考试的士子每年农历十一月初一赴尚书省报名，第二年三月二十一日考试完毕，因此科举又称春闱。

武则天对科举的贡献较大。她曾亲自“策问贡人于洛成殿”，开创了科举殿试。她还开创了武举，据此来选拔军事人才。武则天为杜绝考试舞弊，还开创了糊名考试的方法。

唐玄宗时，诗赋成为进士科主要的考试内容，同时增加道举来选拔精通道家著作的人才。唐玄宗重视诗赋的考试，帖经不合格，诗赋考得好也可以录取，所谓“丹青路在五言中”，这种制度大大促进了唐诗的兴盛，唐宋很多著名诗人如韩愈、柳宗元、王维、白居易、刘禹锡、欧阳修、王安石、苏轼、苏辙、曾巩、黄庭坚等都是由科举制度培养出来的。唐玄宗非常重视科举，规定科举由礼部高官主持，提高了科举考试的地位，以后成为定制。

唐代科举考试科目很多，可分为常科和制科两类。每年分期举行的称常科，由皇帝下诏临时举行的考试称制科。进士、明经都属于常科。

进士科最受唐代士子青睐，因为进士及第之后官位显赫。唐代由进士科入仕，官至宰相的多达上百人，占宰相总数的百分之七十还多。进士科考试内容包括时务策论、帖经和杂文。进士科每年应举者少则八九百人，多则一两千人，而其中能及第者不过十余人以至三十人左右，录取比例不过百分之一二。进士及第之后还要参加吏部“博学宏词”或“拔萃”考核，取中后才授予官职，吏部考试落选，只能到节度使那儿去当幕僚，再得到正式的官职。例如韩愈在考中进士后，三次选试都未通过，不得不去担任节度使的幕僚，然后才踏进官场。

明经科要求考生熟读经文注疏，考试方式分帖经、墨义、时务策和口试等。例如帖经，就是将经书任揭一页，将左右两边蒙上，中间只开一行，再用纸贴盖三字，令试者填充。墨义是对经文的字句作简单的解说。明经科考试要求不高，录取的比例较大。与进士科相比，明经科每十人中就有一两名被录取，且终身不第的居少数。所以有“三十老明经，五十少进士”的说法，是说三十岁考取“明经”算是年纪大的，五十岁考取进士还算年轻。明经科有利于年轻人应试，如元稹十五岁、韦温十一岁即中明经，而白居易二十八岁中进士，是同榜中最年少的。

唐代还有制举，由皇帝特诏举行，有贤良方正科、直言极谏科、博学宏词科等，考期不固定。制举为国家选拔了一些特殊的人才。唐代制举比较兴盛，至宋代，贡举大为发展，制举趋于衰微。

唐代士子在参加进士考试前，时兴把自己的诗篇呈给名人，以求其称扬或介绍于主持考试的礼部侍郎。唐代诗人朱庆馀在应进士科举前写了一首《近试上张水部》的诗："洞房昨夜停红烛，待晓堂前拜舅姑。妆罢低声问夫婿，画眉深浅入时无？"诗中用新娘梳妆打扮后拜见公婆，来形容自己即将参加科举考试的复杂心情。

3. 宋代科举制度进一步发展

宋代对科举特别重视，取士名额增加，进士及第后待遇更优厚，直接授官，不再经吏部考试。宋代对屡试不中的士人，开有"特奏名"和"赐出身"，"特奏名"对屡试不中的士人特别开具名单奏上，"赐出身"对参加十五次以上科举仍未中者，赐以出身。"特奏名"和"赐出身"成为后来恩科的开始。

宋真宗为了鼓励士人读书，以举业为目标，亲自写了一首《劝学诗》。诗云：

富家不用买良田，书中自有千钟粟。
安房不用架高梁，书中自有黄金屋。
娶妻莫恨无良媒，书中自有颜如玉。
出门莫恨无随人，书中车马多如簇。
男儿欲遂平生志，六经勤向窗前读。

宋真宗将人生的功名利禄全部贯穿在读书应举之中，对世人产生了巨大的影响。我们可以通过宋人洪迈所写的《得意诗》和《失意诗》，看看读书人对科举的重视。其中《得意诗》云："久旱逢甘雨，他乡遇故知。洞房花烛夜，金榜题名时。"可见，金榜题名是人生一大得意事。然而一旦科场失意，就会像《失意诗》所说的那样："寡妇携儿泣，将军被敌擒。失恩宫女面，下第举子心。"

因此，无数士子为了升官发财、光宗耀祖，从少年一直考到老年，甚至有老死考场而无所恨的人。

4. 明清科举制度由完善到衰落

明朝建立之后，科举制进入完善时期。明代统治者对科举高度重视，科举考试制度更加完善，规条更加繁琐，特别是创行了八股取士，科举考试逐渐成为定制。

明洪武年间，确定科举三年大比的制度，即每隔三年举行一次科举考试。明代科举考试只设进士一科，有详细的科举程序：考生需要经过"乡试""会试""廷试"，最终才得中进士。具体来说，每逢子、卯、午、酉年的秋季举行乡试，称为"秋闱"；乡试的第二年，即每逢丑、辰、未、戌年的春季举行会试，称为春闱。乡试和会试，都须经过三场考试。

乡试、会试、殿试的第一名分别称为解元、会元、状元，如果接连在乡试、会试、殿试中考得第一名，称为连中三元，是古代读书人渴望的最高荣誉。纵观科举考试，一千多年来，共有十八人三元及第。

明代考试内容以“四书”“五经”为限，而“四书”以朱熹的《四书集注》为标准。考试文体规定统一使用“八股”。所谓“八股”，就是指文章的八个部分，必须有固定格式，由破题、承题、起讲、入手、起股、中股、后股、束股八部分组成，题目一律出自四书五经中的原文。后四个部分每部分有两股排比对偶的文字，合起来共八股。八股文章只能依据朱熹的《四书集注》，以孔子和孟子的语气进行阐述，不能丝毫阐发自己的观点。

除殿试外，其他考试都以“八股”为第一场考试，“八股”不通过者，第二场、第三场考试所写的论、判、案基本被搁置不看。

八股取士束缚了士子的思想，使科举考试更加形式化，有着极为恶劣的影响。明末清初著名思想家顾炎武说：“八股之害等于焚坑，而败坏人才有甚于咸阳之郊，所坑者但四百六十余人也。”

清代科举制度大体因袭明代，然而考核办法更为繁杂周密，其中在正式科举考试“乡试”“会试”“殿试”之前，尚有“童试”。“童试”既是地方县、州、府学的入学考试，也是获取“秀才”资格的考试，是清代科举制度的起点。清代的读书人，不管年龄大小，统称为“童生”或者“儒童”。“童生”通过县试、府试和院试三个阶段的考试，院试合格后取得生员(秀才)资格。成为生员之后，才能进入县、州、府学学习，进而由各省提学官举行岁考、科考两级考试。科考成绩列为一、二等的生员，才能取得参加乡试的资格，称科举生员。

清代出于笼络和收买汉族知识分子的目的，对科举考试非常重视，但也更为严格。然而科举考试已历经几百年，八股文体又必须出自“四书”“五经”，“四书”中可出题目大多出尽，因而编造出很多离奇古怪的题目。科举制度至清朝末年，可谓流弊百出。

1898 年清光绪帝颁布维新变法诏令，废除八股，改革科举制度。1905 年，清政府废除科举制度。至此，封建时代的科举制度从隋炀帝始创，历经隋、唐、宋、元、明、清，终告废除。

5. 对科举制度的评价

首先，隋唐建立科举制，适应了士族衰落、庶族兴起的趋势，为庶族地主提供了参与政权的条件，扩大了统治阶级的社会基础。科举制度使得庶族地主和一般贫民有机会成为官僚系统的成员，成为封建时代统治阶级收买士人的一种手段。其次，科举制度改变了察举制只重品行、门第选拔官吏的弊端，为中国历代政权选拔了一大批具有较高文化素质的知识分子。再次，科举制度促进了学校教育的兴盛及发展，促进了儒家学说的传播。最后，科举制度的影响还广及海外，除对亚洲地区的朝鲜、越南、日本影响较大之外，也为西方文官考试制度的建立提供了经验。

但是，科举制度也有其消极的一面。科举在加强思想的集中和统一的同时禁锢了人们的思想发展。科举考试的内容局限于几部儒家经典，考试的方法又过于注重死记硬背，特别是八股取士制度出现后，士人死读书、读死书、读书死的状况愈演愈烈，这样既不利于选拔和培养有实际能力的人才，又容易养成教条主义、形式主义的恶习。

科举制度导致了中国古代官本位思想的形成。科举成为封建知识分子进入官场的阶梯，“朝为田舍郎，暮登天子堂”成为无数士子的梦想。及第之后，士子称考官为座主、恩门，自称门生，同科及第的人互称同年，古代官场充满错综复杂的关系。在这种情况下，通关系、私荐、舞弊、请托乃至“场外议定名次”等风气泛滥，腐蚀着知识分子的精神风貌，严重污染了社会风气。直至今日，科举所孕育而成的官场习气，仍然对我国现代社会有着消极的影响。

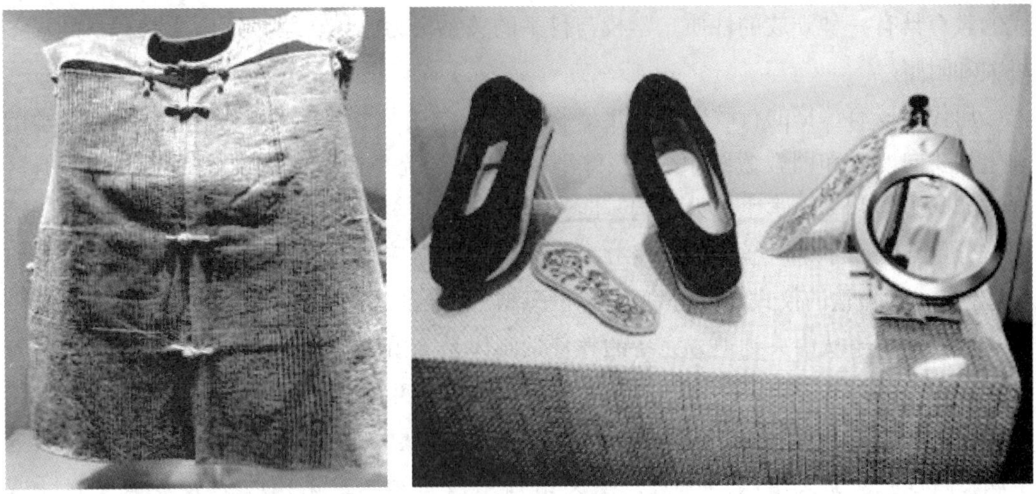

图 9-6　科举考试夹带

总之，科举制度为国家提供了一条比较合理的人才选拔途径，也给个人提供了一条上升的途径。直到今日，无论是全国统一的高考，还是公务员考试，我们仍然可以看到科举制度的影响。

五、科举制度下的教育

1. 隋唐时期的教育

隋唐时期是我国统一的封建专制制度高度发展的时期，也是我国封建教育进一步发展和完善的时期。

自隋至唐，统治者为了巩固政权，加强控制，实行了“重振儒术”的文教政策。体现在教育上，主要表现为尊孔，抬高孔子的地位，整理、统一儒经，提高儒士的地位。唐太宗时期升孔子为先圣，颜回为先师，在教育领域内树立了孔子的教育圣人的崇高地位。唐玄宗时期，孔子被封为文宣王，庙中塑像改穿王服，座次由西面更为坐北朝南。唐代帝王提高孔子的地位，说明国家承认以孔子为代表的学术、教育所具有的权威。

隋唐时期形成了空前统一的封建大帝国，建立了官学、私学并举的封建教育体系。

隋文帝时重视学校教育，从中央到地方广泛建立学校。为了加强对教育事业的管理和领导，在中央设置了国子寺，设祭酒一人，总管教育事业。国子寺和国子祭酒的设置分别是我国历史上第一次设立专门管理教育的政府机构和设置专门教育行政长官的开始，标志着我国古代封建教育已经发展到了能独立于其他部门的程度，这在中国古代教育史上具有重大意义。

唐代经济繁荣，文化科学发达，学校教育相当完备。唐代建立了从中央到地方完备的封建学制体系，专业学校逐渐定型，同时唐代扩大了国际国内文化教育的交流，使唐代的教育具有一种开放的性质。学校与科举的关系极为密切，学校逐渐成为科举的预备机关和附庸。

唐代学校有严格的行政管理制度。例如唐代学生入学要行"束脩礼"，即初入学的学生均要向博士和助教缴纳束脩。束脩多少由国家统一规定，视学校等级不同而有区别，如国子学和太学学生每人送绢三匹，地方州县的学生送绢两匹。此外，还须赠送酒肉，分量不限。学生所缴纳的束脩分为五份，博士得三份，助教得两份。学生行"束脩礼"还有一套隆重的仪式，要分别跪拜孔子牌位和老师。

唐代建立了从中央到地方完备的教育学制体系。由中央直接设立的学校由国子监管辖，分为"六学""二馆"。"六学"指国子学、太学、四门学、律学、书学、算学，隶属国子监，"二馆"指弘文馆、崇文馆。六学中前三学属大学性质，学习儒家经典，后三学属专科性质。弘文馆属门下省，崇文馆归东宫直辖，二馆招收的大多是皇族勋戚子弟。

除中央官学外，唐代规定，州有州学，县有县学，县内又有市学和镇学。学生由州县学毕业之后可以应"乡贡"，也可以升入中央官学。

唐代学校教育的主要内容是儒家经典。唐太宗时期命令国子祭酒孔颖达、颜师古等负责编纂《五经正义》，为唐代士人修习儒家经典的范本注释，解决了教育内容混乱的问题。后来"五经"演变为"九经"，即九本儒家经典，包括《诗经》《尚书》《礼记》《周易》《左氏春秋》《仪礼》《周礼》《公羊传》《穀梁传》。

2. 宋元时期的教育

宋元时期我国封建社会继续发展，又一次从封建割据到全国统一。宋元时期教育体制和思想都有较为显著的发展和变化。宋初统治者为了"长治久安"采取了一系列措施，"兴文教，抑武事"被确定为基本国策。宋代三次兴学，书院制度形成并完善，元代"遵用汉法"，新儒学的产生以及理学教育思想都对后世产生了深远的影响。

(1)庆历兴学。

北宋第一次兴学。宋仁宗庆历年间，范仲淹任宰相，锐意改革，提出"明体达用"，批判当时教育内容空疏以及形式主义的弊端。但是范仲淹不久被排挤出朝廷，庆历兴学即告失败。

(2)熙宁、元丰兴学。

宋神宗熙宁、元丰期间，王安石变法，实行教育改革，这是北宋第二次兴学。王安石批判了当时的学校教育有名无实、空疏无用，指出学校所教皆为应付科举考试的“课试文章”。王安石提出择才而教，主张教授学生实用之学，要求学生文武兼备，并主张人尽其才，才尽其用。王安石针对科举的弊端，拟就新办法，废除诗赋、帖经、墨义等仅靠强记博诵便能致仕的办法，改考经义策论。

宋神宗去世后，司马光任宰相，王安石教育改革的措施被废除，第二次兴学以失败告终。

(3)崇宁兴学。

宋徽宗崇宁年间，宰相蔡京提出“以学校为今日先务”，在宋徽宗的支持下，扩展太学规模，普遍设立地方官学。停止科举考试，通过学校取士。崇宁兴学延续十七年，对后世具有重要影响。

朱熹是南宋一位理学集大成的教育思想家。朱熹的教育思想对后世影响极深。朱熹坚持把道德教育放在首位，提出以三纲五常为核心的封建伦理道德是“天理”，必须遵守；而违背或反抗封建道德的言行皆为“人欲”，必须禁止和根除。朱熹认为“存天理，灭人欲”是教育的根本任务。

3. 明清时期的教育

明朝封建专制主义更向前推进一步。为强化封建君主专制，学校和科举制度发展得更加缜密，科举考试始设八股取士。

明朝奉程朱理学为官方思想。明太祖与刘基首创八股取士，从“四书”和“五经”中命题，“代圣人立言”，并以朱熹的《四书集注》为标准答案。

在文教领域，明朝实行了种种禁锢思想的措施。最著名的“孟子问题”，充分体现了明朝教育制度的实质。洪武初年，朱元璋读《孟子》“君之视臣如草芥，则臣视君如寇仇”，认为不是臣子之言，下令将孟子撤出孔庙。并于洪武二十七年令翰林学士修《孟子节文》，将不利于君主专制的语句删除，如《尽心篇》的“民为贵，社稷次之，君为轻”，《万章篇》的“君有大过则谏，反复之而不听，则易位”等，共删除八十五条。

明朝对学生实行严格的管理和控制，要求学生在学校须站立听解，如有疑问，必须跪听。洪武年间，监生赵麟，对此提出抗议，按毁辱师长罪，施以极刑，并在国子监立一长竿悬首示众，这只长竿竖立一百六十二日，方才撤去。

清代教育制度基本沿用明朝旧制，但其管理措施更加完整、细密，并体现民族压制精神，构成清代教育特色。清代在各级学校制定更为严厉的学规。顺治颁布《卧碑文》，对生员进行压制，完全剥夺他们的思想、言论、出版、结社自由。雍正时又颁布“圣谕广训”，要求每月初一、十五两日必须“令儒学教官传集该学生员宣读，令遵守，违者责令教官并地方官详革定罪”。

清代学校教育制度，除中央官学和地方官学之外，在中央官学特设宗学、旗学、觉罗学等特殊性质的学馆。

项目拓展

一、思维拓展

请举例分析科举制度的利与弊。

二、实践拓展

请搜集资料，设计制作与科举制度相关的课件并讲解。

第三节　私塾与书院

蒙以养正，圣之功也。

——《周易·蒙卦》

遗子黄金满嬴，不如教子一经。

——《汉书·韦贤传》

一、私塾

私塾是私学的一种，是我国古代一种开设于家庭、宗族或乡村内部的民间教育形式，又称为“蒙学”“乡学”“村学”，一般由私人设立，学生来校就读；同时也有宗族设立的“义学”“族学”，以及富有人家聘请教师来家教授的“家馆”。

图 9-7　私塾

私塾学生既有儿童，也有成年人。按照施教程度，人们把私塾分成蒙馆和经馆两类。蒙馆的学生由儿童组成，重在识字；经馆的学生以成年人为主，大多忙于举业。

1. 蒙学

自周朝始，贵族家庭的儿童六岁以后，接受蒙养教育。汉唐时期，童蒙教育已基本趋于成熟，但教育对象限于贵族子弟和少数平民子弟。宋以后，蒙童教育更加趋于庶民化，受教育的范围更广。

蒙馆的学生多六岁启蒙。学生入学不必经过入学考试，只需征得先生同意，并在孔子的牌位或圣像前恭立，向孔子和先生各磕一个头或作一个揖后，即可取得入学的资格。

教学中，蒙学强调牢固记忆，并以培养儿童品质和习惯为重点，注重蒙童的教养教育，强调蒙童养成良好的道德品质和生活习惯。对蒙童的行为礼节，像着衣、叉手、作揖、行路、视听等都有严格的具体规定，例如讲课时，先生正襟危坐，学生依次把书放在先生的桌上，然后侍立一旁。对调皮不服管束的学生定有严格的罚则，除罚站、罚跪外，还有打手心、笞臀等体罚。

私塾所用的蒙养教材，有“三、百、千、千”之说，即《三字经》《百家姓》《千家诗》《千字文》，以及《女儿经》《教儿经》《童蒙须知》等。使用最普遍，流传最长远的则为《三字经》《百家姓》《千字文》三种教材，它们合称“三百千”，是我国古代启蒙教育的经典教材。

《三字经》全书一千零六十八个字，三字一句，叶韵成文，极易成诵，内容包括中国传统的教育、历史、天文、地理、伦理道德以及一些民间传说等，它的核心思想包括“仁、义、诚、敬、孝”。古人曰：“熟读三字经，便可知天下事，通圣人礼。”

《百家姓》成书于北宋初年，内容是中国的姓氏，采用四言体例，句句押韵，仅为蒙童识字之用。全书只有568个字，包括504个姓氏。其中单姓444个，复姓60个。

《千字文》是由一千个汉字组成的韵文，相传南朝时期，梁武帝命人从王羲之书法作品中选取一千个不重复的汉字，请员外散骑侍郎周兴嗣编纂成文，其内容包括天文、博物、历史、人伦、教育、生活等方面，四字一句，共二百五十句，恰为千字。

2. 经馆

经馆是经过蒙学识字教育之后，逐渐进入以应科举为目的的私学阶段。经馆的教学内容，主要是儒学经典和注疏，教材以“四书”“五经”为主。此外还要求学生学作诗和八股文章。元明之后，强调学习朱熹《四书集注》。

有些读书人通过蒙学奠基之后，自动寻求名儒或名师授业。明初宋濂在《送东阳马生序》中说道：“既加冠，益慕圣贤之道，又患无硕师、名人与游，尝趋百里外，从乡之先达执经叩问。”

无论是蒙学还是经馆，私塾中的老师统称为塾师，塾师中有的是科举成名的秀才、举人，更多的是落试的儒生，但也不乏学识渊博的有识之士，例如清初新安经学大师江永，一生从事经馆教学，乾嘉学派著名学者戴震即是他的学生；再如秀才出身的吴尔宽，在家设馆讲学，著名教育家陶行知便是在他的塾馆开蒙。

二、书院

1. 书院的发展

书院最早出现在唐朝，正式的书院教育制度由南宋朱熹创立，是北宋至清代一种重要的教育组织形式。

唐玄宗时期的丽正书院，是中国最早的官办书院，但当时还不是聚众讲学的教育组织，而是校勘、收藏经籍的场所。私人虽然也建有书院，但是不甚普遍，规模很小。

唐末五代十国年间，战乱频繁，官学衰败，许多读书人避居山林，遂模仿佛教禅林讲经制度创立书院，白鹿洞书院、石鼓书院、嵩阳书院等均为此时所建。

北宋初年，统治集团无暇顾及教育，没有实力兴学建校，官学处于低迷不振的状态，书院起到填补官学空白的作用，为广大学子提供了读书求学的场所。因此书院兴盛起来，并得到官方的支持与资助。宋初书院兴起，有“四大书院”之说，即江西庐山的白鹿洞书院、湖南长沙的岳麓书院、河南登封的嵩阳书院和河南商丘的应天府书院。

书院的产生还与佛教禅林讲学制度有密切的关系。佛教自西汉传入中国，至隋唐大盛，佛教徒出于避世遁俗、潜心修行的宗旨，多选择环境僻静优美的山林建立寺庙，作为修道讲习之所，并定有详细的学习与讲授佛经的规程，同时佛教禅林集藏经、讲经、研经于一体，这些禅林讲学制度对学院学规的制定、教学活动的方式，都有明显影响。例如书院的讲会制度就是借鉴了佛教的讲经方式，书院教学的讲义和语录等形式，也是来源于佛教记录大师讲学语言的方法。

书院有私立、官办和私立公助等多种形式，书院主持人称为“山长”或“洞主”，书院经费由院田作为来源，院田或为私人捐助，或由官方划拨。学生来书院听讲，书院提供膳食，教材书籍亦由私人捐赠或者官方颁发。

书院不同于官学，既是教育机构，又是学术研究机构。书院的创建者多为当时著名的学者，因此每个书院往往就成为某一派教学和学术研究的基地。书院重视学术交流，允许不同书院派学者讲学，特别是南宋形成“讲会”制度，使得书院成为一个地区的教育和学术活动的中心。书院讲学可自由听讲，不受地域限制，注重培养学生的自学能力，书院教学多采用问难辩论式，注意启发学生思维。

北宋书院发展迅速，曾一度在教育上起到过地方学校的作用，但是后来北宋经过三次兴学，中央和地方官学得到发展，书院一度衰落。

南宋偏安江南，战事不断，国力衰微，虽然勉强设立官学，但却有名无实，于是私人书院应运而生，得到极大发展。当时最著名的书院有岳麓、白鹿洞、丽泽、象山四大书院。特别是南宋孝宗六年，朱熹任南康军太守，重修白鹿洞书院，亲自教授生徒，对南宋书院的发展起到巨大的推动作用。

元代书院制度更为兴盛，专讲程朱之学，并供祀两宋理学家。明代书院长期不发达，主要原因在于明朝政府重视官学，提倡科举，士子因官学优厚，科举前程荣耀，因此不再热心书院。明朝末年，科举弊端益见显现，一些理学家为救治时弊，立书院讲学，特别是王阳明等理学大师，为宣传他们的学术观点，建立书院进行讲学，书院再度兴盛。

但是，由于书院经常“讽议朝政，裁量人物”，明朝末年官方曾先后四次禁毁书院。特别是万历年间，被革职的户部郎中顾宪成与好友高攀龙、钱一本等在东林书院讲学，他们经常抨击当权者，并与一批在职官吏遥相呼应，成为一股反对朝廷的政治势力，最终以魏忠贤为首的阉党，禁毁东林书院，逮捕、杀害了一批东林党人，书院走向没落。

清代雍正年间虽然鼓励书院发展，但规定书院必须接受政府监督。清朝末年庚子新政，诏令将全国书院改制为新式学堂，书院制度终于瓦解。

2. 四大书院

中国自宋朝以来就有“四大书院”的说法，普遍认可的是应天书院、岳麓书院、嵩阳书院、白鹿洞书院或应天书院、岳麓书院、石鼓书院、白鹿洞书院。

(1)白鹿洞书院。

白鹿洞书院，位于江西省九江市庐山五老峰南麓，享有“海内第一书院”的美誉。

唐贞观年间，洛阳人李渤与其兄涉在此隐居读书，渤养一头白鹿“自娱”，鹿通人性，跟随出入，人称“神鹿”。李渤任江州刺史之后，为纪念他青年时代在此读过书，于此广植花木，建亭、台、楼、阁，名其地为白鹿洞。南唐升元年间，建白鹿洞国学，命国子监教授李善道为洞主，并置田给诸生，一时学者云集，成为我国首间完备的书院。宋代理学家朱熹出任南康军太守时，重建书院，亲自讲学，订立学规，并奏请赐额及御书，从此白鹿洞书院名闻于世，成为中国四大书院之首。

朱熹曾在此制定学规《白鹿洞书院揭示》，成为其他书院学规的范本，也是中国书院发展史上的一个纲领性学规。其主要内容如下：

> 五教之目：父子有亲，君臣有义，夫妇有别，长幼有序，朋友有信。
> 为学之序：博学之，审问之，谨思之，明辨之，笃行之。
> 修身之要：言忠信，行笃敬，惩忿窒欲，迁善改过。
> 处事之要：正其义不谋其利，明其道不计其功。
> 接物之要：己所不欲，勿施于人。行有不得，反求诸己。

(2)石鼓书院。

石鼓书院，位于湖南衡阳，始建于唐元和五年(810 年)，迄今已有 1200 余年历史。元和中，衡州人李宽筑屋山巅，读书其中。宋太平兴国二年(977 年)，衡州名士李宽在石鼓山寻真观旁结庐读书。宋至道三年(997 年)，衡州人李士真拓展其院。宋景祐二年(1035 年)，仁宗赐书院匾额和学田。南宋，石鼓书院进一步扩充，朱熹曾为之作记，并于此讲学。

石鼓书院立有高约两米的石鼓。北魏郦道元《水经注》记载：“具有石鼓高六尺，湘水所经，鼓鸣则有兵革之事。”石鼓书院周围风景秀丽，自古有“石鼓江山锦绣华”之誉。

苏轼、周敦颐、朱熹、张栻、程洵、湛若水、赵大洲、林学易、王敬所、蔡汝南、

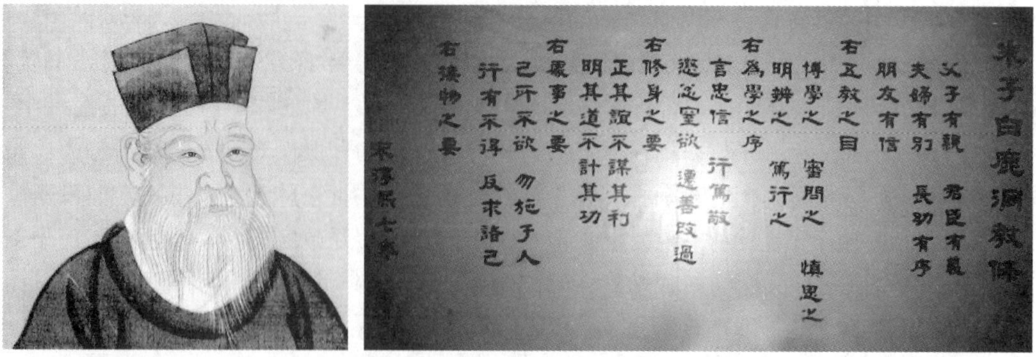

图 9-8 朱熹《白鹿洞书院揭示》

胡东山、李同野、罗近隐、王闿运、曾熙等人在此执教，培育了王居仁、王夫之、曾国藩、彭玉麟、彭述、杨度、齐白石等一大批对中国历史产生重大影响的名人。

图 9-9 石鼓书院

(3)岳麓书院。

岳麓书院，在湖南岳麓山下。北宋开宝九年(976 年)，潭州太守朱洞在僧人办学的基础上，正式创立岳麓书院。南宋孝宗时，朱熹曾于此讲学，岳麓书院因此声名大作。岳麓书院历经宋、元、明、清各代，至清末光绪二十九年(1903 年)改为湖南高等学堂，1926 年正式定名为湖南大学。岳麓书院历经千年，故世称“千年学府”。

(4)东林书院。

东林书院，位于江苏省无锡市，亦名龟山书院。创建于北宋政和元年(1111 年)，当时为北宋理学家程颢、程颐嫡传高弟，知名学者杨时长期讲学的地方。明朝万历三十二年(1604 年)，东林学者顾宪成、高攀龙、钱一本等在此聚众讲学，他们倡导“读书、讲学、爱国”的精神，顾宪成撰写名联“风声雨声读书声，声声入耳；家事国事天下事，事事关心”，引起全国学者普遍响应，一时声名大振。东林书院成为江南地区的主要舆论中心。最终，以魏忠贤为首的阉党，禁毁东林书院，屠杀了大批东林党人。

图 9-10　岳麓书院

图 9-11　东林书院

项目拓展

一、思维拓展

1. 根据本讲第三节，论述中国古代教育的概况。

2. 通过本讲的学习，你最感兴趣的是哪一部分内容(人物、事件、事物、政策等)？请说明理由。

二、实践拓展

1. 结合各系专业，深刻领会中国传统宗法制度、科举制度、教育制度在不同文艺形式中的体现。

2. 结合当前高考改革等社会热点问题，思考现行教育制度存在的问题和不足，探讨职业院校教学的重点和努力方向。

参考文献

1.(宋)朱熹：《童蒙须知》，山西教育出版社1991年版。

2. 陈来：《宋明理学》，辽宁教育出版社1991年版。

3.《中国古代蒙书精粹·三字经》，上海古籍出版社1996年版。

4. 黄书光：《理学教育思想与中国文化》，上海教育出版社1993年版。

5. 吴霓：《中国古代私学发展诸问题研究》，中国社会科学出版社1996年版。

6. 王力：《中国古代文化常识》，北京联合出版社2014年版。

7. 王炳照、郭家齐等：《简明中国教育史》，北京师范大学出版社2013年版。

8. 吕思勉：《中国制度史》，中国和平出版社2014年版。

9. 王思义：《中国传统文化纲要》，东北大学出版社2013年版。

10. 金元浦、谭好哲、陆学明：《中国文化概论》，首都师范大学出版社1999年版。

11. 杜全伟：《孔孟德育思想的现代转化探析》，湘潭大学出版社2010年版。

12. 赵卫东：《礼制礼仪礼俗的互动与中国传统社会》，山西大学出版社2011年版。

13. 陈建才：《对传统文化的理性反思——读〈朱子大传——多维文化视野中的朱熹〉》，《教育评论》1993年第1期。

14. 晁福林：《试论宗法制的几个问题》，《学习与探索》1999年第4期。

15. 姚伟钧：《宗法制度的兴亡及其对中国社会的影响》，《华中师范大学学报(人文社会科学版)》2002年第3期。

16. 陈军科：《礼的宗法本质及其政治功能》，《求索》1999年第6期。

17. 刘海峰：《科举制的起源与进士科的起始》，《历史研究》2000年第6期。

18. 胡舒云：《"九品官人法"性质辨析》，《东北师大学报(哲学社会科学版)》2003年第6期。

19. 吴根洲：《科举制对中国私学的影响》，《中国地质大学学报(社会科学版)》2006年第5期。

20. 杨齐福：《科举制度的废除与二十世纪初中国学术文化的转型》，《东方论坛》2003年第5期。

第十讲

形而下者谓之器：文物与礼仪

一言九鼎

战国时期，赵国都城邯郸遭受秦国的围攻，形势万分危急。面对秦军的进攻，赵国国君孝成王派平原君和门客出使楚国，寻求楚国的支援。平原君一行到达楚国后，与楚王谈及“援赵”事宜，但楚王迟迟不表态是否支援赵国。这时，其中一名门客毛遂大胆地对楚王说：“楚国虽然地域广袤，军队人数众多，但是你们却节节败退，连国都也不能自保。所以，你们比我们更需要联合起来抵抗秦国！”毛遂的一席话道出了楚国的实情，楚王顿时觉得除了联合赵国别无他选，立即答应支援赵国一起抗击秦国。回到赵国后，平原君提起这件事就会说：“毛遂出使楚国，使赵国的地位比九鼎的传国之宝还尊贵。”

项目实训

1. 将同学们分为“礼器组”“乐器组”“酒器组”“食器组”，每组同学在了解“青铜器发展线索”的基础上广泛查阅资料，向全体同学讲解本组所选取的最具代表性的青铜器。

2. 学生分组活动，每组表演一个与“玉”有关的典故。

第一节　从青铜礼器看礼仪

自汉以来历代所出土的殷、周彝器……此等古物……目前研究中国古代史的绝好资料，特别是那铭文，那所记录的当时社会的史实……可以单刀直入地便看完一个社会的真相。

——郭沫若

世界上各个古代文明都有其不可企及的艺术创造，讲中国古代文明就必须提到青铜器。

——李学勤

青铜器作为中国古代文明的重要标志之一，是中华文化星空中一颗璀璨的星辰。随着历史车轮的不断前行，青铜器承载的不仅仅是历史沧桑，更重要的是蕴含在其中熠熠生辉的威严、肃穆和神秘。中国的青铜时代始于公元前 21 世纪左右，止于公元前 5 世纪，大体上相当于中国古代的夏、商、西周、春秋和战国时期。青铜器的制造和发展，千年绵延不绝，但其对政治、经济和社会生活产生重要影响还是在先秦时代。

一、青铜器的发展脉络

1. 萌芽时期——夏朝

公元前21世纪左右，我国正处于奴隶社会的夏朝统治时期，中国开始进入青铜时代。二里头文化遗址中出土的青铜器种类较多，出现了反映社会等级的礼器和维护社会秩序的兵器。其中礼器的造型初具形制，壁身比较薄，青铜器身的纹饰相对来说比较简单，但是已经使用内外合范的青铜铸造技术。青铜礼器的出现，标志着礼制已经成为当时重要的制度。在中国古代的早期文明时期，礼制占有举足轻重的地位，其主要是通过各种青铜礼器呈现出来的。礼器不仅象征权力和富有，而且是分别等级、维护社会秩序和树立统治者权威的工具。

2. 繁荣时期——商朝至西周、春秋和战国早期

此时期的第一阶段，大约相当于公元前16世纪至前13世纪，正处于中国奴隶制进一步发展的商代。这一时期，中国青铜器艺术渐趋成熟，青铜器数量大幅增多，同时出现了成套礼器，青铜礼器占据主导地位，礼器体制初步建立。这时的青铜文化以二里岗文化为代表。青铜器构图日趋繁复，造型变化多端，纹饰渐趋丰富。青铜器的铸造技术和萌芽时期相比有了大幅的提高，为下一阶段青铜器艺术发展高峰的到来打下了坚实的基础。

第二阶段，是商代晚期至西周早期，大约相当于公元前13世纪至前10世纪，此时迎来了中国青铜器发展的辉煌时期。这一时期，中国青铜器铸造工艺已经相当成熟，出现了大量的精美礼器和武器等不同用途的青铜器。这时的青铜文化以安阳殷墟为代表，作为商朝的都城，安阳不仅是商朝的政治中心，也是青铜铸造业的中心。从商朝末期开始，青铜器上开始出现铭文。到西周早期，青铜器上的铭文与之前相比字数逐渐增多。礼器基本上因袭商朝的定制，其中重食器体制的状况日趋明显。在此期间兴建了大规模的宫殿及陵墓，西周的都城遗址中，考古发掘的宫殿、宗庙和墓葬中，出土了大量的青铜礼器，反映出中国古代社会的礼制已经发展成熟起来。

第三阶段，是西周中晚期至春秋战国时期。西周晚期，周天子分封的各诸侯国逐渐强大，羽翼日渐丰满，这时的社会处于政治秩序礼崩乐坏、诸侯之间战争频繁，中国古代奴隶社会从繁盛逐渐走向衰落的阶段。此时的社会生产力大幅度提高，带动了生产技术快速发展。同样，青铜器的铸造技术也达到顶峰，出现了分铸、焊接、镶嵌等工艺技术，并开始使用失蜡法铸造青铜器，从而使青铜器的造型样式达到了顶峰。这一时期的典型青铜器是被称为时代精神象征的莲鹤方壶。

图10-1 莲鹤方壶

到了春秋晚期，青铜器的造型不断推陈出新，构图渐趋自然生动。此时用鼎制度、编钟制度和赐命作器的体系已经形成，同时器物上会出现长篇铭文。战国早期是春秋晚期的延续，使封建社会前期的青铜器达到了最高的水平，曾侯乙墓的铜器便是杰出的代表作。战国晚期，青铜器以错金银和嵌绿松石等工艺为特色，使色彩单一的青铜器显得更加华丽；这一时期还发明了印模拍印法，这种印模可以反复使用并能印制出连续的图纹样式，同时图案越来越趋于细致精巧。

3. 转变时期——战国末年至秦汉末年

经过几百年诸侯国之间的兼并战争及各诸侯国所进行的社会改革，中国古代社会进入了中央集权的封建社会。之前传统意义上的礼仪制度彻底瓦解，随着社会政治、经济和文化各方面的发展，中国社会迎来了铁器时代，铁制品开始广泛制作并使用。与此同时，青铜器在社会生活中的地位逐渐下降，器物大多以日常起居用品为主，但是传世精美的作品还是不少。在秦始皇陵发掘出土的铜车马，共有两乘，均为青铜器铸件构成，大小与实际比例相近，车马上还装饰金银配件，做工相当精细，是迄今发掘出土的形体巨大、结构复杂的青铜器，被称为“青铜之冠”。

到了东汉末年，铁器已经取代了青铜的主导地位，在社会政治、经济和生活中的作用日益重要，青铜器物日益淡出了历史的舞台，逐渐失去了往日的光芒。隋唐时期的铜器主要是各类精美的铜镜。自此以后，青铜器除了铜镜外，鲜有发展。

二、青铜礼器的种类

礼作为阶级分化的象征，在原始部落时期有贫富差距时就已有所形成。礼的至上力量，所体现的是形而上的内容——礼制，它依附于形而下的器——礼器而存在，即所谓“形而上者谓之道，形而下者谓之器”。人们的身份主要通过对礼器的使用来显现。使用何种礼器行礼，以及礼器如何组合，都有一定的规定，同时承载着特定的意义。

礼法早在夏王朝就已有端倪，到了商王朝的神权时代，礼法得到了信仰上的巩固，周公不过是总结前人经验，完善了礼法的体系，使其适用于宗法制。西周时期，为维护以周天子为中心的有秩序的统治，集前朝之大成的周公吸取殷商亡国的历史教训，制定了一套能够使周朝长治久安的典章制度，称为“制礼作乐”，即周礼。礼巩固阶级分化，控制人们的思想和舆论，从根本上奠定了中国的阶级区分。虽然“周礼”未能保住周王朝改朝换代的历史宿命，但是并未随着西周的灭亡而灭亡，反而被后世继承与发扬。它对我国传统文化的发展产生了深远影响。

所谓“礼藏于器”，是指在古代按照礼的要求，一些用于祭祀和宴饮的青铜器物具有显示尊卑关系、表达虔诚和敬畏、象征使用者的权力和地位等作用。作为中国传统文化核心之一的礼，在几千年的历史进程中，以“礼藏于器”的方式使中国人的生活始终浸润于其中。举凡国家大事、社稷祭祀、军事战争、日常生活，礼可谓无所不在。“礼藏于器”在青铜礼器上得到了集中体现，使青铜礼器承载了“明贵贱，别等级”的主要作用，成为当时贵族身份与地位的象征。中国青铜时代的最大特点，是“国之大事，在祀与戎”。礼器与武器，也是中国青铜文化的代表。青铜礼器主要用于天子诸侯等王公贵族的祭祀、宴饮、丧葬和策命等礼仪性的活动场合。青铜礼器的设计和制作都要遵循一定的定制，更重要的是在使用过程中，青铜礼器的数量多少、规格大小、使用方式与拥有者、使用者的社会身份地位紧密联系在一起，形成了一定的惯例和规定，甚至发展为政治制度。

这些被称为礼器的青铜器具，实质上是礼的载体，使无形的礼成为有形的物，它们被人按照自己的希望强制性地赋予了“礼”这样的神圣意义，具有了一种神秘威严的至上力量，然后又反过来制约、支配着人们对待它们的态度。于是，这些礼器经此成为一种制度性的社会文化符号，所体现的是人们的愿景、道德、心理倾向和现实人生的秩序。

1. 食器

食器的礼制化是礼乐文明发展的产物，随着阶级社会的出现，食器从当初的单纯的具体用途逐渐被赋予礼制的内容，成为区别尊卑贵贱、衡量社会地位的标志物。从出土的青铜礼器来看，很多青铜礼器都是饮食器具。青铜食器是古代王公贵族在进行祭祀、丧葬、诰命、征伐和宴饮时所使用的器物。作为礼仪重器，不同规格大小的青铜器，相应代表了主人的身份等级。从实用的意义上讲，食器又可细分为烹饪器和膳食器，还有两种功能集于一身的，如用于烹煮的鼎、甗和用于盛装黍稷的簋、敦、豆等。还有与食器配套使用的俎等。

传说夏朝大禹铸造九鼎，象征九州，并作为国家的重器随着王朝更替而易主，鼎的得失成为国家存亡的标志。鼎是我国古代一种重要的食器，也是象征王权的礼器，是礼器制度的核心内容。它是商周青铜器中数量最多、地位最重要的器类，是贵族进行宴饮和祭祀等礼制活动时最重要的礼器之一。据史书记载，不同等级人的用鼎数量有严格的规定：天子使用九鼎，诸侯王用七鼎，卿大夫用五鼎，士用三鼎或一鼎。

后母戊鼎是商王为祭祀其母所铸，因其腹部著有“后母戊”三字而得名，现藏于中国国家博物馆，是目前发现的最大的青铜器。这件大鼎制作精良，通体大方凝重，是具有代表性的青铜鼎。

簋是用来盛放稻、黍等主食的器皿，在商代早期出现以后，逐步成为青铜礼器序列中一种主要的器物。至西周中期，簋的使用逐渐制度化，按照使用者的身份等级严格规定使用的数量，一般是以偶数组合与列鼎配合使用，如八簋、六簋、四簋、二簋，使用数量越少代表等级地位越低。

豆是古代专门盛放腌菜、肉酱等调味品的器皿。青铜豆出现在商代晚期，盛行于春秋战国。豆作为礼器的一种，常以偶数组合使用，《礼记·礼器》规定：“礼有以多为贵者……天子之豆二十有六，诸公十有六，诸侯十有二，上大夫八，下大夫六。”《礼记·乡饮酒义》中记载：“乡饮酒之礼，六十者三豆，七十者四豆，八十者五豆，九十者六豆，所以明养老也。”

可见，这些饮食器的使用，要根据身份地位、年龄来确定使用数量的多少和形制的大小，不能僭越规定任意组合使用。这样不是强制性地给人们灌输等级观念，而是从饮

图 10-2　后母戊鼎

食器具这样的生活细节入手，让社会各个等级的人们学“礼”、明“礼”，使人们在日常生活中去体认社会的等级制度、礼仪规范，然后逐渐养成习惯，最终自觉自愿地去遵守和维护这种社会等级制度和礼仪规范，从而达到统治者维护社会稳定和保持统治长久的终极目标。

2. 乐器

在中国的远古部落时期，古代先民们就已经发明了骨笛等乐器，还创造了音律，为音乐的出现作出了巨大贡献。商代以降，乐作为祭祀时必不可少的一部分开始登上了历史的舞台。随着时代的发展，音乐开始在贵族之间流行起来，这样乐就被上升到区分等级的高度，对于有着严格等级区分的古代社会，不同等级人的用乐有着森严的规定。在祭祀、宴饮、婚嫁和葬丧等不同场合所敲打的青铜器，发出悦耳动听之音，就被称为“乐器”。

图 10-3　曾侯乙编钟

曾侯乙编钟是我国迄今发现保存最完整、音律最全的一套编钟，现藏于湖北省博物馆。编钟作为古代礼仪活动中重要的打击乐器，一般成套使用，每组三枚至数十枚不等，由大到小依次悬挂在钟架上，敲击时音高各异，钟声悠扬。除了编钟外，磬也是礼仪活动中必不可少的乐器。成套的编钟和编磬是王权的象征。礼仪活动中，钟磬齐鸣，磬声清幽，组成悦耳的金石之音。

3. 酒器

酒器作为礼仪制度的载体，也显示出场合的重要性以及使用者的身份和地位。“礼以酒成”，夏、商、周三代也是中国酒礼最复杂、酒与政治结合最为紧密的时期。因为夏、商、周三代酒礼受到重视，所以这一时期的酒器发展也最为迅速。

爵是中国青铜器中最具代表性的酒礼器，作为酒器之第一重器，可以说是中国酒文化的代表，尤其是在商代，它是最典型、最常见和最基本的酒礼器。东周时期，“爵”逐步演变成为饮酒器通称。秦汉以后，它更进一步成为人们身份、地位的专有象征物。《礼记·礼器》上记载：“贵者献以爵，贱者献以散。”

除此之外，还有其他不同形制的酒器。如在《仪礼·特牲馈食礼》中记载：“爵一升，觚二升，觯三升，角四升，散五升。”商周时期，饮酒器具的容量越小，表示主人的地位越尊贵显赫。

4. 水器

商周时期，贵族在宴前饭后都有沃盥的礼仪，以表示虔敬。《礼记·内则》中记载：“进盥，少者奉盘，长者奉水，请沃(浇水)盥，盥卒授巾。”说的就是这种沃盥礼仪。

匜，是古代贵族的盥洗用具，与铜盘配套使用。盥洗时用匜从上面浇水，下面用盘承接弃水。“奉匜沃盥”是中国古代在祭祀典礼之前的重要礼仪。图 10-4 的青铜朕匜器形整体像一只羊，盖前端为虎头，盖面呈琵琶形，四兽蹄足，器上总共有 157 字的铭文。

图 10-4　青铜朕匜

除匜之外，鉴也是一种重要的水器。它是用来盛放水或冰的青铜大盆，相对体积更大者还可以用来沐浴。因为古代没有镜子，古人常用盛满水的鉴当做镜子来照影。在《诗·大雅·荡》中曾记载："殷鉴不远，在夏后之世。"可见鉴很早就已经出现并使用了。战国以后大量制作青铜镜，因此铜镜也称为鉴。对于成语"前车之鉴"和"以史为鉴"，我们并不陌生。

三、以青铜器为载体的礼仪性活动

中华文明源远流长，自古中国就被称作"礼仪之邦"。中国儒家经典《论语》中就曾明确地提到："不学礼，无以立。"这也是炎黄子孙在华夏大地乃至世界各地得以安身立命的准则。没有"礼"就没有人在社会的立足之地，因而礼仪也就是一个社会生存与发展的重要意识形态。礼仪不仅是个人修养的体现，也是社会公德的体现，代表着一个人、一个国家的整体素质，代表着社会文化的发展方向。

1. 祭祀礼仪

自古以来，人都是从自然界之中获取赖以生存的物质资源。鉴于古人对自然界认知水平的限制，当其面对自然界中斗转星移、日月交替、沧海桑田等现象时，表现的是如此渺小与无助，从而认为万物皆有灵性，在冥冥之中有神灵主宰着人们的一切，所以人们必须怀着敬畏之心对待自然界中的万千变化。人们为了生活安康，在自然界进行祭祀活动，希望通过这种途径实现个人与自然的和谐共处与平衡发展，从而获得安全感。

祭祀作为国家的大事，也被视为国家的日常事务。国家举行祭祀的一个重要目的是规范等级秩序、强化等级意识，这首先体现在对祭祀对象进行严格的等级划分。殷周时期，国家祭祀的等级划分已经十分严格了，尊卑分明，不可僭越。《礼记·曲礼》记载，"天子祭天地，祭四方，祭山川，祭五祀，岁遍。诸侯方祀，祭山川，祭五祀，岁遍。大夫祭五祀，岁遍。士祭其先。"《礼记·王制》中也记载："天子祭天地，诸侯祭社稷，大夫祭五祀。天子祭天下名山大川，五岳视三公，四渎视诸侯。诸侯祭名山大川之在其地者。天子诸侯祭因国之在其地而无主后者。"这些规定都体现了祭祀范围的差异，从天子到士庶，祭祀范围逐渐缩小，由此彰显天子在与神灵沟通时具有的绝对权威。祭祀的另一个目的是祈求风调雨顺、国泰民安。中国古代以农业为本，人们主要依靠土地生长五谷、养育万物，人们顺应寒来暑往，精耕细作，以报答自然界对其提供丰富的物质资源，并希望与自然界和谐共处。

祭器主要包括盛放果实、生熟食品等的器具，如登、簋、豆、簠、盘等，以及盛放祭祀用酒和盥洗用水的器具，如爵、金爵、瓷爵、太尊、著尊、牺尊、象尊、酒尊、壶尊、酒盏等。根据祭祀等级和对象的不同，所选用的器物及器具的数量都是有所差别的。

2. 宴饮礼仪

在古代社会，宴饮并非是为了满足人们的口腹之欲，宴饮活动中所遵循的程序和规范要比食物本身更具礼仪意义。从入席者的座次安排到盛放食物的器具，都有相关的规矩和习俗。长此以往，便形成了一整套完备的礼仪制度。随着王朝的更迭，宴饮礼仪制度也在不断地变化。从总体上来说，上古时代十分重视宴饮礼仪的规范，而后代的宴饮礼仪呈现逐渐松动的趋势。宴饮礼仪在巩固统治秩序、维护社会安定等方面具有十分重要的作用，它与礼治精神密切相关，在觥筹交错之间，传递了“尊尊”“亲亲”的宗法思想。其中最重要的两种宴饮之礼是燕礼和乡饮酒礼。燕礼是君臣贵族之间举行宴饮活动的礼仪，这个过程要按照尊卑有序、贵贱有等的秩序进行。在潜移默化中，就能够起到和九族与崇贤德的作用。而乡饮酒礼是乡大夫的宴饮之礼，体现了古代尊老尚贤的伦理精神。当时用于宴饮的青铜器主要有爵、角、瓢、觯、尊、壶、卣等。

3. 丧葬礼仪

丧葬礼仪是关于死亡的仪式，是人们不得不面对的人生重大仪式，其中既夹杂着恐惧和敬畏心理，又有着对永恒生命的渴求。丧葬礼仪作为中国传统文化中的一个重要组成部分，和其他文化形式一样，在潜移默化中影响着社会生活的各个方面。

丧葬礼仪在西周时期就已经初具规模，在各类典籍中对于丧礼、墓地、棺椁、随葬品及礼制的监督执行等方面，都有着详细而完备的记载。中国儒家思想重要的一部分就是提倡孝道，尤其重视丧葬礼仪。《论语・为政》中记载：“生，事之以礼；死，丧之以礼，祭之以礼。”丧葬仪式虽然是为逝者的“身后事”而举办的，却是生者对死者的追思与尊敬的表达。另外，丧葬礼仪对于尊重社会传统，保持文化发展的连续性具有重要的作用。通过竖立墓碑、撰写墓志铭，建筑祠堂、宗庙等方式，在潜移默化中达到传播文化的效果。

随葬品在中国古代的丧葬礼仪中具有十分重要的作用，随葬品的多寡与种类都有着严格的规定，同时也是墓主人身份和地位的象征。随葬品主要有日常生活用品、生产用具和礼仪性用品等不同的种类，而在先秦时期，随葬品中青铜质地的器物占有相当大的比例。

四、中国当代社会的礼仪文化

中华民族数千年积淀、延续的文明礼仪是中国传统文化的重要组成部分。在当前和谐社会的构建中，传统的礼仪文化对当今社会的发展建设有着重要的作用与独特的价值。随着历史车轮的不断前行，人类社会的文明程度也在不断地提高，而当代社会的礼仪文化在有选择地继承传统的基础上，更加丰富多样。

1. 礼节

在阶级社会里，由于各个阶级之间存在利益上的根本冲突，礼节的形式大于内容。在现代社会中，礼节已经成为社会文明的重要组成部分，从外在形式到内在理念，无处不体现人与人之间的平等与尊重。现代礼节主要包括：握手的礼节、鞠躬的礼节、拥抱的礼节、打电话的礼节、约会的礼节、聚会的礼节、宴会的礼节等。在人际交往过程中恰到好处地运用以上礼节，是个人的文明素养的体现。

2. 礼貌

礼貌是人们在社会交往过程中道德品质最简单、最直接的反映，从古至今都是社会对人类文明行为的最基本的要求。在现代社会人与人的交流沟通中，使用礼貌用语，对人态度和蔼，举止适度，已成为日常的行为规范。主要包括口头语言的礼貌、书面语言的礼貌、态度和行为举止的礼貌。

3. 仪式

在现代社会，人们在社会交往或进行各项专题活动的过程中，常通过举行仪式来表达对某人或某事的尊重等。仪式中有些过程是必不可少的，有些过程是可以简化的。如今，仪式过程大体呈现出越来越简单的趋势。常见的仪式包括成人仪式、结婚仪式、安葬仪式、开业或开幕仪式、闭幕仪式、欢迎仪式、升旗仪式、入场仪式、签字仪式、剪彩仪式、揭匾挂牌仪式、颁奖仪式、宣誓就职仪式、交接仪式、奠基仪式、捐赠仪式等。

项目拓展

一、思维拓展

1. 青铜器被历史学家们称为“一部活生生的史书”，请列举几种古人生活中常用的青铜器。

2. 根据上面列举的青铜器，分别说明其用途。

二、实践拓展

参观博物馆，寻找你眼中的“最美青铜器”。

第二节　从玉器看道德

英国著名的中国科技史专家李约瑟曾说：“对于玉的爱好，可以说是中国文化特色之一。三千多年来，它的质地、形状和颜色一直启发着中国雕刻家、画家和诗人们的灵感。”

——中国科技史编委会《中国科技史》

“其色温润如肥物所染，敲之其声清引若金磬之余音，绝而复起，残声远沉，徐徐方尽，此真玉也。”

——（唐）李淳风《论辩真玉》

一、什么是玉

天然的美玉往往外表有一层石头，称为玉璞。玉璞外观上看就是普通的石头，只有把玉璞剖开，才能露出里面的玉质。如著名的和氏璧曾经就是一块玉璞。《韩非子·和氏》讲到了卞和三献玉璞的故事。楚人卞和在楚山发现一块玉璞，献给了楚厉王，厉王看不出是玉璞，就让玉工辨认，玉工说是一块普通的石头。厉王下令砍掉了卞和的左脚。后来，武王做了国君，卞和再次献宝。武王也不识玉璞，让玉工辨认，玉工又说是普通的石头。武王下令砍掉了卞和的右脚。失去双足的卞和抱着玉璞在楚山脚下哭了三天三夜，满眼溢血。后来文王继位，听说这件事，就派人问他："天下被削足的人很多，你为什么这么伤心？"卞和感叹："我不是因为被削足而伤心，而是因为宝玉被看作石头，忠贞之士被当做欺君之人，是非颠倒而痛心！"文王听了，命人剖开玉璞，果然是一块稀世之宝。文王感动于卞和的忠诚，且同情卞和的遭遇，于是将此玉命名为'和氏璧'，并册封卞和为零阳侯，卞和辞而不受。文王得到和氏璧后非常珍惜，舍不得雕琢成器，奉为国宝珍藏起来。和氏璧后来流落到了赵国，秦王非常想得到这块稀世之宝，就派人送信给赵王，希望用十五座城来换取和氏璧。"价值连城"的典故源于此，并因此演义出蔺相如"完璧归赵"的故事。

通俗地讲，玉是一种石头，但玉在质地、重量、硬度、色泽、声音等自然属性方面的特征，使得它又区别于石头。两块同等大小的含玉石头相比，玉含量多的石头更重，反之则轻。如唐代贾公彦在《盈不足术》中说："玉方寸重七两，石方寸重六两。"又如汉代郑玄注《周礼》："玉多则重，石多则轻。"玉的硬度很高，一般的利刃是刮不动玉的，加工玉器需要用金刚钻。如《宋史·李公麟》所书："玉质坚甚，非昆吾刀，蟾肪不可治。"又如宋代周密所著的《齐东野语》："玉人攻玉，必以邢河之沙，其锲镂之具，必用所谓金刚钻者……"法国矿物学家德穆尔对中国的和田玉和翡翠制品进行研究，于1863年首次公布了玉的矿物学特征和物理、化学性质的数据，他将摩尔硬度为6~6.5的和田玉称为软玉，摩尔硬度为6.5~7的翡翠称为硬玉。从数据上看，软玉和硬玉的硬度相差不大，摩尔硬度在6~7的都可称为玉。软玉的化学成分为含水钙镁硅酸盐，是透闪石的致密块状集合体。硬玉的化学成分是钠铝硅酸盐，是碱性灰石的致密块状集合体。玉有很多种颜色，如白色、绿色、黄色、赤色、黑色等，古人曾以颜色辨玉，划分玉的等级。如章鸿钊所著《石雕》："古人辨石，所重在色而不在质。"又如《渊鉴类涵》引《潜确类书》云："玉有五色，白、黄、碧俱贵；白色如酥者最贵，餐食油然及有雪花者次之；黄，贵色，如蒸栗者谓之甘黄者为上，焦黄者次之；碧色青如蓝黑者为上，或有细黑心及色澹者次之；亦有赤玉，红如鸡冠者最贵，而世少见；绿玉，深绿色者为佳，澹者次之；甘青玉其色澹者而带黄；菜我玉非青非绿色，如菜叶最下，墨玉价亦不高。"我国传统观念一般认为白玉为最尊，最好的白玉是羊脂玉，温润而泽，似有羊脂。如《礼记·玉藻》："天子佩白玉而玄组绶，公侯佩山玄玉二而朱组绶，大夫佩水苍玉而纯组绶，世子佩瑜玉而綦组绶，士佩软玫而缊组绶。"

综上所述，玉外观色泽温润，有一定透明度，且坚硬致密，刀刮不动，敲击时声音清脆且悠扬。因此，玉是一种美丽的外润内坚的石头。如东汉许慎《说文解字》对玉的阐释："玉，石之美者，有五德，润泽以温，仁之方也；鳃理自外，可以知中，义之方也；其声舒扬，专以远闻，智之方也；不挠而折，勇之方也；锐廉而不忮，洁之方也。""玉"字始见于我国古老文字——商代甲骨文和西周钟鼎文，和"王"字相似，意指三块美玉用一根绳子贯穿起来，三块美玉分别代表天、地、人。古人认为能贯通天、地、人的人，是人间帝王，天下归矣。如董卓舒所说：“古之造文者，三画连其中，谓之王。三画者，天地人也。而连其中，通其道也，谓之王。”

二、我国玉器的起源和发展历程

1. 玉器的起源

玉器最初是由石器演化而来的，早期人类打制、磨制石头制作石器，作为生产工具用于生产和生活。旧石器时代的元谋人、山顶洞人和蓝田人都会通过打击石头，用打下的石片或石核制成一定形状的石器。新石器时代的人类开始磨制石器，磨制石器比打制石器整齐、光滑，有的还刻有纹饰。早期人类在打磨、利用石器的过程中，对石质有了一定的了解。由于玉的自然属性的特征，玉器从石器中逐渐分化出来，最初作为生产工具，后来用作礼器、饰品。距今约 6000 年的红山文化出土的玉器大多数通体磨光，采用写意手法表现动物形象，讲求神似，风格豪放、质朴。如代表性玉器——玉猪龙，玉猪龙由猪首和蛇身组合而成，猪首简化写意，强调局部。距今约 5000 年的良渚文化出土的玉器多为礼仪用器，如代表性玉器——神人兽面纹玉琮，玉琮内圆外方，兼合方圆，代表古人天圆地方的宇宙观。在古人看来，玉琮可以贯通天地，是祭祀天地的法器。巫师用玉琮通神，祭神祭祖，向天祈福，使玉神圣化，蒙上了一层神秘的色彩。红山文化和良渚文化属于新石器时代，发源于原始社会的玉器因玉的天然特性从石器中分化出来，成为承载人们思想、观念的载体，成为权力、地位、财富的象征。在长达七八千年的历史发展中，玉器在中国政治制度和社会生活中一直占据重要地位，不断被赋予时代的思想文化内涵，形成中国悠久文化传统的物质遗存——玉文化。

图 10-5　红山文化玉猪龙

2. 夏、商、周三代的玉器及其发展

夏、商、周时期，随着生产力的发展、私有制的产生、文字的发明，中国进入了奴隶社会，奴隶主占有生产资料和奴隶。这一时期，中国的青铜器铸造技艺闻名世界，青铜器的出现为玉器制作提供了新的生产工具和技术，推动了玉器的发展。玉器制作技艺从平面走向立体，采用神似的象征表现手法。典型的玉器有玉戈、玉刀、玉钺、玉圭、玉璋、玉柄形饰等，主要是礼仪用器，大多没有实用价值。周朝建立了规范而健全的礼仪制度，最为典型的是用玉制度。《周礼》《仪礼》《礼记》合称为“三礼”，是统治阶级为巩固其统治建立的一整套礼仪制度，涉及政治、经济、军事、外交、法律等内容。《周礼》明确了管玉的机构及其组成、职能，管玉机构称为玉府，“玉府上士二人，中士四人，府二人，史二人，工八人，贾八人，胥四人，徒四十有八人”，共七十八人。玉府的职能是“共王之服玉、佩玉、珠玉；王斋，则共食玉；大丧，共含玉、复衣裳、角枕、角柶；若合诸侯，则共珠盘、玉敦；凡王之好赐，共其货贿”。掌管玉府的官员称为典瑞，“典瑞掌玉瑞玉器之藏，辨其名物，与其用事，设其服饰”。《周礼》规定用“六器”礼天地四方，用“六瑞”表等级地位高低，“六器”和“六瑞”是周朝著名的礼器。“六器”即玉璧、玉琮、玉圭、玉璋、玉琥、玉璜六种礼器。《周礼》曰：“以玉作六器，以礼天地四方。以苍璧礼天，以黄琮礼地，以青圭礼东方，以赤璋礼南方，以白琥礼西方，以玄璜礼北方。”古人之所以用苍璧礼天，是因为古人的宇宙观是天圆地方，认为天是圆的，天的颜色是苍色，祭天要用与天相似的苍色的圆璧。如汉代的郑玄曰：“礼神者，必像其类。”古语中的“苍”其实就是现在的青色。“三礼”规定玉器要着重玉的质地，雕刻要朴素少纹，如《礼记》曰：“大圭不琢，美其质也。”“三礼”对执玉做了严格规定，要求执持用玉必须严肃认真，不得马虎随便，如《礼记》曰：“帷薄之外不趋，堂上不趋，执玉不趋，受珠玉者以鞠，受弓剑者以袂，饮玉爵者弗挥。”周朝建立的严格规范的礼玉制度源远流长，直到明清仍在沿用。

春秋战国时期，随着生产力的发展，出现了铁制工具，推动玉器的进一步发展。由铁制工具形成的玉器工艺一直延续到 20 世纪五六十年代，历经两千多年，使玉器工艺达到了巅峰。铁制工具和几千年的琢玉技术相结合，可以制作任何复杂的玉器，打制任何形状的孔，镂空任何形状的眼地，套接任何形状的活环和链，顶撞地纹、勾撤花纹更能精益求精。春秋战国时期，在政治上，诸侯争霸；在学术上，百家争鸣；在文化艺术上，百花齐放，推动了玉器的蓬勃发展。在专制统治中占主导地位的儒家思想认为玉的各种自然属性特征好比儒家的仁、义、礼、仪、信等观念，以玉比德，认为玉有五德、九德、十一德等，认为君子佩玉是有德的表现，君子佩玉，无故不离其身。儒家的这种思想成为玉器最主要的文化内涵，成为炎黄子孙爱玉的精神支柱。

图 10 6　玉仙人奔马

3. 秦汉以来的玉器及其发展

秦汉以来，中国成为了统一的中央集权的封建国家，社会安定，经济繁荣。丝绸之路加强了与西域的联系，便于玉石原料的运输，为玉器的发展创造了良好的条件。汉代玉器在选材上以和田玉为主，从而使玉器质量有了根本提高。如汉代玉器——玉仙人奔马，材质是白如凝脂的和田玉，玉马昂首挺胸，竖耳张口，四蹄高抬，扬鬃飞翼。马背上骑一手持灵芝的仙人，似正欲奔向极乐世界。仙人骑天马反映了汉代道教的思想。道教是中国唯一土生土长的宗教，追求长生不老，得道成仙。道教认为玉对人体有保护和延寿作用，食玉可以延年益寿，人死后，用玉可使躯体不朽，灵魂不灭。西晋葛洪著《抱朴子》："金玉在九窍，则死者为之不朽"；"服金者寿如金，服玉者寿如玉"。玉与道教长生思想联系在一起。道教不只是追求长生的方术之教，更是以"道德"教化为己任。道教认为世界的本原是"道"，"道生一，一生二，二生三，三生万物"，道即"无极"。道教认为人要遵循自然，清心寡欲，无为而治，"人法地，地法天，天法道，道法自然"。道教思想蕴含在玉器中，出现了以玉衣、玉壶、玉晗、玉握为主要内容的葬玉，成为我国玉文化的一个重要内容。在西汉，丧葬仪式开始使用玉衣。东汉时，形成明确的丧葬玉衣制度，只有皇帝大殓用金缕玉衣，贵族入殓用银缕玉衣。如《汉旧仪》："帝崩，含以珠……以玉为襦，如镜状，连缝之以黄金为缕，腰以下以玉为札，长一尺，广二寸半，为柙，下至足，亦缝以黄金缕。""襦""札""柙"都是指玉衣。除了玉衣外，为使死者不朽，灵魂升天，还要让死者口中含玉，手中握玉，用玉填塞或遮盖死者身上的九孔窍。汉代以来盛行让死者嘴里含蝉形玉，以蝉为琀，借蝉的生理习性赋予死者特定的含义。即寓意人死后，脱胎于浊秽污垢之外，可以再生复活。玉握是握于死者手中的葬玉，意味着人死之后仍握有财富和权力。西汉中后期以来，玉握形制逐渐定型，多为长方形卧猪形，因为猪是财富的象征。完整的九窍塞包括双耳、双眼、双鼻、嘴、前阴、后阴等。目前发现保存最为完整的金缕玉衣是1968年在河北满城出土的西汉中山靖王刘胜夫妇的金缕玉衣。此件金缕玉衣长188厘米，头部由脸盖和脸罩组成，脸盖上的双眼和嘴是在较大的长方形玉片上刻出的，鼻子是用5片长形瓦片状玉片合拢而成的。上衣由前片、后片、左右袖筒构成。前片制成胸部宽广、腹部隆起的形状，后片的下端呈人体臀部的形状。裤由左、右裤筒组成。手部做成握拳状，左右手各握一璜形玉器。足部做成鞋状。这件玉衣用了2498片玉片和1100克金线。在玉衣的头部内还有玉制的眼盖、鼻塞、耳瑱、口琀、罩生殖器用的小盒和肛门塞。玉衣内，刘胜夫妇的尸骨早已化为泥土，仅残留几颗牙齿。道教对中国玉文化的贡献，就是在儒家礼玉制度逐渐衰退的背景下延续了玉文化。

4. 唐宋的玉器及其发展

中国玉器的发展轨迹是从商周、秦汉以来以礼玉用玉和丧葬玉为主，逐渐过渡到唐宋开始以装饰玉、实用玉和鉴赏玉为主。唐代礼仪用玉不同于周代的玉琮、玉璧等，出现了封禅用玉册和玉哀册。封禅用玉册呈简牍状，多五简为一排，以银丝连贯，上刻隶书。玉哀册呈扁平状，正面刻楷书，字内填金，背后按顺序编号，上书称颂帝王功绩的悼文。唐代装饰玉主要有玉步摇、玉带等。玉带为官袍礼仪腰带所用的玉饰，由玉銙、铊尾和带扣组成。"玉銙"就是嵌钉在革带上的方形或圆形玉板，"铊尾"是位于革带首末两端的玉板。唐代对玉带的使用有严格的规定，只有皇帝、亲王和三品以上的官员才

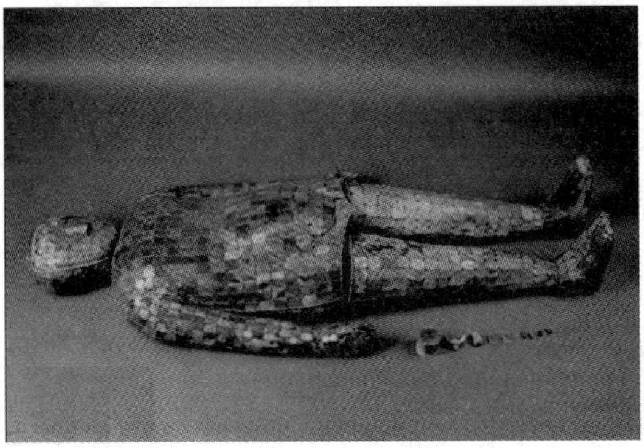

图 10-7 金缕玉衣

能佩带，佩带"玉銙"的数量从七到十三不等，等级越高，佩带的数量越多。如《唐实录》："高祖始定腰带之制，自天子以至诸侯、王、公、卿相，三品以上许用玉带。"又如《新唐书·车服志》："紫为三品之服，金玉带，銙十三；绯为四品之服，金带，銙十一；浅绯为五品之服，金带，銙十；深绿为六品之服，浅绿为七品之服，皆银带，銙九；深青为八品之服，浅青为九品之服，余皆鍮石带，銙八。"表明等级与权力的唐代玉带制度一直沿用到明代。目前出土的等级最高的玉带是在四川成都前蜀帝王王建墓出土的盘龙纹玉带，玉带由七块方形玉板与一块圭形铊尾板组成，玉板呈扁形，玉质洁白温润，玉带铊尾背面刻楷书 118 字，记载制作玉带的缘由。王建在唐末战乱中因护卫唐僖宗西逃而得到信任，在四川开始发展势力，唐灭亡后，于公元 907 年在蜀地称帝，国号蜀，建都成都。公元 915 年，王建的后宫起火，火灭后，人们在废墟中发现一块被火焚烧燎黑的玉石。命玉工剖开，发现玉石质地异常温润洁白，是从没见过的精美玉石。王建令玉工将其制成玉带，并得意地说："夫火炎昆岗，玉石俱焚，向非圣德所感，则何以臻此焉！"玉带在明代达到极盛，明代礼制，玉带只有皇帝、皇后、妃嫔、皇太子、亲王、郡王、公、侯、驸马、伯及文武一品才能使用，其他人除非特赐是不能用的。

5. 明清的玉器及其发展

明代玉器发展的最大特点是大量使用品质上乘的和田玉，但随着明末商品经济的萌芽，玉器开始商业化生产，为追求商业利润，玉器制作开始出现了粗制滥造的现象。明代皇家用玉都是御用监制，在北京、苏州、扬州等经济发达的城市设玉肆。玉雕工艺最为精湛的当数苏州专诸巷。如宋应星的《天工开物》："良工虽集京师，工巧则推苏郡。"专诸巷首屈一指的琢玉大师是陆子冈，《苏州府志》赞："陆子冈，碾压妙手，造水仙簪，玲珑奇巧，花如毫发。"陆子冈琢玉技艺高超，得到了明代皇帝的赏识，被调入宫内供事。一天，皇帝想试试陆子冈的技艺，让他在拉弓引弦用的玉扳指上雕出百骏之图。在一个拇指般大小的扳指上雕出一百匹骏马，几乎是不可想象的事情，陆子冈却毫不犹豫地应承下来。几天后，陆子冈将玉扳指呈上，皇帝一看，扳指上只有三匹骏马，一匹已到城门下并奔向城里，一匹正向城门飞奔而来，另一匹在山谷中仅露出了马头，

图 10-8　玉带

让人感觉似有百骏奔来。皇帝对陆子冈的构思极为赞赏。陆子冈是第一个把名字刻在作品上的人，陆子冈作品落款为“子冈”“子刚”“子刚制”。相传，皇帝让陆子冈雕一套玉壶，不得署名。但几十年后，人们在玉壶的壶嘴内部发现了隐藏得十分巧妙、几乎难以发现的“子冈”二字。因在为皇帝制作的一件龙形玉器的龙头上刻上了自己的名字，被人发现，触怒皇帝，陆子冈被秘密处死。

明清玉器开始盛行玉摆件，主要有玉山子、玉屏风、玉兽、玉人等器物，以清代居多。明清玉器在雕琢上采用“图必有意，意必吉祥”的图案纹饰，吉祥类图案大量出现，广泛流行。如清代“岁岁平安”如意，如意头是洁白如脂的整块玉石，镶嵌着一对鹌鹑与一组成熟丰满的谷穗，颜色鲜艳，形象逼真，因“穗”与“岁”、“鹌”与“安”同音，故寓意“岁岁平安”。

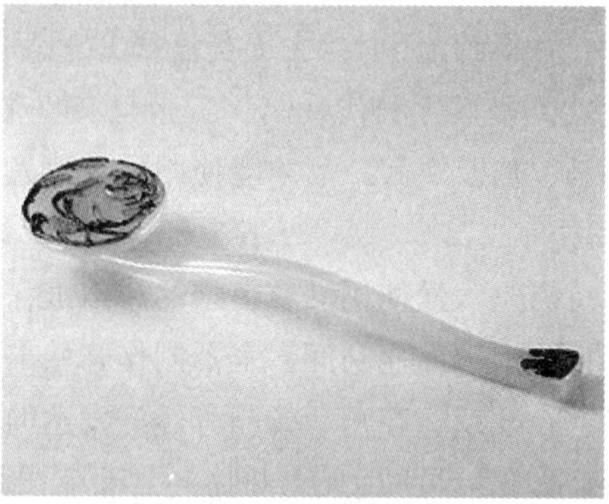

图 10-9　“岁岁平安”玉如意

中国玉器在清代进入了巅峰时期。清乾隆时期，社会经济繁荣，国力强盛，清朝于 1755 年平定了准噶尔部叛乱，解决了和田玉原料的供应问题，并于 1759 年在和田设“哈什伯克”，督办采玉。乾隆皇帝非常喜爱玉器，力主玉器创新，创作出了大型陈设类玉器玉山子，也称“乾隆雕”。现存于北京故宫博物院的几件玉山子，都是在乾隆三十一年到五十一年这 20 年间琢制的。乾隆皇帝还注重收藏、保护玉器，曾拯救“渎山大玉海”。“渎山大玉海”是 1265 年元世祖忽必烈时制成，最初放在琼华岛广寒殿。明末清初广寒殿遭火焚毁，大玉海也被火焚。被火烧后的大玉海表面失去了玉质感，看上去就是一个石瓮，被拉回琼华岛附近的真武庙做腌菜缸。直到乾隆十年才被发现，乾隆下令千金赎回，置于团城的承光殿。乾隆又在承光殿前修建了一座小亭子，将玉海置于汉白玉雕花石座上，陈设于亭中，这就是我们今天见到的“玉瓮亭”。乾隆皇帝对玉器的喜爱和保护推动了玉器的发展，这时期的玉器种类非常丰富，现在所见传统玉器几乎都是这时候开始出现的，故宫博物院收藏三万多件玉器，其中一半为乾隆年制，这时期的制玉水平远远超过了“陆子冈”时期。

图 10-10　渎山大玉海近图

图 10-11　渎山大玉海远图

“玉不琢不成器”，玉本身是一种美观的石头，只有经过人们的构思、设计、琢磨、雕刻才能成为含有丰富文化内涵、具有一定功能的器物。玉器自古至今都以一种工艺制作，即手拿玉石在转动的工具上切磨。其工艺过程大致分为五个步骤，第一步是开玉，即把包裹玉料的石头外表削掉，切削的主要工具是条锯。锯割时，要掺加水和颗粒细碎均匀的砂石，以增加摩擦系数和降低摩擦产生的热度。第二步是在车床上将玉料琢制出器物的大致轮廓。先将玉料切成方块或方条，然后冲去棱角，最后再磨细器物表面。第三步是使用钢卷筒和一端套弯钩的铁轴，将已经琢好外形的玉器掏空内膛，形成内空的容器。第四步是使用弯弓和金刚钻在玉器的外表雕琢花纹。第五步是用木制圆盘外包牛皮，对雕琢好的玉器进行磨光。品质上乘的玉石只有经过玉工的精心设计和雕琢才能成为惊艳世人的艺术珍品。如乾隆三十八年制成的《桐荫仕女图》山子是用琢玉碗剩下的弃料雕成的，弃料既有裂痕，又有橘黄色的玉皮子。玉工巧妙地将裂痕设计为门缝，把皮子琢成梧桐、蕉叶、覆瓦、垒石，呈现的景致是屋顶上数轮圆筒瓦，庭院西侧垒着太湖石，周围桐蕉丛生，院门半开，门内有一少女双手捧盒，欲出院门。院外一少女，手持灵芝，向徐开的院门走来。一道门缝化腐朽为神奇，使一块废玉料成为价值连城的珍品。乾隆皇帝题诗“义重无弃物，赢他泣楚庭”，刻于玉器底部，高度赞扬玉工的巧夺天工。

图 10-12 《桐荫仕女图》玉山子

三、我国玉器的种类

纵观玉器发展历程，玉器种类繁多，从最初用来通神的礼器，到权力、地位的象征，再到佩饰、生活用具、玉摆件，玉器走下神坛，来到人间，带来吉祥如意。按玉器的不同用途，可以把玉器分为礼器、葬玉、佩饰、生活用具、陈设玉五类。

1. 礼器

礼器是中国古玉中最重要的类型之一，是古代进行祭祀、朝享、交聘、军旅等礼仪活动时用的玉器。主要的礼器有六种，即玉璧、玉琮、玉圭、玉璋、玉璜、玉琥，唐代时出现了玉册和玉哀册。玉璧是出现最早、使用时间最长的一种礼器，颜色是天蓝色，呈圆形片状，中部有孔，是礼天的器物。玉璧的环状实体部分称为“肉”，空洞部分称为“好”，“肉”和“好”的比例有严格规定，按比例不同可分为玉璧、玉瑗、玉环。《尔雅·释器》曰：“肉倍好谓之璧，好倍肉谓之瑗，肉好若一谓之环。”玉琮的颜色是黄色，外方内圆，中间是圆筒状，外周是方形，是礼地的器物。玉琮体现了天圆地方的宇宙观，中间穿孔代表了天地之间的沟通。玉圭的颜色为青色，呈扁平长方体，顶端是平的则称平首圭，顶端是尖的则称尖首圭，是礼东方的器物。玉圭是最为繁杂的一种礼器，还代表地位、等级不同及“朝觐礼见”的治国理念。周朝时，为了便于统治，命令诸侯定期朝觐。周天子赐诸侯每人一件不同尺寸的玉圭，不同尺寸的玉圭有不同的名字，表明诸侯的身份地位，诸侯朝觐时要手持玉圭。《周礼·春官》：“以玉作六瑞，以等邦国。王执镇圭，公执桓圭，侯执信圭，伯执躬圭，子执谷璧，男执蒲璧。”《周礼·考工记》：“镇圭尺有二寸，天子守之。命圭九寸，谓之桓圭，公守之。命圭七寸，谓之信圭，侯守之。命圭五寸，谓之躬圭，伯守之。……天子执冒四寸，以朝诸侯。天子用全，上公用龙，侯用瓒，伯用将……”不同长度的命圭分别由天子、公、侯、伯执拿，作为天子与诸侯间的符信；天子所执的冒，长四寸，在接受诸侯朝觐时使用；天子用纯色的玉，上公用杂色的玉，侯用质地不纯的玉，伯用介于玉、石之间的次玉。玉璋的颜色是红色，呈扁平长方体，一端斜刃，另一端穿孔，是礼南方的器物，与玉圭相似。东汉许慎《说文解字》："半圭为璋。"玉璜的颜色是黑色，呈扇形或半圆形片状，两端或中间各有一孔，是礼北方的器物。在考古发掘中出土的玉璜多发现于墓主人的颈下或胸腹部，因此玉璜还具有佩饰的功能。为满足佩戴者的需要，玉璜的纹饰和样式极为丰富，是礼器中样式最为繁杂、数量最多的玉器。玉琥的颜色为白色，是虎形礼器，用以礼西方，同时，也是王侯调兵的信物。

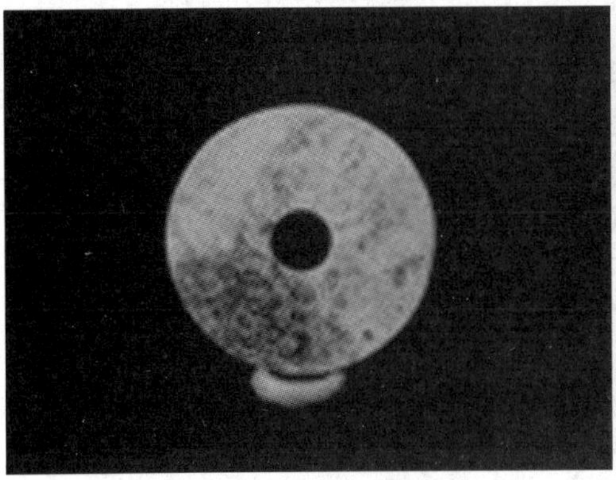

图 10-13　西周玉璧

图 10-14　战国玉琮

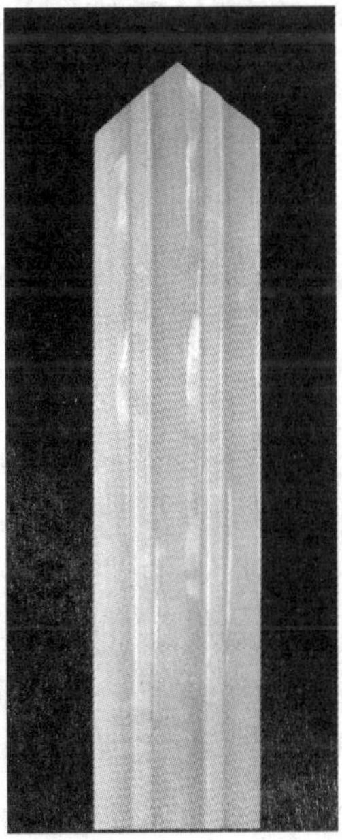

图 10-15　明代玉圭

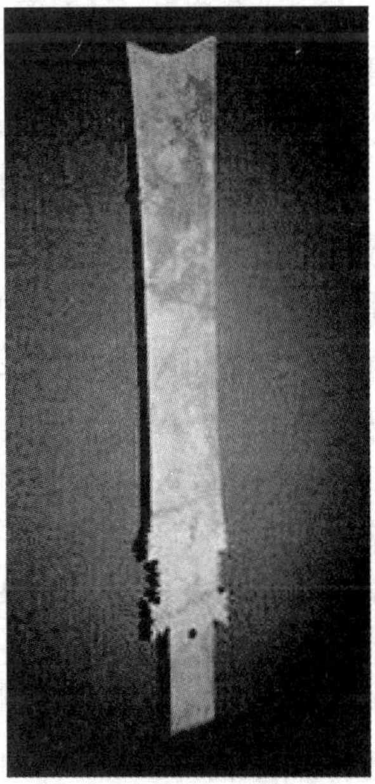

图 10-16　夏文化玉璋

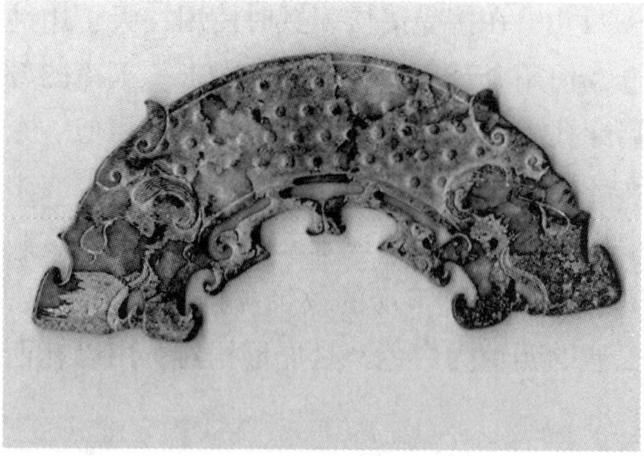
图 10-17　战国玉璜

图 10-18　商代玉琥

2. 葬玉

葬玉始于新石器时代，盛行于汉代，分为两类：一类是陪葬玉器，希望死者在阴间仍能享有权力和财富；另一类是被认为能使人死而不朽的玉器，如玉衣、玉晗、玉塞、玉握等。葬玉材料大部分是新疆玉，以深浅不同的绿色为主，白玉很少。如 1976 年发掘于殷墟的妇好墓出土了 755 件玉器。据记载，妇好是商王武丁的配偶，妇好为商王武丁征战征集人力、物力，曾一次征集 13000 人，是目前已知甲骨文记载中征兵人数最多的一次。妇好还亲自率兵出征打仗，深得商王的重视和喜爱。妇好地位之尊贵体现在陪葬玉器的数量和质量上。

3. 佩饰

玉佩饰种类繁多，十分庞杂，大致可分为头饰、耳饰、项饰、手饰、身饰几大类。古人认为头部最重要，十分重视头部装饰，形成以“首”为重的礼俗特征。古代男子须束发戴冠，冠上总会镶嵌一些装饰品，只有贵族才能戴玉冠。玉冠是古代男子头上的一种礼仪性玉饰，在周朝已形成了完整的冠服制度。《礼记·礼器》曰：“天子之冕，朱绿藻，十有二旒，诸侯九，上大夫七，下大夫五，士三。”“藻”是彩色的丝绳，专用来穿玉珠的。周代以前穿玉珠的丝绳用红绿二色，周代用五种颜色的丝绳。以藻穿玉，称为“玉藻”。“玉藻”是冠上的装饰，标志佩戴者的身份地位。“旒”就是五彩玉珠串，每串穿白、青、红、黑、黄五种颜色的玉珠十二粒，珠与珠之间相距一寸左右，称为一旒。天子的冠上必须挂十二串这样的玉珠。汉代以后只有皇帝才可戴有旒的冠，也称冕，故“冕旒”成为皇帝的代名词。如王维诗《和贾至舍人早朝大明宫之作》：“九天阊阖开宫殿，万国衣冠拜冕旒。”中国古代的男子只有四种人不戴冠，即小孩、平民、罪犯、异族人。平民成年后不能加冠，只在发髻上盖上头巾，称“帻”。古代男子要束发戴冠，先把头发盘成发髻，然后把冠戴在发髻上，将冠固定后，用笄固定发髻。古代男女都用笄，笄后来称为簪，两股笄称为钗。周以后至宋玉笄的数量不多，到隋唐，出现了大量的玉钗、玉步摇、玉插梳。如杜甫的《春望》：“白头搔更短，浑欲不胜簪。”古代妇女普遍使用玉钗，故后人将玉钗特指妇女。如曹雪芹的《红楼梦》将薛宝钗、林黛玉等十二名女子称为“金陵十二钗”。关于玉簪有一个传说故事，王母娘娘的小女儿向往人间的自由生活，一次，她想趁赴瑶池为母后祝寿的机会，下凡到人间。后被王母娘娘发现，不得脱身，她便将头上白玉簪拔下，对玉簪说："你代我到人间吧。"一年后，在玉簪落下的地方长出了像玉簪一样的花。如黄庭坚诗云："宴罢瑶池阿母家，嫩惊飞上紫云车。玉簪落地无人拾，化作江南第一花。"

图 10-19 明代玉冠

4. 生活用具

唐宋以后出现了大量的玉制生活用品，如玉杯、玉盘、玉碗、玉壶、玉灯、玉熏炉等，还出现了用玉装饰的玉杖首和玉具剑等。如在明万历皇帝棺内发现了大量精美华丽的玉制生活用品，有金托玉爵、金托玉执壶、金托金盖玉碗、鎏金银托双耳玉杯等。这些玉器普遍使用嵌金镶玉工艺，如金盖金托玉碗，高 12 厘米，由玉碗、金碗盖、金托盘组成。玉碗玉质细腻晶莹，光洁如羊脂，敞口，底有圆足。金盖碗自盖顶至边缘呈三层阶梯状，顶部有一莲花形钮，钮中央嵌红宝石。金托盘内壁刻八条云纹图案，并刻二龙赶珠纹。手杖是老年人行走时的辅助工具，杖首嵌以玉饰，称玉杖首。周朝制定了高年授杖制度，一直延续到两汉。汉初规定授予 80 岁以上的老年人手杖，汉成帝建始年间降到 70 岁。每年秋季，由地方的县、道调查户口，登记高龄老人，举行授杖礼，给老人授杖。汉时颁布诏书，准许授杖老人"出入官府、郎第"，还准许"行驰道旁道"。驰道是天子行走马车之路，禁止他人行走，包括皇帝的儿子。诏书还严禁对授杖老人征召、系拘、辱骂，如有人违反，将被处死。

5. 陈设玉

明清开始盛行陈设玉，主要有玉山子、玉如意、玉插屏、玉屏风、玉石盆景等。玉山子是一种融合自然景致、亭台、楼阁、园林、人物故事的玉器，大型玉山子可达数吨重、一两米高，小型玉山子可作案头摆设。清代著名的玉山子有"大禹治水""会昌九老""秋山行旅""南山积翠"等，其中最大、最著名的是"大禹治水"。"大禹治水"采用

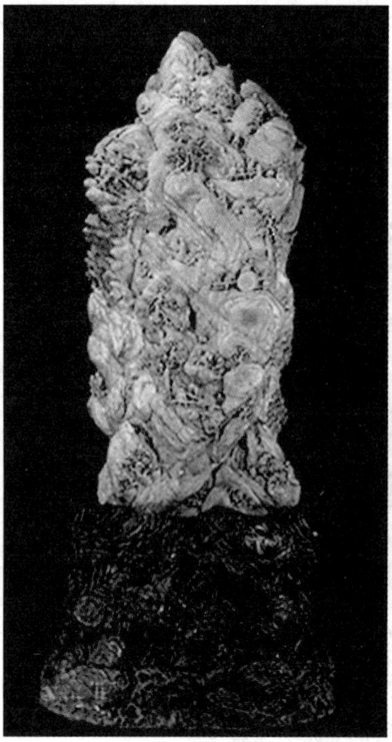
图 10-20 大禹治水玉山子

密尔岱山出产的青白玉，由整块玉雕成，玉色白色闪青，高 2.24 米，宽 0.96 米，重 7 吨，历时十余年才完工。“大禹治水”正面刻有乾隆皇帝书“五福五代堂古稀天子宝”十个篆字方印，背面刻有乾隆皇帝书“密勒塔山大禹治水图”御制诗，共 322 字，称颂大禹治水的功德。玉如意是供玩赏的吉祥器物，始于魏晋，盛于明清。“如意”的形状像长柄钩，钩头扁如贝叶，表吉祥如意、幸福来临。最早的“如意”柄端作手指形，可搔痒，手所不能至，搔之可如意。“如意”持有者还可记文于柄端，以备遗忘。所以，“如意”兼搔痒和记事两种功用。

四、我国玉器的道德内涵

以孔子为代表的儒家思想是中国古代社会的正统文化，儒家思想的核心是“仁”，包括孝、悌、忠、恕、礼、知、勇、恭、宽、信、敏、惠等内容。孔子把“仁”作为最高的道德标准和道德境界。因玉的美丽外表和内在品质，早在孔子之前，古人就以玉比喻君子的美德，如《诗经》曰“言念君子，温其如玉”，孔子曰“夫昔者，君子比德于玉焉”。孔子认为玉内含“仁”的思想，有儒家思想提倡的十一种美德。如《礼记 · 聘义》：“子贡问于孔子曰：‘敢问君子贵玉而贱珉者，何也？为玉之寡而珉之多欤？’孔子曰：‘非为珉之多故贱之也，玉之寡故贵之也。夫昔者君子比德于玉。温润而泽，仁也；缜密以栗，知也；廉而不刿，义也；垂之如队(坠)，礼也；叩之其声清越而长，其终则诎然，乐矣；瑕不掩瑜，瑜不掩瑕，忠也；孚尹旁达，信也；气如白虹，天也；精神见于山川，地也；圭璋特达，德也。天下莫不贵者，道也。’”因为玉被赋予了高尚的道德品质，因此，君子佩玉被视为有德的表现。如《礼记 · 玉藻》：“古之君子必佩玉。右徵角，左宫羽。趋以采齐，行以肆夏，周还中规，折还中矩，进则揖之，退则扬之，然后玉锵鸣也。故君子在车，则闻鸾和之声，行则鸣佩玉，是以非辟之心，无自入也。”在古代，有道德有修养的君子必须佩玉，以玉的品质规范自身言行，待人温文尔雅，表里如一，光明正大，有棱角而不锋利，宁折断而不弯曲。

时至今日，玉仍为现代社会的人们所喜爱。作为炎黄子孙，我们要继承和发扬传统的玉文化的精华，在欣赏玉的美丽的同时，加强自身的道德修养，做有德行的中国人。

项目拓展

一、思维拓展

1. 用“玉”字组词，分组竞赛，采用抽签的办法确定从某一组开始，首尾相连，哪组词穷即被淘汰，获胜组有权给淘汰组布置作业。

2. 举办故事会，学生自由组合，每组讲一个含“玉”字的成语故事。

二、实践拓展

1. 调查了解家乡玉文化的特点和演变。

2. 选取一件你感兴趣的玉器，图文并茂地讲述玉器的年代、用途、质地、特点及文化内涵。

参考文献

1. 张岱年、方克立：《中国文化概论》，北京师范大学出版社 2001 年版。

2. 朱绍侯、齐涛、王育济：《中国古代史》(上册)，福建人民出版社 2010 年版。

3. 李学勤：《青铜器入门》，商务印书馆 2013 年版。

4. 张之恒：《中国考古通论》，南京大学出版社 2009 年版。

5. 古方、李红娟：《古玉之美》，山东人民出版社 2008 年版。

6. 廖宗廷：《中国玉石学概论》，中国地质大学出版社 2007 年版。

7. 张燕：《论中国玉器的形而上意义及其衍变》，《东南大学学报(社会科学版)》1999 年第 11 期。

8. 李勇：《浅析中国古代玉器的审美文化内涵》，《齐鲁艺苑》2005 年第 2 期。

9.《中国玉文化》，“中华玉网”2012 年 9 月，http：//www.jades.cn/culture/view/20120921。

10. 伏奕冰：《中国玉器与中国传统文化》，《大舞台》2012 年第 3 期。

后　记

本教材为全国高职艺术院校统编教材之一。根据“适应文化产业对艺术人才能力的需求，突出能力本位”这一宗旨，围绕高等艺术职业教育培养目标，从高职艺术教育的角度出发，充分考虑教材的使用对象，体现学生的中心地位，不盲目追求理论性和系统性，突出高职性、艺术性。就教材内容而言，避免面面俱到，将“地域文化”置于本教材的开端，将政治变迁、经济基础作为各类传统文化现象产生的“因”写入教材，将中国的三大思想儒家思想、道家思想、佛教思想编辑为一讲，对传统艺术及其赖以产生的源头——民间艺术现象着墨较多等，使教材内容更加科学合理，为学生的文艺创作和未来就业提供智力支持。

本教材由杜明书总体策划，由赵凤英、裴洪彬共同设计形成，初稿完成后，由杜明书、张丽莉、赵凤英、裴洪彬、吉莉莉统稿，杜明书定稿。

各讲执笔人：吉莉莉（第一讲），陆小蕙、吴会丽、裴洪彬（第二讲），裴洪彬、赵俊红（第三讲），武晓静（第四讲），张永、孙艳丽（第五讲），仝菊芳、孙海燕（第六讲），李福顺、赵凤英（第七讲），赵凤英（第八讲），智惠、张文苹、张永（第九讲），张丽莉、马媛（第十讲），余倩（参与了教材目录以及第九讲的修改）。

本教材在编写过程中，参考了许多专家学者的相关研究成果，谨此一并感谢。由于多所学校参编，加之参编人员水平有限，教材中难免有疏漏之处，敬请专家、同行和读者提出宝贵意见。